CHUNQIU RENWU YU
JIAGUO QINGHUAI

《春秋》人物与家国情怀

葛刚岩　李晓丽　张人月◎著

人民出版社

目　录

前　言

经典之重要，刘勰《宗经》云：“经也者，恒久之至道，不刊之鸿教也！故象天地，效鬼神，参物序，制人纪，洞性灵之奥区，极文章之骨髓者也。”① 经典学习之难，桓谭《新论》云：“有《经》(《春秋》)而无《传》(《左传》)，使圣人闭门思之，十年不能知也。”②

作为传统经典，《春秋》《左氏春秋》(又名《左传》) 等先秦要籍在文化传播的历史长河中发挥着至关重要的作用，“史之大原，本乎《春秋》;《春秋》之义，昭乎笔削。笔削之义，不仅事具始末，文成规矩已也，以夫子义则窃取之旨观之，固将纲纪天人，推明大道”③，也深得历代鸿儒的高度重视，“拨乱世反之正，莫近于《春秋》”④，“褒见一字，贵逾轩冕；贬在片言，诛深斧钺”⑤。在现代教学中，许多大学也特开设“经典讲读”课程，加强学生对上述经典的了解和学习。但是，因上述经典的编写体例问题 (如《春秋》的过简、《左氏春秋》以编

---

① 詹锳撰：《文心雕龙义证》，上海：上海古籍出版社，1989 年，第 56 页。
② (东汉) 桓谭著：《新论》，上海：上海人民出版社，1977 年，第 37 页。
③ 章学诚撰：《文史通义》卷 5《答客问上》，上海：上海古籍出版社，2008 年，第 151 页。
④ (汉) 司马迁撰：《史记》，北京：中华书局，1959 年，第 3297 页。
⑤ 詹锳撰：《文心雕龙义证》，上海：上海古籍出版社，1989 年，第 566—567 页。

年为体例)，造成了学习阅读过程中历史人物、历史事件的严重割裂。针对这一缺陷，宋人章冲、清人高士奇已经有所觉察，于是有针对性地重新裁剪《春秋》《左传》材料，编订《春秋左传事类始末》《左传纪事本末》，解决了事件的完整性问题，但人物的完整性问题仍然留存至今，给青年学子掌握此书内容依然留有诸多障碍。

比如碎片化问题：某一人物的生平事件，按照编年体例分布于几年或几十年的文献记载中，造成了人物形象及人物思想体系的碎片化。比如季友，历经鲁桓公、鲁庄公、公子般、鲁闵公、鲁僖公等五世，他的生平事迹被散布于五六十年的文献跨度中；再比如季文子，仅执政时间就有三十三年，他的事迹也被分散于鲁宣公、鲁成公、鲁襄公时期的历史中。这种编写模式对阅读者全面了解历史人物思想造成了体例上的障碍，也限制了学生对历史人物的整体把握。

再比如人物名称驳杂混乱的问题：由于历史以及文献编撰的原因，《春秋》《左氏春秋》中人物的名称混乱驳杂，让普通读者阅读学习时一头雾水。有同名异指的，如《左氏春秋》一书中称“晋侯”的就有十六人之多，称“姜氏”的亦有十一人，称“文子”的也有十三人；有异名同指的，一会儿在此处以这个名称出现，一会儿又在彼处以另一名称出现，让阅读者如坠云里，如陷雾里，难知西东，如范武子（前660—前583年）在《左传》一书中即有十一个不同称谓：会（名会)、士会（作为士蒍之孙，士缺之子)、士季（字季)、随会（因封于随)、范会（又封于范，故称范会)、范武子（谥号武)、季氏、随季、随武子、武季、武子等，其实他的家族又以祁为姓。

基于《春秋》《左氏春秋》原著编写体例的诸多缺陷，我们以《十三经注疏》(清嘉庆刊本）中的《春秋左传正义》为基础，参考《史记》“列传”撰写模式，将《春秋》《左氏春秋》中历史人物的生平事迹重新编订，以便解决阅读者在对上述经典学习过程中所遇到的障碍。在人物身份的定位上，有些人既做过卿大夫，也做过中大夫或下大夫，本书从篇章搭配角度仅择其一。

孔子《论语·为政》云:“《诗》三百,一言以蔽之，曰:‘思无邪。’”其实，何止《诗经》，整个四书五经，都可以如此定义，因为它们的终极追求都是一致的，“彰善瘅恶，树之风声”①。

子曰:“《礼》以节人,《乐》以发和,《书》以道事,《诗》以达意,《易》以神化,《春秋》以义。”义者，宜也，用合宜的道德、行为、道理去处理社会人生关系，这就是正义。整体言之，整部《春秋》经传就叙述了两类事情:褒的和贬的，前者是值得弘扬赞美的，后者是应该受到谴责的;前者名垂后世，历代为之典范，后者遗臭万年，被定性为乱臣贼子。而在褒扬之列,《春秋》《左氏春秋》记载了大量饱含家国情怀的名士贤臣、义母烈妇，季文子、范文子、申包胥、钟仪、苌弘、鉏麑、烛之武、弦高、蹇叔、许穆夫人、文嬴……在他们的身上闪现着穿越时空的家国情怀。

游潜《梦蕉诗话》中有所问，“大抵君子读书，以学圣人之道，初岂绝无用世之心哉?”②张之洞《輶轩语》中有所答曰:古之君子，读书贵经世致用，“读书期于明理，明理归于致用”。基于此，本书对《春秋》《左氏春秋》人物的家国情怀予以系统总结，深入剖析，希望他们身上闪烁的爱国精神能够永垂后世，惠及当下。

---

① 詹锳撰:《文心雕龙义证》，上海:上海古籍出版社，1989年，第562页。

② 游潜撰:《梦蕉诗话》，陈广宏、侯荣川编校:《明人诗话要籍汇编》第一册，复旦大学出版社，2017年，第182页。

第一章

鲁国卿篇

周封之鲁国，疆域主要在今之山东鲁南、鲁中地区。此地原为少昊故地，“鲁者，少昊挚之墟也”①，所以民风淳朴，也因此而被称名为“鲁”，“鲁，鲁钝也。国多山水，民性朴鲁也”②。武王建周，封其弟姬旦于鲁地，都于曲阜。因旦留朝执政，故而长子伯禽代父就封，“周兴，以少昊之虚曲阜封周公子伯禽为鲁侯，以为周公主”③。

① （唐）孔颖达撰：《毛诗正义》，十三经注疏本，中华书局，2009 年，第 1311 页。

② （东汉）刘熙撰，（清）毕沅疏证，王先谦补：《释名疏证补》，中华书局，2008 年，第 53 页。

③ （汉）班固撰：《汉书》，中华书局，1962 年，第 1662 页。

第一节 季友

丨人物小传

季友，又名成季、季子。因出生时手掌中有“友”字纹路，故以“友”为名。他是鲁桓公最小的儿子，母亲为文姜。因是鲁庄公的同母弟，深受庄公信任。庄公死后，他扶持庄公大儿子子般即位。后因共仲（庆父）派人刺杀子般，而拥立鲁闵公，季友出奔陈国，不久归国。庆父再杀闵公，季友奉闵公兄长姬申出奔。庆父为国人不容，奔到莒国，季友归国并扶持姬申即位，是为鲁僖公。他因功受封邑，官至国相。季友卒于僖公十六年。他一生能力非凡、忠贤为国，他的付出也为季氏在鲁国的政治地位奠定了坚实的基础。

经典文本

【庄公二十五年】

冬，公子友如陈。(《春秋》)

【庄公二十七年】

秋，公子友如陈，葬原仲。(《春秋》)

秋，公子友如陈，葬原仲，非礼也。原仲，季友之旧也。(《左传》)

【庄公三十二年】

公子庆父如齐。(《春秋》)

公疾，问后于叔牙，对曰："庆父材。"问于季友。对曰："臣以死奉般。"公曰："乡者牙曰'庆父材'。"成季使以君命命僖叔，待于鍼巫氏，使鍼季鸩之。曰："饮此，则有后于鲁国；不然，死且无后。"饮之，归，及逵泉而卒。立叔孙氏。

八月癸亥，公薨于路寝。子般即位，次于党氏。冬，十月，己未，共仲使圉人荦贼子般于党氏。成季奔陈。立闵公。(《左传》)

【闵公元年】

季子来归。(《春秋》)

秋，八月，公及齐侯盟于落姑，请复季友也。齐侯许之，使召诸陈，公次于郎以待之。季子来归，嘉之也。(《左传》)

【闵公二年】

秋，八月，辛丑，共仲使卜齮贼公于武闱。成季以僖公适邾。共仲奔莒，乃入，立之。以赂求共仲于莒，莒人归之。及密，使公子鱼请。不许，哭而往。共仲曰："奚斯之声也。"乃缢。闵公，哀姜之娣叔姜之子也，故齐人立之。共仲通于哀姜，哀姜欲立之。闵公之死也，哀姜与知之，故孙于邾。齐人取而杀之于夷，以其尸归，僖公请而葬之。

成季之将生也，桓公使卜楚丘之父卜之。曰："男也，其名曰友，在公之右；间于两社，为公室辅。季氏亡，则鲁不昌。"又筮之，遇《大有》之《乾》，曰："同复于父，敬如君所。"及生，有文在其手曰"友"，遂以命之。

成风闻成季之繇，乃事之，而属僖公焉，故成季立之。(《左传》)

【僖公元年】

冬，十月，壬午，公子友帅师败莒于郦，获莒拏。(《春秋》)

冬，莒人来求赂，求还庆父之赂。公子友败诸郦，获莒子之弟拏。非卿也，嘉获之也。公赐季友汶阳之田及费。(《左传》)

【僖公三年】

冬，公子友如齐莅盟。(《春秋》)

齐侯为阳谷之会，来寻盟。冬，公子友如齐莅盟。(《左传》)

【僖公七年】

公子友如齐。(《春秋》)

【僖公十三年】

冬，公子友如齐。(《春秋》)

【僖公十六年】

三月，壬申，公子季友卒。(《春秋》)

人物评议

季友还未出生，他的父亲鲁桓公就让人占卜。占卜的结果说他“间于两社，为公室辅。季氏亡，则鲁不昌”①，又用蓍草进行占卜，结果说他“尊贵如同父亲，敬重如同国君”，等他生下来，手心有一个“友”字，因此取名为友。这段记载虽然掺杂着迷信，但以占卜来进行预叙的模式在《左传》中并不少见，这个占卜的结果似乎预示着这个叫友的男孩必将生而不凡，季友的人生就像是在完成这个印证一般：他辅佐了鲁国的三位国君，都深得信任、功绩斐然，在庄公、闵公、僖公三朝，他参与了所能参与的所有重大事件，并在鲁国动荡不安的时代发挥着举足轻重的作用。他能文能武，文治国家，武安邦国。他多次参与外交活动，为国奔走斡旋。他上稳君心、下安黎庶、外定邦交，劳苦功高，成为正卿可谓实至名归。

一、匡扶国政，稳定邦国

（一）两匡国政，德比周公

鲁庄公三十二年，庄公病重，鲁国国内的矛盾就显露出来，作为庄公异母兄长的庆父联合同为庶子的弟弟叔牙，希望庄公能支持自己继位。这时庄公找来季友商量，季友当即表示愿意誓死支持子般，并

① （汉）司马迁：《史记》，北京：中华书局，1982年，第1534页。

且为了国家可以长治久安，他不惜亲自出面逼迫叔牙喝下毒酒。关于此事，韩范有言曰："大义灭亲，自石碏而后，再见之季友，其为公室元辅也宜哉！"[①]庄公死后，他全力拥立子般。虽然后来庆父派人杀死子般，季友被迫逃到陈国，但他也并没有屈服于庆父的恶势力，仍然为鲁国的前景努力坚持，等待时机。后来鲁闵公请求齐国帮助季友回国，并亲自在郎地等待他，就是对季友为政能力和对国家忠诚的最大的认可。闵公虽然是庆父所立，却对季友信重有加，更好地说明了季友品德和能力的出众。闵公二年，庆父杀死闵公，季友再次出逃到了邾国。而后庆父为鲁国所不容逃到莒国后，季友带着僖公回国并拥立他为鲁国国君。

周公旦因尽心辅佐年仅十二岁的侄子成王——分封诸侯、制定周礼、稳定政权、平定叛乱，后又还政成王而历来被世人称颂。《中庸》有言："周公成文武之德，追太王、王季，上祀先公以天子之礼。"[②]后人称颂周公身为人臣尽管权倾朝野却能恪守为臣的本分，尽忠职守、德高望重，堪为人臣楷模。鲁国的季友同样身为鲁国重臣，他出身就贵为国君之嫡子；在自己的兄长鲁庄公为国君时，能尽心辅佐鲁庄公，为他排除隐患；庄公去世后，又能在鲁国因庆父带来的一系列变故混乱中，先后拥立子般、鲁僖公，并借助多方力量打击庆父，使他在鲁国难以立足而终至外逃，又在僖公即位后，贿赂莒国逼回庆父，让他无路可走最终自杀，彻底消除了鲁国的隐患；进而辅佐僖公整顿鲁国形势，使得鲁国逐渐回归稳定。故而《管子·大匡》中言及季友时称：

① （明）韩范：《春秋左传》，上海图书馆明崇祯十七年刻本。转引自李卫军编著：《左传集评》，北京：北京大学出版社，2016年，第307页。

② （宋）朱熹撰：《四书章句集注》，北京：中华书局，1983年，第26页。

"季友之为人也，恭以精，博于粮，多小信，可游于鲁。"①

古人对吴太伯"文身断发，示不可用，以避季历"②的让国行为称颂有加，对孔子的十世祖弗父何（宋湣公的长子）两让君位给予高度评价，称他们为圣人。此外，周公因辅政还政之德也得圣人之称。那么，该如何评价季友之德呢？虽无还政之事，但他两次拥立国君，功不可没，说他为臣之德可与周公媲美应该不为过；他虽无让国之事，但若不是他辅政，若不是他德高望重，鲁国又有何人、能在何时完成理顺朝纲、整理危乱的国家大计？虽说历史没有如果，但他的德才却有目共睹，他多方谋划，谨遵礼法，辅佐国君，消除祸乱，堪比国之柱石。杜预也曾评价其"忠于社稷，国人思之"③，其忠君爱国之心得到了后世的认可。

（二）文治武功，为政有法

鲁庄公时，季友是重要辅臣，在关键时刻挺身而出为庄公分忧，为了使鲁国政局稳定、减少内斗，不惜逼迫叔牙喝下毒酒以确定子般为继承人，当然，他也承诺叔牙的后代在鲁国享有禄位，让叔牙心甘情愿放弃对庆父的支持而不生祸乱，由此可以看出他的胆识和魄力；后来他虽然两次被迫出逃，但不忘国家大事，借助他国力量保护了僖公，又在回国后，拥立僖公即位；僖公即位后，为了稳定鲁国政局，他又想办法让莒国驱逐庆父，并逼迫他走投无路而最终自杀，从而解决了这个鲁国的祸乱元首。鲁国局势逐渐稳定，与季友的施政方略、能力和个人威信密不可分。

---

① 黎翔凤撰，梁运华整理：《管子校注》，北京：中华书局，2004年，第361页。

② （汉）司马迁：《史记》，北京：中华书局，1982年，第1445页。

③ （晋）杜预撰：《春秋释例》卷三，清乾隆五十年至嘉靖十四年兰陵孙氏刻岱南阁丛书本。

季友不仅能治国安邦，也能披挂上阵。鲁僖公元年的冬天，莒国人来鲁国求取财货，季友为了国家威严，不惜与莒国兵戎相见。他亲自率领鲁国军队在郦地打败莒国军队，并俘虏了莒子的弟弟拏。《春秋》中赞美了他俘虏敌人的功劳。可见，季友文武兼备，内能定社稷，外能保邦国。

（三）进退有度，善处邦交

季友作为鲁国重臣，在处理与其他邦国的关系问题时，能够因时因势、采取恰当方式，既维系鲁国与其他国家的友好关系，又能得体地维护鲁国的威严，不卑不亢，进退合宜。

鲁国在庆父这一问题上的顺利解决也离不开与各国建立的友好和谐的外交关系。鲁庄公二十五年冬天，鲁国为了巩固与陈国的邦交关系，回应春天时陈国女叔的聘问，派季友到陈国并与其结为友好邦国。也因此，后来庆父作乱时，季友才能到陈国寻求庇护。此外，季友为了鲁国和齐国之间的邦交等问题多次到过齐国。从鲁国叛乱刚刚平定开始，季友就到齐国与齐交好，一方面感谢在庆父之乱时齐国支持闵公帮助季友回国；另一方面也因齐国没有支持庆父，才有了鲁国后来的稳定。齐国作为邻国，促进了鲁国政局稳定，所以季友多次代表鲁国到齐国巩固邦交。正如《春秋繁露》中有言：“公子庆父之乱，鲁危殆亡，而齐侯安之。”① 可见季友努力维持与齐国的良好关系也为鲁国“庆父之乱”的消除发挥了重要的作用。

在处理邦交问题时，季友也能够根据情况采取合宜的外交手段。一方面，在闵公二年时，对莒国采用贿赂的办法让他们拒绝收留庆父，

---

① （汉）董仲舒著，（清）苏舆撰，钟哲点校：《春秋繁露义证》，北京：中华书局，1992 年，第 7 页。

以达到逼死庆父消除祸乱的目的。这样的做法是季友结合鲁国当时刚刚结束混乱、政局不稳的情况而作出的选择。而另一方面，鲁僖公元年冬天，莒国人到鲁国来求取财货时，季友就果断带兵出击，坚决打击来犯之敌。从中可以看出，季友外交手段的强硬。可见，季友在邦交关系中，既能寻求盟友建立良好的邦交，又能审时度势、不卑不亢采用多样的方法，来达到外交目的，是不可多得的外交人才。

二、有情有义，个性鲜明

季友一生不负人臣之明，德才兼备。他处理内政外交，以义为据，以礼为约。但在他理性原则的名臣风范下，他内心深处的重情重义，也同样值得褒扬。

周礼中有明确规范：天子不是为了宣扬德义，不视察诸侯国；诸侯不是为了百姓的事，不出行；卿没有国君的命令，不越过国境。然而，在鲁庄公二十七年，季友的朋友原仲在陈国去世，他却专程去陈国安葬了他，即使明知此行违反了礼制也在所不惜。可见，季友在为人上也同样魄力十足，不是一个完全墨守成规的人，尽管违反了礼制，却增加了其有血有肉的人格魅力。总之，历史记载只是记录了季有为鲁国国事纵横斡旋的人生横切面，但这正是季友一生中最有光彩的重要环节，虽然没有豪言壮语，但他是实实在在地用自己的言行写下了属于他的家国情怀，在鲁国的危急关头，勇敢地承担了自身的责任。《说苑·尊贤》中言："国家昏乱而良臣见。鲁国大乱，季友之贤见，僖公即位，而任季子，鲁国安宁，外内无忧，行政二十一年。"① 可见季友

① （汉）刘向撰，向宗鲁校证：《说苑校证》，北京：中华书局，1987 年，第 176 页。

对于当时鲁国的发展所作出的贡献。

当然，有人评说他是个专权强势的臣子，细读史书，你会发现，在鲁国历史的重大转折时期，如果不是季友强有力的政治方略，鲁国会出现怎样混乱的局面，很难预判。至于后来的鲁国，出现三桓（季孙、孟孙、叔孙）把持朝政的局面，如果把问题归结为季友的过错，未免太过武断。只能说季友奠定了季氏在鲁国历史上的重要地位，但陪臣执政的政治状态却是后来鲁国形势发展演变过程中因为各方力量的变化才逐渐形成的。而回归季友本身，身为臣子，季友是鲁国历史上重要的贤能之臣。他一生忠诚国家，为国事披肝沥胆、恪尽职守，直到生命的终结。他身为人臣，无愧于臣子之德、之能，最终被历史所铭记、嘉许。

第二节 季文子

人物小传

季文子，春秋时期鲁国正卿，姬姓，季氏，名行父，谥文，史称季文子。季孙行父继承了祖父季友的遗风，为人正直谨慎、克勤克俭，执掌国政三十余年，参与政事五十多年，辅佐多位君主，开一代俭朴风气，君子曾评价道："相三君矣，而无私积，可不谓忠乎？"另外，在他执政期间推行初税亩，推进鲁国的改革发展；外交方面，季孙行父经常代表鲁国出使齐国、晋国，为本国处理好与大国之间的关系。季孙行父卒于襄公五年，在他的努力下，鲁国开启了以季氏为首的三桓政治，其子孙也多为鲁国正卿。

经典文本

【文公六年】

夏，季孙行父如陈。

秋，季孙行父如晋。(《春秋》)

臧文仲以陈、卫之睦也，欲求好于陈。夏，季文子聘于陈，且娶焉。

秋，季文子将聘于晋，使求遭丧之礼以行。其人曰："将焉用之？"文子曰："备豫不虞，古之善教也。求而无之，实难。过求，何害？"(《左传》)

【文公十二年】

季孙行父帅师城诸及郓。(《春秋》)

城诸及郓，书，时也。(《左传》)

【文公十三年】

郑伯会公于棐。(《春秋》)

冬，公如晋朝，且寻盟。卫侯会公于沓，请平于晋。公还，郑伯会公于棐，亦请平于晋。公皆成之。

郑伯与公宴于棐，子家赋《鸿雁》。季文子曰："寡君未免于此。"文子赋《四月》。子家赋《载驰》之四章。文子赋《采薇》之四章。郑伯拜。公答拜。(《左传》)

【文公十五年】

春，季孙行父如晋。

季孙行父如晋。(《春秋》)

春，季文子如晋，为单伯与子叔姬故也。

他年，其二子来，孟献子爱之，闻于国。或谮之，曰:“将杀子。”献子以告季文子。二子曰:“夫子以爱我闻，我以将杀子闻，不亦远于礼乎？远礼不如死。”一人门于句鼆，一人门于戾丘，皆死。

秋，齐人侵我西鄙，故季文子告于晋。

齐侯侵我西鄙，谓诸侯不能也。遂伐曹，入其郛，讨其来朝也。季文子曰:“齐侯其不免乎？已则无礼，而讨于有礼者，曰:‘女何故行礼?’礼以顺天，天之道也。已则反天，而又以讨人，难以免矣。《诗》曰:‘胡不相畏？不畏于天。’君子之不虐幼贱，畏于天也。在《周颂》曰:‘畏天之威，于时保之。’不畏于天，将何能保？以乱取国，奉礼以守，犹惧不终；多行无礼，弗能在矣。”(《左传》)

【文公十六年】

春，季孙行父会齐侯于阳谷，齐侯弗及盟。(《春秋》)

春王正月，及齐平。公有疾，使季文子会齐侯于阳谷，请盟，齐侯不肯，曰:“请俟君间。”(《左传》)

【文公十八年】

季孙行父如齐。(《春秋》)

莒纪公大生太子仆，又生季佗，爱季佗而黜仆，且多行无礼于国。仆因国人以弑纪公，以其宝玉来奔，纳诸宣公。公命与之邑，曰:“今日必授！”季文子使司寇出诸竟，曰：“今日必达！”公问其故。季文子使大史克对曰：“先大夫臧文仲教行父事君之礼，行父奉以周旋，弗敢失队，曰：‘见有礼于其君者，事之，如孝子之养父母也；见无礼于其君者，诛之，如鹰鹯之逐鸟雀也。’先君周公制《周礼》曰：‘则以观德，德以处事，事以度功，功以食民。’作《誓命》曰：‘毁则为贼，掩贼为藏。窃贿为盗，盗器为奸。主藏之名，赖奸之用，为大凶德，有常，无赦。在《九刑》不忘。’行父还观莒仆，莫可则也。孝敬、忠信为吉德，盗贼、藏奸为凶德。夫莒仆，则其孝敬，则弑君父矣；则其忠信，则窃宝玉矣。其人，则盗贼也；其器，则奸兆也。保而利之，则主藏也。以训则昏，民无则焉。不度于善，而皆在于凶德，是以去之。”

“昔高阳氏有才子八人，苍舒、隤敳、梼戭、大临、龙降、庭坚、仲容、叔达，齐、圣、广、渊、明、允、笃、诚，天下之民谓之八恺。高辛氏有才子八人，伯奋、仲堪、叔献、季仲、伯虎、仲熊、叔豹、季貍，忠、肃、共、懿、宣、慈、惠、和，天下之民谓之八元。此十六族也，世济其美，不陨其名。以至于尧，尧不能举。舜臣尧，举八恺，使主后土，以揆百事，莫不时序，地平天成。举八元，使布五教于四方，父义、母慈、兄友、弟共、子孝，内平外成。昔帝鸿氏有不才子，掩义隐贼，好行凶德，丑类恶物，顽嚚不友，是与比周，天下之民谓之浑敦。少皞氏有不才子，毁信废忠，崇饰恶言；靖谮庸回，服谗蒐慝，以诬盛德，天下之民谓之穷奇。颛顼氏有不才子，不可教训，不知话言；告之则顽，舍之则嚚，傲很明德，以乱天常，天下之民谓之梼杌。此三族也，世济其凶，增其恶名，以至于尧，尧不能去。缙云氏有不才子，贪于饮食，冒于货贿，侵欲崇侈，不可盈厌，聚敛积实，不知纪极，不分孤寡，不恤穷匮，天下之民以比三凶，谓之饕餮。舜臣尧，宾于四门，流四凶族，浑敦、穷奇、梼杌、饕餮，投诸四裔，以御螭魅。是以尧崩而天下如一，同心戴舜，以为天子，以其举十六相，去四凶也。故《虞书》数舜之功，曰‘慎徽五典，五典克从’，无违教也。曰‘纳于百揆，百揆时序’，无废事也。曰‘宾于四门，四门穆穆’，无凶人也。舜有大功二十而为天子，今行父虽未获一吉人，去一凶矣。于舜之功，二十之一也，庶几免于戾乎！”(《左传》)

【宣公元年】

夏，季孙行父如齐。(《春秋》)

夏，季文子如齐，纳赂以请会。(《左传》)

【宣公十年】

季孙行父如齐。(《春秋》)

季文子初聘于齐。(《左传》)

【宣公十八年】

公孙归父以襄仲之立公也，有宠。欲去三桓，以张公室。与公谋而聘于晋，欲以晋人去之。冬，公薨。季文子言于朝曰：“使我杀適立庶，以失大援者，仲也夫！”臧宣叔怒曰：“当其时不能治也，后之人何罪？子欲去之，许请去之。”遂逐东门氏。子家还，及笙，坛帷，复命于介。既复命，袒、括发，即位哭，三踊而出。遂奔齐。书曰：“归父还自晋”，善之也。(《左传》)

【成公二年】

六月，癸酉，季孙行父、臧孙许、叔孙侨如、公孙婴齐帅师会晋

郤克、卫孙良夫、曹公子首及齐侯战于鞌，齐师败绩。(《春秋》)

郤克将中军，士燮佐上军，栾书将下军，韩厥为司马，以救鲁、卫。臧宣叔逆晋师，且道之。季文子帅师会之。及卫地，韩献子将斩人，郤献子驰，将救之。至，则既斩之矣。郤子使速以徇，告其仆曰："吾以分谤也。"(《左传》)

【成公四年】

夏，公如晋。晋侯见公，不敬。季文子曰："晋侯必不免。言将不能寿终也，《诗》曰：'敬之敬之！天惟显思，命不易哉！'夫晋侯之命在诸侯矣，可不敬乎？"秋，公至自晋，欲求成于楚而叛晋。季文子曰："不可！晋虽无道，未可叛也。国大臣睦，而迩于我，诸侯听焉，未可以贰。《史佚之志》有之，曰：'非我族类，其心必异。'楚虽大，非吾族也，其肯我乎？"公乃止。(《左传》)

【成公六年】

二月辛巳，立武宫。

冬，季孙行父如晋。(《春秋》)

二月，季文子以鞌之功立武宫，非礼也。听于人以救其难，不可以立武。立武由己，非由人也。

冬，季文子如晋，贺迁也。(《左传》)

【成公七年】

春，吴伐郯，郯成。季文子曰："中国不振旅，蛮夷入伐，而莫之或恤。无吊者也夫！《诗》曰'不吊昊天，乱靡有定'，其此之谓乎！有上不吊，其谁不受乱？吾亡无日矣。"君子曰："知惧如是，斯不亡

矣。”(《左传》)

【成公八年】

八年春，晋侯使韩穿来言汶阳之田，归之于齐。季文子饯之，私焉，曰：“大国制义，以为盟主，是以诸侯怀德畏讨，无有贰心。谓汶阳之田，敝邑之旧也，而用师于齐，使归诸敝邑。今有二命，曰‘归诸齐’。信以行义，义以成命，小国所望而怀也。信不可知，义无所立，四方诸侯，其谁不解体？《诗》曰：‘女也不爽，士贰其行。士也罔极，二三其德。’七年之中，一与一夺，二三孰甚焉？士之二三，犹丧妃耦，而况霸主？霸主将德是以，而二三之，其何以长有诸侯乎？《诗》曰：‘犹之未远，是用大简。’行父惧晋之不远犹而失诸侯也，是以敢私言之。”

晋士燮来聘，言伐郯也，以其事吴故。公赂之，请缓师。文子不可，曰：“君命无贰，失信不立。礼无加货，事无二成。君后诸侯，是寡君不得事君也。燮将复之。”季孙惧，使宣伯帅师会伐郯。(《左传》)

【成公九年】

夏，季孙行父如宋致女。(《春秋》)

为归汶阳之田故，诸侯贰于晋。晋人惧，会于蒲，以寻马陵之盟。季文子谓范文子曰：“德则不竞，寻盟何为？”范文子曰：“勤以抚之，宽以待之，坚强以御之，明神以要之，柔服而伐贰，德之次也。”是行也，将始会吴，吴人不至。

夏，季文子如宋致女，复命，公享之。赋《韩奕》之五章。穆姜出于房，再拜，曰：“大夫勤辱，不忘先君以及嗣君，施及未亡人，先君犹有望也！敢拜大夫之重勤。”又赋《绿衣》之卒章而入。(《左传》)

【成公十一年】

夏，季孙行父如晋。(《春秋》)

夏，季文子如晋报聘，且莅盟也。(《左传》)

【成公十六年】

九月，晋人执季孙行父，舍之于苕丘。

十有二月，乙丑，季孙行父及晋郤犨盟于扈。

乙酉，刺公子偃。(《春秋》)

宣伯使告郤犨曰："鲁之有季、孟，犹晋之有栾、范也，政令于是乎成。今其谋曰：'晋政多门，不可从也。宁事齐、楚，有亡而已，蔑从晋矣。'若欲得志于鲁，请止行父而杀之，我毙蔑也而事晋，蔑有贰矣。鲁不贰，小国必睦。不然，归必叛矣。"

九月，晋人执季文子于苕丘。公还，待于郓，使子叔声伯请季孙于晋。郤犨曰："苟去仲孙蔑而止季孙行父，吾与子国亲于公室。"对曰："侨如之情，子必闻之矣。若去蔑与行父，是大弃鲁国而罪寡君也。若犹不弃，而惠徼周公之福，使寡君得事晋君。则夫二人者，鲁国社稷之臣也。若朝亡之，鲁必夕亡。以鲁之密迩仇雠，亡而为雠，治之何及？"郤犨曰："吾为子请邑。"对曰："婴齐，鲁之常隶也，敢介入国以求厚焉？承寡君之命以请，若得所请，吾子之赐多矣，又何求？"范文子谓栾武子曰："季孙于鲁，相二君矣。妾不衣帛，马不食粟，可不谓忠乎？信谗慝而弃忠良，若诸侯何？子叔婴齐奉君命无私，谋国家不贰，图其身不忘其君。若虚其请，是弃善人也。子其图之！"乃许鲁平，赦季孙。

十二月，季孙及郤犨盟于扈。归，刺公子偃。召叔孙豹于齐而立之。(《左传》)

【成公十八年】

晋士鲂来乞师。季文子问师数于臧武仲，对曰："伐郑之役，知伯实来，下军之佐也。今彘季亦佐下军，如伐郑可也。事大国，无失班爵而加敬焉，礼也。"从之。(《左传》)

【襄公二年】

夏，齐姜薨。初，穆姜使择美槚，以自为榇与颂琴，季文子取以葬。君子曰："非礼也。礼无所逆，妇养姑者也。亏姑以成妇，逆莫大焉。《诗》曰：'其惟哲人，告之话言，顺德之行。'季孙于是为不哲矣。且姜氏，君之妣也。《诗》曰：'为酒为醴，烝畀祖妣，以洽百礼，降福孔偕。'"(《左传》)

【襄公四年】

秋，定姒薨，不殡于庙，无榇，不虞。匠庆谓季文子，曰："子为正卿，而小君之丧不成，不终君也。君长，谁受其咎？"

初，季孙为己树六槚于蒲圃东门之外，匠庆请木，季孙曰："略。"匠庆用蒲圃之槚，季孙不御。君子曰："《志》所谓'多行无礼，必自及也'，其是之谓乎！"(《左传》)

【襄公五年】

辛未，季孙行父卒。(《春秋》)

季文子卒，大夫入敛，公在位。宰庀家器为葬备，无衣帛之妾，无食粟之马，无藏金玉，无重器备，君子是以知季文子之忠于公室也："相三君矣，而无私积，可不谓忠乎？"(《左传》)

人物评议

季文子在《春秋》经传中的从政记录是从鲁文公六年开始的，结束在鲁襄公五年，历经四位鲁国君主，历时长达五十四年；他辅佐了三代鲁国国君，执政三十三年。品读历史，季文子为鲁国奉献的不仅是自己的全部人生，还有他的忠诚、自持，可谓是为国为民，殚精竭虑，至死方休。细思季文子的为人为政，有以下几方面值得推崇：

一、善守正道，能观大局

季文子所坚守的正道，与上古的天道思想紧密关联，这其中既是那个时代对执政之德的希冀，同时也是对执政者所应具有的敬畏之心的推崇，更是在用天道思想约束执政者的思想和行为。这种天道思想中既包含周王朝推崇的德义思想，又包含遵从《周礼》行事的观念，其中有历史传承的成分，也有周王朝时代的对之前统治思想的发展和推进，在春秋时期虽然有所崩坏，但仍被大多数统治者所遵循，至少可以当作行为的公开准则。关于季文子遵循天道行事这一点，在《左传》中多有记载，如鲁文公十五年，鲁国与齐国产生矛盾，而齐国在采用不光彩的贿赂手段让鲁国失去外援后，又加兵鲁国，因此鲁国面对强齐无力抵抗，只能求和。在这一事件中，季文子看到齐国的行径，就认为齐国难免灾祸。他认为礼是用来顺应上天的，是上天的常道，齐国自己行无礼之事，还讨伐有礼之邦，是不顺天道，故而难免灾祸。

他还引用《诗经》中“胡不相畏，不畏于天”[①]，来强调君子应该不虐待幼小和卑贱，正是由于敬畏上天的缘故。他也用《周颂》中“畏天之威，于时保之”[②]强调敬畏上天的威命，才能保有福禄。

《论语》中有“君子有三畏：畏天命，畏大人，畏圣人之言”[③]，可见那个时代的高位者用对上天的敬畏之心约束自己的行为。在今天的人看来，季文子的观念中有迷信的成分，但在当时，能用敬畏天道之心坚持守礼是难能可贵的品德。孟子说：“春秋无义战。”[④]在各诸侯国逐渐失去周王朝约束的春秋时代，每个邦国都在为了强大自身而处心积虑，甚至演变为不择手段，如果执政者心中完全没有了敬畏之心，那所作所为会何等的不人道，简直难以想象。所以，季文子所奉行的天道，即执政者心中对上天的敬畏之心，是有着积极意义的。

季文子在执政辅政中，始终把坚守正道放在重要位置。坚守正道既是他自己的主政方向和原则，也是他对所有执政者的衡量标准，因此他会以此提醒其他执政者和评判执政。也正是因为他在执政中对正道的坚持，使得他在看待一些具体问题时能从更高的层面、更远的前景去考虑，因此更具有大局观，更能很好地把握政治的未来走向。

季文子坚守执政正道，在鲁文公十八年他与刚即位的鲁宣公的针锋相对中体现得非常鲜明。在鲁宣公继位安葬了鲁文公后，鲁宣公和季文子就如何处理莒国太子仆的问题发生了重大冲突：莒国太子仆在被莒国国君纪公废黜后，就依靠国人的力量杀死了纪公，拿着国家的

---

① （清）阮元校刻：《十三经注疏·毛诗正义》，北京：中华书局，2009年，第960页。
② （清）阮元校刻：《十三经注疏·毛诗正义》，北京：中华书局，2009年，第1268页。
③ 程树德撰，程俊英、蒋见元点校：《论语集释》，北京：中华书局，1990年，第1156页。
④ （清）焦循撰，沈文倬点校：《孟子正义》，北京：中华书局，1987年，第954页。

宝玉逃到了鲁国，把宝玉献给鲁宣公。鲁宣公当即就答应给太子仆城邑，并要求大臣当天就要执行这一命令。季文子身为大夫，却当即命令鲁国的司寇把太子仆赶出鲁国。鲁宣公追问缘由，季文子就让太史克代替他回答，原因之一是，季文子是奉先大夫臧文仲教导行事的，臧文仲教导他："见有礼于其君者，事之，如孝子之养父母也；见无礼于其君者，诛之，如鹰鹯之逐鸟雀也。"即见到对自己的国君有礼的大臣，要如同孝子奉养父母一样侍奉他；见到对待自己的国君无礼的大臣，要像鹰鹯追逐鸟雀一样诛戮他。原因之二是，鲁国的先君周公在制定周礼时强调礼的法则是观察德行，德行用来处置事情，事情用来衡量功劳，功劳用来取食于民；又引用《誓命》内容强调，毁坏礼的法则就是贼，窝藏贼人就是窝主，偷窃财物就是盗，偷盗宝器就是奸，有窝藏贼人的名声，利用奸人的宝器，是极大的凶德。进而总结，莒太子仆弑君父就是不孝，偷窃宝玉就是盗贼，他的宝玉就是赃证，如果鲁国要保护他、用他的宝玉就是窝藏贼人，以此来教育百姓就会使国家昏乱。莒国太子仆所作所为都属于凶德，因此才把他赶走。

不仅如此，季文子在帮助鲁宣公分辨莒太子仆的凶德后，又进一步列举高阳氏有才能的儿子"八恺"与高辛氏有才能的儿子"八元"，世人看到他们的美德，以至舜时被重用，让国家内外皆平和无事；相反帝鸿氏之子浑敦、少皞氏之子穷奇、颛顼氏之子梼杌、缙云氏之子饕餮却因为无德而被舜流放到荒远地区去抵御妖怪。由此言明，舜受天下拥戴正是由于他举拔了十六贤才为相，去掉了四凶的缘故。所以舜有大功二十件而做了天子。从而表明，季孙行父虽然没有得到一个贤人，但是赶走的却是一个凶顽之徒，也算是有了舜的二十分之一的功绩，差不多可以免除罪过了吧。对于此事，后人评价道："文子三思后行，而于莒仆则出之甚决，可谓能疾恶者矣。其引古典，详而有体。”①又言：“文子此举，深明人臣之大义，节取而表著之，亦足维纲常于不坠。”②

季文子表面上是用古代贤君的治国之道为自己开罪，实际上是委婉提醒鲁宣公治理国家最关键的问题在于宣扬、肯定什么，去除、反对什么，即礼法之则，更强调明确任用贤能、驱赶邪恶、发扬美德、抵御诱惑的重要性。正如舜、汤等上古明君，只有选用了贤人，才能远离奸佞之人。《论语·颜渊下》有云：“舜有天下，选于众，举皋陶，不仁者远矣。汤有天下，选于众，举伊尹，不仁者远矣。”③只有近贤臣、远小人，国家才能够有更加坚实的发展基础，正如《孟子》所言“尊贤使能，俊杰在位，则天下之士，皆悦而愿立于其朝矣”④，季文子希望鲁国国君能够知人善任，由此使国家也走上正途。

季文子作为国家重臣，给刚即位的国君上了一堂大课，可谓循循善诱、用心良苦。季文子此举也为满朝文武和鲁国百姓树立了标准，告诉他们做人做事应该有的准则和底线。从中既可以看出季文子一心为国，治礼守正的治国之道，又可以看出他坚持原则、勇于担当的良臣品行。

在鲁成公四年，晋侯与鲁成公会见，晋侯不尊重鲁成公，季文子认为晋侯作为诸侯盟主做事不谨慎。晋侯作为诸侯盟主要靠诸侯维护，

---

① （清）徐乾学：《古文渊鉴》，华东师范大学图书馆清康熙二十四年刻本。转引自李卫军编著：《左传集评》，北京：北京大学出版社，2016年，第754页。

② （清）徐乾学：《古文渊鉴》，华东师范大学图书馆清康熙二十四年刻本。转引自李卫军编著：《左传集评》，北京：北京大学出版社，2016年，第754页。

③ 程树德撰，程俊英、蒋见元点校：《论语集释》，北京：中华书局，1990年，第874页。

④ （清）焦循、沈文倬点校：《孟子正义》，北京：中华书局，1987年，第226页。

甚至他的命运都决定于诸侯，他却不能对诸侯恭敬以待，上天都会放弃他，他一定难免祸难。由此可以看出季文子对德、义的推崇和重视，对礼法的遵循和维护。

另外，也正是因为站在德、义、礼的为政高度上，也让季文子能清醒地认识到治国理政者要想国家能长治久安应该具备的为政之德与为政之道，这也显示出了他在政治上的成熟和深谋远虑。他的为政思想和为政格局，也使得鲁国在关键时刻能够把握好方向，使鲁国在战乱四起的春秋时代能够保持在诸侯国中的地位和相对的稳定。

鲁成公四年时，因为在与晋侯的会见中，晋侯不尊重鲁成公，鲁成公因此对晋君心怀不满，就想要去结交楚国、背叛晋国，季文子从国家得失的角度对不能背叛晋国的缘由作出了全面分析：首先，晋国强大，且臣下和睦，地位不容易撼动；其次，晋国靠近鲁国，对鲁国威胁很大，而楚国则距离较远，不会对鲁国造成太大的危害，结交楚国不如结交晋国；再次，各诸侯国都听令于晋国，一旦得罪晋国，鲁国会举步维艰；最后，鲁国与楚国并非同族，也很难同心，得到楚国庇护的可能性不大。可见季文子对当时政治格局有清醒认识且谋划周全、思虑深远。

在春秋纷乱的时代，作为鲁国国家发展的方向把握者，季文子能不以位高而强权跋扈，反而重德、重义，遵礼守正，在大是大非面前不苟且、不退却，实为难能可贵。

二、尽忠职守，节俭自持

季文子一直勤于国事、忠于职守，为政期间勤勤恳恳、兢兢业业，甚至在处理很多政务时，常常会反复思量，事先做好各种准备工作，可以称得上鞠躬尽瘁、死而后已。《国语·周语中》就曾记载定王八年刘康公聘于鲁，发币于大夫时的见闻："季文子、孟献子皆俭，叔孙宣子、东门子家皆侈"，因此判定"季、孟其长处鲁乎！"[①]可见季文子的节俭在当时就得到了其他人的认可。

三桓执政在鲁国由来已久，也颇受诟病，季氏作为三桓之首，自然首当其冲。但就当时的鲁国形势分析，这种国情的形成跟鲁国国君的相对弱势有关，也与季氏掌权人的为人之德与为政之道有关，更与季氏为稳定鲁国朝局作出的努力和牺牲有关。鲁国的几代君主都是在季氏的支撑下稳固的政局，季氏却从未有弑君上位的思想，自然很难评判鲁国国君与季氏孰是孰非，因此要想改变鲁国的政治现状自然会有血雨腥风一样的政治洗礼。而春秋乱世，国内动荡很容易让国势衰弱进而遭受灭国之灾，更何况能帮鲁君推倒三桓政治的必然是政治上强有力的大臣，谁又能保证这位大臣不是新的三桓呢？那么，对于鲁国而言，保持政治稳定大概是最好的选择。在鲁宣公十八年，当公孙归父借助他父亲帮助鲁宣公坐上国君这件事得到鲁宣公重用后，就想联合鲁国国君除去三桓，并打算借助晋国的力量完成此事，这对鲁国来讲无疑是一场政治地震，且借助他国力量本身也存在着巨大的政治风险。因此，季文子在这年冬天鲁宣公去世后，在朝堂上借谴责公孙归父的父亲襄仲杀嫡立庶一事，把襄仲家族东门氏驱逐于国境之外。而这一举动是为了维护鲁国政治的稳定，当然也是维护自己及家族利益而发动的反击。可以看出季文子强权但不霸权，也不欺君，更无弑君自立之念，而是坚持职守，

---

① （春秋）左丘明撰，徐元诰集解，王树民、沈长云点校：《国语集解》，北京：中华书局，2002 年，第 69 页。

一心维护鲁国利益，他的忠心表露无遗。他一直支持并协助鲁宣公，兢兢业业致力于国家的长治久安。

季文子也因为执掌鲁国大权，曾被晋国拘禁，甚至险些命丧他乡。鲁成公十六年，宣伯想借助晋国除去季文子，就派人到晋国挑拨离间，并以鲁国对晋国的重要性作为要挟筹码，威胁晋国最后杀掉季文子，不然，季文子一旦回国就会背叛晋国。这年九月，晋国人在苕丘拘捕了季文子，鲁成公回国时却并没有直接回到鲁国国都，而是在郓地停留等待，并派子叔声伯向晋国请求放回季文子。晋国打算以封地收买子叔声伯，却被他拒绝，晋国人便明白子叔声伯没有私念，一心要为鲁国请求放回季文子。晋大夫范文子认为季文子在鲁国辅佐了两任国君，他一心为国、勤俭持家——家中妾室不穿丝绸、马匹不喂粮食，是难得的忠良臣子。最终季文子与晋大夫郤犨在扈地结盟后回国。《史记》也对此事有所记载，言叔孙侨如告晋，欲杀季文子，而因“文子有义，晋人弗许”①，亦从侧面展现出季文子的品德。季文子在遭遇晋国拘禁后能够被放回鲁国，一方面是因为他在鲁国执政多年克己为国的忠良臣子做派，让晋国人找不到加害他的理由；另一方面是他在为人上勤勉谨慎，虽身为重臣却持家节俭的品行，让世人看到了他虽位高权重却不谋私利的公心。

季文子的尽忠职守在他带兵时也得到充分体现。鲁成公二年，齐顷公率军进攻鲁国北部边境，攻下龙邑后，向南进攻巢丘，鲁、卫两国向晋求援，晋景公派兵援助鲁国，臧宣叔迎接晋军，季文子率领军队与晋军会师。《左传》中没有关于季文子出战的记载，可见在鲁国重要军事行动中，季文子并无掌握兵权、争夺战功的思想，他更多的是

① （汉）司马迁：《史记》，北京：中华书局，1982 年，第 1537 页。

侧重外交问题的把握，而不是行军作战的指挥者。

季文子的无私从很多事情上都可以看到。比如一生廉洁自律的季文子在鲁襄公的生母定姒死时，匠庆借由她为襄公的生母，要求季文子把为自己在蒲圃东门外种的六棵槚树给定姒做内棺，并在季文子没有明确同意的情况下使用了这些槚树。季文子虽然年岁已高，但并没有阻止匠庆的行为，可以看到季文子虽然为自己的身后事有所打算，但却能放下自己的心念，默认把自己多年所种的临终寿材都给国君生母使用，这不是一般重臣能够做到的，这大概也是他一生清廉的习惯所致，物质利益对他来说是可以放下和忽略的。《说苑·反质》篇中曾记载季文子的一则故事，表明了他对于财帛之物的不屑和对仁德之心的追求，“吾闻君子以德华国，不闻以妾与马。夫德者，得于我，又得于彼，故可行。若淫于奢侈，沈于文章，不能自反，何以守国？”①这一段话明白地表现了季文子的高洁情操。

季文子的清廉自持，在他离世时让世人唏嘘不已。鲁襄公五年，季文子离世。按照大夫入殓礼仪，鲁襄公亲临看视。季氏家宰收集家里的器物作葬具，家里的妾没有穿丝绸衣服的，家里的马不吃粮食，家里没有收藏金器玉器，没有多余的器具。因此大家都看到了季文子忠于公室。作为辅佐了三代国君的正卿，却没有私人积蓄，他的忠心被世人称赞。《史记》中也称赞其“廉忠”②。

季文子执政多年而始终谨守臣子之道，能守正、能直言，其忠心可鉴。身为国之重臣，心无贪欲、不计得失，一心国事，堪为人臣典范。

---

① （汉）刘向撰，向宗鲁校证：《说苑校证》，北京：中华书局，1987年，第525页。
② （汉）司马迁：《史记》，北京：中华书局，1982年，第1538页。

三、未雨绸缪，博学多识

《论语·公冶长》中有“季文子三思而后行。子闻之，曰：‘再，斯可矣。’”① 大概是对季文子处理政务时表现出的严肃谨慎、认真周全，以至于谨小慎微，不敢稍有差池，能够未雨绸缪的态度给出的最完美注脚。季文子执政之初，谨慎周到，尤其是面对国与国之间的大事，务求无差错、无失误，有备无患。文公六年的秋天，他在准备去晋国聘问时，甚至能针对当时晋国的情况，事先了解丧礼以备不时之需。可见他做事深谋远虑，走一步看三步，思虑周到，准备充分。果然，在这一年的八月十四日，晋襄公去世，晋国内乱，让人不能不佩服季文子的缜密。

季文子不仅就局部的时局有清醒而准确的把握，他对当时整体政局也有理智而全面的认识，因此，他的未雨绸缪绝不仅仅只针对一时一事。鲁成公七年，吴国攻打郯国，郯国和吴国讲和。季文子评论这件事，认为中原地区的各国不整顿军队，蛮夷就会进攻中原，而中原各诸侯却无人在意此事，这是因为没有善君的缘故。所以，身居上位的人不善，那么谁能免于遭受祸乱呢？君子认为“知惧如是，斯不亡矣！”当人们开始知道戒惧时，就会产生警惕，便不会灭亡了。由此可见，季文子为政格局高远，能够看到天下大势，放眼长远，并非只看眼前利益。同时，他的观点也可以反映出他执政的理念，那就是身居上位者要有敬畏之心、秉持善道，一定要严格要求自己，且能为国家作长远打算。

---

① 程树德撰，程俊英、蒋见元点校：《论语集释》，北京：中华书局，1990 年，第 337 页。

在鲁文公十二年，季文子率领军队建成了诸城和郓城时，也体现了他处理政务的严谨、周到。《左传》记录此事，特别强调在动用民力建筑城防的时间安排上，季文子是刻意避开了农时的。可见，季文子执政很注意周全把握时局，既要不误农时，又要全面考虑国家的城防布局。

季文子能够处事严谨、思虑长远大概也与他的博学多才、善于审度时势有关。在文公十三年冬天，文公到晋国，重温过去的同盟友好关系。卫成公在沓地会见了鲁文公，请求文公帮助卫国和晋国媾和。鲁文公回国时，郑穆公在棐地会见了文公，也请求他帮助郑国与晋国媾和。当郑穆公在棐地与鲁文公宴饮时，郑国的大夫子家用《诗经·小雅·鸿雁》作比，把郑国比喻为鳏寡之人，希望得到鲁文公的怜惜。季文子表达自己的国君也难免陷于类似的处境，并且用《诗经·小雅·四月》表达文公不想再返回晋国之意。子家又赋了《诗经·鄘风·载驰》的第四章，表达小国有急，想让大国救助之意。季文子赋了《诗经·小雅·采薇》的第四章，表达鲁国不敢安居，也就是文公愿意从中求成之意。之后鲁文公帮助郑国达成了心愿。

孔子说："不学《诗》，无以言。"① 这段交流体现了季文子出色的言辞表达能力，尤其是在关键的外交场合中，他娴熟的对答既可以看出他深厚的学识功底，又可以看出他从容对答的外交能力。同时，这一事件也体现季文子对政治时局的清楚把握，他的对答既充分展示了鲁国作为大国的外交担当，又显示了他进退有度的外交风度。

季文子对早期思想文化有深刻的认识，并能用以约束自己，这是

---

① 程树德撰，程俊英、蒋见元点校：《论语集释》，北京：中华书局，1990 年，第 1168 页。

他能守正道、能观大局、执政严谨、克己达人的根源，也是他深谋远虑，进行政治斡旋时的文化底蕴。子贡曾评价其“三穷而三通”，言季文子“其穷事贤，其通举穷，其富分贫，其贵礼贱。穷而事贤则不悔；通而举穷则忠于朋友，富而分贫则宗族亲之，贵而礼贱则百姓戴之”①，由此亦可见其人生智慧。

四、张弛有度，善于斡旋

季文子为政期间，正是各诸侯国实力此消彼长、龃龉纷争持续不断之时，鲁国实力介于称霸的大国（如齐、晋等）和朝不保夕的小国（如郯、曹等）之间，那么，如何处理好与其他大大小小的各诸侯国之间的关系就成了对执政者最大的考验。从前文我们可以看到，季文子在处理政事中既能坚守德义，又能深谋远虑、未雨绸缪，这使得鲁国在与诸侯交往中能一直保持良好的国家形象，但在各种邦交关系中，常常牵扯到各方利益，涉及各种复杂问题，所以，外交斡旋就成为对执政者能力的重要考验。季文子执政期间，在大大小小的邦交斡旋中可谓进退有度、张弛得法。

在鲁文公十五年的春天，季文子为解决单伯和子叔姬的问题去了晋国，请求晋国为周王室和鲁国讨回公道，要求齐国释放单伯，放回子叔姬。晋国当时作为各诸联盟的盟主，有协调各诸侯国关系的责任，鲁国作为联盟中的重要成员，曾帮助卫国、郑国与晋国联盟，因此晋灵公答应了鲁国的请求，开始向齐国施压。几个月后，齐懿公迫于晋国的压力，不得不释放单伯，并要求他到鲁国传达命令。齐懿公虽害

① （汉）刘向著，向宗鲁校证：《说苑校证》，北京：中华书局，1987 年，第 290 页。

怕晋国，但怨恨鲁国搬出周天子和晋国来压制自己，就在秋天发兵攻打鲁国的西部边境。鲁文公再次派季文子到晋国斡旋，于是，晋灵公联合宋昭公、卫成公、蔡庄侯、陈灵公、郑穆公、许昭公和曹文公在郑国扈地举行会盟，重温新城会盟的友好，并且一同商议讨伐齐国。齐国贿赂晋灵公，晋灵公伐齐一事不了了之。

诸侯退兵后，齐懿公因为周天子的王命，放了子叔姬，将她送回鲁国。当然，齐懿公也因为晋灵公接受贿赂而不把诸侯会盟放在心上，再次攻打鲁国西部地区。同时，还以曹国曾朝见鲁国为借口，顺便攻打弱小的曹国。诸侯联盟对齐国的行为置之不理，鲁国只能向齐国求和。

在这件事情中，齐国自己行无礼之事，还讨伐有礼之邦，是不顺应天道，故而难免灾祸。而一方面季文子看到齐国如此行径，认为齐国难免灾祸，另一方面季文子面对齐国强大的军事实力，经过一系列外交斡旋失败后，还是采取了求和的退让策略。可见他既善于斡旋，也能审时度势，进退得宜。

季文子善于把握外交关系的尺度，这一点在他处理晋国和鲁国的关系中也得到了很好的印证。在鲁成公八年的春天，晋侯派韩穿为使臣，让鲁国把曾经被齐国侵占又迫于压力归还的汶阳的土地还给齐国。季文子借着给韩穿饯行，私下里以谈及汶阳之地原本还是晋国帮助鲁国从齐国的侵占下拿回的，如今却让鲁归还齐国，晋国的命令随意改变，是不守信义，信义是用来推行道义的，不树立道义，四方诸侯就会离心涣散，霸主应该惟德是用，否则怎么能得到诸侯的拥戴呢？并希望韩穿能够劝说晋侯讲义、重德、深谋远虑，避免失信于诸侯。同时，季文子在表达这一观点时的两处赋诗也可见其在外交过程中的聪明机智。一开始引《诗经·卫风·氓》："女也不爽，士贰其行。士也罔极，二三其德。”①季文子借此批评晋国的政策朝令夕改；其次引《诗经·大雅·板》“犹之未远，是用大谏”②，言晋国的谋略无远见，因此前来规劝。由此也显示出季文子高超的外交智慧。

由此段内容可以看出季文子迂回的外交方略，想借助韩穿之口传达给晋灵公身为霸主不可失信、背义。此事虽然鲁国很无辜，但因不能和霸主晋国针锋相对，只能通过外交斡旋来表明立场，奉劝晋侯，由此可以看出季文子外交方略的得体和适度。

这年冬天，晋国通知鲁国一起对郯国用兵，原因是郯国与吴国结盟了。鲁君不惜贿赂晋国使臣士燮希望让鲁国暂缓出兵，遭到拒绝后，季文子迫于形势派宣伯率领军队汇合晋军攻打郯国。从这件事可以看出季文子审时度势、随机应变。刚则易折，弱则可欺，在大国强权面前做到能屈能伸方为上策，季文子既能不卑不亢地为本国争取利益，又能适当退让随顺，不得罪强国，展现了政治斡旋中必要的态度和手段。

而在鲁成公九年时，因为晋国让鲁国把汶阳之田归还齐国一事，诸侯对晋侯怀有了不臣之心，晋国害怕情势恶化，就召集诸侯在蒲地会盟，重温盟约。季文子私下里与晋国大夫范文子表达不满，指责晋侯不重修德，实为舍本逐末。范文子表达了晋国此次会盟的意义在于安抚顺服的诸侯而讨伐三心二意的诸侯。从这次的政治事件可以看出，季文子虽然把汶阳的土地给了齐国，但也让晋国知道自己因此失去了信义，因为缺乏立场而陷入道义危机。所以说季文子的守正道用在外交中，同样为鲁国赢得了该有的尊重。

---

① （清）阮元校刻：《十三经注疏·毛诗正义》，北京：中华书局，2009 年，第 685 页。

② （清）阮元校刻：《十三经注疏·毛诗正义》，北京：中华书局，2009 年，第 1182 页。

季文子处理邦交问题时，可谓见缝插针，准确把握时机。鲁成公九年的夏天，季文子又到宋国慰问伯姬（穆姜之女，宋共公之妻），调解她的夫妻关系，也调解鲁宋关系。回国复命时，鲁成公设享礼招待他，季文子借《诗经·大雅·韩奕》的第五章对答："蹶父孔武，靡国不到。为韩姞相攸，莫如韩乐。孔乐韩土，川泽訏訏，魴鱮甫甫，麀鹿噳噳，有熊有罴，有猫有虎。庆既令居，韩姞燕誉"①，以此称赞鲁君的美德和宋公的恭谨及宋土的和乐，也委婉传达了让鲁君心安的信息。鲁宣公夫人穆姜听闻季文子归来，也出面感谢他，称赞他为国操劳，不忘先君和嗣君，并延及未亡人。季文子借助调解宋共公与伯姬的关系，既巩固了鲁宋两国的邦交，又稳定了鲁成公的家室，可以说一举两得。

季文子在处理邦交关系时能听取正确意见，作出合适的决策。鲁成公十八年，晋国派下军副帅来请求出兵，季文子参照臧武仲的意见确定了出兵人数，并认可了他侍奉大国遵照使者爵位次序并要更加恭敬的观点。从中可以看到季文子身为国家重臣及元老，遇到国家大事能听取正确的建议，合理处置内政外交问题。

正因为季文子出色的外交能力，因此在邦交关系中，他常常成为鲁国国君的首选。鲁文公十六年，鲁文公在自己生病不能与齐侯在约定地点见面时，就派季文子代替他去见齐侯。鲁成公二年的四月，晋国迁都到新田。冬天，季文子到晋国，祝贺晋国迁都。这是季文子代表鲁国在维护与晋国的邦交。鲁成公十一年，季文子到晋国回报聘问，并且参加了结盟。

---

① （清）阮元校刻：《十三经注疏·毛诗正义》，北京：中华书局，2009年，第1233页。

作为一代名臣，季文子文可明道志德、守正治礼，武能运筹帷幄、统兵出征；内安家国黎庶、克己复礼，外行进退张弛、纵横捭阖。当然，人无完人，我们在看待季文子为国家大事焚膏继晷、鞠躬尽瘁的生涯中，也难免看到他偶尔的差池，虽无伤大雅，不妨列于下面，仅供借鉴。

鲁成公六年的二月，季文子借助鞌之战的功劳修建了武宫，这件事不合乎礼，因为鞌之战是靠别国援助才取得胜利的，修建应该靠鲁国自己的功劳；鲁襄公二年，季文子在安排齐姜的葬礼时，用了她婆婆穆姜为自己准备的槚木内棺和颂琴。而穆姜作为鲁国国君的祖母辈长者，按照周礼是应该受到良好奉养和给予极大尊重的。季文子在这件事上是很不明智、不合礼的。这两点季文子所为，虽不合礼，却并不是出于私心，只能说此等行为会贻笑大方之家、难登大雅之堂，却并不能够抹去其本身所立下的功劳。

历史记载省去了很多细节，我们今天能够看到的只有事实的记录，至于人物的血肉，只能靠我们的想象去填充。仔细品味，季文子一生都在为国事奔忙，他上朝、出使、带兵……每一件国事的处理都不是我们看到的简简单单的几句内容，这背后的思虑辗转、周密安排、机变应对，甚至提心吊胆、寝食难安，绝非常人所能想象，更何况他律己严格、持家节俭、为政勤谨，时刻范本式地规范自己。如此为人、如此用心、如此行事，很难不令人唏嘘感慨！

第三节 季武子

人物小传

季孙宿，姬姓，季氏，名宿（《国语》中为季孙夙），春秋时鲁国季文子之子。生年不详，卒于鲁昭公七年，谥号武，史称季武子。官至鲁国正卿。季武子执政期间，进一步提高了三桓的政治地位，并巩固了季氏在三桓中的主导地位：襄公十一年时主张作三军，三分公室而三桓各得其一，由此公室渐弱，三桓渐强。鲁襄公过世，季武子立昭公，并于昭公五年春舍三军，使国人尽属三家，再一次削弱公室力量。同时季武子是一名出色的外交家，他周旋于晋、齐、楚三强国之间，使鲁国在乱世中处于相对平稳的状态，这是他的巨大贡献之一。

经典文本

【襄公六年】

季孙宿如晋。(《春秋》)

晋人以鄫故来讨，曰："何故亡鄫？"季武子如晋见，且听命。(《左传》)

【襄公七年】

城费。

秋，季孙宿如卫。(《春秋》)

南遗为费宰。叔仲昭伯为隧正，欲善季氏，而求媚于南遗。谓遗："请城费，吾多与而役。"故季氏城费。

秋，季武子如卫，报子叔之聘，且辞缓报，非贰也。(《左传》)

【襄公八年】

季孙宿会晋侯、郑伯、齐人、宋人、卫人、邾人于邢丘。(《春秋》)

五月，甲辰，会于邢丘，以命朝聘之数，使诸侯之大夫听命。季孙宿、齐高厚、宋向戌、卫宁殖、邾大夫会之。郑伯献捷于会，故亲听命。大夫不书，尊晋侯也。

晋范宣子来聘，且拜公之辱，告将用师于郑。公享之。宣子赋《摽有梅》。季武子曰："谁敢哉？今譬于草木，寡君在君，君之臭味也。欢以承命，何时之有？"武子赋《角弓》。宾将出，武子赋《彤弓》。宣子曰："城濮之役，我先君文公献功于衡雍，受彤弓于襄王，以为子孙藏。匄也，先君守官之嗣也，敢不承命？"君子以为知礼。(《左传》)

【襄公九年】

夏，季孙宿如晋。(《春秋》)

夏，季武子如晋，报宣子之聘也。

冬，十月，诸侯伐郑。庚午，季武子、齐崔杼、宋皇郧从荀罃、士匄门于鄟门。卫北宫括、曹人、邾人从荀偃、韩起门于师之梁。滕人、薛人从栾黡、士鲂门于北门，杞人、郳人从赵武、魏绛斩行栗。

公送晋侯，晋侯以公宴于河上，问公年。季武子对曰："会于沙随之岁，寡君以生。"晋侯曰："十二年矣，是谓一终，一星终也。国君十五而生子，冠而生子，礼也。君可以冠矣。大夫盍为冠具？"武子对曰："君冠，必以祼享之礼行之，以金石之乐节之，以先君之祧处之。今寡君在行，未可具也，请及兄弟之国而假备焉。"晋侯曰："诺。"公还，及卫，冠于成公之庙，假钟磬焉，礼也。(《左传》)

【襄公十一年】

春，王正月，作三军。(《春秋》)

春，季武子将作三军，告叔孙穆子曰："请为三军，各征其军。"穆子曰："政将及子，子必不能。"武子固请之。穆子曰："然则盟诸？"乃盟诸僖闳，诅诸五父之衢。正月，作三军，三分公室而各有其一。三子各毁其乘。季氏使其乘之人，以其役邑入者无征，不入者倍征。孟氏使半为臣，若子若弟。叔孙氏使尽为臣，不然，不舍。(《左传》)

【襄公十二年】

季孙宿帅师救台，遂入郓。(《春秋》)

春，莒人伐我东鄙，围台。季武子救台，遂入郓，取其钟以为公盘。(《左传》)

【襄公十四年】

春，吴告败于晋。会于向，为吴谋楚故也。范宣子数吴之不德也，以退吴人。执莒公子务娄，以其通楚使也。

将执戎子驹支，范宣子亲数诸朝，曰："来！姜戎氏！昔秦人迫逐乃祖吾离于瓜州，乃祖吾离被苫盖、蒙荆棘，以来归我先君。我先君惠公有不腆之田，与女剖分而食之。今诸侯之事我寡君不如昔者，盖言语漏泄，则职女之由。诘朝之事，尔无与焉。与将执女。"对曰："昔秦人负恃其众，贪于土地，逐我诸戎。惠公蠲其大德，谓我诸戎，是四岳之裔胄也，毋是翦弃。赐我南鄙之田，狐狸所居，豺狼所嗥。我诸戎除翦其荆棘，驱其狐狸豺狼，以为先君不侵不叛之臣，至于今不二。昔文公与秦伐郑，秦人窃与郑盟而舍戍焉，于是乎有崤之师。晋御其上，戎亢其下，秦师不复，我诸戎实然。譬如捕鹿，晋人角之，诸戎掎之，与晋踣之，戎何以不免？自是以来，晋之百役，与我诸戎相继于时，以从执政，犹崤志也。岂敢离逷？今官之师旅，无乃实有所阙，以携诸侯，而罪我诸戎！我诸戎饮食衣服，不与华同，贽币不通，言语不达，何恶之能为？不与于会，亦无瞢焉。"赋《青蝇》而退。宣子辞焉，使即事于会，成恺悌也。于是，子叔齐子为季武子介以会，自是晋人轻鲁币，而益敬其使。

冬，会于戚，谋定卫也。(《左传》)

【襄公十五年】

季孙宿、叔孙豹帅师城成郛。(《春秋》)

郑尉氏、司氏之乱，其余盗在宋。郑人以子西、伯有、子产之故，纳赂于宋，以马四十乘，与师茷、师慧。三月，公孙黑为质焉。司城子罕以堵女父、尉翩、司齐与之，良司臣而逸之，托诸季武子，武子寘诸卞。郑人醢之三人也。(《左传》)

【襄公十九年】

季孙宿如晋。(《春秋》)

季武子如晋拜师，晋侯享之。范宣子为政，赋《黍苗》。季武子兴，再拜稽首，曰："小国之仰大国也，如百穀之仰膏雨焉！若常膏之，其天下辑睦，岂唯敝邑？"赋《六月》。

季武子以所得于齐之兵，作林钟而铭鲁功焉。臧武仲谓季孙曰："非礼也！夫铭，天子令德，诸侯言时计功，大夫称伐。今称伐，则下等也，计功，则借人也，言时，则妨民多矣，何以为铭？且夫大伐小，取其所得以作彝器，铭其功烈，以示子孙，昭明德而惩无礼也。今将借人之力以救其死，若之何铭之？小国幸于大国，而昭所获焉以怒之，亡之道也。"(《左传》)

【襄公二十年】

季孙宿如宋。(《春秋》)

冬，季武子如宋，报向戌之聘也。褚师段逆之以受享，赋《常棣》之七章以卒。宋人重贿之。归，复命，公享之，赋《鱼丽》之卒章。公赋《南山有台》。武子去所，曰："臣不堪也。"(《左传》)

【襄公二十一年】

邾庶其以漆、闾丘来奔，季武子以公姑姊妻之，皆有赐于其从者。于是鲁多盗。季孙谓臧武仲曰："子盍诘盗？"武仲曰："不可诘也。纥又不能。"季孙曰："我有四封，而诘其盗，何故不可？子为司寇，将盗是务去，若之何不能？"武仲曰："子召外盗而大礼焉，何以止吾盗？子为正卿，而来外盗；使纥去之，将何以能？庶其窃邑于邾以来，子以姬氏妻之，而与之邑，其从者皆有赐焉。若大盗，礼焉以君之姑姊与其大邑，其次皂牧舆马，其小者衣裳剑带，是赏盗也。赏而去之，其或难焉。纥也闻之，在上位者洒濯其心，壹以待人；轨度其信，可明征也，而后可以治人。夫上之所为，民之归也。上所不为而民或为之，是以加刑罚焉，而莫敢不惩。若上之所为而民亦为之，乃其所也，又可禁乎？《夏书》曰：'念兹在兹，释兹在兹，名言兹在兹，允出兹在兹，惟帝念功'，将谓由己壹也。信由己壹，而后功可念也。"

庶其非卿也，以地来，虽贱必书，重地也。(《左传》)

【襄公二十三年】

季武子无適子，公弥长，而爱悼子，欲立之。访于申丰曰："弥与纥，吾皆爱之，欲择才焉而立之。"申丰趋退，归，尽室将行。他日，又访焉。对曰："其然，将具敝车而行。"乃止。

访于臧纥，臧纥曰："饮我酒，吾为子立之。"季氏饮大夫酒，臧纥为客。既献，臧孙命北面重席，新尊絜之。召悼子，降，逆之。大夫皆起。及旅，而召公鉏，使与之齿。季孙失色。

季氏以公鉏为马正，愠而不出。闵子马见之，曰："子无然。祸福无门，唯人所召。为人子者，患不孝，不患无所。敬共父命，何常之有？若能孝敬，富倍季氏可也。奸回不轨，祸倍下民可也。”公钼然之。敬共朝夕，恪居官次。季孙喜，使饮己酒，而以具往，尽舍旃。故公钼氏富，又出为公左宰。

孟孙恶臧孙，季孙爱之。孟氏之御驺丰点好羯也，曰：“从余言，必为孟孙。”再三云，羯从之。孟庄子疾，丰点谓公钼：“苟立羯，请仇臧氏。”公钼谓季孙曰：“孺子秩固其所也。若羯立，则季氏信有力于臧氏矣。”弗应。己卯，孟孙卒，公钼奉羯立于户侧。季孙至，入，哭，而出，曰：“秩焉在？”公钼曰：“羯在此矣！”季孙曰：“孺子长。”公钼曰：“何长之有？唯其才也。且夫子之命也。”遂立羯。秩奔邾。

孟氏闭门，告于季孙曰：“臧氏将为乱，不使我葬。”季孙不信。臧孙闻之，戒。冬，十月，孟氏将辟，藉除于臧氏。臧孙使正夫助之，除于东门，甲从己而视之。孟氏又告季孙。季孙怒，命攻臧氏。乙亥，臧纥斩鹿门之关以出，奔邾。

臧纥致防而奔齐。其人曰：“其盟我乎？”臧孙曰：“无辞。”将盟臧氏，季孙召外史掌恶臣，而问盟首焉，对曰：“盟东门氏也，曰：‘毋或如东门遂，不听公命，杀適立庶’。盟叔孙氏也，曰：‘毋或如叔孙侨如欲废国常，荡覆公室’。”季孙曰：“臧孙之罪，皆不及此。”孟椒曰：“盍以其犯门斩关？”季孙用之，乃盟臧氏，曰：“毋或如臧孙纥，干国之纪，犯门斩关！”臧孙闻之，曰：“国有人焉，谁居？其孟椒乎！”（《左传》）

【襄公二十七年】

五月，甲辰，晋赵武至于宋。丙午，郑良霄至。六月，丁未朔，宋人享赵文子，叔向为介。司马置折俎，礼也。仲尼使举是礼也，以为多文辞。戊申，叔孙豹、齐庆封、陈须无、卫石恶至。甲寅，晋荀盈从赵武至。丙辰，邾悼公至。壬戌，楚公子黑肱先至，成言于晋。

丁卯，宋向戌如陈，从子木成言于楚。戊辰，滕成公至。子木谓向戌："请晋、楚之从，交相见也。"庚午，向戌复于赵孟。赵孟曰："晋、楚、齐、秦，匹也，晋之不能于齐，犹楚之不能于秦也。楚君若能使秦君辱于敝邑，寡君敢不固请于齐？"壬申，左师复言于子木，子木使驲谒诸王。王曰："释齐、秦，他国请相见也。"秋七月戊寅，左师至。是夜也，赵孟及子皙盟，以齐言。庚辰，子木至自陈。陈孔奂、蔡公孙归生至。曹、许之大夫皆至。以藩为军。晋、楚各处其偏。伯夙谓赵孟曰："楚氛甚恶，惧难。"赵孟曰："吾左还，入于宋，若我何？"

辛巳，将盟于宋西门之外。楚人衷甲。伯州犁曰："合诸侯之师，以为不信，无乃不可乎？夫诸侯望信于楚，是以来服。若不信，是弃其所以服诸侯也。"固请释甲。子木曰："晋、楚无信久矣，事利而已。苟得志焉，焉用有信？"大宰退，告人曰："令尹将死矣，不及三年。求逞志而弃信，志将逞乎？志以发言，言以出信，信以立志。参以定之。信亡，何以及三？"赵孟患楚衷甲，以告叔向。叔向曰："何害也？匹夫一为不信，犹不可，单毙其死。若合诸侯之卿，以为不信，必不捷矣。食言者不病，非子之患也。夫以信召人，而以僭济之，必莫之与也，安能害我？且吾因宋以守病，则夫能致死。与宋致死，虽倍楚可也，子何惧焉？又不及是。曰'弭兵'以召诸侯，而称兵以害我，吾庸多矣，非所患也。"

季武子使谓叔孙以公命，曰："视邾、滕。"既而齐人请邾，宋人请滕，皆不与盟。叔孙曰："邾、滕，人之私也；我，列国也，何故视之？宋、卫，吾匹也。"乃盟。故不书其族，言违命也。(《左传》)

【襄公二十八年】

庆封归，遇告乱者。丁亥，伐西门，弗克。还伐北门，克之。入，伐内宫，弗克。反，陈于岳，请战，弗许，遂来奔。献车于季武子，美泽可以鉴。展庄叔见之，曰："车甚泽，人必瘁，宜其亡也。"叔孙穆子食庆封，庆封汜祭。穆子不说，使工为之诵《茅鸱》。亦不知。既而齐人来让，奔吴。吴句余予之朱方，聚其族焉而居之，富于其旧。子服惠伯谓叔孙曰："天殆富淫人，庆封又富矣。"穆子曰："善人富谓之赏，淫人富谓之殃。天其殃之也，其将聚而歼旃。"(《左传》)

【襄公二十九年】

公还，及方城。季武子取卞，使公冶问，玺书追而与之，曰："闻守卞者将叛，臣帅徒以讨之。既得之矣。敢告。"公冶致使而退，及舍，而后闻取卞。公曰："欲之而言叛，只见疏也。"公谓公冶曰："吾可以入乎？"对曰："君实有国，谁敢违君？"公与公冶冕服。固辞，强之而后受。公欲无入。荣成伯赋《式微》，乃归。五月，公至自楚。公冶致其邑于季氏，而终不入焉。曰："欺其君，何必使余？"季孙见之，则言季氏如他日。不见，则终不言季氏。及疾，聚其臣，曰："我死，必无以冕服敛，非德赏也。且无使季氏葬我。"(《左传》)

【襄公三十年】

三月，癸未，晋悼夫人食舆人之城杞者，绛县人或年长矣，无子，而往与于食。有与疑年，使之年。曰："臣，小人也，不知纪年。臣生之岁，正月甲子朔，四百有四十五甲子矣。其季于今，三之一也。"吏走问诸朝。师旷曰："鲁叔仲惠伯会郤成子于承匡之岁也。是岁也，狄伐鲁，叔孙庄叔于是乎败狄于鹹，获长狄侨如及虺也、豹也，而皆以名其子。七十三年矣。"史赵曰："亥有二首六身，下二如身，是其日数也。"士文伯曰："然则二万六千六百有六旬也。"

赵孟问其县大夫，则其属也。召之，而谢过焉，曰："武不才，任君之大事，以晋国之多虞，不能由吾子，使吾子辱在泥涂久矣，武之罪也。敢谢不才。"遂仕之，使助为政。辞以老。与之田，使为君复陶，以为绛县师，而废其舆尉。于是鲁使者在晋，归以语诸大夫。季武子曰："晋未可媮也。有赵孟以为大夫，有伯瑕以为佐，有史赵、师旷而咨度焉，有叔向、女齐以师保其君。其朝多君子，其庸可媮乎！勉事之而后可。"（《左传》）

【襄公三十一年】

春，王正月，穆叔至自会。见孟孝伯，语之曰："赵孟将死矣。其语偷，不似民主。且年未盈五十，而谆谆焉如八九十者，弗能久矣。若赵孟死，为政者其韩子乎！吾子盍与季孙言之，可以树善，君子也。晋君将失政矣，若不树焉，使早备鲁，既而政在大夫，韩子懦弱，大夫多贪，求欲无厌，齐、楚未足与也，鲁其惧哉！"孝伯曰："人生几何，谁能无偷？朝不及夕，将安用树？"穆叔出而告人曰："孟孙将死矣。吾语诸赵孟之偷也，而又甚焉。"又与季孙语晋故，季孙不从。

（襄公卒）立敬归之娣齐归之子公子裯。穆叔不欲，曰："大子死，有母弟则立之，无则立长。年钧择贤，义钧则卜，古之道也。非適嗣，何必娣之子？且是人也，居丧而不哀，在慼而有嘉容，是谓不度。不度之人，鲜不为患。若果立之，必为季氏忧。"武子不听，卒立之。比及葬，三易衰，衰衽如故衰。于是昭公十九年矣，犹有童心。君子是以知其不能终也。（《左传》）

【昭公元年】

三月，取郓。（《春秋》）

季武子伐莒，取郓。莒人告于会。楚告于晋曰："寻盟未退，而鲁伐莒，渎齐盟，请戮其使。"乐桓子相赵文子，欲求货于叔孙而为之请，使请带焉。弗与。梁其跁曰："货以藩身，子何爱焉？"叔孙曰："诸侯之会，卫社稷也。我以货免，鲁必受师。是祸之也，何卫之为？人之有墙，以蔽恶也。墙之隙坏，谁之咎也？卫而恶之，吾又甚焉。虽怨季孙，鲁国何罪？叔出季处，有自来矣，吾又谁怨？然鲋也贿，弗与，不已。"召使者，裂裳帛而与之，曰："带其褊矣。"(《左传》)

【昭公二年】

季孙宿如晋。(《春秋》)

春，晋侯使韩宣子来聘，且告为政而来见，礼也。观书于大史氏，见《易》、《象》与《鲁春秋》，曰："周礼尽在鲁矣，吾乃今知周公之德，与周之所以王也。"公享之，季武子赋《绵》之卒章。韩子赋《角弓》。季武子拜曰："敢拜子之弥缝敝邑，寡君有望矣。"武子赋《节》之卒章。既享，宴于季氏。有嘉树焉，宣子誉之。武子曰："宿敢不封殖此树，以无忘《角弓》。"遂赋《甘棠》。宣子曰："起不堪也，无以及召公。"

晋少姜卒。公如晋，及河，晋侯使士文伯来辞，曰："非伉俪也，请君无辱！"公还。季孙宿遂致服焉。(《左传》)

【昭公三年】

小邾穆公来朝。季武子欲卑之。穆叔曰："不可；曹、滕、二邾，实不忘我好，敬以逆之，犹惧其贰，又卑一睦焉，逆群好也？其如旧而加敬焉！《志》曰：'能敬无灾。'又曰：'敬逆来者，天所福也。'"季孙从之。(《左传》)

【昭公四年】

大雨雹。季武子问于申丰曰："雹可御乎？"对曰："圣人在上，无雹，虽有，不为灾。古者，日在北陆而藏冰，西陆朝觌而出之。其藏冰也，深山穷谷，固阴冱寒，于是乎取之。其出之也，朝之禄位，宾、食丧祭，于是乎用之。其藏之也，黑牡、秬黍，以享司寒。其出之也，桃弧、棘矢，以除其灾。其出入也时，食肉之禄，冰皆与焉。大夫命妇，丧浴用冰。祭寒而藏之，献羔而启之，公始用之。火出而毕赋。自命夫、命妇，至于老疾，无不受冰。山人取之，县人传之，舆人纳之，隶人藏之。夫冰以风壮，而以风出。其藏之也周，其用之也遍，则冬无愆阳，夏无伏阴，春无凄风，秋无苦雨，雷出不震，无菑霜雹，疠疾不降，民不夭札。今藏川池之冰，弃而不用。风不越而杀，雷不发而震。雹之为菑，谁能御之？《七月》之卒章，藏冰之道也。"

十二月，癸丑，叔孙不食。乙卯，卒。牛立昭子而相之。公使杜泄葬叔孙。竖牛赂叔仲昭子与南遗，使恶杜泄于季孙而去之。杜泄将以路葬，且尽卿礼。南遗谓季孙曰："叔孙未乘路，葬焉用之？且冢卿无路，介卿以葬，不亦左乎？"季孙曰："然。"使杜泄舍路。不可，曰："夫子受命于朝，而聘于王，王思旧勋而赐之路，复命而致之君，君不敢逆王命而复赐之，使三官书之。吾子为司徒，实书名；夫子为司马，与工正书服。孟孙为司空，以书勋。今死而弗以，是弃君命也。书在公府而弗以，是废三官也。若命服，生弗敢服，死又不以，将焉用之？"乃使以葬。

季孙谋去中军，竖牛曰："夫子固欲去之。"（《左传》）

【昭公五年】

五年，春，王正月，舍中军，卑公室也。毁中军于施氏，成诸臧氏。初作中军，三分公室而各有其一。季氏尽征之，叔孙氏臣其子弟，孟氏取其半焉。及其舍之也，四分公室，季氏择二，二子各一，皆尽征之，而贡于公。以书使杜洩告于殡，曰："子固欲毁中军，既毁之矣，故告。"杜洩曰："夫子唯不欲毁也，故盟诸僖闳，诅诸五父之衢。"受其书而投之，帅士而哭之。叔仲子谓季孙曰："带受命于子叔孙曰：'葬鲜者自西门。'"季孙命杜洩。杜洩曰："卿丧自朝，鲁礼也。吾子为国政，未改礼而又迁之。群臣惧死，不敢自也。"既葬而行。

仲至自齐，季孙欲立之。南遗曰："叔孙氏厚则季氏薄。彼实家乱，子勿与知，不亦可乎？"南遗使国人助竖牛，以攻诸大库之庭。司宫射之，中目而死。竖牛取东鄙三十邑，以与南遗。(《左传》)

【昭公六年】

夏，季孙宿如晋。(《春秋》)

六年，春，王正月，杞文公卒，吊如同盟，礼也。大夫如秦，葬景公，礼也。夏，季孙宿如晋，拜莒田也。晋侯享之，有加笾。武子退，使行人告曰："小国之事大国也，苟免于讨，不敢求贶。得贶不过三献。今豆有加，下臣弗堪，无乃戾也？"韩宣子曰："寡君以为驩也。"对曰："寡君犹未敢，况下臣，君之隶也，敢闻加贶？"固请彻加，而后卒事。晋人以为知礼，重其好货。(《左传》)

【昭公七年】

冬，十有一月，癸未，季孙宿卒。(《春秋》)

晋人来治杞田，季孙将以成与之。谢息为孟孙守，不可，曰："人有言曰'虽有挈缾之知，守不假器，礼也。'夫子从君，而守臣丧邑，虽吾子亦有猜焉。"季孙曰："君之在楚，于晋罪也。又不听晋，鲁罪重矣。晋师必至，吾无以待之，不如与之，间晋而取诸杞。吾与子桃，成反，谁敢有之？是得二成也。鲁无忧，而孟孙益邑，子何病焉？"辞以无山，与之莱、柞，乃迁于桃。晋人为杞取成。

十一月，季武子卒。晋侯谓伯瑕曰："吾所问日食，从矣。可常乎？"对曰："不可。六物不同，民心不壹，事序不类，官职不则，同始异终，胡可常也？《诗》曰'或燕燕居息，或憔悴事国'，其异终也如是。"公曰："何谓六物？"对曰："岁、时、日、月、星、辰是谓也"。公曰："多语寡人辰，而莫同。何谓辰？"对曰："日月之会是谓辰，故以配日。"（《左传》）

人物评议

季武子是继季友、季文子之后在鲁国执掌政权的季氏继承人，他的执政生涯记载从鲁襄公六年开始，一直到鲁昭公七年去世为止。在鲁国国力渐衰时期，作为鲁国政权的实际执掌者，季武子在处理国内外事务时，有很多值得肯定、堪称典范的手笔，但也有诸多争议。无论如何，在他的所作所为中，他对鲁国的忠诚维护和辛苦付出始终无法否认。

季武子政治才能卓越，不仅在鲁国国内赢得了敬重，还多次受到各诸侯的肯定。鲁襄公二十年的冬天，季武子到宋国回报向戌的聘问，他接受了宋公的享礼，并赋《诗经·小雅·棠棣》答谢，宋国人还丰厚地赠给他财礼。归国后，鲁襄公设享礼招待他，他赋《诗经·小雅·鱼丽》："物其多矣，维其嘉矣！物其旨矣，维其偕矣！物其有矣，维其时矣！"①以此表达到宋国聘问是恰逢其时，襄公赋了《诗经·小雅·南山有台》，喻指季武子出使为国争光。季武子谦恭地表达自己不敢当。从这件事可以看出季武子外交礼仪周到，外交辞令娴熟，凭借自己的外交能力赢得了宋公的肯定，也得到了鲁襄公的高度称赞。鲁昭公七年十一月，季武子去世。晋侯怀疑这是应了他占卜日食关于灾难涉及鲁国的结果。可见，在诸侯的眼中，季武子的离去对鲁国来说影响堪称灾难性的，这侧面反映出季武子执政能力非凡。

---

① （清）阮元校刻:《十三经注疏·毛诗正义》，北京：中华书局，2009年，第891页。

季武子执政期间，在内政外交两大方面颇有建树：

一、季武子在内政上强势权谋、圆熟通达

（一）有礼有节，娴熟通达

鲁襄公九年，晋国发动诸侯攻打郑国，郑国求和会盟后，鲁襄公送晋侯。晋侯在黄河边上设宴，问及襄公的年龄，并提及可以为他行冠礼了。季武子回答晋侯：“君冠，必以祼享之礼行之，以金石之乐节之，以先君之祧处之。今寡君在行，未可具也。请及兄弟之国而假备焉。”可见季武子对礼法的熟识，并且在途经卫国时，及时“冠于成公之庙。假钟磬焉，礼也。”

（二）能听善问，精准判断

鲁昭公三年，季武子想用低于诸侯规格的礼仪接待小邾国穆公的朝见，被叔孙豹劝止，强调对于始终不忘对我国友好的人，反而降级招待，这是会违背表达友好国家的心意的。季武子听从了他的意见。鲁昭公四年，鲁国遭受冰雹之灾时，季武子主动向申丰请教，弄清原因。可见，季武子在很多大事的处理中，面对自己出现的问题并不回避，能够及时听取正确建议，作出合理的判断和选择；对于自己不了解的问题，他也能认真地询问有关人士，听取分析、了解缘由、合理把握，而不是妄下判断。

（三）为国建功，握紧利益

季武子在鲁国国势衰弱的情况下，努力为国家树立正面形象，把握国家既得利益，明知有违礼法，却并没有按照鲁国作为周礼保存最完好国家的一贯做派行事，是夸饰，也是对国家形象的维护。

鲁襄公十九年，季武子用在对齐战争中获得的武器，制作了林

钟，并在上面铭刻鲁国的武功。臧武仲对季武子分析道："夫铭，天子令德，诸侯言时计功，大夫称伐……且夫大伐小，取其所得，以作彝器，铭其功烈，以示子孙，昭明德而惩无礼也。"① 指出记载征伐则是下等的做法，记载功绩则是借于别人的力量，记载适时则又妨碍百姓太多了。尽管本质上鲁国是借助别国的力量战胜齐国的，这样做不合礼法，容易引起严重的后果，但让国人记住胜利也不失为一种激励手段。

鲁襄公二十一年，邾国的大夫邾庶其背叛邾国，带着邾国的漆地和闾丘来投奔鲁国。季武子欣然接受他的馈赠，并且对他大加封赏：季武子做主把襄公的姑母嫁给他为妻，对于跟从来的人都加以赏赐。这样做无疑不合礼法。《春秋》经中对此处的记载也暗含着对季武子的讽刺，唐代陆淳撰《春秋集传微旨》卷下中对这一事件有所记载和评价："啖氏云：'凡以邑来奔，叛也。不言叛，为内讳也。受叛臣非也，故讳之以示讥。'"② 春秋时期各国都非常重视土地，这也是他们争夺的焦点之一，季武子作出收下叛国者土地的举动，无疑让鲁国成为了利益的获得者，可见他不惜枉顾礼法也要尽量壮大国家。

（四）平衡各方，维护稳定

鲁襄公二十三年，孟庄子不喜欢臧纥，因此就借机陷害他，季孙信以为真，就下令攻打臧氏，臧纥斩断鹿门门闩逃到邾国。季武子在让掌管恶臣的外史写臧纥的盟辞时，明知道臧纥没有大罪，最终却听从孟椒的建议强加给他触犯国家法纪、打城门砍门闩的罪过。臧纥无疑成了势力角逐的牺牲品，但季武子虽然为他惋惜，却也不得不如此。

---

① （唐）白居易撰：《白氏六帖事类集》卷十四，民国二十二年景宋绍熙刻本。

② （唐）陆淳撰：《春秋集传微旨》卷下，清嘉庆十年虞山张氏照旷阁刻学津讨原本。

鲁襄公二十七年，宋国向戌为了赢得名声，想要在诸侯之间消除战争，各国诸侯不好说出反对的话，于是晋、楚、齐、秦等诸侯国的代表一同准备结盟，鲁国派去的代表是叔孙豹。正当各诸侯国代表要进行结盟的时候，季武子却以鲁襄公的名义要求叔孙豹把鲁国看作同邾国、滕国一样的地位。当时齐国人请求把邾国作为自己的属国，宋国人请求把滕国当作自己的属国，所以邾国和滕国不参加结盟。叔孙豹认为，鲁国并不是与邾、滕两国同等地位的诸侯国，没有听从命令，所以参加了结盟。不管出于什么原因，事实是在季武子不同意参加会盟的情况下，叔孙豹没有听从命令，而季武子也并未对他作出什么惩罚，可见，他在处理国政时，并非只有强权，也会适当退让，可谓进退有度。

（五）强化集权，紧握权力

为了强化权力，更大限度地把权力掌握在自己的手中，季武子采取了一系列的措施。当然，有些事情的发生并非他全力为之，也是时势使然。

1. 修筑费城

历史上很多事情的发生都需要追溯因由，读春秋时期鲁国的历史，人们常常看到的是三桓执政给鲁国带来的各种弊端，而忽略了其形成原因，如果追溯季氏在鲁国执政的源头，就会发现，季氏从季友开始，到季文子时代，在鲁国内政外交方面所有的担当和付出完全可以与鲁国国君媲美，但他们却一直以为臣之道严格要求自己，他们尽着作为臣子最大的责任，自然就会拥有巨大的权力，这其中自然不乏阿谀谄媚之徒从中助益，以至于季氏在强权的道路上越走越远。鲁僖公元年，“以汶阳、费封季友，季友为相”[①]。鲁襄公七年，是在季氏发

---

① （汉）司马迁：《史记》，北京：中华书局，1982年，第1534页。

展史上发生本质性变化的开始，也是鲁国国君与季氏关系发生重大变化的一年，也是鲁国政治状态中三桓主政的初次呈现。而这种形势变化的开始就在于修筑费城。季氏在鲁国的封地是费地，本来没有筑城，这一年，作为鲁国掌管役徒的大夫（当时称作隧正）的叔仲昭伯想要讨好季氏，就向当时为季氏管理费地的南遗说："你请求在费地筑城，我多给你劳力。"所以就有了季氏在费地筑城一事的出现。这件事也为三桓势力的壮大打开了又一道阀门，动用国家的力量为大夫修建城池，显然是不合礼的政治举动，大夫之家却城墙高筑当然也是为礼僭越的表现。

历史也是复杂的，强权的背后自然也有政治风险的警示作用助推使然。当然，不管出于什么原因，或许是季武子对于伴君如伴虎的担忧，或许是其父兢兢业业一生却险些丧命的谨慎，让季武子作出了身为大夫高筑城墙的不合理举动，却并没有影响他一如既往地为国事不吝付出。

2. 削弱公室

《史记》载襄公"十一年，三桓氏分为三军"①，季武子利用礼法规定，通过三军的增废达到削弱公室权力的目的，并最终在巩固三桓政治地位的前提下，成功让季氏成为三桓中的首脑。他这样做，一方面是为了鲁国政局的稳定，使鲁国的权力更加集中而减少了不必要的政治斗争和权力争夺；另一方面，也是他政治权力欲望膨胀，不顾礼法、枉顾君臣大义、专权、强权的体现。

鲁襄公十一年的春天，季武子争得孟孙、孙叔两家的同意，把鲁国原来的上、下两军重新扩充为上、中、下三军，季孙、叔孙、孟孙

---

① （汉）司马迁：《史记》，北京：中华书局，1982 年，第 1538 页。

“三分公室而各有其一”，同时三家结盟，利益与共。季武子利用礼法制度重建三军，但出发点却是明目张胆地瓜分公室权力。由此，鲁国国君一步步成为有名无实的虚位。

鲁昭公四年，季武子谋划去除中军，进一步削弱公室权力，竖牛竟然谎称已经去世的叔孙豹想这样做。鲁昭公五年，季武子废除了中军，并借助叔孙豹刚去世而谎称是叔孙豹的想法。被杜洩揭穿后，他下令违礼葬叔孙豹，杜洩阻止，季武子却强令他执行任务，杜洩虽然据理力争，无奈群臣畏惧季武子，最终执行了他的命令。

季武子就是借助合于礼法的三军的增废，达到让鲁国政权牢牢掌握在三桓手中并强化季氏权势的目的。

3. 壮大实力

鲁襄公二十九年，鲁襄公到楚国参加楚康王的葬礼，季武子趁机私吞了卞地，并强行让派去问候襄公的公冶带去了封泥加盖印章的书信，还找借口说卞地的人要叛变，才带兵讨伐，取得了卞地，报告给襄公。襄公出于无奈只能接受这个事实，勉强回到鲁国。公冶不满季武子欺骗国君却要自己去的做法，退回了他的封邑，始终不进季氏的家门，甚至死时还聚集家臣不让季氏安葬他。可见季武子在强权的路上越走越远，不但欺君、私吞国土，还强迫大夫。

4. 选立国君

按照礼法，太子死了，有同母弟弟就立他为继承人，没有同母弟弟就立兄弟中年长的人为国君，年岁相当的就选择其中贤能的人，贤能程度也相当就占卜决定立谁为君。而鲁国当时死去的太子不是嫡子。季武子却执意选择立他母亲妹妹的儿子，显然不合礼法。更何况当时季武子所立的鲁昭公（公子裯）居丧不哀，面对父亲的死反而有喜悦之色，可以称得上不孝了，不孝之人必定会制造祸乱。叔孙穆叔因为以上种种不同意季武子立他即位，并直言“若果立，必为季氏忧”①，而季武子一意孤行。可见，季武子在集权与专断的路上越来越强势，即便立国君这等国家大事，都要听他命令。

5. 拣选继承人

季武子在鲁国地位举足轻重，他的家事也关系到鲁国的国事。季武子在自己继承人的选拔中虽然掺杂了感性的成分，但最终作出了冷静的判断，遵从了礼法原则，也选择了有利于季氏发展合适人选。鲁襄公二十三年，季武子在选拔继承人时出于个人喜好而不顾原则，试图放弃长子公弥（钮）而立自己喜欢的悼子。公弥因不满生怨，闵子马对公弥予以提醒，公弥明白道理后注重自身孝礼，谨慎处理政务，还做了鲁襄公的左宰，最终得到了季武子的认可。

在孟孙与叔孙家继承人的选择上季武子也多有自己的考量，既直接插手又间接干预，但最终遵从了权谋。为了达到自己目的，季武子竟然不避讳与小人为伍，采纳有助于强权的建议，哪怕有失明正。季武子欲立仲壬为叔孙的继承人，南遗却以叔孙势力减弱对季孙掌权更有利劝说季武子，季武子竟就采纳了南遗的建议，不去过问此事。而南遗暗暗派人帮助竖牛杀死了仲壬，私下得到三十个邑。《韩非子·内储说上》中也对此有所记载：“叔孙相鲁，贵而主断。其所爱者曰竖牛，亦擅用叔孙之令。叔孙有子曰壬，竖牛妒而欲杀之。因与壬游于鲁君所，鲁君赐之玉环，壬拜受之而不敢佩，使竖牛请之叔孙。竖牛欺之曰：‘吾已为尔请之矣，使尔佩之。’壬因佩之。竖牛因谓叔孙：‘何不见壬于君乎？’叔孙曰：‘孺子何足见也？’竖牛曰：‘壬固已数见于君矣。君赐之玉环，壬

① （汉）司马迁：《史记》，北京：中华书局，1982年，第1539页。

已佩之矣。’叔孙召壬见之，而果佩之，叔孙怒而杀壬。”① 这之后竖牛又设计除去了壬之兄丙以及叔孙，从而使得叔孙氏的实力大减。

孟庄子在选继承人时，季武子虽然也想按礼法立长子孺子秩为继承人，但因为孟孙的御驺丰典利用孟庄子与臧氏的矛盾推荐羯，另外，公钼也对季武子进言，立羯为继承人有助于季氏更有力地抑制臧氏。季武子最初虽然不答应，但在孟庄子的葬礼上默认了此事。

季武子在季氏的继承人选择上虽然有过犹豫，但最终作出了理智的判断，他这样做不仅因为合于礼法，更重要的是有利于季氏的未来发展。而在孟孙和叔孙的继承人选择上虽然强调礼法，但最终遵从于对季氏更有利的选择。可见，季武子通过一系列的政治手段和操作，在加强集权的方向上已经不遗余力。他从修筑费城开始，逐渐联合孟孙、叔孙削弱公室的力量，再从拣选继承人入手，削弱孟孙、叔孙的力量，为了使季氏一族在鲁国的实力壮大到无可比及可谓煞费苦心，又卓有成效。

总体看来，季武子在鲁国执政期间，在各方势力复杂多变的情况下，兢兢业业、不辞劳苦，紧握鲁国的大权，强力稳定国内政局，因此才赢得了较高的威信。鲁襄公二十八年，齐国的庆封在齐国无法立足之后逃到了鲁国，把自己美丽而光可鉴人的车子给了季武子。不久后，齐国人来责备鲁国收留庆封一事，庆封就逃到吴国去了。庆封在寻求鲁国庇护的时候，没有去见鲁襄公，而是选择向季武子献礼，由此事可见季武子在鲁国的权势威信超过了鲁襄公。

---

① （清）王先慎撰，钟哲点校：《韩非子集解》，北京：中华书局，1998年，第219—220页。

二、季武子在外交上主次分明、权谋练达

季武子主政期间，正是鲁国国力渐衰的时期，当时各国势力此消彼长、互相结交又互相攻击，他巧妙地利用齐、晋、楚三大强国之间的矛盾，苦心周旋，使得鲁国多次化险为夷，保持鲁国与晋的友好关系和在邦国之中的地位。他妥善处理与周边小国的邦交，使鲁国在大国强国和小国弱国之间保持相对的平衡和稳定。在外交中他为了维护鲁国的国家利益，不辞辛苦、不计得失、尽力斡旋，充分展示了良臣、能臣的本色。

季武子出色的外交能力体现在政治立场坚定、政治才能卓越、政治眼光敏锐、外交礼仪周到、外交辞令娴熟等方面。在晋国和楚国、齐国等大国之间，季武子坚定地站在晋国的身边，为了维护鲁国与晋国的关系，煞费苦心；在与晋国及诸侯国的交往中，他用自己出色的外交才能和外交礼仪，赢得了信任，得到了认可；在鲁国大臣对晋国的信任有所动摇的时候，他冷静分析、精准判断，为鲁国赢得了信任和善待。

季武子维护晋国，极尽所能。在处理鲁国邦交时，与晋国的交往可谓重中之重，晋国作为当时的诸侯霸主，处理好与晋国的关系就为鲁国的稳定赢得了重要保障。作为冷静周密的外交家，季武子在鲁国与晋国的关系上用心良苦，终于赢得了青睐。

首先，季武子积极配合晋国的召令，认真参与；对待晋国大小事物，从不含糊。如，鲁襄公八年季武子参加了晋国为明确朝聘财礼数字组织的各国大夫盟会；鲁襄公九年夏天，季武子到晋国回报范宣子的聘问；鲁襄公十四年的冬天，季武子和晋国的士匄、宋国的华阅、卫国的孙林父、郑国的公孙虿、莒国人、邾国人在戚地会见，商量安

定卫国的事情；鲁昭公二年，晋国少姜死了，虽不是晋侯正式的配偶，但仍由季武子送去了下葬的衾衣，等等。

哪怕是接待晋国来宾，季武子也格外用心，礼仪得体、诗辞从容。鲁襄公八年，晋国范宣子来鲁国聘问，鲁襄公设享礼招待他。在宴会上，范宣子用《诗经·召南·摽有梅》来表达希望鲁国支持晋国出兵郑国、对抗楚国，季武子便表示鲁国会欣然受命，季武子还赋了《诗经·小雅·角弓》一诗表达了对晋国如兄弟般的亲近。在范宣子要离开时，季武子又赋《诗经·小雅·彤弓》寄寓晋悼公将继续晋文公霸业之意。由此可知季武子也是个知礼、懂礼之人。

鲁昭公二年，韩宣子到鲁国来聘问，告诉鲁国他在晋国当政之事，这是合礼的行为。在接待中，通过大史氏处观看《易》《象》与《鲁春秋》，韩宣子认识到“周礼尽在鲁矣。吾乃今知周公之德，与周之所以王也”。在鲁昭公设享礼招待他时，季武子赋《诗经·大雅·绵》称赞晋侯和韩宣子，韩宣子赋《诗经·小雅·角弓》表达晋鲁两国如兄弟理应相亲。季武子拜谢他对鲁国的认可，并赋《诗经·小雅·节南山》的最后一章“家父作诵，以究王讻。式讹尔心，以畜万邦”①，称颂晋之德可以蓄养万邦。之后季武子在家中宴请韩宣子，从容对答并赋《甘棠》赞美韩宣子堪比召公。从这些社交接待中既看到了季武子尽量展示鲁国的文化和政治外交礼仪，让韩宣子看到了鲁国的重要地位，同时，展示出了他的诗才、口才等外交能力，让韩宣子看到了他冷静从容、进退得宜的外交魅力。

其次，对待鲁国自身的问题，季武子有礼有节、敢作敢当。鲁襄公六年，作为鲁国属国的鄫国被莒国所灭，晋国以此责问鲁国为什么

---

①（清）阮元校刻：《十三经注疏·毛诗正义》，北京：中华书局，2009年，第946页。

坐视不管，任由莒国灭了自己领土内的鄫国。当时季武子接替季文子做了鲁国的正卿，很多大政决策就落到了他的身上。于是季武子就代表鲁国到当时作为诸侯霸主的晋国去向晋国谢罪，并等待听从晋国的命令。

再次，在得到晋国庇护时，季武子及时前往晋国，积极拜谢晋国的善待。鲁襄公十八年的秋天，齐侯攻打鲁国的北部边境时，鲁国借助晋国的力量，联合晋、宋、卫、郑、曹、莒、邾、滕、薛、杞、小邾，共同出兵攻打齐国，减轻了自身的压力，也很好地抑制了齐国的进攻。

鲁襄公十九年的春天，诸侯从沂上回来，在督扬结盟，因为邾国攻打鲁国而拘捕了邾悼公，划定了鲁国与邾国的领土边界，让鲁国多得了邾国的土地。

晋侯回国后，季武子紧接着到晋国拜谢晋侯出兵，在晋侯设享礼招待他时，季武子表现得有礼有节，堪称典范。当时晋国范宣子当政，赋了《诗经·小雅·黍苗》一诗，以诗比喻鲁君忧劳天下，如雨露滋润禾苗，是恭维鲁国的外交辞令。季武子同样运用外交礼仪辞令回复他的恭维。他先是再拜叩首，然后表示："小国之仰大国也，如百谷之仰膏雨焉！若常膏之，其天下辑睦，岂唯敝邑?"接着赋了《诗经·小雅·六月》，其中"王子出征，以匡王国""王子出征，以佐天子"两句①，借助尹吉甫辅佐天子征伐出征以匡扶王政比喻晋国的功德。

鲁昭公六年的夏天，季武子到晋国拜谢他们不讨伐鲁国占取莒国的土地，他也同样表现出了一个贤臣应该具有的谦敬守礼的大家风范，

① 参见（清）阮元校刻：《十三经注疏·毛诗正义》，北京：中华书局，2009年，第908页。

赢得了晋国人的尊重。晋侯设享礼招待他时，有增加的菜肴。季武子退出，派行人报告说：“小国事奉大国，如果免于被讨伐，不敢再求赏赐。得到赏赐不超过三献。现在菜肴有所增加，下臣不敢当，恐怕这是罪过。”韩宣子说：“寡君用它来讨取您的欢心。”季武子回答说：“寡君还不敢当，何况下臣，是君王的奴仆，岂敢听到有外加的赏赐？”坚决请求撤去加菜而后结束享宴。晋国人认为他懂得礼仪，在享礼中重重地赠给他财物。

正是因为季武子在处理邦交时深明礼仪，进退有度，所以他得到晋国人的重视，赢得了晋国对鲁国的青眼有加。鲁襄公十四年春天，季武子、叔老参加了晋士匄、齐人、宋人、卫人、郑公孙虿、曹人、莒人、邾人、滕人、薛人、杞人、小邾人的盟会。这次会盟是因为吴国报告晋国自己被楚国打败而举行的，晋国在向地组织盟会，就是为吴国攻打楚国之事商讨策划。季武子身为鲁国的代表参与了此次大规模的诸侯卿大夫的会盟。从这次盟会开始，晋国人减轻了鲁国的献礼，而更加敬重鲁国的使者。可见，晋侯把对鲁国的重视和友好，用实际利益直接清楚地表达出来，鲁国在诸侯国间的地位自然也就更高了。

另外，在鲁国和晋国出现矛盾时，季武子又能看清事情的本质，及时调整策略，不计得失、不惜退让，极力平稳与晋国的关系。鲁昭公七年，晋国出面划定鲁国和杞国的边界，季武子打算把成地给他们。当时成地是孟孙的土地，谢息就趁机向季武子提出要求。季武子考虑到当时鲁君在楚国，本身就是得罪晋国的行为，如今晋国来帮助杞国要土地，如果不给鲁国不同意，晋国肯定会借此出兵。于是，季武子尽量满足谢息提出的要求，最后把成地给了杞国，暂时缓解了与晋国和杞国的矛盾。可见，时值乱世，又夹在大国之间，当政者作决定时所要考虑的因素必然更多，还要安抚国内的臣子，更需要内外斡旋，这实在是对一个从政者能力的巨大挑战。

总的来说，季武子能与晋国始终保持平稳友善的邦交关系，究其原因，与季武子清醒冷静的政治判断、敏锐的政治眼光密切相关。

鲁襄公三十年，鲁国使者在晋国了解到晋国大臣们对筑杞城一老役卒的处理过程，回国后把这件事告诉了鲁国的大夫们。季武子冷静分析，理智总结："晋未可媮也。有赵孟以为大夫，有伯瑕以为佐，有史赵、师旷而咨度焉，有叔向、女齐以师保其君。其朝多君子，其庸可媮乎？勉事之而后可。"从区区一件小事中，季武子就概括出了对待晋国的原则：不可轻视，勉励侍奉。可见季武子对当时的政治形势能清楚审察，并冷静及时地作出合理应对，在诸侯势力此消彼长的时代，选择结盟和亲近的诸侯国是非常棘手的政治问题，季武子能够透过现象看到事物的本质，不失为一个政治格局高远的政治家。

也是因为对晋国形势的精准判断，季武子选择了毫不犹豫地相信晋国，支持晋国，因此才能始终得到晋国的庇护和支撑。随着各国势力的变化，能准确判断时局，需要的是过人的智慧和纵观全局的格局，这方面季武子无疑是出色的，这也让他能够从容准确地把握鲁国的邦交大局，保持与晋国的良好关系，同时也能恰当处理与其他诸侯国的关系。

季武子从执政伊始，就开始行走于各诸侯国之间，处理大大小小的外交问题。而在处理与大大小小的诸侯国的关系中，他很好地把握了以下几点：

一是保持友善关系，这是季武子处理邦交的出发点。鲁襄公七年的秋天，季武子刚刚接过执政鲁国的大任，为了回报卫国子叔在六年前对襄公的聘问，出使卫国。由季武子到卫国解释鲁国对卫国的聘问缓报，并不是对卫国怀有二心，一方面是由于季武子的身份贵重，可以体现出鲁国对卫国以及鲁卫两国关系的重视，另一方面原文中说“且辞缓报”，从一个“辞”字可以看出外交辞令的重要性，这也从侧面反映出季武子外交辞令的娴熟，以及他善用外交辞令建立良好邦交关系的突出能力。

二是肯于伸出援手，这是季武子跨越邦国的冷静考量。鲁襄公十五年，郑国清除叛乱后逃至宋国的余党，宋国的司城子罕交出了堵女父等三个叛贼，但认为司臣贤良，就放走了他，并把他托付给季武子，季武子接受托付并把他安置在了卞地。虽然明知道司臣在郑国参加了“五族之乱”，于当时的郑国当政者而言可谓乱臣，季武子因受邻邦之托收留并安置他，有重义的一面，也有他爱惜人才的一面。另外，就春秋时代的政治状态看，周天子逐步成为有名无实的政治傀儡，诸侯国之间你争我夺、纷争混乱，各个诸侯国内部也因为权利争斗此起彼伏，很难说清孰是孰非，也许正是因为这一点，季武子帮助了司臣。而堵女父等人就是郑国内部矛盾的失败者，而且被捉回的三人被郑国当权者施以残忍的醢刑。

三是不拒绝武功，这是季武子面对侵犯时的态度。鲁襄公十二年春天，莒国人攻打鲁国东部边境的台地，季武子出兵救助台地，并攻入郓地，夺取他们的钟改铸成襄公的盘。可见在维护国家权益方面，季武子丝毫不会含糊，文治武功兼用，并且不辞辛劳。

四是能面对差距，这是季武子直视强国的气魄。鲁襄公十八年的秋天，齐侯攻打鲁国的北部边境。面对强大的齐国，季武子积极寻求帮助和庇护，借助晋国的霸主地位，由鲁襄公出面，联合晋侯、宋公、卫侯、郑伯、曹侯、莒子、邾子、滕子、薛伯、杞伯、小邾子在鲁国边境济水边上相会，重温溴梁盟会的誓言，共同攻打齐国。季武子不回避战争，不逃避差距，在积极应战的同时，能及时寻求帮助，借助晋国的霸主地位克制齐国对鲁国的打压。

五是敢强势出兵，这是季武子衡量之后的争夺。鲁昭公元年，季武子攻打莒国，攻取了郓地。当时诸侯正在虢地会盟，莒国人到盟会告状。《国语·鲁语下》对此事也有记载："季武子伐莒取郓莒人告于会，楚人将以叔孙穆子为戮。"[①] 而鲁国的叔孙豹作为使者参加盟会，楚国人认为大家正在重温当年在宋国的盟会，而鲁国就作出了破坏盟约的行为，建议诛杀鲁国使臣。虽然由于叔孙豹身为使臣临危不忘国家、危难之中不辱使命，又有赵孟等人的劝解最终叔孙豹幸免于难，但季武子的做法却使鲁国受到诸侯诟病。在春秋诸侯国争斗愈演愈烈的形势下，表面看他在处理邦交问题时不合礼法、更不合时宜，使鲁国受到诸侯的非议，但实际上在为鲁国争取利益这一点上，季武子的做法也无可厚非。

季武子多次参加诸侯会盟，很少留下不良影响，还很好地维护了鲁国的邦交关系，可见他在礼仪、应答方面的过人之处。从季武子在拥戴强国的选择上，冷静分析、精准判断，可见他对时势洞察的睿智。季武子在大大小小的政治斡旋中，灵活多变，不墨守成规，可见他应对时局的能力。季武子所生活的年代，作为一个优秀的从政者，既要维护表面的礼法制度，又要使得国家的实际利益得到维护，因此只有方法多样、能力超群，才能进退得法、攻防得当，维护强弱关系的平衡。从这一点看来，季武子是当之无愧的外交大家。

在形势复杂、礼崩乐坏、纷争不断的春秋时代，究竟按照史书中强调的礼法观念去评价一个人，还是按照对一个国家更有意义的实际

---

① （春秋）左丘明撰，徐元诰集解，王树民、沈长云点校：《国语集解》，北京：中华书局，2002 年，第 187 页。

利益的观点去评判是非，很难选择，因此也很难做到公允地评价季武子所做的一切，他维护鲁国的国家利益，一生为国事辛苦付出是毫无疑问的。他为了国家利益有违礼法也是事实，说他强权自大也无可厚非，说他在乱世强权势大才能更好地为国家掌舵也并非借口。难于评判，但对他这个人深重的家国思想却是要给予肯定的。

有人说，春秋时所谓的礼都是虚礼，所谓的守礼只不过是诸侯强权的遮羞布，孟子说“春秋无义战”①，这些评论都让我们认识到春秋时期权势争夺的实质。但细观历史就不难发现，周礼作为春秋时代的遮羞布，确实也对诸侯的行为起到了一定的抑制作用，这就使得争夺尽管是事实，但并未达到赤裸裸和白热化程度。就是在这样的特殊历史时期，执掌一个国家的政权，维护一个国家的稳定，可以说对执政者提出了巨大的考验。作为一个执政者，一味守礼，无异于待宰的羔羊，会被时代的大风气裹挟吞没；一味地强权，也无疑会被群起围殴，惨遭覆灭。季武子就是这个特殊历史时期掌权者的代表，他的做法既是时代使然，又是责任赋予。

① （清）焦循撰，沈文倬点校：《孟子正义》，北京：中华书局，1987 年，第 954 页。

第二章

晋国卿篇

晋国，封地在尧之唐，《玉篇》："尧称唐者荡荡，道德至大之貌皃"①，"唐者，周成王之母弟叔虞所封也，其地，帝尧夏禹所都之墟，汉曰太原郡"②。谈到晋国，自然就会提及成王桐叶封弟一事。据《吕氏春秋·重言》《史记·晋世家》记载，晋地始封者乃成王弟虞叔，二人游戏时，成王因戏而封虞叔于唐地，"晋唐叔虞者，周武王子而成王弟。初，武王与叔虞母会时，梦天谓武王曰：'余命女生子，名虞，余与之唐。'及生子，文在其手曰'虞'，故遂因命之曰虞。武王崩，成王立，唐有乱，周公诛灭唐。成王与叔虞戏，削桐叶为珪以与叔虞，曰：'以此封若。'史佚因请择日立叔虞。成王曰：'吾与之戏耳。'史佚曰：'天子无戏言。言则史书之，礼成之，乐歌之。'于是遂封叔虞于唐。唐在河、汾之东，方百里，故曰唐叔虞。姓姬氏，字子于"③。

---

① （梁）顾野王撰：《玉篇》，中华书局，2019年，第158页。

② （唐）孔颖达撰：《毛诗正义》，十三经注疏本，中华书局，2009年，第765页。

③ （汉）司马迁撰：《史记》，中华书局，1959年，第1635页。

第一节　狐偃

人物小传

狐偃，姬姓，狐氏，字子犯，晋大夫狐突之子，晋文公重耳的舅父。与兄长狐毛一同跟随晋文公重耳流亡，一心扶持重耳。能审清时局，知人善任，努力促成重耳回国即位。又尽心辅佐晋文公提升晋国国力，称霸诸侯。为人谦虚守礼，谨慎周全。

经典文本

【僖公二十三年】

九月，晋惠公卒。怀公命无从亡人，期，期而不至，无赦。狐突之子毛及偃，从重耳在秦，弗召。冬，怀公执狐突曰："子来则免。"对曰："子之能仕，父教之忠，古之制也。策名委质，贰乃辟也。今臣之子，名在重耳，有年数矣。若又召之，教之贰也。父教子贰，何以事君？刑之不滥，君之明也，臣之愿也。淫刑以逞，谁则无罪？臣闻命矣。"乃杀之。卜偃称疾不出，曰："《周书》有之：'乃大明，服。'己则不明，而杀人以逞，不亦难乎？民不见德，而唯戮是闻，其何后之有？"

晋公子重耳之及于难也，晋人伐诸蒲城。蒲城人欲战，重耳不可，曰："保君父之命而享其生禄，于是乎得人。有人而校，罪莫大焉。吾其奔也。"遂奔狄。从者狐偃、赵衰、颠颉、魏武子、司空季子。狄人伐廧咎如，获其二女叔隗、季隗，纳诸公子。公子取季隗，生伯鯈、叔刘，以叔隗妻赵衰，生盾。将适齐，谓季隗曰："待我二十五年，不来而后嫁。"对曰："我二十五年矣，又如是而嫁，则就木焉。请待子。"处狄十二年而行。

过卫，卫文公不礼焉。出于五鹿，乞食于野人，野人与之块，公子怒，欲鞭之。子犯曰："天赐也。"稽首，受而载之。

及齐，齐桓公妻之，有马二十乘。公子安之。从者以为不可。将行，谋于桑下。蚕妾在其上，以告姜氏。姜氏杀之，而谓公子曰："子有四方之志，其闻之者，吾杀之矣。”公子曰：“无之。”姜曰：“行也！怀与安，实败名。”公子不可。姜与子犯谋，醉而遣之。醒，以戈逐子犯。

及郑，郑文公亦不礼焉。叔詹谏曰：“臣闻天之所启，人弗及也。晋公子有三焉，天其或者将建诸，君其礼焉！男女同姓，其生不蕃。晋公子，姬出也，而至于今，一也。离外之患，而天不靖晋国，殆将启之，二也。有三士足以上人而从之，三也。晋、郑同侪，其过子弟，固将礼焉，况天之所启乎！”弗听。

秦伯纳女五人，怀嬴与焉，奉也沃盥，既而挥之。怒，曰：“秦、晋匹也，何以卑我？”公子惧，降服而囚。他日，公享之。子犯曰：“吾不如衰之文也。请使衰从。”公子赋《河水》。公赋《六月》。赵衰曰：“重耳拜赐！”公子降，拜稽首，公降一级而辞焉。衰曰：“君称所以佐天子者命重耳，重耳敢不拜？”(《左传》)

【僖公二十四年】

春，王正月，秦伯纳之，不书，不告入也。及河，子犯以璧授公子，曰：“臣负羁绁从君巡于天下，臣之罪甚多矣，臣犹知之，而况君乎？请由此亡。”公子曰：“所不与舅氏同心者，有如白水！”投其璧于河。济河，围令狐，入桑泉，取臼衰。二月，甲午，晋师军于庐柳。秦伯使公子縶如晋师。师退，军于郇。辛丑，狐偃及秦、晋之大夫盟于郇。壬寅，公子入于晋师。丙午，入于曲沃。丁未，朝于武宫。戊申，使杀怀公于高粱。不书，亦不告也。(《左传》)

【僖公二十五年】

秦伯师于河上，将纳王。狐偃言于晋侯曰：“求诸侯，莫如勤王。

诸侯信之，且大义也。继文之业，而信宣于诸侯，今为可矣。”使卜偃卜之，曰：“吉。遇黄帝战于阪泉之兆。”公曰：“吾不堪也。”对曰：“周礼未改，今之王，古之帝也。”公曰：“筮之！”筮之，遇《大有》之《睽》，曰：“吉，遇‘公用享于天子’之卦。战克而王飨，吉孰大焉？且是卦也，天为泽以当日，天子降心以逆公，不亦可乎？《大有》去《睽》而复，亦其所也。”晋侯辞秦师而下。三月甲辰，次于阳樊。右师围温，左师逆王。夏四月丁巳，王入于王城。取大叔于温，杀之于隰城。

戊午，晋侯朝王。王享醴，命之宥。请隧，弗许，曰：“王章也。未有代德，而有二王，亦叔父之所恶也。”与之阳樊、温、原、欑茅之田。晋于是始启南阳。(《左传》)

【僖公二十七年】

冬，楚子及诸侯围宋，宋公孙固如晋告急。先轸曰：“报施救患，取威定霸，于是乎在矣。”狐偃曰：“楚始得曹，而新昏于卫，若伐曹、卫，楚必救之，则齐、宋免矣。”于是乎蒐于被庐，作三军，谋元帅。赵衰曰：“郤縠可。臣亟闻其言矣，说礼、乐而敦《诗》《书》。《诗》《书》，义之府也；礼、乐，德之则也；德、义，利之本也。《夏书》曰：‘赋纳以言，明试以功，车服以庸。’君其试之！”乃使郤縠将中军，郤溱佐之。使狐偃将上军，让于狐毛而佐之；命赵衰为卿，让于栾枝、先轸。使栾枝将下军，先轸佐之。荀林父御戎，魏犨为右。

晋侯始入而教其民，二年，欲用之。子犯曰：“民未知义，未安其居。”于是乎出定襄王，入务利民，民怀生矣。将用之。子犯曰：“民未知信，未宣其用。”于是乎伐原以示之信。民易资者不求丰焉，明征其辞。公曰：“可矣乎？”子犯曰：“民未知礼，未生其共。”于是乎大

蒐以示之礼，作执秩以正其官。民听不惑，而后用之。出谷戍，释宋围，一战而霸，文之教也。(《左传》)

【僖公二十八年】

子玉使宛春告于晋师曰：“请复卫侯而封曹，臣亦释宋之围。”子犯曰：“子玉无礼哉！君取一，臣取二，不可失矣。”先轸曰：“子与之！定人之谓礼，楚一言而定三国，我一言而亡之。我则无礼，何以战乎？不许楚言，是弃宋也；救而弃之，谓诸侯何？楚有三施，我有三怨，怨雠已多，将何以战？不如私许复曹、卫以携之，执宛春以怒楚，既战而后图之。”公说。乃拘宛春于卫，且私许复曹、卫。曹、卫告绝于楚。

子玉怒，从晋师。晋师退。军吏曰：“以君辟臣，辱也；且楚师老矣，何故退？”子犯曰：“师直为壮，曲为老，岂在久乎？微楚之惠不及此，退三舍辟之，所以报也。背惠食言，以亢其雠，我曲楚直，其众素饱，不可谓老。我退而楚还，我将何求。若其不还，君退臣犯，曲在彼矣。”退三舍，楚众欲止，子玉不可。

夏，四月戊辰，晋侯、宋公、齐国归父、崔夭、秦小子慭次于城濮。楚师背酅而舍，晋侯患之。听舆人之诵曰：“原田每每，舍其旧而新是谋。”公疑焉。子犯曰：“战也！战而捷，必得诸侯。若其不捷，表里山河，必无害也。”公曰：“若楚惠何？”栾贞子曰：“汉阳诸姬，楚实尽之。思小惠而忘大耻，不如战也。”晋侯梦与楚子搏，楚子伏己而盬其脑，是以惧。子犯曰：“吉。我得天，楚伏其罪，吾且柔之矣。”

子玉使斗勃请战，曰：“请与君之士戏，君冯轼而观之，得臣与寓目焉。”晋侯使栾枝对曰：“寡君闻命矣。楚君之惠未之敢忘，是以在此。为大夫退，其敢当君乎？既不获命矣，敢烦大夫谓二三子，戒尔车乘，敬尔君事，诘朝将见。”

晋车七百乘，韅、靷、鞅、靽。晋侯登有莘之虚以观师，曰：“少长有礼，其可用也。”遂伐其木以益其兵。己巳，晋师陈于莘北，胥臣以下军之佐当陈、蔡。子玉以若敖六卒将中军，曰：“今日必无晋矣。”子西将左，子上将右。胥臣蒙马以虎皮，先犯陈、蔡。陈、蔡奔，楚右师溃。狐毛设二旆而退之。栾枝使舆曳柴而伪遁，楚师驰之。原轸、郤溱以中军公族横击之。狐毛、狐偃以上军夹攻子西，楚左师溃。楚师败绩。子玉收其卒而止，故不败。(《左传》)

【僖公二十九年】

夏，六月，会王人晋人、宋人、齐人、陈人、蔡人、秦人，盟于翟泉。(《春秋》)

夏，公会王子虎、晋狐偃、宋公孙固、齐国归父、陈辕涛涂、秦小子慭，盟于翟泉，寻践土之盟，且谋伐郑也。卿不书，罪之也。在礼，卿不会公、侯，会伯、子、男可也。(《左传》)

【僖公三十年】

九月甲午，晋侯、秦伯围郑，以其无礼于晋，且贰于楚也。晋军函陵，秦军氾南。佚之狐言于郑伯曰：“国危矣，若使烛之武见秦君，师必退。”公从之。辞曰：“臣之壮也，犹不如人；今老矣，无能为也已。”公曰：“吾不能早用子，今急而求子，是寡人之过也。然郑亡，子亦有不利焉。”许之。

夜缒而出，见秦伯曰：“秦、晋围郑，郑既知亡矣。若亡郑而有益于君，敢以烦执事。越国以鄙远，君知其难也，焉用亡郑以陪邻？邻之厚，君之薄也。若舍郑以为东道主，行李之往来，共其乏困，君亦无所害。且君尝为晋君赐矣，许君焦、瑕，朝济而夕设版焉，君之所知也。夫晋何厌之有？既东封郑，又欲肆其西封，若不阙秦，将焉取之？阙秦以利晋，惟君图之。”秦伯说，与郑人盟，使杞子、逢孙、扬孙戍之，乃还。

子犯请击之。公曰：“不可。微夫人力不及此。因人之力而敝之，不仁；失其所与，不知；以乱易整，不武。吾其还也。”亦去之。(《左传》)

人物评议

有评论说，没有狐偃就没有晋文公的霸业。且不论狐偃自身的文武之道，就他对晋文公重耳而言，称他为国君之师的确不为过。在晋文公的成长过程中，狐偃引导、提携、推动并辅助他，如父如兄，似臣似师，可谓是忠心耿耿、苦心孤诣、披肝沥胆、呕心沥血。同时，狐偃又深谙为臣之道，一方面了解晋文公之仁，相信自己的选择能定国安邦；另一方面深知伴君如伴虎，因此做了最大的努力，也做好了最坏的准备。由此可见，其思之深、其志之坚、其谋之远、其能之大皆堪称范式。

韦昭在解《国语·周语中》“畜义丰功谓之仁”一句时，便以狐偃为例，称此处的“仁”即“若狐偃辅晋文也”①，可见在辅佐晋文公的过程中狐偃的付出。狐偃长于运筹帷幄，在晋文公成长的路上，狐偃为他筹谋走好每一步该走的路，艰难时伴他左右，磨其心智；为君后导其教民化民，建功立业；并身体力行，治政统兵，殚精竭虑、鞠躬尽瘁，一步步把他推到历史舞台的聚光灯下，让他成为耀眼的所在。

一、心如日月，照亮晋国

狐偃一定是孤寂的。为了晋国的安定强大，苦心孤诣，追随晋文

① （春秋）左丘明撰，徐元诰集解，王树民、沈长云点校：《国语集解》，北京：中华书局，2002年，第76页。

公重耳，终其一生，历尽艰难险阻。所幸眼光深邃，晋文公重耳仁德宽厚、才能卓著；所幸思谋周密，内心坚定，虽然殚精竭虑但终究心愿得遂，还给他一个强大稳健的晋国。

很多人认为，狐偃的忠诚只给晋文公，其实，仔细分析晋国在重耳前后的国君状态就不难发现，就当时的晋国而言重耳当政无疑是最好的选择，只有他能带着晋国走向安定强大。狐偃正是看到了这一点，才会呕心沥血地帮助晋文公一步步走到国君的位置。

张九龄有言，“昔晋献公惑嬖姬之谗，申生忧死，国乃大乱”[①]，从晋国当时的历史情况看确实如此。晋献公的三个儿子申生、重耳、夷吾虽颇有才行，却遭受献公宠幸的骊姬陷害，太子申生被逼迫自杀后，重耳和夷吾恐惧地逃回封地，晋献公便兵伐蒲、屈两地，致使公子重耳和公子夷吾逃亡国外。

晋献公在病危时委托荀息把骊姬之子奚齐扶上君位，结果晋献公死后，诸公子争位，晋国大乱。奚齐被里克所杀，荀息复立骊姬妹妹之子卓子。里克又杀卓子，迎立公子夷吾，在秦国的帮助下，公子夷吾即位，是为晋惠公。晋惠公继位后，背信弃义，诛杀大臣，百姓也人心惶惶。晋惠公去世后，其子太子圉继位，是为晋怀公。

鲁僖公二十三年九月，晋怀公即位，命令群臣不准跟随逃亡在外的人，并限定期限，不归国的人就无法赦免罪行。狐突的儿子狐毛和狐偃跟随逃亡的公子重耳在秦国，狐突不肯召他们回国。这年冬天，晋怀公就捉住狐突，威胁他：“你儿子回来就赦免你。”狐突回答：“当儿子的能够做官，做父亲的教导他们忠诚，这是自古的制度。名字写

① （宋）欧阳修、宋祁撰，中华书局编辑部点校：《新唐书》，北京：中华书局，1975年，第3607页。

在简策上就要屈身事君，三心二意就是罪过。现在臣下的儿子名字早就写在重耳的简策上，已经有些年了。如果召他们回来，这是教导他们三心二意。父亲教导儿子三心二意，用什么来侍奉国君呢？用刑不乱，这是君王的贤明，臣下的愿望。滥用刑罚以快心意，谁能没有罪呢？臣下听到命令了。”义正词严地拒绝了晋怀公的要求，而后被杀。后人对狐突的言行和品行评价颇高，在凌稚隆《春秋左传注评测义》中提及郭登氏曰：“而后为臣之道尽矣。”①此外柳宗元也曾在文章中评价其“善深谋”②。晋臣卜偃就托病不出门，说：“《周书》上有‘国君能伟大，贤明臣子才顺服。’自己不贤明，而杀人以图快意，不也很难服人吗？百姓看不到德行，而只听到杀戮，他的后代怎能享有禄位呢？”这种评价是非常中肯的，也代表了一般大臣和普通民众对晋怀公的评价。

晋怀公登上君位却不考虑以德服人，不考虑国家的前途，而是着力于清除异己、杀戮无辜、保全君位。相比于他的行为，再看公子重耳的做法。晋公子重耳遭受骊姬的迫害，逃到自己的封地蒲城，父亲晋献公派人追杀他。蒲城人要抵抗，重耳反对，他说：“我凭借君父的命令，享受到封地的供养，才得到属下的人民；有了人民就同君父较量，没有比这再大的罪过了。我还是逃走吧。”于是逃亡狄国。

从卜偃对于晋怀公滥杀无辜大臣一事的评判可以看出，晋怀公确实不是一个贤明的君主；对比公子重耳，他在父亲要追杀他时宁愿逃亡，也不愿用君父所给的力量来与之对抗，虽然明知道君父做事不合

① （明）凌稚隆：《春秋左传注评测义》，哈佛大学汉和图书馆明万历十六年刻本。转引自李卫军编著：《左传集评》，北京：北京大学出版社，2016年，第486页。

② （唐）柳宗元著，彭嘉敏注：《柳宗元文集》，北京：北京联合出版公司，2018年，第123页。

君臣之礼、父子之义，但他自己却愿意遵守礼法，遵照国君之子该有的礼法对待君父。两相对照，贤愚高下立判。也正是因为看到了他的贤德，狐偃等几位重臣随从他一起逃亡在外，并始终守候、追随他。其实，他们也是在为自己的国家和人民守候血脉和希望。

另外，狐偃的父亲狐突曾言："臣子事重耳有年数矣，今召之，是教之反君，何以教之？"①所言不错。他作为一个忠诚的老臣，教育儿子忠诚贤君是合于礼法的。以狐突所言就不难理解狐偃作为一代忠臣之后，一心辅佐晋文公重耳登上国君之位，并不主要是出于舅舅对外甥的疼爱，而是为晋国的国家命运和未来筹谋。后来的历史证明了狐偃等臣子的选择，他们的忠诚和贤能最终造就了属于晋国的辉煌历史。

二、忠诚坚定，善于筹谋

狐偃在认定公子重耳后，在辅助晋文公强大晋国的进程中，从未有过二心，也从未动摇过，甚至公子重耳自己都怀疑放弃的时候，他也忠心不渝、坚定不移。在鲁僖公二十三年的记载中，追述了晋文公重耳逃亡的过程和狐偃追随晋文公所经历的艰难，以及在艰难中对晋文公的坚定支持、积极的鼓励和不计得失的帮助。

狐偃作为一个清醒冷静的政治家，认清晋国的形势和重耳的人品后，便坚定地站在他的身边，给予危难中的他最有力的支持和最积极的鼓励。在他们一行人逃到卫国时，卫文公没有给予应有的礼遇。到了五鹿时，他们没有粮食，只能向乡下人讨饭吃。乡下人却拿土块给他们，重耳大怒，想要鞭打那个乡下人，狐偃阻止说："这是上天赏赐

① （汉）司马迁：《史记》，北京：中华书局，1982年，第1656页。

给您的。”他把不能吃的泥土看作土地给予的支撑，以激励患难中因衣食无着而困顿焦虑的重耳坚持下去，给予他希望和力量。后代注家在言及此事时也多夸赞狐偃的机智，言：“过卫有贤臣之谏，得人之效也。子犯诡词以解文公之怒，免被野人之祸害，辞命极巧妙。”①

到了齐国，齐桓公善待重耳，把本族的女子嫁给他，还给他二十辆马车。重耳满足于现有生活，贪恋妻子，随遇而安。后经陪同者的商讨，狐偃和姜氏定下计策，灌醉重耳并将他带出齐国都城。重耳酒醒大怒，提着长戈追杀狐偃。可以看出，狐偃不惜违逆重耳，承担杀身的后果，也要把重耳重新推上晋国的历史舞台，挽救晋国，他的忠诚和坚定少有人能及。同时，重耳在秦国时晋献公过世，秦穆公劝重耳于此时返国，但在狐偃的劝说下，重耳放弃了这一想法，《礼记》：“舅犯曰：‘孺子其辞焉，丧人无宝仁亲以为宝，父死之谓何又因以为利，而天下其孰能说之孺子其辞焉？’”②并且为重耳树立了仁爱、重视长远利益的形象。

除了坚定地站在晋文公的身边给予他最强有力的精神支撑，狐偃也充分发挥了他运筹帷幄的超凡能力，推动历史转至新的年轮。

狐偃运筹帷幄的能力主要体现在他善于抓住机会、善于识人上。当重耳带领一行人来到秦国后，他们得到了秦穆公的优待。在一次秦穆公宴请重耳时，狐偃决定不放过任何可以抓住的机会。因为赵衰善于文辞，他让赵衰陪同重耳赴宴，赵衰抓住秦穆公言辞中流露出的对重耳将来能统治晋国、辅佐周天子的期望，因此高声赞礼替重耳向秦

---

① （清）方宗诚：《春秋左传文法读本》，华东师范大学图书馆清刻本。转引自李卫军编著：《左传集评》，北京：北京大学出版社，2016年，第489页。

② （清）孙希旦撰，沈啸寰、王星贤点校：《礼记集解》，北京：中华书局，1989年，第250页。

穆公拜谢。重耳紧接着走下台阶立刻向秦穆公作揖、扣头。秦穆公也走下一级台阶，表示不接受重耳的稽首大礼。赵衰立刻援引秦穆公的话："您提出将辅佐周天子的使命交给重耳担当，重耳怎敢不拜谢您的厚意啊！"赵衰确实及时地把握住了这次难得的机会，也把握住了借助秦国的力量来转变晋国历史的关键机遇，他文辞恰切得体，促成了秦穆公在第二年派兵送公子重耳回晋国争夺君位之事。

狐偃既看到了晋文公的贤德因而始终坚定不移，也看到了赵衰之能，因而在关键时刻把他推到前沿，并打出了漂亮的翻身仗。因此在这次宴请中，正如孙应鳌所言："匪为衰与重耳有光，而偃亦与有荣矣。"①

鲁僖公二十五年，周襄王为了躲避同母弟弟所造成的祸难，出王城居住在郑国，派简师父到晋国报告，派左鄢父到秦国报告。秦穆公把军队驻扎在黄河边上，准备护送周天子回国。狐偃对晋文公说："求得诸侯的拥护，没有什么能比为天子的事尽力更有效的了。可以得到信任，并且合于大义。继续晋文侯时代匡辅周王室的事业，同时在诸侯当中宣扬信义，现在可以去做了。"于是，晋文公言辞劝退秦军，由晋国独自承担率兵护送周襄王回朝的事宜。周襄王解决了朝政问题之后，用甜酒招待晋文公，赏赐他阳樊、温地、原地、欑茅的土地，晋国从此开始开辟了南阳的疆土。

狐偃充分展示了他善于把握时机的智慧，他抓住周天子需要帮助的契机，扩大晋国在周王朝以及诸侯中的影响，得到周天子的信任，收获信、义的同时，也让晋国收获了土地，扩大了国土。得到周天子

① （明）张鼐：《左传隽》，上海图书馆明万历刻本。转引自李卫军编著：《左传集评》，北京：北京大学出版社，2016年，第486页。

的认可，就在诸侯中树立起了威信，推动晋国逐渐走上了称霸中原的道路。

鲁僖公二十七年，冬天，楚成王和诸侯领兵围攻宋国，宋国向晋国求救。晋国分析形势时认为，宋国在晋文公逃亡时曾帮助过他，应该予以帮助，也应该利用这次机会在诸侯中建立威信，稳定霸业。在分析如何救助的问题上，狐偃掷地有声，分析了当前的形势和诸侯国之间的关系。他认为，楚国刚刚得到曹国的归附和卫国结成了姻亲，若是先攻打曹国和卫国，楚国一定会来救助，那么齐国和宋国就都可以解除威胁了。

我们不能不赞叹狐偃的这招围魏救赵，既避免了和楚国的正面对垒，又解除了盟国的燃眉之急，一举两得，技高一筹。同时，在晋国国内，也借此机会组建三军、选拔良将，狐偃原本被选为下军将，却辞让给了狐毛，他来做辅佐。这一年，晋国按照狐偃的谋划出兵迫使楚国撤退在齐国谷地的驻军，解除了楚军对宋国的围困。

狐偃长于谋划，善于审时，又谦恭自持。晋国在公子重耳出逃的岁月里动荡不安，国势渐衰，狐偃等人竭力帮助晋文公重耳登上君位，让晋国得有仁君；又能稳扎稳打，抓住机会屡出奇谋，乱世之中稳定国内，使国势逐渐增强；安抚他邦，在诸侯中树立起威信，让晋国在登上中原霸主之位的路上又前进了一大步。《新序·善谋上》中有言：“晋有狐偃之善谋，以成霸功，故谋得于帷幄，则功施于天下，狐偃之谓也。”① 不得不说拥有狐偃，乃晋国之幸！

---

① （汉）刘向编著，石光瑛校释，陈新整理：《新序校释》，北京：中华书局，2009年，第1097页。

三、贤君之师，治世之臣

在漫长的坚守中，狐偃辅助晋文公处理的大小问题中，既展示了他识人之明，也突出了他的助君治世之智。

在鲁僖公二十七的记载中，提及了晋文公重耳如何教化民众，在这一过程中处处体现了狐偃的重要指导作用，晋文公每前进一步，都离不开狐偃的分析、指导和判断。晋文公深知动用民力的艰难，所以，他刚刚回国即位，就开始教化百姓，第二年他就有了动用百姓去征战的想法。狐偃却阻止了他，狐偃认为民众还不知晓正义，还没有生活安定，还不适合去出征作战。晋文公于是就带兵安定了周襄王的王位，在国内又极力做对民众有益的事，让民众的生活逐渐安定下来。在晋文公又要动用民众时，狐偃又说，民众还不知道诚信，还不明白您采取的措施的用意。于是，晋文公在讨伐原城时用退兵一舍来让百姓看到诚信，在百姓交换货物时不狡诈、不贪便宜，让百姓懂得诚信的重要。这时，晋文公说："可以动用民众了吗？"狐偃却说，民众还不知道礼法，对长上还没有恭敬之心。于是，晋文公便通过盛大的阅兵典礼来申明礼仪，设立掌管爵位俸禄、晋级制度的官员，调整国家的官吏，让民众对上级的命令不再怀疑，然后才动员民众。狐偃的这一品质在《韩非子·外储说右上》中也有寓言将其反映出来，狐偃认为"信赏必罚，其足以战"①，这则故事中，狐偃不急于求成，而是等到合适的时机和条件再作出相应的谋略，也为晋国的崛起发挥了巨大作用。

---

① （清）王先慎撰，钟哲点校：《韩非子集解》，北京：中华书局，1998年，第327—328页。

在教化百姓的过程中，狐偃不急不躁、稳扎稳打，逐渐让晋国百姓能够安居乐业，能够知道礼法、遵守诚信，从狐偃身上我们看到的就是“工欲善其事，必先利其器”①，这在当时诸侯纷争、晋国急需强大的历史关头是十分难能可贵的，所谓欲速则不达。

后来，晋国通过城濮之战成了诸侯霸主，这是晋文公文德教化的结果，也是狐偃一步步推动教化过程的结果，狐偃可以称得上是晋文公教化民众的导师了。

四、谋定而战，礼法为先

狐偃的治世之智不仅体现在他的文治一面，同样体现在他在军事行动中所展现的智谋中。在晋楚城濮之战中，随着战争形势的变化，狐偃等人先多次分析战争形势，然后分析军队的士气，再判定战争的可行性，最后确立交战的策略。《史记》中记载：“行赏，狐偃为首。或曰：‘城濮之事，先轸之谋。’文公曰：‘城濮之事，偃说我毋失信。先轸曰军事胜为右，吾用之以胜。然此一时之说，偃言万世之功，奈何以一时之利而加万世功乎？是以先之。’”②由此可见，在城濮之战中狐偃所发挥的作用。

城濮之战发生在鲁僖公二十八年，晋国是应宋国的请求救助被楚国包围的宋国。战争的开始晋国一直因为楚国当初对晋文公逃亡时的帮助而采取避让的态度，而楚国主帅子玉傲慢无礼，要求晋国恢复与楚国结盟的卫国的君位（之前卫国人为了讨好晋国，驱逐了

① 程树德撰，程俊英、蒋见元点校：《论语集释》，北京：中华书局，1990年，第1075页。

② （汉）司马迁：《史记》，北京：中华书局，1982年，第1668页。

自己的国君)，还要让出晋国占领的曹国疆土，才肯撤出对宋国的围困。狐偃认为子玉作为一个臣子，在一个国君面前却提出以两个条件换取晋国救助宋国的一个条件，是非常无礼的行为。这为晋国攻打楚军提供了绝佳的机会。因为争霸，晋楚必然兵戎相见，但碍于楚国在晋文公逃亡时双方曾有过的约定，晋国面对楚军就一直以避让为主。此次楚军不顾情义的行为，恰好为晋军与楚军交战提供了充足的理由。

晋国先轸认为这时攻打楚军会让曹国、卫国、宋国同时被断送，那是无礼的行为，不如答应子玉的要求，让曹国、卫国、宋国同时得到恩惠，在暗中对曹国、卫国施以帮助，曹、卫与楚国断交会激怒楚国，再观察楚国的表现来决定如何应对楚国。晋军一直把礼法放在交战的首位，让自己站在道义的立场，这就取得了胜利的先机。

楚军统帅子玉果然因为曹、卫的反目而大怒，进兵相逼。晋军一再避让退却，致使晋国军官认为晋国国君被他国臣子逼退，是莫大的耻辱，便急于想与楚军对决。同时他们认为楚军作战已久，士气已经衰落。在这时，狐偃分析军情，指出军队的士气不在于时间，而在于是否理亏，晋侯因为楚国曾经的帮助才会有今天，军队退避三舍正是为了报答楚国当年的恩惠。如果两军对阵晋侯不知报恩，就一定会激起楚军的仇怨。如此晋军便是理亏，楚军才是理直，理直而气壮，楚军自然就会士气饱满了。如果这时楚军撤退，晋国也就达到了救助盟国的目的。但如果楚军还是不肯回头，步步紧逼，那就是他们理亏了，那么他们的士气自然低落。透过狐偃的分析就可以看到，晋军此时正处于士气高昂的有利状态中，这得益于晋国的礼让和精准把握军事形势。《兵志》中对狐偃的这一做法也表达了很高的评价：“子犯论理度事，无不切中，非深于兵机，何以能此？”[①]而楚国不懂礼法、一味恃强进逼，不懂战争中的至关重要的人和因素，导致了他们处于战争的不利处境中。

而事实是楚帅子玉确实没有适可而止，停止他的无礼行为，在晋军按照当年的约定而在楚军面前撤退九十里后，却没有答应楚国士兵想要停止追击的要求，而是狂傲自是，继续前进，并且抢占到了有利的地势。

这时两军已然对垒，战争一触即发，但面对强大的楚国，晋文公不免担心。因为晋军在四月戊辰这天进驻城濮时，楚军就背靠险要的丘陵扎下阵营，晋文公看到敌方占据得利的地势。在胜负掺半的时刻，狐偃分析当前的晋国国情，建议迎战。一方面，他认为如果战胜楚军，晋国便实现了称霸的目标；另一方面即使失败，晋国凭借外有黄河、内有太行山之险，也一定不会受到什么损害。战前，晋文公又因为梦到与楚成王搏斗而被打倒在地且被楚成王吮吸脑汁而害怕，狐偃却说梦兆很吉利，晋文公倒地面朝天是得到天助，楚成王向地是伏罪，吮吸脑汁是被他驯服，以此来鼓励晋文公不要犹豫，要勇敢迎战。狐偃的分析解释仿佛给出了一剂强心剂，让晋文公不再犹豫，下定了最后的决心。

于是，当子玉再次派人挑战，晋文公决定应战，并约定第二天决战。决战时，晋军先冲毁楚国盟军陈蔡两国的军队，进而由上军将狐毛和狐偃伪装成主将做出引导军队撤退的样子，他们竖起两面大旗，还在战车后面拖着树枝，扬起灰尘，假装逃跑，楚军受骗便急速追赶

① （清）蒋铭：《古文汇钞》，华东师范大学图书馆清康熙五年刻本。转引自李卫军编著：《左传集评》，北京：北京大学出版社，2016 年，第 564 页。

过来。这时，晋军主帅先轸指挥中军精锐冲杀过来将楚军拦腰截断，狐毛、狐偃再回军夹击，楚国的左军溃败。城濮之战，以楚军大败告终。

城濮之战是决定晋国历史命运的关键性战争，对于晋国来说无疑是艰难的，但在这艰难的对战中，狐偃等人每次都能在遵照礼法的前提下，认真分析战争双方的形势和战争优势，分析国家状况，然后再一步一步作出正确的选择。而在两军对抗中，也事先制定了决战策略，而不是盲目对局。正是这样的冷静分析、准确判断，以及殊死一搏的决心，才让处于交战劣势中的晋军最后反转结局，打败了强大而嚣张的楚军。最终把晋文公送上霸主宝座，完成了他一直以来的期许，心愿得遂。

这一战是晋国历史上的重要转折，战后郑国弃楚盟晋。《史记》就记载："初，郑助楚，楚败，惧，使人请盟晋侯。晋侯与郑伯盟。"①当晋文公向周襄王献战俘、兵车和步兵时，周襄王设宴款待晋文公，再命有关官员用书面形式任命晋文公为诸侯领袖，"天子使王子虎命晋侯为伯"②，还给予了丰厚的赏赐。

五、清醒理智，能进能退

狐偃是一个清醒的智者，他能够一直冷静地站在晋文公身边，分析时局，擘画前景，他也能清醒地对待自己的现在与未来，坦然得失，不贪功利。

---

① （汉）司马迁：《史记》，北京：中华书局，1982年，第1666页。

② （汉）司马迁：《史记》，北京：中华书局，1982年，第1666页。

鲁僖公二十四年春，秦穆公派兵送晋公子重耳回晋国。到达黄河边上时，狐偃拿出一块宝玉献给重耳，赔罪说：“我侍奉您走遍各国，一路上得罪您的地方太多了。连我自己都知道有罪，何况您本人呢？让我从此离开吧！”可见在重耳即将登上君位时，狐偃知道重耳会是位仁君，晋国会迎来稳定，就想功成身退。在重耳坚决挽留下，他依然愿意奉献才智，可见他的忠君爱国情怀。当然这件事中也有试探重耳是否愿意继续用他辅助治国的心思，子犯此举极有深虑，“前此有醉遣戈逐事，想惧公子之衔怨，故设此计以自坚，权谲甚也。”① 因此这一举动也是在试探重耳的品行，看他是否像自己希望的那般做一个能宽容臣下的仁君，是否在得志之时仍然顾惜旧臣。无论如何，我们都不能否定狐偃的明智和忠诚。他对于自身、他人和外部环境都有比较深入的了解和判断，往往能作出正确的判断和决定。随即，他代表重耳与秦国、晋国大夫在郇城盟誓，帮助重耳顺利掌管晋军，进而主政晋国，成为新一代晋国国君。

鲁僖公三十年，秦国和晋国因为郑国对晋国无礼，又结盟楚国而联合出兵攻打郑国。郑国智士烛之武面见秦伯，通过分析攻打郑国对秦国的利害关系，最终说动秦伯放弃攻打郑国，并与郑国结盟，还派兵帮助郑国戍守，防御晋国的攻击，然后撤军回国。在这种情况下，狐偃因为秦军背约请求晋文公出兵攻打秦军，晋文公考虑晋国和秦国的关系，认为曾经借助秦穆公力量如今攻打他，是不仁；如果攻打秦军就将丧失秦国这个盟友，是不智；因武力而造成分裂，破坏和睦，是不武，因而撤出郑国。这次出兵郑国虽以失败告终，但晋文公的理

① （清）蒋铭：《古文汇钞》，华东师范大学图书馆清康熙五年刻本。转引自李卫军编著：《左传集评》，北京：北京大学出版社，2016年，第502页。

智和仁厚却被载入历史，相信虽然晋文公没有听取狐偃的意见去攻打秦国，狐偃看到这样的晋文公也一定会感到欣慰，从他没有反驳晋文公的决策也可以看出他的态度是认同晋文公的。

狐偃能看到来时，也能看到归路，他一生都在为晋国做着筹谋，功成名就时他却不以此自傲，深知自己的位置所在，他是一个清醒的智者，因此能够承担重任，又能够不贪念权势。回望狐偃等人陪同重耳逃亡的过程，“狐、赵之徒，出从重耳，陷狄困卫，逃齐脱楚，人有不堪其忧者矣；乞食投块，观浴操戈，人有不堪其辱者矣；风羁雨绁，过都历邑，人有不堪其劳者矣”①，一路的艰苦也印证和说明了他的品德。

在狐偃陪同晋公子重耳逃亡到郑国的时候，郑文公没有接待他们，郑国大夫叔詹就曾劝说郑文公，认为重耳有三点特殊加持，该当天命所在，尤其强调重耳有三位超出常人的贤臣狐偃、赵衰、贾佗愿意跟随他，将来必定不同凡响。历史证明郑大夫叔詹的判断没有错，狐偃的贤能不仅被当世认可，也被历史肯定。

晋文公在返国即位后的五年内，能够“兴兵伐原，克之。伐卫，东其亩。取五鹿，攻阳取虢。伐曹南，围郑。反之陴，罢宋国，还与荆人战于城濮，大败荆人。返为践土之盟，遂城衡雍之地，一举而有八功”。尤其是“文公用咎犯之言而败楚人于城濮”②，晋国能够一战而霸中原，成为天下盟主，后世的吕不韦、韩非子无不认为，文公“返国四年而霸”的原因，“无他故异物，从狐偃谋”。与狐偃同时的赵衰

① （宋）吕祖谦著，慈波整理：《东莱博议汇校评注》，杭州：浙江古籍出版社，2022 年，第 294 页。

② （秦）吕不韦编，许维遹集释，梁运华整理：《吕氏春秋集释》，北京：中华书局，2009 年，第 329 页。

在评论狐偃的功绩时说："夫三德者，（狐）偃之出也，以德纪民，其章也大矣。"① 设想如果不是狐偃等人辅助晋文公成为晋国的国君，晋国的后续会是怎样的一片狼藉呢？当然，历史没有假设，今天我们从历史的有限记载中能够看到的是，狐偃在晋国的历史舞台上活跃的时间并不长，但他对晋国的影响却非常深远，从狐偃辅佐晋文公登上历史舞台开始，晋国的历史就呈现出无数精彩的华章。

① （春秋）左丘明撰，徐元诰集解，王树民、沈长云点校：《国语集解》，北京：中华书局，2002 年，第 359 页。

第二节　先轸

人物小传

先轸（？—前627年），春秋时期晋国原邑人，因采邑在原邑，故又称原轸。晋国名将、军事家。曾辅佐晋文公、晋襄公两位霸主，屡出奇策，并以中军主帅的身份指挥晋楚城濮之战、晋秦崤之战，先后打败强大的楚军和秦军。后由于释放秦国战俘一事对晋襄公发怒，无礼僭越，心中愧疚不能排解，因而在晋狄箕之战中独自冲入敌营以自杀的方式谢罪，以表忠心。其生也刚，其死也烈！

据《史记·晋世家》记载："晋文公重耳，晋献公之子也。自少好士，年十七，有贤士五人：曰赵衰；狐偃咎犯，文公舅也；贾佗；先轸；魏武子。"①然而《左传》中的记载却与之不同："晋公子重耳之及于难也，晋人伐诸蒲城。蒲城人欲战，重耳不可，曰：'保君父之命而享其生禄，于是乎得人。有人而校，罪莫大焉。吾其奔也。'遂奔狄。从者狐偃、赵衰、颠颉、魏武子、司空季子。"

因为这本人物评传以《春秋左氏传》为参照文本，所以对《史记》中相关人物的记载不予采纳，特此说明，后不赘述。

---

① （汉）司马迁：《史记》，北京：中华书局，1982年，第1656页。

经典文本

【僖公二十七年】

冬，楚子及诸侯围宋，宋公孙固如晋告急。先轸曰："报施救患，取威定霸，于是乎在矣。"狐偃曰："楚始得曹，而新昏于卫，若伐曹、卫，楚必救之，则齐、宋免矣。"于是乎蒐于被庐，作三军，谋元帅。赵衰曰："郤縠可。臣亟闻其言矣，说礼、乐而敦《诗》《书》。《诗》《书》，义之府也；礼、乐，德之则也；德、义，利之本也。《夏书》曰：'赋纳以言，明试以功，车服以庸。'君其试之！"乃使郤縠将中军，郤溱佐之。使狐偃将上军，让于狐毛而佐之；命赵衰为卿，让于栾枝、先轸。使栾枝将下军，先轸佐之。荀林父御戎，魏犨为右。(《左传》)

【僖公二十八年】

二月，晋郤縠卒。原轸将中军，胥臣佐下军，上德也。

宋人使门尹般如晋师告急。公曰："宋人告急，舍之，则绝。告楚，不许。我欲战矣，齐、秦未可，若之何？"先轸曰："使宋舍我而赂齐、秦，借之告楚。我执曹君，而分曹、卫之田以赐宋人。楚爱曹、卫，必不许也。喜赂怒顽，能无战乎？"公说，执曹伯，分曹、卫之田以畀宋人。

子玉使宛春告于晋师曰："请复卫侯而封曹，臣亦释宋之围。"子犯曰："子玉无礼哉！君取一，臣取二，不可失矣。"先轸曰："子与之！定人之谓礼，楚一言而定三国，我一言而亡之，我则无礼，何以战乎？不许楚言，是弃宋也，救而弃之，谓诸侯何？楚有三施，我有三怨。怨雠已多，将何以战？不如私许复曹、卫以携之，执宛春以怒楚，既战而后图之。”公说。乃拘宛春于卫，且私许复曹、卫，曹、卫告绝于楚。

晋车七百乘，韅、靷、鞅、靽。晋侯登有莘之虚以观师，曰：“少长有礼，其可用也。”遂伐其木以益其兵。己巳，晋师陈于莘北，胥臣以下军之佐当陈、蔡。子玉以若敖之六卒将中军，曰：“今日必无晋矣。”子西将左，子上将右。胥臣蒙马以虎皮，先犯陈、蔡。陈、蔡奔，楚右师溃。狐毛设二旆而退之。栾枝使舆曳柴而伪遁，楚师驰之。原轸、郤溱以中军公族横击之，狐毛、狐偃以上军夹攻子西，楚左师溃。楚师败绩。子玉收其卒而止，故不败。(《左传》)

【僖公三十二年】

冬，晋文公卒。庚辰，将殡于曲沃。出绛，柩有声如牛。卜偃使大夫拜，曰：“君命大事：将有西师过轶我，击之，必大捷焉。”

杞子自郑使告于秦曰：“郑人使我掌其北门之管，若潜师以来，国可得也。”穆公访诸蹇叔。蹇叔曰：“劳师以袭远，非所闻也。师劳力竭，远主备之，无乃不可乎？师之所为，郑必知之，勤而无所，必有悖心。且行千里，其谁不知？”公辞焉。召孟明、西乞、白乙，使出师于东门之外。蹇叔哭之，曰：“孟子！吾见师之出而不见其入也！”公使谓之曰：“尔何知？中寿，尔墓之木拱矣。”

蹇叔之子与师，哭而送之，曰：“晋人御师必于崤。崤有二陵焉：其南陵，夏后皋之墓也；其北陵，文王之所辟风雨也。必死是间，余收尔骨焉！”秦师遂东。(《左传》)

【僖公三十三年】

晋原轸曰："秦违蹇叔，而以贪勤民，天奉我也。奉不可失，敌不可纵。纵敌患生；违天不祥，必伐秦师！"栾枝曰："未报秦施而伐其师，其为死君乎？"先轸曰："秦不哀吾丧而伐吾同姓，秦则无礼，何施之为？吾闻之：'一日纵敌，数世之患也。'谋及子孙，可谓死君乎！"遂发命，遽兴姜戎。子墨衰绖，梁弘御戎，莱驹为右。夏，四月，辛巳，败秦师于崤，获百里孟明视、西乞术、白乙丙以归。遂墨以葬文公。晋于是始墨。

文嬴请三帅，曰："彼实构吾二君。寡君若得而食之，不厌，君何辱讨焉？使归就戮于秦，以逞寡君之志，若何？"公许之。先轸朝，问秦囚。公曰："夫人请之，吾舍之矣。"先轸怒曰："武夫力而拘诸原，妇人暂而免诸国。堕军实而长寇雠，亡无日矣！"不顾而唾。公使阳处父追之，及诸河，则在舟中矣。释左骖，以公命赠孟明。孟明稽首曰："君之惠，不以累臣衅鼓，使归就戮于秦，寡君之以为戮，死且不朽。若从君惠而免之，三年将拜君赐。"

狄伐晋，及箕。八月戊子，晋侯败狄于箕。郤缺获白狄子。先轸曰："匹夫逞志于君而无讨，敢不自讨乎？"免胄入狄师，死焉。狄人归其元，面如生。(《左传》)

人物评议

晋国名将先轸，在历史记载的几次大战中鲜活生动，既具有政治家的高瞻远瞩，又具有军事家的智谋出众，表现出了如下特质：德望出众，格局高远；运筹帷幄，掌控全局；善抓时机，坚定果敢；尊礼崇德，忠正刚烈。予以评析，以期让后来者看到他为国筹谋不计得失，甚至能够献上生命的可贵品质和精神力量。

一、德望出众，格局高远

先轸能成为晋国的军中主帅，是他政治格局高远的结果，也是他谋划全局能力的体现，更是他的人品得到认可的众望所归。

鲁僖公二十七年冬天，楚成王与诸侯率领军队围攻宋国，宋国向晋国求助。先轸参与晋军谋划援救宋国，最先提出救宋报恩，立威诸侯，以定霸业。可见他在处理军事行动时，首先考虑到的是政治问题，就对宋援助一事上，他先想到的是这一事件对晋国现在处境和未来发展的影响。救宋一事既能体现晋国知恩图报的义的一面，又能体现援助盟友的礼的一面；同时，晋国正处在国势发展的关键时候，此事如果做得好就可以在诸侯中立威，进而称霸中原了。可见先轸思考问题的切入点超出常人，他能站在统观全局的制高点上对待军事行动。接着在晋国借此机会筹建三军时，“栾枝将下军，先轸佐之”①，先轸担任了下军佐一职，成为军中主将之一。

很快，他的德望和能力就得到了充分的认可。鲁僖公二十八年，晋中军主帅郤縠去世，先轸做了晋军主帅，“二月，晋郤縠卒。原轸将中军，胥臣佐下军，上德也。”从原文的记载可以看出，先轸能成为晋军的主帅，是因为晋军崇尚有德的人，可见先轸的品德被当时的晋国当权者所认可。方宗诚在《春秋左传文法读本》中提及此处时也言及：“此书晋郤縠卒，用原轸，为上德，见晋所以能致胜也。”此处也借先轸之上德预示晋国这次的胜利，“是文字提纲挈领法”。②

德望出众、眼界高远这样的优点集中在一个军事主帅身上，难得一见，而先轸就是这样一位晋军主帅。

二、运筹帷幄，掌控全局

古人云：“深谋远虑，所以不穷。”“自古不谋万世者，不足谋一时；不谋全局者，不足谋一域。”③说的就是施计用谋对人生、对世事的重要性，用在军事上则更能体现将帅之才。先轸无疑是善谋者中的佼佼者，他高屋建瓴、善于筹划、善于掌控全局的能力，在晋楚的城濮之战中表现得淋漓尽致。

鲁僖公二十八年（前632年），泓水之战后，本在长江中游地区的楚国开始向黄河流域扩张势力，并控制了郑、许、陈、蔡、卫等多个小国，此时的楚国实力强劲，威势逼人。公元前635年，晋公子重耳

① （汉）司马迁：《史记》，北京：中华书局，1982年，第1664页。

② （清）方宗诚：《春秋左传文法读本》，华东师范大学图书馆清刻本。转引自李卫军编著：《左传集评》，北京：北京大学出版社，2016年，第558页。

③ （清）陈澹然撰：《寤言》卷二，《迁都建藩议》。

在长达19年的流亡后，终于历尽艰辛成功回国即位，是为晋文公。在他治下，晋国对内政治清明，选贤与能，对外高举“尊王”旗帜，以天下为棋局纵横捭阖，由此晋国同样具备了争霸的实力。随着晋楚两国矛盾的不断激化，两国争端一触即发，城濮之战在所难免。先轸在此次战争中担任非常重要的指挥角色，而他在战前就能统观全局、谋划多方的能力更让人拍案叫绝。

在最初接到宋国派人向晋国求助时，晋国陷入多方关系纠缠的艰难境地，一方面，如果拒绝援救宋国，就断绝了与宋国的友好关系；另一方面，想要求楚国撤兵，楚国肯定不会答应；还有，如果与楚国开战，齐国和秦国不会赞同，该何去何从，难以抉择。这时先轸作为中军主帅却出奇谋，他的办法是从宋国入手，设法让宋国不向晋国求救。怎么才能做到这一点呢？先轸认为让宋国用财物去贿赂齐国和秦国，让齐国和秦国帮忙出面去请求楚国撤军；同时，晋国把曹国国君扣留下来，再把曹国和卫国土地的一部分给宋国。这样，楚国为了两个盟友曹国和卫国的利益，就一定不会接受齐国和秦国的调解，而齐国和秦国因为接受了宋国的财物就会恼怒于楚国的顽固，自然不会置身事外，那就一定会参加战争的，并且会站在晋国一方。可见，城濮之战前，先轸就已经对当时的几国关系做到精准而全面的把握，很好地找到解决问题的切入点，这让晋国犹如握住了多方关系的枢纽，让事态的发展完全掌握在自己的手中，是真正的运筹帷幄之中！明代孙鑛读此处也夸赞先轸“论得尽，最痛快，又最鍊劲”①。

---

① （明）孙鑛：《闵氏家刻分次春秋左传》，华东师范大学图书馆明万历四十四年闵氏刻本。转引自李卫军编著：《左传集评》，北京：北京大学出版社，2016年，第563页。

在战争准备阶段，先轸同样表现出了他思谋深远、布控全局的指挥作战及处理政治关系的能力。楚大将子玉派使者宛春到晋国谈判，提出“请复卫侯而封曹，臣亦释宋”①，即要求晋国恢复卫侯的君位，并且送还曹国的封疆，楚国才能解除对宋国的包围。

子玉的方案，无论晋国答应与否都对晋国不利，晋国再次陷入不利与被动的局面。楚国的一句话就可以安定三个国家，晋国一个“不同意”就会断送曹、卫、宋三国。若是不按照楚国的要求执行，那么曹、卫两国对晋国的仇怨势必会加深；若是不释放曹、卫两国的国君，晋国此战便从救宋报恩的正义之师变为致使宋国遭殃的不义之军，因为按照当时的礼法，安定别国叫作有礼。此时先轸再一次展现了他的睿智：“不如私许付曹、卫以携之，执宛春以怒楚，既战而后图之。”晋国暗中答应曹、卫俩国恢复他们的国家，以此分化他们同楚国的关系，再将宛春扣留不放，以此激怒楚国。先轸此谋，展现了他眼光长远，运筹帷幄。晋文公听从先轸的建议，一面将宛春抓起来以激怒楚国，一面私下对曹、卫说，许他们复国，曹、卫两国果然断绝了与楚国的关系，也成功激怒了楚国，“曹、卫告绝于楚，子玉怒，从晋师”，先轸再一次展现了谋控全局的本事，事事都在其谋划、掌握之中。

在最后决战中，先轸率领的中军，在其他两军的配合下，一举打败楚军，使得这一战役成为以少胜多的典型战例而被载入史册。无论是战前对全部战局的精准把握和筹谋，还是决战中的运筹帷幄，都在这次历史性的战争中起到了至关重要的作用，先轸也以其出色的统兵能力被载入了史册，光耀千秋！

---

① （汉）司马迁：《史记》，北京：中华书局，1982 年，第 1665 页。

三、善抓时机，坚定果敢

先轸能够看准时机，当机立断；也能有礼有节、力排众议；还善于扼住咽喉，一击致命，解决军事行动中的问题。在秦晋崤之战中，他的指挥若定表现得尤为突出。

秦晋崤之战是秦与晋两国关系破裂的直接冲突。秦晋之好是因为晋文公得到秦穆公的帮助才得以回国即位的，此后两国一直维系着亲密的伙伴关系，但随着诸侯争夺的愈演愈烈，两国之间难免产生龃龉。

周襄王二十二年（前 630 年），晋秦伐郑，郑国围正烛之武说服秦穆公撤军并签订了盟约，秦国还派兵守护郑国而背叛了与晋国的盟约。晋军得知后也顺势解除了对郑国的围攻，带领三军班师回国，这就是历史上有名的烛之武退秦师。《史记》中也曾记载："郑恐，乃间令使谓秦穆公曰：'亡郑厚晋，于晋得矣，而秦未为利。君何不解郑，得为东道交？'秦伯说，罢兵。晋亦罢兵。"①然而攻郑不果却使两国关系中产生的裂痕，这一裂痕也随着时间的流逝不断扩大。但由于晋文公感念秦国对自己的无私帮助，他在世之时，晋秦两国没有发生正面冲突，晋国一直以退让的态度处理两国关系，使两国依旧保持着表面上的友好关系。鲁僖公三十二年（前 628 年），晋文公、郑文公相继去世。秦国想要趁此期间进军中原，侵袭郑国。然而秦国的目的在开战前暴露，郑国对此战有了充分的准备，秦国自知战机已失，只好灭滑而还。于是在鲁僖公三十三年（前 627 年）晋国抓住秦国攻郑无功而返又劳军袭远等军事弊端，借此时机举兵伐秦，秦师在返回秦国路过崤山的时候受到了晋国的攻击，最终全军覆没，秦国的百里孟明视、

① （汉）司马迁：《史记》，北京：中华书局，1982 年，第 1669 页。

西乞术、白乙丙三帅皆被晋国所俘。而此战也是先轸行事果断、力排众议的结果。

首先，先轸准确把握了难得一见的进攻时机，果敢坚毅。秦军袭郑，由秦都雍（今陕西凤翔县）至郑都（今河南新郑县），历程一千五百余里，中经桃林、崤函、轘辕、虎牢等数道雄关险塞，将士们长途跋涉，筋疲力尽，可谓是一次冒险性极大的军事行动。除此之外，秦军选择在郑国国丧时发动进攻，于礼不合，于义不符，尽显贪婪。这就给了晋国出战的充分理由，也是晋国攻打秦国的绝佳时机。而最先提出埋伏秦军之人就是先轸，他对时机的把控不可谓不惊人。

其次，先轸力排众议，有理有节，让此次战争不受非议。在得知秦军袭郑计划后，晋国内部就是否对秦作战有过争论。晋国大夫栾枝念及两国的友好关系主张息事宁人，但先轸明确指出秦、晋矛盾的症结点，且机不可失时不再来。首先，秦国无礼在先，给了晋国天赐良机，违天不祥，“秦不哀吾丧而伐吾同姓，秦则无礼，何施之为？”其次，秦国的强大早已成为晋国的威胁，甚至不及时应对会遗患无穷，“吾闻之，一日纵敌，数世之患也。”再次，尽管晋国处于国丧期间，但“谋及子孙”并不能不顾已故的国君，“可谓死君乎？”秦军袭郑不仅是趁晋国丧攻打晋国同姓国的“无礼”行为，更是秦晋两国在争夺中原霸权问题上矛盾不可调和的表现。面对栾枝的不同意见，先轸有理有据地给予辩驳，言谈间尽显自信。而在攻击秦军的战术选择上，先轸大胆采用了前无古人的伏击战，开创了该战术的先河，这种战略的选择无疑也体现了先轸的为帅之才。最终的战果也充分印证了该战术的正确性，晋国大获全胜，全歼了秦军，孟明视、西乞术、白乙丙三将被晋国俘虏，“夏，四月，辛巳，败秦师于崤，获百里孟明视、西乞术、白乙丙以归”。对于此事《吕氏春秋·先识览·悔过》篇中言秦国之败是由于“智不至也。智不至则不信，言之不信，师之不反也从此生，故不至之为害大也”。①

四、尊礼崇德，忠正刚烈

崤之战让秦晋之好彻底土崩瓦解，正是因为认识到了这一点，所以当先轸了解到晋襄公由于母亲文嬴的请求就放走了秦国的三个主帅后，而这一举动一方面是亲自毁掉了军人们誓死力争的果实，另一方面是助长了敌人仇恨，会给晋国留下怎样的无穷后患，于是激动得难以克制自己的愤怒，对国君大声斥责并在朝堂上直接“不顾而唾”。虽然在对秦军战俘的处理中晋襄公确实为晋国留下了无尽的隐患，先轸也展现了他刚正的直臣形象，然而事已至此，先轸还是因为对国君的无礼而自责不已，最终坚决赴死，以死明志，表明了自己的赤胆忠心，结局也壮烈无比。

鲁僖公三十三年（前627年）秋，狄人进攻齐国，接着又进攻晋国。此年八月，晋襄公率领晋军在箕迎战狄人。箕之战在晋国历史中只是一次小战役。由于晋国与多个戎狄部落接壤，积累大量与他们战斗的经验，加上晋国国力强大，取胜几乎毫无悬念。然而就在这次规模不大的箕之战中，先轸在留话“匹夫逞志于君而无讨，敢不自讨乎”之后主动脱去铠甲进入狄人军中，死在那里。狄人把他的头颅送回晋国，面色就像活着时候一样。所谓视死如归、面不改色，大概如此吧。后代文人亦感怀于先轸的

① （秦）吕不韦编，许维遹集释，梁运华整理：《吕氏春秋集释》，北京：中华书局，2009年，第412页。

大义，发出感叹："先轸，刚人也。刚而有礼，故能以死生之大义自裁。"①

纵观先轸一生，他的主要事迹集中体现在他所参与谋划、指挥的三大战役中，一次为晋楚城濮之战，一次为晋秦崤之战，一次为晋狄箕之战。今考《汉书·艺文志》著录有《孙轸》五篇，并附图五卷，列入"兵形势家"。其中言及"形势者，雷动风举，后发而先至，离合背向，变化无常，以轻疾制敌也"②，为战略战术谋略之作，与先轸军事谋划、作战指挥完全吻合。因此亦有学者认为《孙轸》五篇当为先轸之作。③身为元帅，他思深虑远，能观大局，战略擘画清晰，战术运用得当，军事行动果敢坚毅，堪称帅才；身为臣子，他忠诚守礼，刚正暴烈，为国敢于冒犯君主，为臣甘愿以身死谢罪，为人臣典范。这就是先轸，战场上"运筹帷幄之中，决胜千里之外"④；朝堂上"一寸丹心图报国"⑤，他称得上是神威镇疆场，肝胆照明月，足为后世领军人才之表率。

---

① （明）韩范：《春秋左传》，上海图书馆明崇祯十七年刻本。转引自李卫军编著：《左传集评》，北京：北京大学出版社，2016 年，第 629 页。

② （汉）班固著，（唐）颜师古注：《汉书》，北京：中华书局，1962 年，第 1759 页。

③ 李孟存、李尚师：《晋国人物评传》，延吉：延边大学出版社，2006 年，第 94 页。

④ （汉）司马迁：《史记》，北京：中华书局，1982 年，第 381 页。

⑤ （明）于谦著，魏得良点校：《于谦集》，北京：中华书局，2013 年，第 524 页。

第三节 韩厥

人物小传

韩厥，姬姓，韩氏，名厥，谥号献，史称韩献子。他是韩万（韩武子）的玄孙，韩简（韩定伯）的孙子，韩舆（韩子舆）的儿子，他的儿子为韩穆子。韩厥始为晋国赵氏家臣，后位列八卿之一，先后受到赵衰、赵盾的扶持，至晋悼公时，升任晋国执政，于襄公七年告老。一生先入军职，再为上卿，出将入相，文治武功兼备。

经典文本

【宣公十二年】

夏，六月，晋师救郑。荀林父将中军，先縠佐之。士会将上军，郤克佐之。赵朔将下军，栾书佐之。赵括、赵婴齐为中军大夫，巩朔、韩穿为上军大夫。荀首、赵同为下军大夫。韩厥为司马。

及河，闻郑既及楚平，桓子欲还，曰："无及于郑而剿民，焉用之？楚归而动，不后。"随武子曰："善。会闻用师，观衅而动。德、刑、政、事、典、礼不易，不可敌也，不为是征。楚军讨郑，怒其贰而哀其卑，叛而伐之，服而舍之，德、刑成矣。伐叛，刑也；柔服，德也，二者立矣。昔岁入陈，今兹入郑，民不罢劳，君无怨讟，政有经矣。荆尸而举，商、农、工、贾不败其业，而卒乘辑睦，事不奸矣。蔿敖为宰，择楚国之令典，军行，右辕，左追蓐，前茅虑无，中权后劲。百官象物而动，军政不戒而备，能用典矣。其君之举也，内姓选于亲，外姓选于旧。举不失德，赏不失劳。老有加惠，旅有施舍。君子小人，物有服章。贵有常尊，贱有等威，礼不逆矣。德立、刑行、政成、事时、典从、礼顺，若之何敌之？见可而进，知难而退，军之善政也。兼弱攻昧，武之善经也。子姑整军而经武乎！犹有弱而昧者，何必楚？仲虺有言曰'取乱侮亡'，兼弱也。《汋》曰'于铄王师！遵养时晦'，耆昧也。《武》曰：'无竞惟烈。'抚弱耆昧，以务烈所，可也。"彘子曰："不可。晋所以霸，师武、臣力也。今失诸侯，不可谓力。有敌而不从，不可谓武。由我失霸，不如死。且成师以出，闻敌强而退，非夫也。命为军师，而卒以非夫，唯群子能，我弗为也。”以中军佐济。知庄子曰：“此师殆哉！《周易》有之，在《师》(坎下坤上) 之《临》(兑下坤上) 曰：‘师出以律，否臧，凶。’执事顺成为臧，逆为否。众散为弱，川壅为泽。有律以如己也，故曰律。否臧，且律竭也。盈而以竭，夭且不整，所以凶也。不行谓之《临》，有帅而不从，临孰甚焉？此之谓矣。果遇，必败，彘子尸之，虽免而归，必有大咎。”韩献子谓桓子曰：“彘子以偏师陷，子罪大矣。子为元帅，师不用命，谁之罪也？失属亡师，为罪已重，不如进也。事之不捷，恶有所分。与其专罪，六人同之，不犹愈乎？”师遂济。(《左传》)

【成公二年】

郤克将中军，士燮佐上军，栾书将下军，韩厥为司马，以救鲁、卫。臧宣叔逆晋师，且道之。季文子帅师会之。及卫地，韩献子将斩人，郤献子驰，将救之。至，则既斩之矣。郤子使速以徇，告其仆曰：“吾以分谤也。”

(鞌之战)

韩厥梦子舆谓己曰：“旦辟左右！”故中御而从齐侯。邴夏曰：“射其御者，君子也。”公曰：“谓之君子而射之，非礼也。”射其左，越于车下。射其右，毙于车中。綦毋张丧车，从韩厥，曰：“请寓乘！”从左右，皆肘之，使立于后。韩厥俛，定其右。逢丑父与公易位。将及华泉，骖絓于木而止。丑父寝于轏中，蛇出于其下，以肱击之，伤而匿之，故不能推车而及。韩厥执縶马前，再拜稽首，奉觞加璧以进，曰：“寡君使群臣为鲁、卫请，曰：‘无令舆师陷入君地。’下臣不幸，属当戎行，无所逃隐。且惧奔辟，而忝两君。臣辱戎士，敢告不敏，摄官承乏。”丑父使公下，如华泉取饮。郑周父御佐车，宛茷为右，载齐侯以免。韩厥献丑父，郤献子将戮之，呼曰："自今无有代其君任患者，有一于此，将为戮乎？"郤子曰："人不难以死免其君，我戮之，不祥，赦之，以劝事君者。"乃免之。(《左传》)

【成公三年】

十二月，甲戌，晋作六军。韩厥、赵括、巩朔、韩穿、荀骓、赵旃皆为卿，赏鞍之功也。

齐侯朝于晋，将授玉。郤克趋进曰："此行也，君为妇人之笑辱也，寡君未之敢任。"晋侯享齐侯。齐侯视韩厥，韩厥曰："君知厥也乎？"齐侯曰："服改矣。"韩厥登，举爵曰："臣之不敢爱死，为两君之在此堂也。"(《左传》)

【成公六年】

晋人谋去故绛。诸大夫皆曰："必居郇、瑕氏之地，沃饶而近盐，国利君乐，不可失也。"韩献子将新中军，且为仆大夫。公揖而入，献子从。公立于寝庭，谓献子曰："何如？"对曰："不可。郇、瑕氏土薄水浅，其恶易觏。易觏则民愁，民愁则垫隘，于是乎有沉溺重膇之疾。不如新田，土厚水深，居之不疾，有汾、浍以流其恶，且民从教，十世之利也。夫山、泽、林、盐，国之宝也。国饶则民骄佚。近宝，公室乃贫，不可谓乐。"公说，从之。夏，四月，丁丑，晋迁于新田。(《左传》)

【成公七年】

晋栾书帅师救郑。(《春秋》)

晋栾书救郑，与楚师遇于绕角。楚师还。晋师遂侵蔡。楚公子申、公子成以申、息之师救蔡，御诸桑隧。赵同、赵括欲战，请于武子，武子将许之。知庄子、范文子、韩献子谏曰："不可！吾来救郑，楚师去我，吾遂至于此，是迁戮也。戮而不已，又怒楚师，战必不克。虽克，不令。成师以出，而败楚之二县，何荣之有焉？若不能败，为辱已甚，不如还也。"乃遂还。(《左传》)

【成公八年】

晋栾书侵蔡，遂侵楚获申骊。楚师之还也，晋侵沈，获沈子揖初，从知、范、韩也。君子曰："从善如流，宜哉！《诗》曰：'恺悌君子，遐不作人？'求善也夫！作人，斯有功绩矣。"是行也，郑伯将会晋师，门于许东门，大获焉。

晋赵庄姬为赵婴之亡故，谮之于晋侯，曰："原、屏将为乱。"栾、郤为征。六月，晋讨赵同、赵括。武从姬氏畜于公宫。以其田与祁奚。韩厥言于晋侯曰："成季之勋，宣孟之忠，而无后，为善者其惧矣。三代之令王，皆数百年保天之禄。夫岂无辟王？赖前哲以免也。《周书》曰：'不敢侮鳏寡'，所以明德也。"乃立武，而反其田焉。(《左传》)

【成公十三年】

秦桓公既与晋厉公为令狐之盟，而又召狄与楚，欲道以伐晋，诸侯是以睦于晋。晋栾书将中军，荀庚佐之；士燮将上军，郤锜佐之；韩厥将下军，荀罃佐之；赵旃将新军，郤至佐之。郤毅御戎，栾鍼为右。孟献子曰："晋帅乘和，师必有大功。"五月丁亥，晋师以诸侯之师及秦师战于麻隧。秦师败绩，获秦成差及不更女父。曹宣公卒于师。师遂济泾，及侯丽而还，迓晋侯于新楚。(《左传》)

【成公十五年】

楚将北师。子囊曰："新与晋盟而背之，无乃不可乎？"子反曰："敌利则进，何盟之有？"申叔时老矣，在申，闻之，曰："子反必不免。信以守礼，礼以庇身，信礼之亡，欲免得乎？"楚子侵郑，及暴隧。遂侵卫，及首止。郑子罕侵楚，取新石。栾武子欲报楚。韩献子曰："无庸，使重其罪，民将叛之。无民，孰战？"

晋三郤害伯宗，谮而杀之，及栾弗忌。伯州犁奔楚。韩献子曰："郤氏其不免乎！善人，天地之纪也，而骤绝之，不亡，何待？"初，伯宗每朝，其妻必戒之曰："'盗憎主人，民恶其上。'子好直言，必及于难。"（《左传》）

【成公十六年】

晋侯将伐郑。范文子曰："若逞吾愿，诸侯皆叛，晋可以逞。若唯郑叛，晋国之忧，可立俟也。"栾武子曰："不可以当吾世而失诸侯，必伐郑。"乃兴师。栾书将中军，士燮佐之；郤锜将上军，荀偃佐之；韩厥将下军；郤至佐新军。荀罃居守。郤犨如卫，遂如齐，皆乞师焉。栾黡来乞师，孟献子曰："有胜矣。"戊寅，晋师起。

晋韩厥从郑伯，其御杜溷罗曰："速从之？其御屡顾，不在马，可及也。"韩厥曰："不可以再辱国君。"乃止。郤至从郑伯，其右茀翰胡曰："谍辂之，余从之乘，而俘以下。"郤至曰："伤国君有刑。"亦止。石首曰："卫懿公唯不去其旗，是以败于荧。"乃内旌于弢中。唐苟谓石首曰："子在君侧，败者壹大。我不如子，子以君免，我请止。"乃死。（《左传》）

【成公十七年】

公游于匠丽氏，栾书、中行偃遂执公焉。召士匄，士匄辞。召韩厥，韩厥辞，曰："昔吾畜于赵氏，孟姬之谗，吾能违兵。古人有言曰'杀老牛，莫之敢尸'，而况君乎？二三子不能事君，焉用厥也？"(《左传》)

【成公十八年】

冬，十一月，楚子重救彭城，伐宋。宋华元如晋告急。韩献子为政，曰："欲求得人，必先勤之。成霸安疆，自宋始矣。"晋侯师于台谷以救宋。遇楚师于靡角之谷，楚师还。

晋士鲂来乞师。季文子问师数于臧武仲，对曰："伐郑之役，知伯实来，下军之佐也。今彘季亦佐下军，如伐郑可也。事大国，无失班爵而加敬焉，礼也。"从之。

十二月，孟献子会于虚朾，谋救宋也。宋人辞诸侯而请师以围彭城。孟献子请于诸侯，而先归会葬。(《左传》)

【襄公元年】

夏，晋韩厥帅师伐郑。(《春秋》)

春，己亥，围宋彭城。非宋地，追书也。于是为宋讨鱼石，故称宋，且不登叛人也，谓之宋志。彭城降晋。晋人以宋五大夫在彭城者归，寘诸瓠丘。齐人不会彭城，晋人以为讨。二月，齐大子光为质于晋。

夏，五月，晋韩厥、荀偃帅诸侯之师伐郑，入其郛，败其徒兵于洧上。于是东诸侯之师次于鄫，以待晋师。晋师自郑以鄫之师侵楚焦、

夷及陈。晋侯、卫侯次于戚，以为之援。(《左传》)

【襄公四年】

春，楚师为陈叛故，犹在繁阳。韩献子患之，言于朝曰："文王帅殷之叛国以事纣，唯知时也。今我易之，难哉！"

穆叔如晋，报知武子之聘也。晋侯享之，金奏《肆夏》之三，不拜。工歌《文王》之三，又不拜。歌《鹿鸣》之三，三拜。韩献子使行人子员问之，曰："子以君命辱于敝邑，先君之礼，藉之以乐，以辱吾子。吾子舍其大，而重拜其细。敢问何礼也？"对曰："三《夏》，天子所以享元侯也。使臣弗敢与闻。《文王》，两君相见之乐也，使臣不敢及。《鹿鸣》，君所以嘉寡君也，敢不拜嘉？《四牡》，君所以劳使臣也，敢不重拜？《皇皇者华》，君教使臣曰：'必谘于周'。臣闻之：'访问于善为咨，咨亲为询，咨礼为度，咨事为诹，咨难为谋。'臣获五善，敢不重拜？"(《左传》)

【襄公七年】

冬，十月，晋韩献子告老。公族穆子有废疾，将立之。辞曰："《诗》曰：'岂不夙夜？谓行多露。'又曰：'弗躬弗亲，庶民弗信。'无忌不才，让，其可乎？请立起也。与田苏游，而曰'好仁'。《诗》曰：'靖共尔位，好是正直。神之听之，介尔景福。'恤民为德，正直为正，正曲为直，参和为仁。如是，则神听之，介福降之，立之，不亦可乎？"庚戌，使宣子朝，遂老。晋侯谓韩无忌仁，使掌公族大夫。(《左传》)

人物评议

古代君王或臣子谥号为“献”，代表着聪明睿智。《逸周书·谥法解》有云：“博文多能曰献，聪明睿哲曰献。”[①]根据谥法，“献”的含义是聪明睿智、博闻多能、惠而内德、智哲有圣、文资有成、敏惠德元、圣哲有谋、贤德有成、智能翼君、学该古训、智质有理、智质有操、智质有礼等。

韩厥谥为“献”，纵观韩厥的一生，谥法中的很多词汇都可用作评价韩厥，如智、能、德、成、谋、贤、理、操、礼、翼君等。可见，韩厥被谥为“献”是对他身为人臣、一生为国的贤臣风范给予了高度肯定；也对他中正为人、敦厚处事的高风亮节作出了中肯评价；又是对他执政、治军以德服人、依礼行事、格局高远的治世之功给出了恰切定论。概括而言，他为人敦厚无私，为政冷静睿智，为帅智勇兼备。韩厥是晋国历史上的一代名臣，他在当世举足轻重，被后世津津乐道，文治武功、出将入相堪称名臣典范。后人有对其和其家族评价说：“韩氏之功于晋，未睹其大者矣，然与赵、魏为诸侯十余世，宜哉！”[②]可见家族发展的壮大、长久，从韩厥这一代开始就有征兆。

---

① 黄怀信、张懋镕、田旭东撰，黄怀信修订，李学勤审定：《逸周书汇校集注》，上海：上海古籍出版社，2007年，第649页。

② （汉）刘向编著，石光瑛校释，陈新整理：《新序校释》，北京：中华书局，2009年，第987页。

韩厥是从军政开始步入晋国历史的，他在军中时间长，参与的军事行动次数多。也正是从参与军事行动和军事决策开始，韩厥逐渐崭露头角，显现出非凡的军事才能和政治才能。韩厥统兵能团结众人，以德服人，能够不畏生死，进止从容，具体如下：

一、治军严明，礼法为先

出将入相的韩厥最初崭露头角是从军职开始，他在自己的努力和赵氏的提携下，在军中担任掌管军政的官员，在这一职位上，韩厥毫不含糊，树立起自己刚正严明的形象。鲁宣公十二年的春天，楚国攻进郑国的都城，郑襄公屈礼坦言愿意听从楚国的处置，于是楚国和郑国讲和，并订立了盟约。夏六月，晋国出兵救郑。韩厥原本为赵氏的家臣，此次出兵是他第一次随军出征，直接做了行军司马一职，负责掌管军政和军赋，开始在军中崭露头角。

鲁成公二年的春天，齐侯攻打鲁国北部边境，三天时间就拿下龙邑，进攻到了巢丘，晋国应鲁国和卫国的请求出兵救助。此次出兵，“郤克将中军，士燮将上军，栾书将下军，韩厥为司马”。在卫地时，韩厥为严明军纪要斩杀将士，郤克骑马飞奔赶去，想要救下被杀的人，但却晚了一步。郤克就命人马上把被斩杀的人示众，并告诉仆人这样做就能为韩献子分担斩杀将士的怨谤。这件事一方面让我们看到的是韩厥治军刚正严明，哪怕是身在他国也绝不含糊；另一方面，也可以看到郤克对韩厥的重视和回护，侧面反映了韩厥能力和品行的出众。并且郤克和韩献子之间的和睦关系也难能可贵，如方宗诚言：“师克在和，叙郤子与韩厥之和，又已伏下文必胜之根。”①

严明的军纪是军事的保障，规范的礼法则是军队的灵魂，在重视礼法方面，韩厥可谓表率。在鞌之战中，韩厥驾战车追上齐侯之后，施礼拜见并委婉地表达了这次军事行动的初衷和对齐侯的尊重与歉意，但他还是要履行一个将领的职责，准备俘虏齐侯。《史记·齐太公世家》记载：“晋小将韩厥伏齐侯车前，曰‘寡君使臣救鲁、卫’。”②虽然最终齐侯被齐将逢丑父等人所救，但能看出韩厥严守礼仪、善于辞令、尊重职责的担当。鲁成公十六年，韩厥作为晋国的下军将参与了攻打郑国的战争。两军在鄢陵交战时，韩厥追击郑成公，给韩厥驾车的杜溷罗认为，给郑伯驾车的人不专心，肯定能追上他们，韩厥却依礼阻止了他。因为追击国君是对国君的羞辱，可见韩厥知礼守礼，不会僭越。

战争是残酷的，尤其是冷兵器时代的刀枪相见，更是血肉的拼杀，在这样的战争形势下，韩厥还能冷静地对待对手，以礼法为先，讲究战争规则，他的理智和镇定着实令人敬服。他的这份理智也与他待人宽严有度、端正敦厚有关。

当然，在军事战争之外，韩献子同样以礼法为标准，以此约束自身亦以此为基础向他人提出建议。《国语·晋语六》记载，是时赵文子冠，见韩献子，献子曰：“戒之，此谓成人。成人在始，始与善，善进善，不善蔑由至矣。始与不善，不善进不善，善亦蔑由至矣。如草木之产也，各以其物。人之有冠，犹宫室之有墙屋也，粪除而已，何又

---

① （清）方宗诚：《春秋左传文法读本》，华东师范大学图书馆清刻本。转引自李卫军编著：《左传集评》，北京：北京大学出版社，2016年，第899页。

② （汉）司马迁：《史记》，北京：中华书局，1982年，第1497页。

加焉。”① 以此事，韩献子为人处世的态度亦可得见。而后张老亦有评价言：“韩子之戒可以成，物备矣，志在子。”②

二、审时度势，智勇可嘉

韩厥多次作为晋军将领出战，每次战争中，他都能冷静分析战局，当进则进、当止则止，作出精准的判断、合理的选择，从未出现差错；而在作战中，韩厥从来不会退缩、不畏牺牲，堪称智勇双全，可谓良将。

鲁宣公十二年，晋国出兵救助郑国，军队行至河上时，便听说郑国已降楚讲和。晋军内部就继续前进还是退军问题发生了严重分歧，中军将荀林父想撤军回国，上军将士赞同他。中军佐先縠却认为遇到强敌就退兵，会让晋国失掉霸业，这是“非夫”之辱，于是率领自己的军队渡河而去。在矛盾相持不下之时，韩厥站出来在主帅荀林父面前分析形势，劝他进军。他以为，一是荀林父作为军队主帅，先縠作为其将领之一，带兵出战，如果军队失败，他是有大罪过的；二是作为三军主帅，军队却不服从命令，荀林父是有罪的；三是郑国作为晋的盟国，本来应该去救助，却因为对手楚国的强势而没去救助，丢掉了盟国，如果再丧亡军队，构成的罪过已经非常重了；四是这时撤军，所有的罪过都将由主帅一人承担，但如果进军而战败，罪过就会由大家一起分担，这比一人承担罪过更好。于是，荀林父率领晋军前进渡

① （春秋）左丘明撰，徐元诰集解，王树民、沈长云点校：《国语集解》，北京：中华书局，2002 年，第 388 页。

② （春秋）左丘明撰，徐元诰集解，王树民、沈长云点校：《国语集解》，北京：中华书局，2002 年，第 389 页。

河，向郑国进发。从这次进军中可以看出，韩厥面对军国大事能够理智认清形势，深入剖析利害，冷静解决问题，又善于抓住关键合理劝谏。

鲁成公十三年的四月戊午，晋厉公派吕相去同秦国绝交。吕相细数从惠公、文公开始晋国几代君王为坚守与秦的盟约友好所付出的种种努力以及秦国的轻慢无礼以及背信弃义，如今秦桓公在已经和晋厉公结成令狐之盟的情况下，又招来狄人和楚人，挑拨他们与晋国的关系，引导他们攻打晋国，因此诸侯们因为反感秦国的出尔反尔、背信弃义，反而与晋国结盟友好。于是，在这一年的五月丁亥，晋军率领诸侯的军队同秦军在麻隧作战，打败秦军，俘获了秦军的成差和不更女父。韩厥在这次出战的晋军中出任下军将，他和诸位将领齐心协力，因而取得了胜利。

鲁成公六年冬天，晋国的栾书率领军队去救助郑国，和楚军在绕角相遇，楚军没有和晋军交战就撤回国内，晋军借机袭击了蔡国。楚国申、息两地的军队救助蔡国，在桑隧抵御晋军。晋军中的赵同、赵括想出战，栾武子便想同意此事。知庄子、范文子、韩献子出来劝阻，认为晋军本来是救助郑国，却因为楚军的避让而在此攻打蔡国，是转嫁了杀戮，却又不知道适可而止，这样容易激怒楚军且不一定能胜利。即便是胜利了，以全军的力量只是战胜了楚国的两个县的军队，可谓胜之不武，并无光荣可言。而如果连两个县的楚军都没有打败，那就是奇耻大辱，不如趁此撤军回国。晋国因此撤军了。

鲁成公七年时，楚国再次攻打郑国，诸侯救助郑国。在鲁成公八年时，栾书率领的晋军侵袭蔡国，并侵袭楚国，俘虏了楚国的大夫申骊。楚军撤回后，晋军又攻打了沈国，俘虏了沈国国君揖，这就是成公六年听了知庄子、范文子、韩献子三个人意见的结果。史书赞美这是听取善人、起用善人才有的功绩！对韩厥等三人的治军能力给予了充分的肯定。

韩厥在军中为将的过程中，多次参加晋国的军事行动，职位不断升高，由最开始的军中司马到后来的三军统帅，职位的变化是对他在军事行动中冷静睿智、善于审时度势、能正确判断军事动向的个人能力的极大肯定。《国语·周语中》韦昭注言："时晋立四军，四军之帅，晋八卿也。栾书将中军，士燮佐之，郤锜将上军，荀偃佐之。韩厥将下军，智罃佐之。赵旃将新军，郤至佐之。"① 除军事能力的不断提升之外，更为难能可贵的是韩厥在军事行动中表现出的高瞻远瞩、统观全局的思想高度。

鲁成公十八年，郑国和楚国攻打宋国，宋国到晋国求救。当时的晋国正是韩厥执政，韩厥认为想要得到别人的拥护，一定要援助他们。于是晋国出兵救援宋国，逼退楚军。为了更好地展现晋国的实力，更快地提升晋国的霸主地位，后来又派士鲂到鲁国请求一起出兵救宋。同时晋侯又组织宋公、卫公、邾子、齐国崔杼、鲁国孟献子在虚朾会盟，谋划救援宋国。

当时，晋悼公刚刚即位，在国内采取一系列的措施弘扬正气、任人唯贤，整顿纲纪，颇见成效。此时，正是需要恢复晋国在诸侯中地位、立威扬名的关键时候。韩厥采取的这一系列措施加大力度救援宋国，很明显在为晋国立威。而他的措施确实行之有效，效果颇佳，让诸侯认识到了晋国的号召力和成就霸业的执行力。而韩厥尽心辅佐晋侯，从一系列的外交措施足可以看出他掌控全局的智慧和气魄，不愧

① （春秋）左丘明撰，徐元诰集解，王树民、沈长云点校：《国语集解》，北京：中华书局，2002 年，第 72 页。

为一名出色的执政者，善于调度的帅才。

鲁襄公元年，韩厥辅佐晋悼公想重振晋国霸业，继鲁成公十八年组织诸侯军队救助宋国，又在这年春天围攻彭城，彭城投降了晋国。这时候，诸侯的军队驻扎在鄫地，等待晋国的军队。晋军从郑国率领驻扎在鄫地的军队侵袭楚国的焦地、夷地和陈国。

从诸侯等待晋军指挥进发之事，可以看出晋国在此时确实成了诸侯的主导，可见韩厥的执政策略得当、成效显著。另外，韩厥身处军事前沿，统领晋国及诸侯的军队统一行动，也充分说明他治军统兵能力出色，智勇兼备。

三、勇于担当，以德服众

鲁成公二年，在鞌之战中，韩厥梦到自己的父亲嘱咐他早晨出兵要避开车上左右的位置，所以他就居中驾车，紧追齐侯的战车。在作战中齐人要射杀他时，为齐侯驾车的邴夏说他是个君子，齐侯认为射杀君子是非礼行为，他的车左先被齐人射死掉落车下，车右也被射杀而倒在一旁。晋大夫綦毋张丢失了战车，追随韩厥的车子并请求搭乘，他上车后韩厥一边驾车一边用手肘抵触他不让他或左或右，而是让他站在自己身后，并低下身子放稳被射死的车右。

韩厥在这次战争中之所以能保全性命，表面看似乎是由于他父亲梦中的警示，实际上是他不避危险的君子行为救下了他自己。从这次战争中可以看出韩厥对战友的保护和对副手的尊重，在生死面前充分展示了韩厥作为军中将领敢于担当、勇于牺牲的高贵品质。作为将领，能在军前冲锋，能保护战友，他的担当和仁德同样被世人看重。

鲁成公十五年，楚国人侵袭郑国，到达了暴隧，于是就趁机侵袭卫国，到达了首止。郑国的子罕侵袭楚国，占领了新石。晋国的栾武子想报复楚国，韩厥说："不用，让他自己加重罪过，百姓将要背叛他，没有百姓，谁去为他作战？"因此，可见"人不杖信，未有不亡。子反鄢陵之难，所以不旋踵也。申叔时卜之于身，韩献子决之于民"①。韩厥可谓目光如炬，一眼看穿了楚国人不守礼法、不讲信用、穷兵黩武的自取灭亡之道。在交战前，楚国的子囊曾经提起新近和晋国结盟却又背弃晋国，子反却认为敌情有利于我军就好，至于结盟就完全可以不必在意。楚国老臣申叔时听说子反的话评价子反不讲信用、不守礼法，一定不能免于祸患。这与韩厥的话如出一辙，从侧面反映出韩厥思想正派，重视操守，重信守礼，因此能轻而易举地发现楚军的问题所在。

韩厥本身重礼守法，具有很高的战争修养，在行军作战中，透过他对战争形势的分析和把握，更能深入看到韩厥对战争的独到理解：治军严明公正、出兵有理有据、作战讲究礼法，更为可贵的是韩厥战争中体现的中正的品行。

在出任晋国正卿主持朝政之时，面对复杂多变的国内国外形势，韩厥从容冷静，准确把握时局动态，及时调整方略、作出决断，不失为一名出色的执政者。韩厥为政，可以概括出以下几方面优势：

一是应答得体，有礼有度。鲁成公三年的十二月，晋侯奖赏鞌之战中的功劳，在晋国建起六军，韩厥和赵括、巩朔、韩穿、荀骓、赵旃都做了晋的卿。

---

① （清）卢元昌：《左传分国纂略》，上海图书馆清康熙二十八年刻本。转引自李卫军编著：《左传集评》，北京：北京大学出版社，2016 年，第 1015 页。

齐侯朝见晋侯时，认出差点俘虏自己的韩厥，就盯着他看，韩厥知道齐侯认出自己，就登阶举杯说："臣下之所以不惜一死，就是希望两位国君能像这样在堂上饮宴和好！"他既表达了誓死捍卫晋国权利的决心，又表达了自己无意冒犯齐侯，无非希望两国不起战争的良好愿望，可谓应答得体，有礼有度，"寥寥数字，风致千古。"①

鲁成公十七年，韩厥在面对晋国臣子栾书和中行偃要弑杀国君并邀请他参与其中的内乱时，严词拒绝，同时表明立场。他用自己在赵氏被诬陷时宁愿离开军队也不参与讨伐恩人为例，表明自己不会偏助任何一方。他也用普通百姓在杀牛时都无人愿意做主来提醒栾书和中行偃，希望他们在弑君之事上要考虑清楚，不要犯下无法弥补的过错。可见韩厥的正直端方，不会趋利，懂得避害，可谓乱世的清醒者，睿智明礼，深明法度，可谓乱世的清醒者。

二是格局高远，深思熟虑。鲁成公六年，晋国人迁都，要离开故都绛地。诸位大夫认为一定要迁到郇、瑕氏的地方，那里土地肥沃富饶并靠近盐池，对国家有利，君王也会快乐。韩厥当时为晋国的中军统帅，同时兼任掌管宫中之事的仆大夫。晋景公退朝，韩厥跟着他回到正寝外面的庭院中，晋景公问韩厥迁都的意见，韩厥直言郇、瑕氏之地并不适合，并进一步说明理由：该地土薄水浅，污秽物容易积聚，这样的地方百姓容易愁苦因而瘦弱，容易得风湿病。紧接着他又谏言应该迁都到新田，原因是：那里土厚水深，住在那里不会生病，还有汾水、浍水能够冲涤污染物；那里的百姓服从教导，有利于子孙的利益。韩厥认为深山、大泽、森林和盐池是国家的宝藏，国家富饶

---

① （清）卢元昌：《左传分国纂略》，上海图书馆清康熙二十八年刻本。转引自李卫军编著：《左传集评》，北京：北京大学出版社，2016年，第940页。

百姓就会骄奢淫逸；靠近宝藏，百姓就会逐末忘本，容易造成贫富不均，富者不会增税，贫者反而会逃亡，造成公室的贫困，反而不能快乐。

韩厥在面对迁都这样的国家大事时，既能不畏众口之词坦陈己见，又能分析利弊对比得失，还能深入分析，思虑长远，“此等议论恺切通远，有关治教，百世而下所不能废也”。① 如此有思想、有担当、有格局，事君以忠、直，韩献子当得起贤臣之称。最重要的是韩厥在历史转折的关键时刻，能看到时机，又能精准地把握时机，推动晋国重振霸业。在韩厥从政期间，正处于诸侯争霸十分激烈的时期，可以说“他的活动都是为晋称霸奋斗”②。韩厥辅佐晋侯，尽心筹谋所采取的一系列外交措施，足可以看出他掌控全局的能力和气魄，不愧为一名出色的执政者，颇具能臣风范。

三是直面时局，从容进退。韩厥能冷静地统观全局，在当时波谲云诡的政治环境中，清醒地看到晋国正处于强国林立的环境，而时局的风云变幻并非当时的晋国所能把握和控制的。他理智地作出判断，晋国称霸的时机并不成熟，充分说明韩厥是一个有格局又对时局认识清楚的政治家。

鲁襄公七年冬天，韩厥告老退休。身居高位而能急流勇退，可见他通透从容、不贪名利。在选择继承人时，韩厥没有自己选择，而是把选择权交给朝廷，可以看出他的无私和公允。最后因为长子韩无忌身体有疾，晋侯正式立韩起为晋卿，韩厥正式告老退休。晋侯认为韩

---

① （清）吴闿生：《左传微》，华东师范大学图书馆民国十二年大学社刻本。转引自李卫军编著：《左传集评》，北京：北京大学出版社，2016年，第951页。

② 李孟存、李尚师：《晋国人物评传》，延吉：延边大学出版社，2006年，第123页。

无忌仁德,《国语·晋语七》中也曾称赞“无忌镇静”①，于是让他做公族大夫之长。安然退休、颐养天年，这大概是作为一代名臣最好的归宿了吧。

韩厥从赵氏家臣到出将入相，再到告老还政退出晋国政坛，最为值得称道的是他的为人，其可以概括为正直敦厚、以礼以德、通透无私。具体如下：

第一，知恩图报，有所遵从。

韩厥自幼寄养在赵氏，成为赵氏家臣，在赵衰、赵盾的帮助下担任军中司马一职，走上政途。因此赵氏对韩厥有养育、知遇之恩。鲁成公八年，赵庄姬诬陷赵氏将要叛乱，晋景公以及其他与赵氏争权、受赵氏欺压的宗族趁机讨伐赵氏，韩厥却宁愿离开军政，也不愿参与讨伐赵氏。赵氏被晋侯诛杀殆尽，只有赵武跟随赵庄姬养在晋景公的宫中。后来，晋景公打算将赵氏的田地赐给祁奚，韩厥却在这时趁机进言晋景公说：“以赵衰的功勋，赵盾的忠诚，却没有后人来继承家业，以后做善事的人恐怕要有后顾之忧了。”韩厥又说：“夏、商、周三代的贤明帝王都能数百年保持上天的禄位，其中难道没有邪僻君王吗？只是这样的君王是依靠先祖的贤明才得以免祸的。”韩厥还引用《周书》的内容，强调为君应该弘扬道德。纵观韩厥的谏言，他一方面言明赵氏的功勋和忠诚，为不能让后人继承家业一事而担心，并且此事可能会引起有功勋和忠诚的臣子寒心，提醒晋侯此事在臣子中的影响；另一方面韩厥从三代贤王入手分析他们的后人能延续几百年是因为祖先的贤明，提醒晋侯为晋国的继承人作长久的考量，应该重视道

---

① （春秋）左丘明撰，徐元诰集解，王树民、沈长云点校:《国语集解》，北京：中华书局，2002年，第407页。

德的力量。最终说动晋侯立赵武为赵氏的继承人，并返还赵氏封地。为赵氏保留下了血脉与封地，使得赵氏一族得以延续。《说苑·复恩》："非程婴则赵孤不全，非韩厥则赵后不复，韩厥可谓不忘恩矣。"①韩厥在赵氏遭谗遇难的情况下，能够不畏谗贬之忧、不惧牵罪之祸，迎难进言，其智勇可嘉；韩厥言之凿凿，替君分忧，为国家稳定、长治久安深谋远虑，其忠诚可敬；韩厥深受赵氏之恩，得志不忘旧主，危难敢于扶持，其人品德可赞！

韩厥在赵氏问题的处理中是仁德，更是睿智的，他的睿智更多地体现在他有所不为、有所遵从方面。鲁成公十五年，晋国的三郤陷害伯宗，诬陷并杀害了他，连累了栾弗忌。伯州犁逃亡到了楚国。韩厥说："郤氏大概不能免于灾祸吧！善人，是天地纲纪，却屡次被杀害，不灭亡还等什么呢？"韩厥从天地正道的角度评判郤氏的害人行为，他认为残害善人是自取灭亡之道，可见韩厥骨子里具有传统正义思想，做人能够坚守原则，对于为了利益而嗜杀成性持有批评态度，他自己也绝不会参与这样的滥杀无辜，可谓思想正直、品行端方。

第二，谦逊通透，教子有方。

鲁襄公四年，韩厥晋侯为穆叔举行的享礼上，看到穆叔答谢晋侯在享礼上所进献的音乐时，舍弃大的礼仪，却再三拜小的礼仪，不明白穆叔在行事礼仪上有所区分的原因，就特意派人询问，言语谦恭，虚心求教。穆叔原来因为晋侯所用的音乐对应的对象不同，在高于鲁国国君和自己身份的音乐中避讳不听，在嘉奖鲁国国君和慰劳使臣的音乐时必须一拜再拜。韩厥当时在晋国执政，可谓位高权重，却能及时发现礼仪交往中自己不懂的问题，又能虚心求教，可见其为人谦逊

① （汉）刘向撰，向宗鲁校证：《说苑校证》，北京：中华书局，1987 年，第 135 页。

有礼，身居高位而能保持冷静自持，实在堪称为人楷模。

鲁襄公七年冬天，韩厥告老退休。在选择继承人时，韩厥把选择权交给朝廷。韩无忌作为他的长子患有残疾，在要立他为卿时，他辞谢说自己不是不想为国为民办事，而是没有能力，自己才能有限，希望立韩起为继承人。和他交往的田苏赞赏他好仁，指出“体恤百姓是德，纠正正直是正，纠正曲是直，参合德、正、直三者为仁”，并认为这样的人即使有残疾立为卿也是可以的。可见韩无忌品行在当时得到了高度认可。后来正式立次子韩起为晋卿，晋侯认为其长子韩无忌仁德，让他作公族大夫之长。《汉书》中颜师古注有言：“韩起有君子之德，方执晋政，可素厚之，以立善也。”① 由此可见，韩厥对家族子弟的教导是尽职尽责的。

韩厥家风中正，家庭和睦，足见他教子有方。他的谦恭仁德也直接体现在了立家之道中，上行下效，兄友弟恭，家道昌隆。韩厥长子宽仁、次子贤能，可谓后继有人。

纵观韩厥一生，睿智敦厚是他最为出色的特质，因为睿智，他能通透人生，理智进退；因为敦厚，他知恩图报，守礼重矩。因为睿智，他治军冷静，出战有据；因为敦厚，他战中能礼，勇于担当。因为睿智，他为政得法，格局高远；因为敦厚，他不计私利，有所不为——韩厥可谓德能兼具、品行并重，把自己的聪明才智奉献给晋国，是不可多得的一代名臣良将。

---

① （汉）班固撰，（唐）颜师古注，中华书局编辑部点校：《汉书》，北京：中华书局，1962 年，第 1380 页。

第四节　范文子

人物小传

士燮，士氏，按封地又为范氏，名燮，谥号“文”，又称为范文子，范武子之子。范文子为人颇受称道，他品德高尚，敦厚正直，有长者之风；他才能卓越，谦虚恭敬，知礼守节；他格局高远，忠君爱国，信仰坚定。

经典文本

【宣公十七年】

范武子将老，召文子曰："燮乎！吾闻之，喜怒以类者鲜，易者实多。《诗》曰：'君子如怒，乱庶遄沮。君子如祉，乱庶遄已。'君子之喜怒，以已乱也。弗已者，必益之。郤子其或者欲已乱于齐乎？不然，余惧其益之也。余将老，使郤子逞其志，庶有豸乎。尔从二三子唯敬。"乃请老。郤献子为政。(《左传》)

【成公二年】

郤克将中军，士燮佐上军，栾书将下军，韩厥为司马，以救鲁、卫。臧宣叔逆晋师，且道之。季文子帅师会之。及卫地，韩献子将斩人，郤献子驰，将救之。至，则既斩之矣。郤子使速以徇，告其仆曰："吾以分谤也。"

晋师归，范文子后入。武子曰："无为吾望尔也乎？"对曰："师有功，国人喜以逆之，先入，必属耳目焉，是代帅受名也，故不敢。"武子曰："吾知免矣。"郤伯见，公曰："子之力也夫！"对曰："君之训也，二三子之力也，臣何力之有焉？"范叔见，劳之如郤伯。对曰："庚所命也，克之制也，燮何力之有焉？"栾伯见，公亦如之，对曰："燮之诏也，士用命也，书何力之有焉？"(《左传》)

【成公四年】

冬，十一月，郑公孙申帅师疆许田，许人败诸展陂。郑伯伐许，取鉏任、泠敦之田。晋栾书将中军，荀首佐之，士燮佐上军，以救许伐郑，取氾、祭。(《左传》)

【成公六年】

晋栾书帅师救郑。(《春秋》)

晋栾书救郑，与楚师遇于绕角。楚师还。晋师遂侵蔡。楚公子申、公子成以申、息之师救蔡，御诸桑隧。赵同、赵括欲战，请于武子，武子将许之。知庄子、范文子、韩献子谏曰："不可！吾来救郑，楚师去我，吾遂至于此，是迁戮也。戮而不已，又怒楚师，战必不克。虽克，不令。成师以出，而败楚之二县，何荣之有焉？若不能败，为辱已甚，不如还也。"乃遂还。(《左传》)

【成公八年】

晋栾书侵蔡，遂侵楚获申骊。楚师之还也，晋侵沈，获沈子揖初，从知、范、韩也。君子曰："从善如流，宜哉！《诗》曰：'恺悌君子，遐不作人？'求善也夫！作人，斯有功绩矣。"是行也，郑伯将会晋师，门于许东门，大获焉。(《左传》)

晋侯使士燮来聘。

叔孙侨如会晋士燮、齐人、邾人伐郯。(《春秋》)

晋士燮来聘，言伐郯也，以其事吴故。公赂之，请缓师。文子不可，曰："君命无贰，失信不立。礼无加货，事无二成。君后诸侯，是寡君不得事君也。燮将复之。"季孙惧，使宣伯帅师会伐郯。(《左传》)

【成公九年】

为归汶阳之田故，诸侯贰于晋。晋人惧，会于蒲，以寻马陵之盟。季文子谓范文子曰："德则不竞，寻盟何为？"范文子曰："勤以抚之，宽以待之，坚强以御之，明神以要之，柔服而伐贰，德之次也。"是行也，将始会吴，吴人不至。

晋侯观于军府，见钟仪，问之曰："南冠而絷者谁也？"有司对曰："郑人所献楚囚也。"使税之。召而吊之。再拜稽首。问其族。对曰："泠人也。"公曰："能乐乎？"对曰："先人之职官也，敢有二事？"使与之琴，操南音。公曰："君王何如？"对曰："非小人之所得知也。"固问之，对曰："其为大子也，师保奉之，以朝于婴齐而夕于侧也，不知其他。"

公语范文子。文子曰："楚囚，君子也。言称先职，不背本也；乐操土风，不忘旧也；称大子，抑无私也；名其二卿，尊君也。不背本，仁也；不忘旧，信也；无私，忠也；尊君，敏也。仁以接事，信以守之，忠以成之，敏以行之，事虽大，必济。君盍归之，使合晋、楚之成。"公从之，重为之礼，使归求成。(《左传》)

【成公十一年】

秦、晋为成，将会于令狐。晋侯先至焉。秦伯不肯涉河，次于王城，使史颗盟晋侯于河东。晋郤犨盟秦伯于河西。范文子曰："是盟也何益？齐盟，所以质信也。会所，信之始也。始之不从，其何质乎？"秦伯归而背晋成。(《左传》)

【成公十二年】

宋华元克合晋、楚之成。夏，五月，晋士燮会楚公子罢、许偃。癸亥，盟于宋西门之外，曰："凡晋、楚无相加戎，好恶同之，同恤菑危，备救凶患。若有害楚，则晋伐之；在晋，楚亦如之。交贽往来，道路无壅；谋其不协，而讨不庭。有渝此盟，明神殛之，俾队其师，无克胙国。"郑伯如晋听成，会于琐泽，成故也。

晋郤至如楚聘，且莅盟。归，以语范文子文子。文子曰："无礼，必食言，吾死无日矣夫！"(《左传》)

【成公十三年】

秦桓公既与晋厉公为令狐之盟，而又召狄与楚，欲道以伐晋，诸侯是以睦于晋。晋栾书将中军，荀庚佐之；士燮将上军，郤锜佐之；韩厥将下军，荀罃佐之；赵旃将新军，郤至佐之。郤毅御戎，栾鍼为右。孟献子曰："晋帅乘和，师必有大功。"五月丁亥，晋师以诸侯之师及秦师战于麻隧。秦师败绩，获秦成差及不更女父。曹宣公卒于师。师遂济泾，及侯丽而还，迓晋侯于新楚。(《左传》)

【成公十五年】

冬，十有一月，叔孙侨如会晋士燮、齐高无咎、宋华元、卫孙林父、郑公子鰌、邾人会吴于钟离。(《春秋》)

十一月，会吴于钟离，始通吴也。(《左传》)

【成公十六年】

春，楚子自武城使公子成以汝阴之田求成于郑。郑叛晋，子驷从楚子盟于武城。

郑子罕伐宋，宋将鉏、乐惧败诸汋陂。退，舍于夫渠，不儆，郑人覆之，败诸汋陵，获将鉏、乐惧。宋恃胜也。

卫侯伐郑，至于鸣雁，为晋故也。晋侯将伐郑。范文子曰："若逞吾愿，诸侯皆叛，晋可以逞。若唯郑叛，晋国之忧，可立俟也。"栾武子曰："不可以当吾世而失诸侯，必伐郑。"乃兴师。

五月，晋师济河。闻楚师将至，范文子欲反，曰："我伪逃楚，可以纾忧。夫合诸侯，非吾所能也，以遗能者，我若群臣辑睦以事君，多矣。"武子曰："不可。"六月，晋、楚遇于鄢陵。范文子不欲战。郤至曰："韩之战，惠公不振旅；箕之役，先轸不反命；邲之师，荀伯不复从，皆晋之耻也。子亦见先君之事矣。今我辟楚，又益耻也。"文子曰："吾先君之亟战也，有故。秦、狄、齐、楚皆强，不尽力，子孙将弱。今三彊服矣，敌楚而已。惟圣人能外内无患。自非圣人，外宁必有内忧，盍释楚以为外惧乎？"

甲午晦，楚晨压晋军而陈。军吏患之。范匄趋进，曰："塞井夷灶，陈于军中，而疏行首。晋、楚唯天所授，何患焉？"文子执戈逐之，曰："国之存亡，天也，童子何知焉？"栾书曰："楚师轻窕，固垒而待之，三日必退。退而击之，必获胜焉。"郤至曰："楚有六间，不可失也。其二卿相恶，王卒以旧，郑陈而不整，蛮军而不陈，陈不违晦，在陈而嚣，合而加嚣。各顾其后，莫有斗心；旧不必良，以犯天忌，我必克之。"

晋入楚军，三日谷。范文子立于戎马之前，曰："君幼，诸臣不佞，何以及此？君其戒之！《周书》曰：'惟命不于常。'有德之谓。"

范文子谓栾武子曰："季孙于鲁，相二君矣。妾不衣帛，马不食粟，可不谓忠乎？信谗慝而弃忠良，若诸侯何？子叔婴齐奉君命无私，谋国家不贰，图其身不忘其君，若虚其请，是弃善人也。子其图之！”乃许鲁平，赦季孙。冬，十月，出叔孙侨如而盟之。侨如奔齐。(《左传》)

【成公十七年】

晋范文子反自鄢陵，使其祝宗祈死，曰：“君骄侈而克敌，是天益其疾也。难将作矣。爱我者唯祝我，使我速死，无及于难，范氏之福也。”六月戊辰，士燮卒。(《左传》)

人物评议

鲁宣公十七年，因为郤克在出使齐国时受辱，请求攻打齐国又没有得到晋侯的认可，士会（范武子）担心晋国发生内乱，便决定告老，让郤克担任晋国的执政。范武子退休时，嘱咐士燮（范文子）要做一个只有为国担忧时才展露喜怒的君子，而不是喜怒都写在脸上；同时告诉他要谦敬地侍奉诸位大夫。范文子牢记父亲的教诲，抛开个人的悲喜，事事都以国家的利益为先。这一年，他开启了自己的政治生涯，也开始了他一世名臣的人生之路。

范文子在晋国从政期间，参与晋国内政、外交、军事等方面的诸多重大事件，他秉持为国家着想的原则，抛开个人的得失，尽心尽力、不计代价地完成各种使命；他充分发挥智谋才干，每遇到大事，从来谋划的都不仅仅是晋国眼前的利害得失，而是着眼于国家的长治久安；他清醒冷静，面对诸侯国之间的复杂关系和政治争斗，处理问题能从治理国家的根基出发，常常在国君和执政大臣面前直言进谏。他的为人、处世、为政有太多值得称道之处，具体如下。

一、治政为国：忠诚正直，思虑深远

士燮在晋国参与治政期间，国家利益高于一切，是他始终坚持的信条，任何情况、任何条件都从未动摇，几乎完全抛开了自我。《韩非子·外储说左下》就曾记："范文子喜直言，武子击之以杖：'夫直议者

不为人所容，无所容则危身，非徒危身，又将危父。’”①

晋军在鞌之战中打败齐军，胜利而归，士燮是最后回到晋国都城的。当他父亲问及他为什么不能因为自己的盼望而早点回来时，士燮的理由是，晋军是战胜立功归来的，晋国人肯定会为迎接军队而庆祝，先回到都城就会得到众多的关注，这是代替元帅接受功劳之名，所以自己没有抢先回来。范武子感慨，我知道你为什么能够免祸了。这其中颇含深意，作为立功而归的将领，多数人都希望得到关注，让众人看到自己的贡献和功劳，这样才更容易得到更多的认可和赏赐，也更容易为自己谋得权利。面对个人得失，士燮宁愿做个实实在在为国效力的人，该承担责任的时候毫不含糊，论功行赏的时候则后退一步，尽心完成自己的责任，不去贪图功劳。他既能清醒地摆正自己的位置，又能冷静地看待利益得失，确实值得称赞。在鄢陵之战中，他的为国忧心、敢于直谏、睿智清醒体现得淋漓尽致。

鲁成公十六年春，楚国用汝阴的土地向郑国求和，郑国就背叛晋国，与楚国结盟。卫国为了向晋国示好，就出兵攻打郑国。晋侯也要攻打郑国，士燮劝阻晋侯，他分析晋国的国情，认为如果是诸侯都背叛了晋国，晋国可能会心生戒惧，那么兴师动众就不会有大问题；但只是因为郑国的背叛就要发兵攻打他，从当时的两国国力来看，晋国必定一战就可以战胜郑国，但是这样的胜利就更容易滋生晋国人的骄傲情绪，而一旦产生了骄傲情绪，祸患就更容易发生。这对一个国家的长治久安是极其危险的，因此为了杜绝国内滋生不良现象，不应该对郑国出兵。士燮的建议没有被采纳，于是晋国出兵攻打郑国。士燮参加了这次军事行动，并出任重要的军中将领，担任中军佐。

① （清）王先慎撰，钟哲点校：《韩非子集解》，北京：中华书局，1998年，第307页。

建议虽未被采纳，但从这一事来看，士燮是一个能从长远发展的角度去为晋国思考未来的人，他要的不是晋国眼前的胜利，而是能让晋国保持清醒冷静、谋求未来强大稳定的根基问题，眼前与郑国之战，一战必胜，却很容易为晋国未来的发展埋下祸端，动摇国家的根本，以至于造成无法挽回的决策失误。《说苑·贵德》篇就记载了关于伐郑一事中，范文子的观点："中行献子将伐郑，范文子曰：'不可。得志于郑，诸侯雠我，忧必滋长。'郤至又曰：'得郑是兼国也，兼国则王，王者固多忧乎？'文子曰：'王者盛其德而远人归，故无忧；今我寡德而有王者之功，故多忧。今子见无土而欲富者乐乎哉？'"①

郑国人听说晋军攻入境内，就向楚国告急，楚共王出兵救援郑国。五月，晋军渡过黄河，听说楚军就要到了，士燮想要班师回国。他认为此时假装畏惧楚军而避开，仍然是晋国避免国家未来弊端、缓解国家祸患的最好办法。为了阻止这场战争，他甚至不顾惜自己的名声，说出与诸侯交战不是自己能做好的事，要把这项任务留给能者来负担，而他自己能与群臣同心协力侍奉国君就好。虽然他的建议再次被否决，但其建议中所展现出的良苦用心却给后世学者以触动，倪承茂在《古文约编》一书中就对此感叹道："范文子不欲战，非虑其不胜也，正虑既胜之后，君心骄恣，内忧将作，此段议论，略露本旨。"②

在晋、楚两军在鄢陵相遇以及准备交战时，士燮仍表示自己不愿作战。当郤至用秦、晋的崤之战惠公溃不成军，晋、狄箕之战主帅先轸战死，晋、楚邲之战主帅荀林父兵损溃逃等奇耻大辱来激励他的斗

---

① （汉）刘向撰，向宗鲁校证：《说苑校证》，北京：中华书局，1987年，第106页。

② （清）倪承茂：《古文约编》，上海图书馆雍正十年刻本。转引自李卫军编著：《左传集评》，北京：北京大学出版社，2016年，第1026页。

志时，他仍清醒地分析以往的战争与当前战争的本质不同，他认为，前代晋国屡次作战是因为秦、狄、齐、楚等国当时都很强大，如果晋国当时不努力奋争，晋国就会走向衰弱；而当前的形势却是秦、狄、齐三个强国已经屈服于晋国，只剩下楚国还在与晋国为敌罢了。而只有圣人治理国家才能完全没有内忧外患，如今恐怕晋国一旦全部扫除了外部的忧患，内部一定会滋生忧患。如果就此暂时放过楚国，让晋国对外常保有警惕心，对晋国来说恰恰是最好的状态。范文子“外宁必有内忧”一句，可见其对晋国的长远考虑，《左绣》一书夸赞其“胸中成竹，有绝人议论、绝顶识见在。真作‘死于安乐，生于忧患’绝好注脚。”①

正因为士燮看清楚了晋国国内国外形势，考虑到晋国的长远发展，所以他一直不赞成因为郑国而与楚国大动干戈。在众人商量战争对策时，当他的儿子进军帐出谋献策时，他竟然拿起长戈把他赶出了军帐。

当晋军最终战胜楚军，享受胜利喜悦的时候，他又极不合时宜地站到大队人马面前，对晋厉公说，国君年龄还小，臣子们也没有什么才智，没有理由得到这样的胜利，因此希望国君防止骄傲自满。他言及“惟命不于常”②，来劝诫晋侯天意并不是固定不变的，只有有才德的人才能享受天命。

表面看来士燮极其不通人情世故，在面对执政者的决策和取得胜利的时候非要泼冷水，但恰恰是因为这一点，就更能看到士燮面对国家利益、考虑到国家的长治久安时，甚至不惜损害自身利益，这种正直坦率、不计个人得失的家国情怀着实令人感佩。

① （清）冯李骅、陆大瀛：《左绣》，上海图书馆清康熙五十九年刻本。转引自李卫军编著：《左传集评》，北京：北京大学出版社，2016年，第1026页。

② （宋）朱熹撰：《四书章句集注》，北京：中华书局，1983年，第11页。

鲁成公十七年，范文子从鄢陵之战返回后，就让他的祝宗帮忙祈祷自己早点死去。他认为晋国当前的形势岌岌可危：国君骄横奢侈而又战胜了敌人，肯定会生出更多的问题，这是上天在增加他的灾祸，祸难一定会随之兴起。《国语·晋语六》："吾闻之，为人臣者，能内睦而后图外，不睦而图外，必有内争。"① 因此他希望爱他的人都来诅咒他快点死去，不要等到灾祸来临殃及自身，这是范氏的福分了。

范文子理智地认识到一个国家要想长久兴旺发达，绝不能滋长骄傲自大的情绪，尤其是国君和执政大臣，如果不能安心治理内政，而是依靠自己的强大实力逞强斗勇，又为眼前的胜利沾沾自喜，那国家就走到了危险的边缘。正如卢元昌在《左传分国纂略》一书中所言："谋国者，谁不愿其国之胜？至于以胜为忧，如范文子者，意念深矣。"② 他宁可求死也不愿看到晋国发生祸乱。以死明志，以死相谏，这大概是春秋时代名臣刚烈正直的君子风范，但真正能做到抛开一切，不惜赴死的少之又少，而范文子虽没有战死疆场、以死殉国的刚烈，却有以死明志、不愿苟且的刚直。

可见，士燮在参与晋国政务处理时，一直保持清醒冷静的状态，他对当时诸侯争斗的现状认识清楚，因此他在面对政务处理时思虑全面而深远，辩证地看待国内、国际关系中的利害得失。完全抛开个人得失，甚至为国家担心而极端到不考虑个人生死，士燮的忠诚不言而喻！他的正直坦率，值得铭记，不愧为一世名臣！

---

① （春秋）左丘明撰，徐元诰集解，王树民、沈长云点校：《国语集解》，北京：中华书局，2002 年，第 391 页。

② （清）卢元昌：《左传分国纂略》，上海图书馆清康熙二十八年刻本。转引自李卫军编著：《左传集评》，北京：北京大学出版社，2016 年，第 1054 页。

二、外交出色：通透深刻，中正无私

士燮在晋国参与治政期间，处理过很多外交问题，参与了大大小小的邦交活动，他既能拒绝利益，也不避讳问题，还常常能一语中的言明外交活动的意义。

鲁成公八年，士燮到鲁国聘问，并通知鲁国要出兵攻打郯国，因为郯国跟吴国交好。在此期间，鲁成公给士燮送礼，想通过贿赂他让鲁国延缓出兵。士燮直接拒绝了鲁成公，并义正词严地提醒他，晋国国君的命令必须严格遵照，不能更改；同时表明公私不能两全，自己是代表晋国国家在与鲁国进行交涉，不能从中掺杂私情，所以除了两个国家间正常的朝聘之礼不应该再有增加的财物；最后声明，如果鲁国想要延缓出兵，那么晋国就会和鲁国断交。此次到鲁国，士燮坚定不移、软硬兼施，抛开个人得失，他完全是以代表国家的立场进行交涉的，把国家使命放在高于一切的位置，他的无私中正可见一斑。

鲁成公九年，晋国因为与齐国结盟，就让鲁国把本来是齐国侵占的鲁国的汶阳还给齐国，这种无礼行为使得晋国在诸侯中的声望大打折扣，很多诸侯国对晋国三心二意。因此晋国人害怕失去诸侯的支持，就在蒲地会见诸侯，重温马陵的盟会。季文子便向范文子质疑，一个国家不注重修德，只是重温旧盟有什么意义。范文子回答他，用殷勤来安抚诸侯，用宽厚来对待诸侯，用强硬来驾驭诸侯，用盟誓神灵来约束诸侯，安抚顺服的诸侯而讨伐三心二意的诸侯，这是次于修德的办法。从中可见士燮的坦率和通透，他明知道晋国无礼在先，也深知此次外交活动对晋国的意义，不妨明言，直接坦陈晋国的目的所在，让对方更能接受，也更能认清问题的实质。但从另一方面来说，“范文数语，强自支厉之词，是时晋已不振矣。”①

两个人的对话代表了两种心声，一种是像鲁国那样对晋国的行为有所不满的诸侯国，在表面上质疑晋国重温会盟的背后，是对晋国处理诸侯问题失礼的不满；另一种就是以晋国利益为中心的人群的态度，明言此次重温会盟是安抚、震慑并存，是明知道之前行为不妥的安抚，也是用盟约进行的约束，还是对对抗者的提醒和警告。从中能看到范文子完全是站在晋国的立场上，清醒冷静地分析着当前的形势和诸侯的动态，理智和态度并存，他的通透、坚定，让闻者清楚看到晋国人的家国立场和不可轻视的深刻与睿智。

秦、晋两国的关系由来已久，由晋文公时代的亲密无间到逐渐因势力争夺演化越发复杂的矛盾，时而团结合作，时由明争暗斗，时而刀枪相向，时而又难免虚与委蛇，不一而足。到了范文子处理外交事务的时代，矛盾在所难免，交往也无法避免，所以，处理两国关系问题就充满变数。但范文子深知两国关系的问题所在，始终保持着一份深刻的冷静。鲁成公十一年，秦、晋两国结成友好关系，准备在令狐会盟。晋侯到达后，秦伯却不肯渡过黄河来，而是停留在王城。秦伯派大夫史颗和晋侯在黄河东会盟，晋国的郤犨则和秦伯在黄河西会盟。针对这种会盟，士燮当即直言不讳，一针见血地指出了这次会盟的滑稽之处，明言这样的会盟毫无益处。他认为会盟本是用来表示诚信的，约定了地点就是信用的开始，而秦伯在一开始就不尊重会盟，毫无诚信、敷衍了事，自然不会有好结果。果真如他所言，秦伯回国后就背弃了和晋国的友好盟约。

① （清）吴闿生：《左传微》，华东师范大学图书馆民国十二年大学社刻本。转引自李卫军编著：《左传集评》，北京：北京大学出版社，2016年，第970页。

面对逐渐强大的楚国，在邦交问题上，范文子同样能冷静分析，理智面对。鲁成公十二年，宋国华元促成了晋、楚两国的和好。五月，士燮会见楚国公子罢和许偃，后在宋国西门外结盟。盟誓中约定，晋国和楚国不以武力相加，要好恶相同，共济灾祸危险，同救饥荒祸患。如果有谁危害楚国，晋国要攻打它；对待晋国，楚国也同样如此。两国使者往来，道路畅通不设阻碍。遇到不协调的问题要进行商讨，背叛盟约就要遭到讨伐。有谁违背这个盟约，神灵就要诛杀他，使他军队颠覆，不能保佑国家。《国语·晋语八》曾提及当时两国合盟时的情况："及文子成晋、荆之盟，丰兄弟之国，使无有间隙。"①可见在这次会盟之后，晋、楚两国的关系是得到了一定的改善的。

晋楚两国所立的盟誓充满了真诚友好，可是在结盟后，当晋国的郤至到楚国聘问并参加结盟期间，楚共王在设享礼招待他时，完全不按正常礼制，在被问及缘由时，楚国的相礼回答得强势而霸道，并直接表达两国有兵戎相见的可能。身为客方，郤至勉强完成此次结盟回国。他把自己的见闻告诉士燮，士燮面对晋楚两国的结盟过程中出现的情况，冷静分析，认为楚国表现如此无礼就一定不会履行诺言，晋国将陷入危险之中。他面对两国结盟中出现的问题，能深入现象背后的本质，看到晋楚两国关系的危险性，预见到两国关系的未来走向。

范文子在为晋国建立邦交时，不仅是维护原有的邦交关系，也会参与接触拓展新的邦国伙伴。鲁成公十五年，随着吴国的崛起，中原诸侯与吴国接触增多，关系发生了变化。这一年十一月，晋国的士燮参与了由鲁国叔孙侨如、齐国高无咎、宋国华元、卫国孙林父、郑国

① （春秋）左丘明撰，徐元诰集解，王树民、沈长云点校：《国语集解》，北京：中华书局，2002年，第426页。

公子鳣以及郳人共同在钟离会见吴国人的外交活动，开始了和吴国的往来。

士燮作为晋国重臣，参加过诸多诸侯间的政治活动，在出使他国时，他也是晋国对外关系的重要使臣，多次完满地完成出使、会盟等政治活动。在面对邦交关系时，他既能针对现实处理邦交问题，又能根据诸侯国之间交往时出现的问题清醒分析，冷静认识未来的关系走向。而且他在清楚问题的基础上，更能从晋国的未来发展方向出发作出合理的判断，深刻而通透，他的政治和外交能力堪称卓越。

三、军事果敢：认清形势，谋划得当

士燮身为晋国重臣，不仅参与重要的政治决策、外交活动，在军事方面，他也几乎参与了为政期间所有的军事策略和军事行动，并展示出了他善于观察形势、能够审时度势参与决策的良好军事才能。《国语·周语中》言："时晋立四军，四军之帅，晋八卿也。栾书将中军，士燮佐之，郤锜将上军，荀偃佐之。韩厥将下军，智罃佐之。赵旃将新军，郤至佐之。"① 可见范文子在此时就已经担任了军队中的重要职务。

在晋国和楚国因为帮助盟国而展开的军事争斗中士燮的筹谋和决断起到了至关重要的作用。鲁成公四年的冬天，郑国和许国因为土地争端而发生战争，晋国出兵救援许国，攻打郑国，士燮作为上军佐参与此次军事行动，战胜了郑国，并占领了氾地和祭地。楚国子反救援

① （春秋）左丘明撰，徐元诰集解，王树民、沈长云点校：《国语集解》，北京：中华书局，2002 年，第 72 页。

郑国，郑伯和许男在子反面前争讼，子反不能决断，就建议双方去到楚君面前评判是非曲直。许灵公在楚国控告郑伯，郑悼公亲自到了楚国，但争讼没有取得他想要的胜利。楚国人拘禁了郑国负责争讼的皇戌和子国。郑伯回国后就派公子偃到晋国请求媾和。晋、郑两国于成公五年的八月在垂棘结盟。

鲁成公六年，因为郑国背叛了楚国而结盟晋国，楚国出兵攻打郑国。晋国派栾书带兵救援郑国，和楚国军队在绕角相遇。楚军撤走回国，晋军趁机袭击了蔡国。蔡国为楚国的盟国，所以楚国申地和息地的军队来救援蔡国，在桑隧对抗晋军。晋军内部出现分歧，一部分将领认为应该出战，并向主帅栾书提出请求，栾书同意了他们的请求；以士燮等人为代表却明确提出反对意见，并给出了详细的理由。范文子面对军事形势时能冷静理智地进行全面分析，首先从礼、义的角度，晋军理亏则士气必然不壮，而楚军则恰好相反。其次从利的角度，此次战争只会对晋军和晋国不利。范文子在诸侯混战的年代能识大局、能知大义、尽量保持应有的礼义规范、善于军事决策可见一斑。

也正是因为范文子等人的这次劝阻用兵的正确决策，在两年后的军事行动中晋国取得了更大的回报。鲁成公八年，晋栾书再次率兵攻破蔡国，又侵入到楚国，俘获了楚大夫申骊，楚军不敌而撤回，晋国又趁机攻打沈国，抓住沈国国君。《左传》中引用《诗经》，《诗》曰："恺悌君子，遐不作人。"[①] 称赞范文子等三人为"善人"，称赞晋国正是因为任用了这样的人才，才会取得如此大的收获。可见对范文子等人人品和能力的肯定。

---

① （清）阮元校刻：《十三经注疏·毛诗正义》，北京：中华书局，2009年，第1110页。

在军事筹谋中尽量保持礼、义为先等原则，也让晋国屡屡战胜强敌，对楚国和齐国如此，对秦国也同样如此。士燮一直在晋军中担任重要的军事将领之职，参加过多次晋军的军事活动，能够出谋划策、上阵杀敌、配合主帅、管理将士，是晋国重要的军事将领。

四、识人之明：见仁见智，注重根本

士燮的睿智深刻不仅体现在政治、外交、军事等方面，他的很多决断也与他善于识人密不可分。他观察入微、能抓根本，对他人作出的判断常常准确无误。

鲁成公九年，晋侯到军器库视察，见到两年前被郑国俘虏送到晋国的楚国人钟仪。晋侯在召见、慰问与他交流基本情况后，把经过告诉了范文子。范文子通过钟仪的言谈给出他是君子的判定，并详细解释了原因。他认为，在晋侯问及他世官时，他言及先父的职官是不背弃根本；弹奏乐器时奏的是家乡的乐调是不忘故旧；只是举出楚君做太子时候的事情而不谈及楚君其他事是没有私心；谈及二位卿的时候称呼他们的名字是尊敬君王。不背弃根本是仁德，不忘记故旧是守信，没有私心是忠诚，尊敬君王是敏达。用仁德来处理事情，用信义来固守它，用忠心来完成它，用敏达来推行它，事情虽然大，但一定能够成功。所以范文子建议晋侯放他归楚，并让他推动结成晋、楚两国的盟好。晋景公听从了范文子的话，以厚礼接待钟仪，让他回国代晋国向楚国求和。

范文子能通过晋景公与钟仪的交流内容和对答方式判断钟仪的品行，可谓善于识人；他能在了解到钟仪的为人处世之道后抓住机会，让他帮助完成两国邦交的大事，是善于抓住时机；他能在交流中得知钟仪的人品德行后想到让他去促成晋、楚两国的交好，说明他内心深处早已对晋楚关系了如指掌，才会瞬间抓住时机，提出决定晋国命运的建议。刘继庄在《左传快评》中结合此事也曾提出一针见血的点评，言："范文子以君子许楚囚，便与曾子告孟敬子者是一副道理。求成于楚，是范文子胸中第一事。"① 可见，他的识人之智和识人之能跟他时刻想着国家忧患息息相关。

范文子的识人之明也常用在帮助晋国作出正确决策方面。鲁成公十六年，当晋侯听信挑拨扣留季文子后，鲁国派子叔婴齐来晋国请求放回季文子，当晋国有大臣打算贿赂子叔婴齐试图让他放弃为季文子求情时，他毫不犹豫地拒绝了。这时范文子向当时晋国执政的栾武子直言："季孙于鲁，相二君矣。妾不衣帛，马不食粟，可不谓忠乎？信谗慝而弃忠良，若诸侯何？"范文子看到了季文子在鲁国侍奉两代国君兢兢业业、恪尽职守、严于律己的忠臣形象，并且直言相信谗毁放弃忠良之臣，会让诸侯对晋国的执政产生怀疑，造成不可预知的后果。另外，他也谈及鲁国来出使的子叔婴齐："奉君命无私，谋国家不贰，图其身不忘其君，若虚其请，是弃善人也。子其图之！"他建议如果晋国不顾子叔婴齐这样忠诚无私、一心完成国君使命的善人为国家提出的请求，那是放弃善人，执政者放弃善人会造成什么样的恶劣影响，他请执政的栾武子考虑清楚。正是因为范文子提出这两个鲁国人具有忠贞不二的赤胆忠心，最终让栾武子作出正确的判断，放回了季文子。因此《史记》有了"文子有义，晋人弗许"②的记载，可见在这件事的背后也有范文子等人的诸多努力。从这件事中不难看出范文子忠贞无

① （清）刘继庄：《左传快评》，河南大学图书馆清蕉雨闲房刻本。转引自李卫军编著：《左传集评》，北京：北京大学出版社，2016年，第970页。

② （汉）司马迁：《史记》，北京：中华书局，1982年，第1537页。

私的为人本性，也能看出他面对政务时，能清醒冷静地直击问题的根本，正是因为对人性有深入的认识和分辨，才让他在解决问题时做到合情合理。

范文子谨遵父命，并没有在晋国担当执政大臣的角色，但他在参与晋国的各方面决策时的冷静睿智却完全不亚于执政大臣。因为他心无私念、不重名利，能安于身份并恪尽职守，身居高位而秉持本心；因为他思谋端方、以国为本，能观大局，能谋长远，能察人性；因为他身处高位而不骄不躁，能坚持方向，能辩证分析，能尽忠尽善。他一身赤胆、智谋出众、冷静清醒，是真正的忠臣、能臣和直臣，让人不由想到披肝沥胆、鞠躬尽瘁等赞叹之词，确实堪称晋国的股肱之臣。

第三章

鲁国大夫篇

周之侯邦中，鲁国地位较为特殊，因周公摄政，所以被尊为姬姓宗邦、周之望国，“昔周公夹辅两朝，有大勋劳于王室。伯禽封鲁，土田附庸，倍敦诸姬，号称望国。王后王女之归，皆得主之。是周之最亲莫如鲁，而鲁所宜翼戴者莫如周也”①，鲁不仅“大启尔宇”，为周室辅，而且独享“郊祭文王”“奏天子礼乐”的特权；又因周公制礼作乐，所以鲁国又成为典型周礼的保存者和实施者，“周礼尽在鲁矣”②，“鲁有天子礼乐者，以褒周公之德也”③。这一文化氛围也造就了一大批心怀天下、心系家国的鲁国大夫，如臧僖伯、公孙婴齐、子家羁等。

① （清）高士奇撰：《左传纪事本末》卷一“王朝交鲁”，四库全书本。

② （唐）孔颖达撰：《春秋左传正义》，十三经注疏本，中华书局，2009年，第4406页。

③ （汉）司马迁撰：《史记》，中华书局，1959年，第1523页。

第一节 臧僖伯

人物小传

臧僖伯，春秋时期鲁国人。生年不详，卒于隐公五年。姬姓，名彄，字子臧，又称公子彄。谥号僖，史称臧僖伯。他是鲁孝公之子，为鲁隐公的重臣。他秉持礼、义，坚持直谏。

经典文本

【隐公五年】

春，公矢鱼于棠。

冬，十有二月，辛巳，公子彄卒。(《春秋》)

春，公将如棠观鱼者，臧僖伯谏曰:“凡物不足以讲大事，其材不足以备器用，则君不举焉。君，将纳民于轨、物者也。故讲事以度轨量谓之轨，取材以章物采谓之物，不轨不物谓之乱政。乱政亟行，所以败也。故春蒐、夏苗、秋狝、冬狩，皆于农隙以讲事也。三年而治兵，入而振旅，归而饮至，以数军实，昭文章，明贵贱，辨等列，顺少长，习威仪也。鸟兽之肉，不登于俎，皮革、齿牙、骨角、毛羽，不登于器，则公不射，古之制也。若夫山林川泽之实，器用之资，皂隶之事，官司之守，非君所及也。”公曰:“吾将略地焉。”遂往，陈鱼而观之，僖伯称疾，不从。书曰“公矢鱼于棠”，非礼也，且言远地也。

冬，十二月，辛巳，臧僖伯卒。公曰:“叔父有憾于寡人，寡人弗敢忘。葬之加一等。”(《左传》)

人物评议

臧僖伯作为春秋开始纪年之初的鲁隐公时期的重要大臣，现在的史料只能看到他在鲁隐公时期生活的几年中的点滴，而他在鲁隐公时代也只生活了短短五年时间，在鲁隐公五年的冬天他就去世了。而且在五年时间中，春秋经传中也只记录了他在鲁隐公五年时对隐公至棠地观鱼一事的批评谏言，以及他离世时隐公的感慨。从这寥寥的史料中，很难识得其人全貌，但从他的劝谏和其后的行为中，却可以看到他思想端方、通晓礼仪、能为国正君、敢于直谏的品行。

在鲁隐公五年的春天，臧僖伯就鲁隐公要到棠地观看渔人捕鱼一事从以下几个方面进行了分析劝阻：首先他从国君的职责问题入手，《左传·成公十三年》中有“国之大事，在祀与戎，祀有执膰，戎有受脤，神之大节也。”臧僖伯正是按照古礼来劝谏的，国君就应该主抓祭祀与兵戎这样的国家大事。他直言，凡是物品不能用到讲习祭祀和兵戎的大事上的，它的材料不能制作礼器和兵器的，那国君就不应该对它有所举动。国君的职责是把百姓规范到轨和物之中，讲习大事、端正法度才叫轨；选取材料来张明器物的色彩叫作物。所做的事情不合于轨、不合于物就叫作败坏政事，多次败坏政事就是国家败亡的原因。

然后，他进一步举出合于轨、物和不合于轨、物的行为，让鲁隐公明白自己此次行为属于不合于国君之礼的做法。正如班固《东都赋》中提及的：“若乃顺时节而搜狩，简车徒以讲武，则必临之以王制，考之以风雅。”① 春蒐、夏苗、秋狝、冬狩这样讲习武事的国家活动要在农闲时进行；每三年进行一次军事大演习，要让军队进入国都进行整顿；出兵归来要告祭宗庙、宴饮群臣、犒劳从者，并清点军徒器械、捕获的俘虏及各种物资；还要进行整顿区分，要色彩鲜明、贵贱有别、等级不乱、少长有序，这是讲习威仪。以上是合于轨的做法，那么，要合于物，还要注意，若鸟兽的肉放入祭器中，皮革、牙齿、骨角、毛羽不用到祭器和兵器上，这样的东西国君就不能去射杀它们，否则就不合礼法。

最后，他又从职责区分方面，让鲁隐公清楚自己的职责定位。山林、河流、湖泽的出产及一般器物所用的材料，是要由下等小官吏负责的事情，官吏应当承担的职责国君不应该干预。鲁隐公最终还是以视察边地为理由，坚持前往棠地。臧僖伯见鲁隐公执意出行，称自己病了，没有跟从前往。

臧僖伯善于劝谏，“游宴之逸，人君之所乐也；谏诤之直，人君之所不乐也。以其所不乐而欲夺其所乐，此人臣之进谏所以每患其难入也。”那么应该如何劝谏呢？“进谏之道，使人君畏吾之言，不若使人君信吾之言；使人君信吾之言，不若人君乐吾之言。戒之以祸者，所以使人君之畏也；喻之以礼者，所以使人君之信也；悟之以心者，所以使人君之乐也。”②

臧僖伯的劝谏主要从强调礼法的角度进行，《春秋》中记载“‘公矢鱼于棠’，非礼也，且言远地也”。鲁隐公去棠地观鱼是“非礼”行

① 《全上古三代秦汉三国六朝文》第二册，石家庄：河北教育出版社，1997年，第241页。

② （宋）吕祖谦著，慈波整理：《东莱博议汇校评注》，杭州：浙江古籍出版社，2022年，第15页。

为，古礼认为“非礼”便是乱政；君主无故远离国都也是“非礼”的乱政行为。可见，臧僖伯深谙礼法；他能直言劝阻国君，并清清楚楚地言明君主的职责，可见他身为大臣思想端正、不计私利；他看到鲁隐公知错不改、一意孤行，因而宁愿称病也不愿参与他的失礼行为，可见他身为臣子，能够坚持正道、识礼守礼、不愿苟且的处世风范。

臧僖伯作为臣子，知晓礼节并且敢于直言，尽到了臣子的职责。可见，他是一位胸怀家国的贤臣。也正因为如此，鲁隐公五年年底臧僖伯去世时，鲁隐公明言他对自己有不满，表示自己不敢忘记他的劝谏，并认为自己有愧于他，将他葬礼的规格加了一个等级。由此可见，他以自己的正直无私赢得了鲁隐公的认可和反思，尽到了他身为臣子的家国担当。

第二节　公孙婴齐

丨人物小传

公孙婴齐，春秋时期鲁国人。生年不详，成公十七年卒。姬姓，子叔氏，名婴齐。他是鲁文公之孙、叔肸之子，故称公孙婴齐。谥号为声，史称子叔声伯。鲁成公时期为鲁国大夫，曾出使晋国、莒国，协调鲁国与其他国家之间的外交关系。成公十六年季孙行父被执禁于晋国，公孙婴齐出使晋国营救季孙行父，为完成使命不贪权利、不顾危险，而是从鲁国国家利益出发，赢得晋国人的尊重和认可，解救季孙行父回国，并拒绝了晋国的赏赐，是一位顾全大局、知礼懂礼的良臣。

经典文本

【成公二年】

六月，癸酉，季孙行父、臧孙许、叔孙侨如、公孙婴齐帅师会晋郤克、卫孙良夫、曹公子首及齐侯战于鞌，齐师败绩。(《春秋》)

【成公六年】

公孙婴齐如晋。(《春秋》)

子叔声伯如晋，命伐宋。秋，孟献子、叔孙宣伯侵宋，晋命也。(《左传》)

【成公八年】

公孙婴齐如莒。(《春秋》)

声伯如莒，逆也。(《左传》)

【成公十一年】

声伯之母不聘，穆姜曰："吾不以妾为姒。"生声伯而出之，嫁于齐管于奚，生二子而寡，以归声伯。声伯以其外弟为大夫，而嫁其外妹于施孝叔。郤犫来聘，求妇于声伯，声伯夺施氏妇以与之。妇人曰："鸟兽犹不失俪，子将若何？"曰："吾不能死亡。"妇人遂行。生二子于郤氏。郤氏亡，晋人归之施氏。施氏逆诸河，沉其二子。妇人怒曰："己不能庇其伉俪而亡之，又不能字人之孤而杀之，将何以终？"遂誓

施氏。(《左传》)

【成公十六年】

七月，公会尹武公及诸侯伐郑。将行，姜又命公如初，公又申守而行。诸侯之师次于郑西，我师次于督扬，不敢过郑。子叔声伯使叔孙豹请逆于晋师，为食于郑郊。师逆以至。声伯四日不食以待之，食使者，而后食。诸侯迁于制田。知武子佐下军，以诸侯之师侵陈，至于鸣鹿。遂侵蔡。未反，诸侯迁于颍上。戊午，郑子罕宵军之，宋、齐、卫皆失军。

九月，晋人执季文子于苕丘。公还，待于郓，使子叔声伯请季孙于晋。郤犨曰："苟去仲孙蔑而止季孙行父，吾与子国，亲于公室。"对曰："侨如之情，子必闻之矣。若去蔑与行父，是大弃鲁国，而罪寡君也。若犹不弃，而惠徼周公之福，使寡君得事晋君，则夫二人者，鲁国社稷之臣也。若朝亡之，鲁必夕亡。以鲁之密迩仇雠，亡而为雠，治之何及？"郤犨曰："吾为子请邑。"对曰："婴齐，鲁之常隶也，敢介大国以求厚焉？承寡君之命以请，若得所请，吾子之赐多矣，又何求？"(《左传》)

【成公十七年】

壬申，公孙婴齐卒于貍脤。(《春秋》)

初，声伯梦涉洹，或与己琼瑰，食之，泣而为琼瑰，盈其怀。从而歌之曰："济洹之水，赠我以琼瑰。归乎归乎，琼瑰盈吾怀乎！"惧不敢占也。还自郑，壬申，至于貍脤而占之，曰："余恐死，故不敢占也。今众繁而从余三年矣，无伤也。"言之，之莫而卒。(《左传》)

人物评议

公孙婴齐身为公室之后，自幼并没有享受到特别的优待，但他思想中正，为人敦厚。他在成长中依靠自己的不断努力和个人修养逐渐成为鲁国的重要大臣，在处理各种内政、外交、军事等问题时，能力突出且无私无畏，一切以国家利益为准绳，是能臣，也是贤臣。他在鲁国历史舞台上的具体表现有如下几个方面。

一、顾全大局，忠诚无私

公孙婴齐作为鲁国重臣，在处理国家大事时能够以国家大局为重，恪尽职守，不计私利。

鲁成公十六年七月，鲁成公会合尹武公和诸侯讨伐郑国。公孙婴齐派叔孙豹请求晋军前去迎接鲁军，又在郑国郊外为晋军准备饭食亲迎晋军，四天没有进食，直到晋国的使者吃了饭以后自己才吃。《经世钞》就将申胥和声伯的行为作并列，言："申胥七日哭，声伯四日饿，皆是至性所秉，不能强学。"① 此次他为国事操劳，毫不顾惜地付出，把他作为臣子一心为国的无私品质淋漓尽致地表现了出来。

公孙婴齐为国事之所以可以不惜辛劳、摒弃私念，是因为他在处

① ［日］奥田元继：《春秋左氏传评林》，华东师范大学图书馆 1793 年有文堂刻本。转引自李卫军编著：《左传集评》，北京：北京大学出版社，2016 年，第 1047 页。

理国家大事的时候能站在国家的立场，从国家大局的层面考虑利害优劣。因而，他在处理重大问题时能够坚定立场、坚守原则，以一种无可撼动的姿态让世人看到作为臣子该有的品质和担当。

鲁国的叔孙宣伯打算除掉在鲁国执政的重臣季孙氏和孟孙氏，便向晋国负责东方诸侯事务的新军将郤犨进谗言，诬陷他们要背叛晋国。鲁成公十六年的九月，郤犨逮捕了季文子，公孙婴齐奉鲁成公之命前往晋国请求放回季文子。郤犨对前来斡旋的公孙婴齐先以利益相诱导，告诉他如果能想办法除掉孟献子并把季文子留在晋国，自己就把鲁国的执政权交给他；又在态度上给予极大的亲近，试图抓住公孙婴齐的心，在对待公孙婴齐的时候，比对待鲁国公室成员还要亲。公孙婴齐不为所动，他明确提出，如果除掉季文子和孟献子，那是晋国对鲁国这个盟友最大的丢弃，也是对鲁国的加罪。因为季文子和孟献子是鲁国的社稷之臣，一旦他们被除掉，鲁国必然会灭亡，甚至就在旦夕之间。如果鲁国灭亡了，以鲁国靠近晋国的仇敌齐、楚两个大国的特殊地位，那必然就是把它变成晋国的仇敌，到那个时候晋国就来不及补救了。

孙琮总评言：“声伯两番登答，情真理至，既无誇词，又无匿旨。”①可见公孙婴齐在处理问题时，完全站在全局的角度去进行分析，他既看到了季文子对鲁国的重要性，也同样提醒晋国，他对于晋鲁两国同样有着举足轻重的作用，提醒晋国人重视季文子的存在。

郤犨却还不死心，又提出为公孙婴齐请求封邑，公孙婴齐却以退为进，自言只是鲁国的小臣，不敢依仗大国求取丰厚的官禄，只是奉

① 孙琮：《山晓阁左传选》，上海图书馆清遗经堂刻本。转引自李卫军编著：《左传集评》，北京：北京大学出版社，2016年，第1050页。

了国君的命令前来请求，只想请求释放季文子，完成自己国君交付的使命。《国语·鲁语上》有记载公孙婴齐的话语，他说道："不厚其栋，不能任重。重莫如国，栋莫如德。"[①] 可见其对自身、权利与外物的看法。晋国的中军佐范文子很欣赏公孙婴齐，便劝说正卿中军将栾武子，指出季文子既俭朴又忠诚，而公孙婴齐接受了国君的命令就不存私心，为国家谋划时不存有二心，为自己打算不忘以国为重。因此如果拒绝了他的请求就是丢弃善人，拒绝善人是失德行为。晋国最终允许鲁国讲和，赦免了季文子。季氏受子叔氏（公孙婴齐家族）之恩，世代交好，令子叔氏世居六卿之列。

利益面前最能看出一个人的本性，公孙婴齐不贪图名利，出使晋国，拒绝了晋国郤犨提出的赏赐和封邑，圆满地完成了自己的使命。他为国家能抵制最大的利益诱惑，他的品质和忠诚也得到了最大的认可和褒奖，大概是世人皆愿意看到的结果吧。

二、能力卓越，长于外交

公孙婴齐在鲁国参政期间，能不顾一己得失，顾全国家大局，同时，他也用自己非凡的能力让鲁国与其他诸侯的邦交关系得到巩固和加强。

因为齐国侵犯鲁国边境，卫国出兵帮助鲁国对抗齐国，但两国军队无法与齐国抗衡，便纷纷向晋国求助，晋国于是出兵救助鲁国和卫国。鲁成公二年的六月，公孙婴齐与季孙行父、臧孙许、叔孙侨如率

---

① （春秋）左丘明撰，徐元诰集解，王树民、沈长云点校：《国语集解》，北京：中华书局，2002年，第171页。

领鲁国军队与晋军、卫军、曹军会合，参与以晋国为核心的盟国对抗齐国的鞌之战，最终齐军被打得大败。在这次诸侯国共同参与的军事行动中，公孙婴齐是鲁国的重要将领和外交人员。他发挥着重要的政治、军事和外交作用。因此，既体现了他的政治、军事能力，也突出了他的外交能力。

作为鲁国重要的外交大臣，公孙婴齐常往来于各国之间，发挥重要的外交作用。鲁成公六年，公孙婴齐到晋国去，晋国命令鲁国攻打宋国，因为宋国之前没有参加以晋国为核心的诸侯会盟。这年秋天，鲁国出兵进攻宋国。鲁成公八年，公孙婴齐到莒国迎娶自己的妻子。身为鲁国重要的外交大臣，公孙婴齐迎娶莒国女子为妻，无疑更有助于鲁国与莒国的邦交友好；在鲁国与诸侯国之间往来传递使命，也无疑让鲁国与晋国等重要大国之间的关系更顺畅、友好。

作为外交使臣，代表的必然是国家的形象，为国家争取最大的利益是他们的使命，坚守国家利益也是他们的职责，但真正能做到不谋私利、一心为国无疑是优秀外交人才最重要的品质。而公孙婴齐在出使晋国营救季文子时，就最大限度地把身为外交官言谈得体、坚守职责、善于应变、品质忠诚等优点发挥到了极致。所以说，他是一位睿智冷静、坚贞爱国的外交能臣。

三、身世多舛，富于担当

公孙婴齐在国家大事上思想端正、坚守本分，与他的品行密不可分，而他良好的品行，却是经过生活锤炼的结果。他出生充满无奈，但他却从中养成了为家为国肯于担当的品格。

公孙婴齐的父亲叔肹，姬姓，名肹，谥号惠，是鲁文公的庶子，鲁宣公的同母弟弟，从名字可以看出他是鲁文公的第三个儿子。后来“鲁公杀子赤，叔肸退而隐处，不食其禄”①，从中可见叔肸的性格特点。公孙婴齐的母亲并非叔肸的正妻，两人没有经过婚聘之礼就同居了。鲁宣公的正妃穆姜对此很不满，认为自己不能把姘妇当作弟妹，因而公孙婴齐的母亲生下他之后就被遗弃了。她再嫁给了齐国的管于奚，生下两个孩子后成了寡妇，她就把两个孩子交给了公孙婴齐。公孙婴齐培养他的异父弟弟成为了大夫，又把异父妹妹养大后嫁给了施孝叔（施孝叔是鲁惠公五世孙，鲁成公时期鲁国的大夫）。

从公孙婴齐的身世中不难看出他不但自己成才成人，还很好地培养了自己的异父同母弟弟和妹妹，并很好地安置了他们的生活，可见他对家人尽心尽责，担当了本该父母担当的大部分责任。

但后来出于鲁国和晋国的关系考虑，他作出了无奈之举。晋国的郤犨前来鲁国进行聘问，向公孙婴齐求取妻子，公孙婴齐就把异父妹妹从施孝叔那里夺过来嫁给了郤犨。她的妹妹问自己的丈夫打算怎么办，施孝叔回答自己不能因为妻子的缘故去死或者去逃亡，于是公孙婴齐的妹妹就跟着郤氏到了晋国，生下两个孩子后，郤氏被灭，晋国人又把她送回施家。施孝叔在黄河边迎接她，并把她生的两个孩子扔到了河里。她愤怒责问：“一个男人，不能保护自己的配偶而让她离开，又不能爱护别人的孤儿而杀死了他们，怎么会有好下场呢？”并发誓不再做施氏的妻子。

在今天看来，公孙婴齐的妹妹之所以会离开施孝叔确实有一部分责任在施孝叔，但从整个事件的经过中，我们也不难看出，公孙婴齐

① （汉）桓宽撰集，王利器校注：《盐铁论校注》，北京：中华书局，1992年，第151页。

的做法确实是他妹妹生活转折变化的重要原因。

公孙婴齐身份高贵但身世可怜，他在家庭中有责任、肯担当，又通过自己的努力带领家族走上正道。为了不得罪晋国郤氏，也是为了国家利益，公孙婴齐舍弃了家族利益，在国家大事面前，他选择了为国担当。

因为重视责任担当，公孙婴齐就是临死都要把事情交代清楚。鲁成公十七年，他梦见自己渡过洹水，有人给他琼瑰，吃下去后，哭出来的眼泪都成了琼瑰，装满了怀抱，并跟着歌唱“渡过洹水，赠我琼瑰，回去吧，回去吧，琼瑰装满我的怀抱啊！”从郑国回来后，十一月的某一天，他到达貍脤后，面对跟随他三年的众人，他才放心说出所梦之事，并表达只有见到这些故人，他才能毫无妨碍、感到安心。到了晚上他就在貍脤去世了。而对于此事，《通典》卷六十八《被召未谒称故吏议》中也阐发了看法，并对其身后事的情况作了进一步地补充说明：“昔公孙婴齐卒于狸蜃，时未入国，鲁君以大夫之礼加焉，传曰：‘吾固许之，返为大夫。’”①这是对当时礼法的一个说明，也阐明了鲁君对于公孙婴齐的重视。公孙婴齐明明知道自己时日不多，害怕突然死去，但他一直坚持到回到故人中间，交代清楚才安然闭上双眼。可见，公孙婴齐对自身责任的重视。

公孙婴齐在鲁国的内政、外交等方面发挥了重要作用，体现出了重要价值。他品格高贵、肯于担当，他以国为重、顾全大局，他能力出众、长于斡旋，是不可多得的一世英才。

① （唐）杜佑撰，王文锦等点校：《通典》，北京：中华书局，1988年，第1894页。

第三节　子家羁

人物小传

子家羁，春秋时期鲁国人。姬姓，是庄公玄孙，公孙归父之孙，子家文伯之子，又称子家子，谥号为懿，史称子家懿伯。作为鲁国的大夫，在三桓专政的情况下，他深明礼法，支持公室。昭公二十五年，郈昭伯怂恿昭公讨伐三桓的计划失败，子家羁陪鲁昭公逃亡国外，先到齐国，又到晋国，直至昭公去世。期间他多次劝谏昭公，试图帮助昭公作出合理的选择。昭公过世后，子家羁拒绝了季孙意如让他回鲁国参与政事的邀请，是一个具有节操、不被利益驱使的贤臣。

经典文本

【昭公二十五年】

季、郈之鸡斗。季氏介其鸡，郈氏为之金距。平子怒，益宫于郈氏，且让之。故郈昭伯亦怨平子。臧昭伯之从弟会为谗于臧氏，而逃于季氏。臧氏执旃。平子怒，拘臧氏老。将禘于襄公，万者二人，其众万于季氏。臧孙曰："此之谓不能庸先君之庙。"大夫遂怨平子。公若献弓于公为，且与之出射于外，而谋去季氏。公为告公果、公贲。公果、公贲使侍人僚柤告公。公寝，将以戈击之，乃走。公曰："执之！"亦无命也。惧而不出，数月不见。公不怒。又使言，公执戈以惧之，乃走。又使言，公曰："非小人之所及也。"公果自言。公以告臧孙，臧孙以难。告郈孙，郈孙以可，劝。告子家懿伯，懿伯曰："谗人以君徼幸，事若不克，君受其名，不可为也。舍民数世，以求克事，不可必也。且政在焉，其难图也。"公退之。辞曰："臣与闻命矣，言若泄，臣不获死。"乃馆于公。

叔孙昭子如阚，公居于长府。九月戊戌，伐季氏，杀公之于门，遂入之。平子登台而请曰："君不察臣之罪，使有司讨臣以干戈，臣请待于沂上以察罪。"弗许。请囚于费，弗许。请以五乘亡，弗许。子家子曰："君其许之！政自之出久矣，隐民多取食焉，为之徒者众矣。日入慝作，弗可知也。众怒不可蓄也，蓄而弗治，将蕰。蕰蓄，民将生心。生心，同求将合。君必悔之！"弗听。郈孙曰："必杀之。"公使郈孙逆孟懿子。叔孙氏之司马鬷戾言于其众曰："若之何？"莫对。又曰："我，家臣也，不敢知国。凡有季氏与无，于我孰利？"皆曰："无季氏，是无叔孙氏也。"鬷戾曰："然则救诸！"帅徒以往，陷西北隅以入。公徒释甲执冰而踞，遂逐之。孟氏使登西北隅，以望季氏，见叔孙氏之旌，以告。孟氏执郈昭伯，杀之于南门之西，遂伐公徒。子家子曰："诸臣伪劫君者，而负罪以出，君止。意如之事君也，不敢不改。"公曰："余不忍也。"与臧孙如墓谋，遂行。己亥，公孙于齐，次于阳州。齐侯将唁公于平阴，公先至于野井。齐侯曰："寡人之罪也。使有司待于平阴，为近故也。"书曰："公孙于齐，次于阳州。齐侯唁公于野井"，礼也。将求于人，则先下之，礼之善物也。齐侯曰："自莒疆以西，请致千社，以待君命。寡人将帅敝赋以从执事，唯命是听。君之忧，寡人之忧也。"公喜。子家子曰："天禄不再。天若胙君，不过周公。以鲁足矣。失鲁而以千社为臣，谁与之立？且齐君无信，不如早之晋。"弗从。臧昭伯率从者将盟，载书曰："戮力壹心，好恶同之。信罪之有无，缱绻从公，无通外内！"以公命示子家子。子家子曰："如此，吾不可以盟。羁也不佞，不能与二三子同心，而以为皆有罪。或欲通外内，且欲去君。二三子好亡而恶定，焉可同也？陷君于难，罪孰大焉？通外内而去君，君将速入，弗通何为？而何守焉？"乃不与盟。

昭子自阚归，见平子。平子稽颡，曰："子若我何？"昭子曰："人谁不死？子以逐君成名，子孙不忘，不亦伤乎？将若子何？"平子曰："苟使意如得改事君，所谓生死而肉骨也。"昭子从公于齐，与公言。子家子命适公馆者执之。公与昭子言于幄内，曰："将安众而纳公。"公徒将杀昭子，伏诸道。左师展告公。公使昭子自铸归。平子有异志。冬十月辛酉，昭子齐于其寝，使祝宗祈死。戊辰，卒。左师展将以公乘马而归，公徒执之。(《左传》)

【昭公二十七年】

孟懿子、阳虎伐郓，郓人将战。子家子曰："天命不慆久矣，使君亡者，必此众也。天既祸之，而自福也，不亦难乎！犹有鬼神，此必败也。呜呼！为无望也夫！其死于此乎！"公使子家子如晋。公徒败于且知。

冬，公如齐，齐侯请飨之。子家子曰："朝夕立于其朝，又何飨焉，其饮酒也。"乃饮酒，使宰献，而请安。子仲之子曰重，为齐侯夫人，曰："请使重见。"子家子乃以君出。(《左传》)

【昭公二十八年】

春，公如晋，将如乾侯。子家子曰："有求于人，而即其安，人孰矜之？其造于竟。"弗听，使请逆于晋。晋人曰："天祸鲁国，君淹恤在外，君亦不使一个辱在寡人，而即安于甥舅，其亦使逆君？"使公复于竟，而后逆之。(《左传》)

【昭公二十九年】

春，公至自乾侯，处于郓。齐侯使高张来唁公，称主君。子家子曰："齐卑君矣，君祇辱焉。"公如乾侯。

平子每岁贾马，具从者之衣屦，而归之于乾侯。公执归马者，卖之，乃不归马。卫侯来献其乘马，曰启服，堑而死。公将为之椟。子家子曰："从者病矣，请以食之。"乃以帷裹之。(《左传》)

【昭公三十一年】

夏，四月，季孙从知伯如乾侯。子家子曰："君与之归。一慙之不忍，而终身慙乎？”公曰：“诺。”众曰：“在一言矣，君必逐之！”荀跞以晋侯之命唁公，且曰：“寡君使跞以君命讨于意如，意如不敢逃死，君其入也！”公曰：“君惠顾先君之好，施及亡人，将使归粪除宗祧以事君，则不能见夫人。已所能见夫人者，有如河！”荀跞掩耳而走，曰：“寡君其罪之恐，敢与知鲁国之难！臣请复于寡君。”退而谓季孙：“君怒未怠，子姑归祭。”子家子曰：“君以一乘入于鲁师，季孙必与君归。”公欲从之。众从者胁公，不得归。（《左传》）

【昭公三十二年】

十二月，公疾，遍赐大夫，大夫不受。赐子家子双琥、一环、一璧、轻服，受之。大夫皆受其赐。己未，公薨。子家子反赐于府人，曰：“吾不敢逆君命也。”大夫皆反其赐。书曰“公薨于乾侯”，言失其所也。（《左传》）

【定公元年】

夏，叔孙成子逆公之丧于乾侯。季孙曰：“子家子亟言于我，未尝不中吾志也。吾欲与之从政，子必止之，且听命焉。”子家子不见叔孙，易几而哭。叔孙请见子家子，子家子辞，曰：“羁未得见，而从君以出。君不命而薨，羁不敢见。”叔孙使告之曰：“公衍、公为实使群臣不得事君，若公子宋主社稷，则群臣之愿也。凡从君出而可以入者，将唯子是听。子家氏未有后，季孙原与子从政。此皆季孙之原也，使不敢以告。”对曰：“若立君，则有卿士大夫与守龟在，羁弗敢知。若从君者，则貌而出者，入可也；寇而出者，行可也。若羁也，则君知其出也，而未知其入也，羁将逃也。”（《左传》）

人物评议

五贤咏·子家羁①

清　旻宁

鲁昭政不明，童心一言定。强臣久擅权，谗人暗启衅。
公族子家羁，忠正国之俊。明达审机谋，谠言罔见听。
群小竞昏愀，懵然即笃信。日入慝将兴，终成一朝忿。
野井求诸人，胡不早如晋。恶定而好亡，憸邪握其柄。
宛转辱乾侯，双琥暂受命。平子何诈谖，言甘欲从政。
已非貌而出，无劳频致讯。伤哉志不伸，忠良空饮恨。

这是清道光帝赞美子家羁贤能的诗，诗人把子家羁一生的主要经历都概括其中，结尾更是充分表达了他对这位忠臣才能卓著却功业不显的无尽遗憾，相信每个读到关于子家羁这段历史的人都会有同样如鲠在喉般的痛惜。子家羁的贤能毋庸置疑，子家羁所遇君主被称为“不明”再恰切不过，而他的“不明”确实主要体现在他举止中的“童言”一般的不成熟和轻易就会“一言定”的不理智。面对鲁昭公，同时面对的是扶持这样的君主对上强权已久、已经根深蒂固的权臣，而更致命的是君主还在没有全面筹谋的基础上去硬拼，导致不得不逃亡国外，那么一心为国、正君、护君的忠臣该如何自处、何去何从，这大概也是千古忠臣最

① 徐世昌编，闻石点校：《晚晴簃诗汇》，北京：中华书局，2018 年，第 49 页。

难解决的致命难题，子家羁交出了怎样的人生答卷呢？

一、谋国之大，分君之忧

爱国与忠君是自古臣子的至高荣耀，忠诚而又才能出众，无疑是君主们最喜爱的臣子，子家羁就是这样一个忠于国家利益又尽心维护君主的忠臣。而让人意难平的是子家羁所遇到的鲁昭公却是个稚气未脱的任性国君，尽管他使出浑身解数，最终却只能羁留他乡。但在这样的意难平中也不得不承认，子家羁所交出的人生答卷是无可挑剔的，而且他的格局也并没有因为任何艰难改变过，他始终站在忧国忧民的立场上，在完成一个臣子应当坚守的职责，他的深刻、他的忠诚和他的贤能同样展露无疑。《说苑·正谏》中就曾直言："陈不用子家羁而楚并之"①，从侧面表现出了子家羁的重要性。

子家羁的人生格局主要体现在他面对昭公和季孙的矛盾时，能站在国家的立场看待和处理鲁昭公和季氏的问题，他在维护君主的时候，更深层地看到的是如何处理问题才更有利于鲁国。子家羁一方面考虑国家大局、另一方面为君主分忧上的突出才智，在鲁昭公和季孙的矛盾中体现得非常完美。

鲁昭公二十五年，由郈氏和季氏之间斗鸡的直接矛盾，引发了鲁国由来已久的陪臣执政、公室大权旁落的矛盾。牵连其中的有公室成员，也有与季氏有矛盾的其他家族，矛盾愈演愈烈，最终在这些大臣的怂恿下，鲁昭公在时机并不成熟且缺少严谨筹谋的情况下，亲自带人攻进季平子住地，使得两方矛盾再无遮掩，直接暴露无遗。当季平

---

① （汉）刘向撰，向宗鲁校证：《说苑校证》，北京：中华书局，1987年，第217页。

子一再退让，先是请求昭公允许自己到沂水边等待昭公调查清楚他是否有罪过时，鲁昭公不答应；他又请求把自己囚禁在费城，鲁昭公也不答应；于是他请求让自己带着五辆车子逃亡，昭公还是不答应他，这时矛盾上升到你死我活的地步。此时子家羁仍进谏劝说鲁昭公答应季平子的请求，因为政令从他那里发出已经很久了，很多普通的穷困民众都是靠他吃饭的，跟他同党的人也很多，日落以后，是不是会有奸恶的人出来活动还很难预料。一旦让众人的怒气积累起来，又不能及时处理，这样的愤怒情绪就会越来越盛，而这越来越盛大的怒气积累的结果，就会导致民众产生叛逆之心，有共同心理的人就会纠合到一起，这种情形一旦发生后果一定会难以预料，不如现在退让一步，以免发生让君王后悔的情况。

子家羁冷静分析多方情况，就情势出现的缘由和发展方向作出了明确的判断，对可能出现的问题给出了合理的预判，希望鲁昭公能作出理智的决断，把鲁国及公室的损失降到最低，但鲁昭公过高地估计了自己一方的实力，也没能清醒认识鲁国当时的政治形势，在自己占据主导地位时没能全面认清形势，导致他没能认真思考子家羁的建议，作出合理冷静的判断，最终让自己走上了一条不归路。当然这也与三桓长期专权，公室权力衰微造成长期的压抑有关，但不能正确对形势进行把握和判断是鲁昭公犯下的致命的错误，其结果果真如子家羁所言，是比让他后悔更为难堪的境地。后代学者面对此种场景，也不禁感慨："变以激成，古今炯鉴。失此机会，祸不可挽矣。可惜子家子一片忠心朗识，被一颗庸人没杀。"①

① （清）蒋铭：《古文汇钞》，华东师范大学图书馆清康熙五年刻本。转引自李卫军编著：《左传集评》，北京：北京大学出版社，2016年，第1826页。

后来在叔孙氏的司马及孟孙氏的救助下，形势逆转。鲁昭公准备逃亡，子家羁劝说，并给出事情的下一步处理意见，他让鲁昭公命令诸位追随他攻打季氏的大夫担当劫持国君的罪人角色，然后背着罪名出国，这样鲁昭公就可以留下来。经过此事，季平子再来侍奉国君时就不能不改变态度、有所收敛。后代学者姜炳璋《读左补义》一书在言及此处都不禁感叹："已到水穷山尽，仍以子家羁折转，开出一条便路来，至此不从，安得不出？"①而鲁昭公却表示他再也无法忍受三桓掌权的原有生活状态，因而不顾后果地辞别祖宗，逃到了齐国。当时他并没有认识到这样做会给他带来怎样的尴尬境地，会给鲁国带来怎样的政治难堪，在诸侯争霸的大格局下，又会让鲁国国势发生怎样的改变。客观分析子家羁给鲁昭公的建议，就会发现，这一切事态的发展都在他的思考之中，因此他才会提出那么中和的建议，他的建议无疑是对鲁国和鲁昭公最好的安排。

鲁昭公当时没有意识到问题的严重性与他的性格有关，可是令人遗憾的是，几年以后当季平子再一次试图挽回君臣关系时，他仍没能作出理性的选择，过往经历并没有让他快速成长。

鲁昭公三十一年夏四月，季平子跟随荀跞来到乾侯。子家羁劝说昭公跟他一起回鲁国，告诉他如果不忍受这一次的羞耻，就可能忍受一生的羞耻。鲁昭公同意了他的建议。可是跟随昭公的众人却认为，趁着这个时机，鲁昭公一句话就可以成功驱逐季平子。这种看法显然并不是完全站在为鲁国和鲁昭公着想的立场上的，甚至这些人驱逐季氏只是为了保全自己的利益而已。所以当荀跞以晋侯的名义慰问昭公，

---

① （清）姜炳璋：《读左补义》，华东师范大学图书馆清乾隆三十三年刻本。转引自李卫军编著：《左传集评》，北京：北京大学出版社，2016年，第1826页。

并试探昭公，声称自己以晋国国君的名义声讨季平子，季平子不敢逃避死亡，请鲁昭公回国。昭公随即感谢晋侯的关照，但同时表达自己愿意回国，但却不愿意再见到季平子。他这样的回答显然是没有弄清当时的鲁国国情，季平子掌握着鲁国的大权，却愿意为了国家的利益迎接鲁昭公回国，并让晋国从中调停，显然是已经作出了最大的让步和最合理的安排。可是当荀跞转达他的诚意，昭公却不肯原谅季平子，荀跞只能让季平子回去继续主持朝政。子家羁显然更清楚大局，于是又劝昭公乘一辆车回到鲁国。昭公想听子家羁的劝说回鲁，追随他的那些人因为知道自己得罪了季氏而没办法在鲁国立足，就不愿意看到季氏与昭公和好，而只想让季平子让步，于是胁迫昭公，没有让他回到鲁国。

子家羁深知鲁国的朝政很难一时之间就离开季氏，那样会给鲁国带来灾难，他也清楚鲁昭公的为人为政能力，以及他在外面逃亡的艰难，所以对鲁国和昭公而言，最好的选择是鲁昭公与季平子各退一步，原谅季平子，于国家、于昭公都有利无害，可是因为昭公身边一直跟随着的都是只心系自身，担心自己利益因为昭公回国而受到影响的人，所以致使昭公最终丢掉了他在世时回鲁国的最后机会。

对于此事中的子家羁的做法，后代学者多对其贤能加以认可，宋代黄震在《黄氏日抄》中就曾提及此事，言："子家羁闻昭公将伐季子之谋而不泄，既伐季氏，季氏请以五乘亡，劝公许之，不听。公孙于外，子家羁从亡，备尝艰难。公薨于乾侯，季氏欲适之而逃。持心坚正，义不忘君，进退审处，动与理合。鲁之群臣未有贤于子家羁者也。"① 可见对子家羁的高度评价和认同。

---

① （宋）黄震撰，王廷洽等整理：《黄氏日抄》，北京：中华书局，2019 年，第 349 页。

而纵观昭公和季氏矛盾的全程，当昭公不顾子家羁的反对坚持攻打季氏时，他就明言问题的严重程度，并不是战胜季平子就可以解决的，这涉及鲁国由来已久的陪臣执政问题，并劝说昭公不要冲动行事。所以在季氏一步步妥协退让时，子家羁劝说昭公暂时退一步，放过季平子，以避免鲁国的祸乱。子家羁认为，如果昭公能退一步，那么季平子肯定会反思自己，在处理鲁国政务时对公室的态度也会作出相应的调整和改变，这就为昭公恢复公室权力赢得了初步胜利，以后就可以逐渐筹谋。而且对于鲁国当时的局势来说，这也是对国家最明智的选择。因为子家羁深知季氏在鲁国执政多年，根基深厚，是民心所向，当昭公和季氏的矛盾上升为武力冲突时，如果处理不当，就容易引起国内局势的动荡，造成民心不稳，在诸侯环伺的外部环境下，很难把控鲁国未来的走向。那么缓解眼前激烈的矛盾就给了彼此反思的空间，也能让鲁国维持相对的稳定，所以不宜对季平子赶尽杀绝，留有余地才是最合适的做法。

当季氏在得到叔孙氏家臣司马的帮助后，子家羁冷静分析局势，认为昭公不应出逃，而是应设法留在国内。因为昭公一旦出逃，对鲁国十分不利，一方面这代表着季氏执政的不利，让季氏在国内的威信大打折扣，让鲁国实力下降，也会影响到鲁国在诸侯国之间的地位，不利于鲁国的发展；另一方面昭公出逃无疑是激化矛盾，造成国内的陪臣派和公室派矛盾更加突出，很容易引起国内乱局。内乱很容易造成一个国家的丧亡，这无疑是鲁国人不愿意看到的；此外对于作为国君的鲁昭公来说，逃亡国外就意味着失去了自己邦国的依托，而要借助国外的力量来处理国内问题，无疑让矛盾更加升级。且按照鲁昭公的处事风格，不会未雨绸缪，只是临渴掘井，那么能否找到可以依托和借助的力量尚处在未知状态，可以说前途渺茫。因此，与其逃亡，不如暂时妥协，逐渐谋划。正是出于种种考量，子家羁才更希望鲁昭公能留在国内缓解矛盾，而不是逃亡来激化矛盾，让矛盾不可调和。

从鲁昭公在时机不成熟时被怂恿攻打季氏、激化了矛盾，到鲁昭公出逃，子家羁一直陪在他的身边，而且他的每一步行动子家羁都提出了合理的建议，可是都被昭公置之不理。但世人却可以从中见到子家羁的贤能和忠诚，以及谋大事、顾大局、为君分忧的良臣风范。

二、冷静睿智，深刻通透

杨绛先生说："世态人情，比明月清风更饶有滋味；可作书读，可当戏看，唯有身处卑微的人，最有机缘看到世态人情的真相。"①子家羁身为公室之后，他不曾身处底层，但他却通透深刻，这一点在他陪鲁昭公到齐国、晋国后处理昭公与这两个国家之间的关系时，表现得尤为明显。同时，面对时局，他的冷静睿智也得以充分展现。

鲁昭公逃到齐国后，齐侯依礼待他，但他毕竟是有求于人而低人一等的状态，可是昭公此时却并没有看清自己的处境。当齐侯提出将莒国边境以西的二万五千户奉送给他时，他很高兴。子家羁提醒他，以他当前的处境，他已经很难再得到庇佑恢复国君的地位了，现在他失去了鲁国，而准备带领二万五千户民众做臣子，那么就更不会有谁还来给他恢复君王之位的帮助了，何况齐国国君从来都不是一个讲信义的人，建议昭公趁早到晋国去寻求帮助。

鲁昭公再次拒绝了子家羁的建议，但子家羁并没有因为昭公的拒

① 杨绛：《将饮茶》，北京：生活·读书·新知三联书店，2010年，第176页。

绝就弃昭公于不顾，他仍在为如何能最大限度地帮助昭公恢复君位做筹备。当时跟随昭公逃亡到齐国的另一部分大臣另有打算，以臧昭伯为首的人组织结盟，他们盟誓“合力一心，好恶一致。明确有罪无罪，坚决跟随君王，不要内外沟通”。他们还以昭公的名义把盟约给子家羁看，子家羁一眼看穿他们的打算，并坚决拒绝参加这样的盟誓。他明言，在他看来，这些人不顾鲁国、不顾让昭公陷于这样尴尬又危险的境地，都是有罪过的；而且他也强调自己一定要里外沟通，并且不能时时陪在君王身边，而是必须为他四方奔走；他又直接言明这些人内心的险恶自私，“诸位喜欢逃亡而厌恶安定君位，哪里能和诸位好恶一致呢？陷君王于危难之中，还有比这更大的罪过吗？为了里外沟通离开君王，君王将很快回国，不沟通做什么？又能死守在哪里？”子家羁毫不避讳地点明了这些跟随昭公出逃的人内心的算计，他们无非因为回到鲁国很难与季氏等三桓共事，便不顾让昭公陷入为难境地，并借此让鲁国掌权的三桓遭受世人的诟病，是典型的为一己私利不顾国家大局、不顾君王安危的不臣行为。

之后，当鲁国的叔孙昭子来到昭公身边准备接昭公回国时，子家羁也试图帮助他达成心愿，但最终因为昭公身边的人员复杂，没能成行。

子家羁从追随昭公、支持昭公，到跟随他逃亡到齐国，他做的任何打算都是从为昭公、为鲁国的立场出发的，同时他的清醒理智的言行，更是让他清楚地知道怎么处理问题对鲁国来说才是最好的方向，他的思谋深远、心思通透、善于筹谋、忠诚无私表现得淋漓尽致。

鲁昭公二十六年，齐侯攻占郓城，鲁昭公回到鲁国，住在郓城。当齐侯准备进一步达成送昭公回国都的愿望时，季氏的家臣却从中贿赂齐国人，于是此事被搁置。鲁昭公二十七年，晋国士鞅、宋国祁犁、卫国北宫喜、曹人、邾人、滕人在扈地会见，涉及谋划送鲁昭公回国之事。宋国、卫国都认为送回昭公对自己国家有利，坚决请求达成此事。但晋国范献子被季平子贿赂，因而列举出鲁昭公处理与季平子关系时的过失，言明季平子的无奈、强大和深得民心，同时也指出帮助昭公的人最终会失去天意，如齐国想要帮助鲁昭公回国，三年都没有成功，由此劝退小国，以事情难办回复昭公。这时，孟懿子和阳虎进攻郓城。子家羁认为大势已去，昭公恐怕再难有达成愿望的机会，甚至会死在郓城，因为他非常清楚昭公亲兵的实力，能够预测到最终昭公的失败。这时鲁昭公派他到晋国去，他深知此时昭公的处境，但还是尽力而为，不想坐以待毙。

子家羁在时局的不断辗转中能清醒地认清形势，又不盲目乐观，也不会坐以待毙，而是依然积极想办法应对在颠沛中时刻可能出现的变化。

鲁昭公二十七年的冬天，昭公又来到齐国。齐侯请求用享礼招待他，子家羁说："每天早晚都在他的朝堂上，又设享礼干什么，还是喝酒吧。"于是就喝酒。齐侯让他的宰臣向昭公敬酒而自己却请求离席。按照古礼，诸侯间的来往应该是对等的身份敬酒，齐侯明显是把鲁昭公放置在了臣子的位置上，这是对鲁昭公的不尊重，齐侯还让鲁国大夫之仲的女儿、当时为齐侯夫人的重出来见昭公，这对鲁昭公而言是受到轻视的，而昭公"受人如此轻薄，而恬然处安之，真童心人也"。① 鲁昭公二十九年春天，昭公从乾侯到达郓地。齐侯派张高来慰问他，称他为主君，这是卿大夫家臣称呼他所属的卿大夫的。所以子

① （清）冯李骅、陆大瀛：《左绣》，上海图书馆清康熙五十九年刻本。转引自李卫军编著：《左传集评》，北京：北京大学出版社，2016 年，第 1860 页。

家羁告诉昭公，“齐侯是在小看君王，君王是在自取其辱”，昭公就到乾侯去了。

在鲁昭公身边的子家羁仿佛如一个大家长一般，处处维护昭公，提醒他、告诉他该何去何从，又从来都不曾有失臣子的尊重和该有的礼节。在齐侯一再做出不合礼的举动之后，子家羁为了维护鲁昭公的尊严，也是维护鲁国的尊严，先是避重就轻，只是饮酒，然后是避席离开。在鲁昭公身为逃亡君主的身份下，在齐侯越来越不尊重的时候，子家羁依旧全力维护昭公的尊严。身在客中，不能作出太过激烈的举止，他就尽可能最大限度地维护昭公。可见子家羁头脑清醒，处理问题很有分寸，既让齐国看到了鲁昭公该有的态度，又没有把问题激化，处事得当。

子家羁陪伴昭公在齐国时表现得通透深刻、善于应对，后来到晋国时，他也依然尽全力维护昭公。鲁昭公二十八年春天，昭公到晋国去，将要到乾侯的时候，子家羁提醒昭公，有求于别人时，不能安安稳稳地等在那里，要想赢得别人的同情和帮助，还是到边境上等着比较合适。鲁昭公不听他的建议，更是不知进退地派人请求晋国来迎接他。晋国人拒绝了他的请求，并委婉表达他这样做不合礼法，让他到鲁国和齐国的边境上等候，然后才派人来迎接他。

鲁昭公不懂礼法，处事失去分寸，子家羁反复提醒、忠诚建议，明明都是在维护他，可他却屡屡置之不理，作出不合礼的行为和决断，最终为自己留下的余地越来越小。但从这些劝谏中，却能明确认识到子家羁的睿智深刻、忠诚大度，也能看到子家羁安于礼法、不计得失、不辞劳苦。《中论·务本》篇中也曾批评鲁昭公对子家羁的劝谏并未听取，“子家羁贤，而不能用也”，因此“不图其终，卒有出奔之祸”。①

---

① （魏）徐幹撰，孙启治解诂：《中论解诂》，北京：中华书局，2014年，第293页。

当初季武子在立昭公为君时，昭公即位时已经十九岁了，但常表现出孩童一样的心性，二十多年的养尊处优、不问国事更是让他在处理复杂的家国大事时不明所以、不知分寸、不懂进退，子家羁不离不弃、无私无畏、坚守臣子本分，又能时刻维护他的尊严，为他分忧，其冷静和深刻着实令人感佩。宋代吕祖谦在《左氏传说》中也评价子家羁道："当时从昭公与谋之臣，皆轻浅寡谋，独子家羁深谋远虑。有臣如子家羁者，乃不能用，此昭公之所以亡国，季氏之势所以不失。学者须看子家羁忠爱恳切，似非春秋时人。"①"非春秋时人"，这一赞许也彰显出子家羁超越时代局限的家国情怀。

三、体恤宽仁，不重利益

从子家羁不离不弃地追随昭公、辅佐昭公的行动中，足以看到子家羁的贤臣本色，子家羁在处境艰难时，表现出的无私和宽仁，更容易让人看清他可贵的品质。

昭公二十九年，季平子每年买马，准备好跟随鲁昭公的人员的衣服、鞋子送到乾侯去。昭公逮住送马的人卖了马，季平子就不再送马了。这年，卫侯前来奉献自己驾车的马，马掉到壕沟里死了。昭公准备给它做个棺材埋起来，子家羁说："跟随的人都病了，请让他们把马吃了吧。"昭公还是让人用破帷幕包上死马埋了。后人对此事评价道："当是时，从者病矣，此之不恤，而椟死马哉？此即夫子伤人不问马意也。虽然，路马死，埋以帷，礼也。子家子之食从者，

① （宋）吕祖谦撰，杜海军点校：《左氏传说》，杭州：浙江古籍出版社，2017年，第147页。

权也。”① 可见子家羁会根据不同情况采取权宜之变。

子家羁能够看到随行人员的疾苦，体恤他们的艰辛，可见他的宽仁之心。

鲁昭公三十二年的十二月，昭公生病，遍赏诸位大夫，大夫们不接受。昭公赐子家羁一对玉虎、一只玉环、一块玉璧、又轻又好的衣服，子家羁接受了，大夫们也都接受了赏赐。十四日，昭公死去。子家羁把昭公赏赐给他的东西还给掌管府库的人，并表达自己当初收下东西是因为不敢违背君王的命令。

可见，虽然鲁昭公在处理问题时不够自重，但子家羁一直尊重鲁昭公，一直是按照臣子对待君主的礼仪要求自己，从未表现做臣子不该有的任何情绪，这就是尊礼守分的贤臣。同时，子家羁不贪财物、不顾得失的品性显露无遗。

不仅如此，子家羁面对权势时也毫不动摇。鲁定公元年夏天，借着叔孙成子来乾侯迎接昭公灵柩的时机，季孙让他代为转达自己对子家羁的欣赏和认可，并希望子家羁能留下来和他一起参与鲁国政务。子家羁却不肯见叔孙成子，为此还特意改变了自己哭丧的时间。叔孙成子只能找人代为转达季氏的诚意，告诉他季氏对鲁国下一任国君的安排，也告诉他跟随昭公在外的人季氏都愿意听从他的决定，还表示子家氏的继承人位置还空着，希望与他一起管理鲁国的政务。这些安排可以看出季氏对子家羁的看重和欣赏，表达了对待子家羁的十足诚意。子家羁却淡定回答，如果立国君，则有卿大夫和守龟在那里，自己不敢参与；对于跟随君主的人，表面上跟随出来的人，可以回到鲁

① （明）凌稚隆：《春秋左传注评测义》，哈佛大学汉和图书馆明万历十六年刻本。转引自李卫军编著：《左传集评》，北京：北京大学出版社，2016 年，第 1873—1874 页。

国，因与季氏有仇恨而来的，可以让他们离开；至于他自己，他认为作为鲁昭公的臣子，昭公知道他追随君王离开鲁国了，而不能知道他回去，所以他准备逃亡国外了。

子家羁因其才德，赢得了季氏最大的尊重，季氏给了他最大的体面和选择，但他却不肯与不尊重君王的权臣为伍，宁愿放弃唾手可得的权势和利益，堪称重义轻利的贤臣代表。

他不仅把自己安排得清清白白，也对跟随昭公的人员给出了合理的意见，让他们都有合适的去处，也足见子家羁对他人的宽仁体恤。

始终站在昭公身边，不管他是失势还是落难，想尽办法、尽其所能地为鲁昭公做最好的安排；不与拥有实权的季氏同流合污，哪怕赢得季氏的青眼有加并抛来耀眼的橄榄枝；格局高远又才智超群，冷静睿智又忠诚无私，屈志事君又贤能不展——子家羁抛开自我，一心为国为君，给历史留下了深深的遗憾，也留下了深深的震撼！

第四章

晋国大夫篇

《左传·鲁成公六年》关于由绛迁都至新田的一段对话，足以反映出晋国之所以能够称霸百年之久，是有其文化缘由的。“晋人谋去故绛。诸大夫皆曰：‘必居郇瑕氏之地，沃饶而近盬，国利君乐，不可失也。’韩献子将新中军，且为仆大夫。公揖而入，献子从公立于寝庭。谓献子曰：‘何如？’对曰：‘不可。郇瑕氏土薄水浅，其恶易觏。易觏则民愁，民愁则垫隘，于是乎有沉溺重膇之疾。不如新田，土厚水深，居之不疾，有汾、浍以流其恶。且民从教，十世之利也。夫山、泽、林、盬，国之宝也。国饶，则民骄佚；近宝，公室乃贫，不可谓乐。’公说，从之。夏四月丁丑，晋迁于新田。”晋人迁都新田的抉择，恰好暗合了孟子的思想，“生于忧患，死于安乐”。正是这种居安思危的思想意识塑造了晋国彪悍的唐虞民风和思国忧民的士大夫文化。

第一节　祁奚

人物小传

姬姓，祁氏，名奚，字黄羊，因食邑于祁（今祁县），遂为祁氏。他忠公体国，急公好义，誉满朝野，深受人们爱戴。祁奚为人坦荡无私，在为国荐才时，外举不避仇，内举不避亲，其善人善举备受褒奖。

经典文本

【成公八年】

晋赵庄姬为赵婴之亡故，谮之于晋侯，曰："原、屏将为乱。"栾、郤为征。六月，晋讨赵同、赵括。武从姬氏畜于公宫。以其田与祁奚。韩厥言于晋侯曰："成季之勋，宣孟之忠，而无后，为善者其惧矣。三代之令王，皆数百年保天之禄。夫岂无辟王？赖前哲以免也。《周书》曰：'不敢侮鳏寡'，所以明德也。"乃立武，而反其田焉。(《左传》)

【襄公三年】

祁奚请老，晋侯问嗣焉。称解狐，其雠也，将立之而卒。又问焉，对曰："午也可。"于是羊舌职死矣。晋侯曰："孰可以代之？"对曰："赤也可。"于是使祁午为中军尉，羊舌赤佐之。君子谓："祁奚于是能举善矣。称其雠，不为谄；立其子，不为比；举其偏，不为党。《商书》曰'无偏无党，王道荡荡'，其祁奚之谓矣。解狐得举，祁午得位，伯华得官，建一官而三物成，能举善也。夫唯善，故能举其类。《诗》云：'惟其有之，是以似之。'祁奚有焉。"(《左传》)

【襄公十六年】

春，葬晋悼公。平公即位。羊舌肸为傅，张君臣为中军司马，祁奚、韩襄、栾盈、士鞅为公族大夫，虞丘书为乘马御。改服、修官，烝于曲沃。(《左传》)

【襄公二十一年】

秋，栾盈出奔楚。宣子杀箕遗、黄渊、嘉父、司空靖、邴豫、董叔、邴师、申书、羊舌虎、叔罴，囚伯华、叔向、籍偃。人谓叔向曰："子离于罪，其为不知乎？"叔向曰："与其死亡若何？《诗》曰：'优哉游哉，聊以卒岁。'知也。"乐王鲋见叔向曰："吾为子请！"叔向弗应。出，不拜。其人皆咎叔向。叔向曰："必祁大夫。"室老闻之曰："乐王鲋言于君无不行，求赦吾子，吾子不许。祁大夫所不能也，而曰'必由之'，何也？"叔向曰："乐王鲋，从君者也，何能行？祁大夫外举不弃雠，内举不失亲，其独遗我乎？《诗》曰：'有觉德行，四国顺之。'夫子，觉者也。"晋侯问叔向之罪于乐王鲋，对曰："不弃其亲，其有焉。"于是祁奚老矣，闻之，乘驲而见宣子，曰："《诗》曰：'惠我无疆，子孙保之。'《书》曰：'圣有谟勋，明征定保。'夫谋而鲜过、惠训不倦者，叔向有焉，社稷之固也。犹将十世宥之，以劝能者。今壹不免其身，以弃社稷，不亦惑乎？鲧殛而禹兴；伊尹放大甲而相之，卒无怨色；管、蔡为戮，周公右王。若之何其以虎也弃社稷？子为善，谁敢不勉？多杀何为？"宣子说，与之乘，以言诸公而免之。不见叔向而归，叔向亦不告免焉而朝。(《左传》)

人物评议

祁奚在历史上留下的资料并不多，但他却用自己的高贵品格在史册上书写下了浓墨重彩的一笔。他的这些精彩人生片段中有他为政的正直和贤能，有他处事的清白与淡然，也有他言辞的犀利与精彩。但最能表现他卓越的部分，可以用“夫为善，故能举其类”来概括，就是这简单的几个字中却包含了一位国之栋梁坦荡达观、淡然平和的内心世界以及他大公无私、唯才是举的家国情怀。

他的坦荡达观体现在他做的事情是他心甘情愿做的，而不是为了结交何人或打击别人才去做的，更不是出于自私的目的去做的。比如，他在晋侯让他帮忙推荐人选时，他推荐了自己的仇人，也推荐了自己的儿子，但这其中并不包含他个人的好恶，他是完全站在国家的立场来对晋侯负责才作出这样的选择的。《国语·晋语七》中谈及此事，祁奚言：“臣之子午可。人有言曰：‘择臣莫若君，择子莫若父。’午之少也，婉以从令，游有乡，处有所，好学而不戏。其壮也，强志而用命，守业而不淫。其冠也，和安而好敬，柔惠小物，而镇定大事，有直质而无流心，非义不变，非上不举。若临大事，其可以贤于臣也。臣请荐所能择而君比义焉。”① 公使祁午为军尉。解救叔向也是如此，做出此事时不是为了叔向，虽然受益之人是叔向，他也毫不在意，因为他

---

① （春秋）左丘明撰，徐元诰集解，王树民、沈长云点校：《国语集解》，北京：中华书局，2002年，第410页。

做这件事本身不是为了任何人，而他自己该去做的，不需要任何人请求，也不需要任何人感谢。他就是这样坦坦荡荡，清清白白，他也清楚自己所要的结果，所以并不在意其他。因此他的品格和行为得到高度赞扬，《左传》中“君子”给予褒扬：“祁奚于是能举善矣。称其雠，不为谄；立其子，不为比；举其偏，不为党。《商书》曰：‘无偏无党，王道荡荡。’其祁奚之谓矣！解狐得举，祁午得位，伯华得官，建一官而三物成，能举善也夫！唯善，故能举其类。”此外，还以《诗经·小雅·裳裳者华》中的一句“惟其有之，是以似之”①来评价祁奚。此外，后代学者刘祜也评价他：“外不避仇，内不避亲，荐贤为国盛心也。”②

他的平和淡然，是他在利益面前的淡定。鲁成公八年，晋国赵氏被除，只剩下赵武养在宫中。当晋侯把赵氏的田产赐予祁奚时，他并没有表示出任何多余的态度；当晋侯因为韩厥的劝说再次把赵氏的田产归还赵武时，祁奚也没有表示出多余的情绪。面对赵氏的巨大利益，赏赐他时，可见他的能力和公室对他的重视，他接受；拿走时，他明白公室的安排，也平和，似乎这些利益本就与他无关，并不能引起他的内心波澜，这足以看到他的淡然达观。祁奚在面对职位变迁时也是如此，鲁襄公三年的时候，他就请求告老，并且给晋侯推荐了可用之才。但因为没能达成所愿，他就继续履行使命，一直到鲁襄公十六年时，做到公族大夫。可见他的平和达观。

他的大公无私还表现在不管任何情况下，只要涉及国家利益，他

---

①（清）阮元校刻：《十三经注疏·毛诗正义》，北京：中华书局，2009 年，第 1030 页。

②（明）刘祜：《文章正论》，上海图书馆明万历十九年刻本。转引自李卫军编著：《左传集评》，北京：北京大学出版社，2016 年，第 486 页。

就会毫不犹豫地站出来，救助叔向就是如此。

襄公二十一年，也就是晋平公六年（前 552 年），晋国执政的范宣子把他的政敌栾盈的党羽全部杀死，其中就有羊舌肸的弟弟羊舌虎，羊舌肸也受到牵连，被囚禁起来。

叔向受牵连获罪，乐王鲋在晋侯面前落井下石，进一步诬陷叔向有同谋作乱的嫌疑。当时祁奚已经告老，听说这一情况，马上吩咐快车带自己去拜见执政的范宣子。他见到范宣子，首先从古礼的教化思想入手，用《诗经》、逸《书》中圣人对待功勋卓著的臣子的无尽赏赐和保护来让范宣子知道如此对待叔向是错误的做法；紧接着，他又从叔向能力和对晋国的重要性来进行劝说，叔向作为国之柱石，即使他的十代子孙有过错，国家都应赦免，以此来勉励有能力的人为国家甘愿辛劳；然后，他又改及一旦叔向获罪，就会造成对国家的不利，会让有能力为国效力的人感到困惑；最后他列举了一系列古代先贤面对相似情况时的正确做法，让范宣子认识到处罚叔向确实不妥当，于是范宣子与祁奚同乘一辆车一同规劝晋侯赦免了叔向。

叔向明白只有祁奚能够救自己，但是没有主动去见祁奚，祁奚帮助了叔向，也没想过要去见叔向邀功结交，所以他不去见叔向就直接回去了，叔向也不向祁奚报告他已得赦免，一切都是那么的自然，自然的仿佛这样生死攸关的大事就像日常饮食一样简单。因为两个人都很清楚，祁奚去请求赦免叔向不是为了叔向，叔向知道祁奚一定会救出自己也并不需要他的感谢，只需做好他该承担的责任。这其中并不存在所谓的私交，他们真正放在心里的是如何为国保留人才，如何为国、为民做到最好。这就是真正有善德，也能够为善德的最好解读。叔向用《诗经·大雅·抑》中的“有觉德行，四国顺之”① 一句来评价祁奚，认可祁奚正直的性格。

由此可见，叔向这样睿智通透的人对祁奚有着深挚的信任，而且从两个人的关系来看，这份信任是不掺杂任何私交的，是一个正直坦荡的人对另一个正直坦荡又有着相同目标的人内心深处的认可。这正是祁奚一生的坚持得来的，他的无私坦荡是因为他站在了国家的高度，那么个人的得失又算得了什么呢？这就是所谓的大德吧，正是因为他具有这样的大善，他的所为才是那么的坦荡无私，又是那么的自在洒脱。

---

① （清）阮元校刻：《十三经注疏·毛诗正义》，北京：中华书局，2009 年，第 1195 页。

第二节　羊舌肸

丨人物小传

姬姓，羊舌氏，名肸，字叔向（或作叔响、叔誉），又称叔肸；因其采邑在杨地（今山西省洪洞县东南），故又称杨肸。春秋时期晋国大夫，闻名诸侯的政治家，“宜晋之伯也，有叔向以佐其卿，楚无以当之，不可与争”（子木语），与郑子产、齐晏婴齐名。羊舌肸生卒年不详。在晋悼公时曾任外交官员，又因明习历史担任太子傅，晋平公继位后担任太傅。为人正直，因在裁断案件不偏袒其弟，被孔子称赞为“古之遗直”。羊舌肸博学多识，善于言辞，曾参与主持晋国外交。在政治上提倡尊贤使能，重其才而不重其貌；有敏锐的政治洞察力，对晋国、楚国等的政治形势进行过深刻分析；主张教化为主、刑法为辅。一生辅佐二君（晋悼公、晋平公），几无过错，“治国制刑，不隐于亲。三数叔鱼之恶，不为末减。曰义也夫，可谓直矣。平丘之会，数其贿也，以宽卫国，晋不为暴。归鲁季孙，称其诈也，以宽鲁国，晋不为虐。邢侯之狱，言其贪也，以正刑书，晋不为颇。三言而除三恶，加三利，杀亲益荣，犹义也夫”（孔子语）。

经典文本

【襄公十一年】

十二月，戊寅，会于萧鱼。庚辰，赦郑囚，皆礼而归之；纳斥候；禁侵掠。晋侯使叔肸告于诸侯。(《左传》)

【襄公十四年】

夏，诸侯之大夫从晋侯伐秦，以报栎之役也。晋侯待于竟，使六卿帅诸侯之师以进。及泾，不济。叔向见叔孙穆子，穆子赋《匏有苦叶》，叔向退而具舟，鲁人、莒人先济。(《左传》)

【襄公十六年】

春，葬晋悼公。平公即位。羊舌肸为傅，张君臣为中军司马，祁奚、韩襄、栾盈、士鞅为公族大夫，虞丘书为乘马御。改服、修官，烝于曲沃。(《左传》)

【襄公十八年】

丙寅晦，齐师夜遁。师旷告晋侯曰："乌乌之声乐，齐师其遁。"邢伯告中行伯曰："有班马之声，齐师其遁。"叔向告晋侯曰："城上有乌，齐师其遁。"十一月，丁卯，朔，入平阴，遂从齐师。

晋人闻有楚师，师旷曰："不害。吾骤歌北风，又歌南风，南风不竞，多死声。楚必无功。"董叔曰："天道多在西北。南师不时，必无

功。”叔向曰：“在其君之德也。”(《左传》)

【襄公十九年】

齐及晋平，盟于大隧。故穆叔会范宣子于柯。穆叔见叔向，赋《载驰》之四章。叔向曰：“肸敢不承命！”穆叔归，曰：“齐犹未也，不可以不惧。”乃城武城。(《左传》)

【襄公二十一年】

秋，栾盈出奔楚。宣子杀箕遗、黄渊、嘉父、司空靖、邴豫、董叔、邴师、申书、羊舌虎、叔罴，囚伯华、叔向、籍偃。人谓叔向，曰：“子离于罪，其为不知乎？”叔向曰：“与其死亡若何？《诗》曰：‘优哉游哉，聊以卒岁’，知也。”

乐王鲋见叔向曰：“吾为子请。”叔向弗应。出，不拜。其人皆咎叔向。叔向曰：“必祁大夫。”室老闻之，曰：“乐王鲋言于君，无不行，求赦吾子，吾子不许。而曰‘必由之’，何也？”叔向曰：“乐王鲋，从君者也，何能行？祁大夫外举不弃雠，内举不失亲，其独遗我乎？《诗》曰：‘有觉德行，四国顺之。’夫子，觉者也。”

晋侯问叔向之罪于乐王鲋，对曰：“不弃其亲，其有焉。”于是祁奚老矣，闻之，乘驲而见宣子，曰：“《诗》曰：‘惠我无疆，子孙保之。’《书》曰：‘圣有谟勋，明征定保。’夫谋而鲜过、惠训不倦者，叔向有焉，社稷之固也。犹将十世宥之，以劝能者，今壹不免其身，以弃社稷，不亦惑乎？鲧殛而禹兴；伊尹放大甲而相之，卒无怨色；管、蔡为戮，周公右王。若之何其以虎也弃社稷？子为善，谁敢不勉？多杀何为？”宣子说，与之乘，以言诸公而免之。不见叔向而归。叔向亦不告免焉而朝。

初，叔向之母妒叔虎之母美而不使。其子皆谏其母。其母曰："深山大泽，实生龙蛇。彼美，余惧其生龙蛇以祸女。女敝族也。国多大宠，不仁人间之，不亦难乎？余何爱焉？"使往视寝，生叔虎。美而有勇力，栾怀子嬖之，故羊舌氏之族及于难。

会于商任，锢栾氏也。齐侯、卫侯不敬。叔向曰："二君者必不免。会朝，礼之经也；礼，政之舆也；政，身之守也。怠礼失政，失政不立，是以乱也。"(《左传》)

【襄公二十五年】

晋侯济自泮，会于夷仪，伐齐，以报朝歌之役。齐人以庄公说，使隰鉏请成。庆封如师，男女以班。赂晋以宗器、乐器。自六正、五吏、三十帅、三军之大夫、百官之正长、师旅及处守者皆有赂。晋侯许之。使叔向告于诸侯。公使子服惠伯对曰："君舍有罪，以靖小国，君之惠也。寡君闻命矣。"(《左传》)

【襄公二十六年】

春，秦伯之弟鍼如晋修成，叔向命召行人子员。行人子朱曰："朱也当御。"三云，叔向不应。子朱怒，曰："班爵同，何以黜朱于朝？"抚剑从之。叔向曰："秦、晋不和久矣。今日之事，幸而集，晋国赖之。不集，三军暴骨。子员道二国之言无私，子常易之。奸以事君者，吾所能御也。"拂衣从之。人救之。平公曰："晋其庶乎！吾臣之所争者大。"师旷曰："公室惧卑，臣不心竞而力争，不务德而争善，私欲已侈，能无卑乎！"

秋七月，齐侯、郑伯为卫侯故如晋，晋侯兼享之。晋侯赋《嘉乐》。国景子相齐侯，赋《蓼萧》。子展相郑伯，赋《缁衣》。叔向命晋侯拜二君，曰："寡君敢拜齐君之安我先君之宗祧也，敢拜郑君之不贰也。"

国子使晏平仲私于叔向，曰："晋君宣其明德于诸侯，恤其患而补其阙，正其违而治其烦，所以为盟主也。今为臣执君，若之何？"叔向告赵文子，文子以告晋侯。晋侯言卫侯之罪，使叔向告二君。国子赋《辔之柔矣》，子展赋《将仲子兮》，晋侯乃许归卫侯。叔向曰："郑七穆，罕氏其后亡者也。子展俭而壹。"(《左传》)

【襄公二十七年】

五月，甲辰，晋赵武至于宋。丙午，郑良霄至。六月，丁未朔，宋人享赵文子，叔向为介。司马置折俎，礼也。仲尼使举是礼也，以为多文辞。戊申，叔孙豹、齐庆封、陈须无、卫石恶至。甲寅，晋荀盈从赵武至。丙辰，邾悼公至。壬戌，楚公子黑肱先至，成言于晋。丁卯，宋戌如陈，从子木成言于楚。戊辰，滕成公至。子木谓向戌："请晋、楚之从，交相见也。"庚午，向戌复于赵孟。赵孟曰："晋、楚、齐、秦，匹也。晋之不能于齐，犹楚之不能于秦也。楚君若能使秦君辱于敝邑，寡君敢不固请于齐？"壬申，左师复言于子木。子木使驲谒诸王。王曰："释齐、秦，他国请相见也。"秋七月戊寅，左师至。是夜也，赵孟及子皙盟，以齐言。庚辰，子木至自陈。陈孔奂、蔡公孙归生至。曹、许之大夫皆至。以藩为军。晋、楚各处其偏。伯夙谓赵孟曰："楚氛甚恶，惧难。"赵孟曰："吾左还，入于宋，若我何？"

辛巳，将盟于宋西门之外。楚人衷甲。伯州犁曰："合诸侯之师，以为不信，无乃不可乎？夫诸侯望信于楚，是以来服。若不信，是弃其所以服诸侯也。"固请释甲。子木曰："晋、楚无信久矣，事利而已。

苟得志焉，焉用有信？”大宰退，告人曰：“令尹将死矣，不及三年。求逞志而弃信，志将逞乎？志以发言，言以出信，信以立志，参以定之。信亡，何以及三？”赵孟患楚衷甲，以告叔向。叔向曰：“何害也？匹夫一为不信，犹不可，单毙其死。若合诸侯之卿，以为不信，必不捷矣。食言者不病，非子之患也。夫以信召人，而以僭济之，必莫之与也。安能害我？且吾因宋以守病，则夫能致死。与宋致死，虽倍楚可也。子何惧焉？又不及是。曰‘弭兵’以召诸侯，而称兵以害我，吾庸多矣，非所患也。”

季武子使谓叔孙以公命，曰：“视邾、滕。”既而齐人请邾，宋人请滕，皆不与盟。叔孙曰：“邾、滕，人之私也；我，列国也，何故视之？宋、卫，吾匹也。”乃盟。故不书其族，言违命也。

晋、楚争先。晋人曰：“晋固为诸侯盟主，未有先晋者也。”楚人曰：“子言晋、楚匹也，若晋常先，是楚弱也。且晋、楚狎主诸侯之盟也久矣！岂专在晋？”叔向谓赵孟曰：“诸侯归晋之德只，非归其尸盟也。子务德，无争先。且诸侯盟，小国固必有尸盟者，楚为晋细，不亦可乎？”乃先楚人。书先晋，晋有信也。

壬午，宋公兼享晋、楚之大夫，赵孟为客。子木与之言，弗能对。使叔向侍言焉，子木亦不能对也。乙酉，宋公及诸侯之大夫盟于蒙门之外。子木问于赵孟曰：“范武子之德何如？”对曰：“夫子之家事治，言于晋国无隐情，其祝史陈信于鬼神无愧辞。”子木归以语王。王曰：“尚矣哉！能歆神、人，宜其光辅五君以为盟主也！”子木又语王曰：“宜晋之伯也！有叔向以佐其卿，楚无以当之，不可与争。”晋荀盈遂如楚莅盟。

郑伯享赵孟于垂陇，子展、伯有、子西、子产、子大叔、二子石从。赵孟曰：“七子从君，以宠武也。请皆赋，以卒君贶，武亦以观七子之志。”子展赋《草虫》，赵孟曰：“善哉！民之主也。抑武也，不足以当之。”伯有赋《鹑之贲贲》，赵孟曰：“床笫之言不逾阈，况在野乎？非使人之所得闻也。”子西赋《黍苗》之四章，赵孟曰：“寡君在，武何能焉？”子产赋《隰桑》，赵孟曰：“武请受其卒章。”子大叔赋《野有蔓草》，赵孟曰：“吾子之惠也。”印段赋《蟋蟀》，赵孟曰：“善哉！保家之主也。吾有望矣。”公孙段赋《桑扈》，赵孟曰：“匪交匪敖，福将焉往？若保是言也，欲辞福禄，得乎？”卒享。文子告叔向曰：“伯有将为戮矣！诗以言志，志诬其上，而公怨之，以为宾荣，其能久乎？幸而后亡。”叔向曰：“然。已侈！所谓不及五稔者，夫子之谓矣。”文子曰：“其余皆数世之主也。子展其后亡者也，在上不忘降。印氏其次也，乐而不荒。乐以安民，不淫以使之，后亡，不亦可乎！”

楚薳罢如晋莅盟，晋侯享之。将出，赋《既醉》。叔向曰：“薳氏之有后于楚国也，宜哉！承君命，不忘敏。子荡将知政矣。敏以事君，必能养民。政其焉往？”（《左传》）

【襄公二十九年】

郑子展卒，子皮即位。于是郑饥而未及麦，民病。子皮以子展之命，饩国人粟，户一钟，是以得郑国之民。故罕氏常掌国政，以为上卿。宋司城子罕闻之，曰：“邻于善，民之望也。”宋亦饥，请于平公，出公粟以贷，使大夫皆贷。司城氏贷而不书，为大夫之无者贷。宋无饥人。叔向闻之，曰：“郑之罕，宋之乐，其后亡者也，二者其皆得国乎！民之归也，施而不德，乐氏加焉，其以宋升降乎！”

（季札观乐）适晋，说赵文子、韩宣子、魏献子，曰：“晋国其萃于三族乎！”说叔向将行，谓叔向曰：“吾子勉之！君侈而多良，大夫皆富，政将在家。吾子好直，必思自免于难。”（《左传》）

【襄公三十年】

子产相郑伯以如晋，叔向问郑国之政焉。对曰：“吾得见与否，在此岁也。驷、良方争，未知所成。若有所成，吾得见，乃可知也。”叔向曰：“不既和矣乎？”对曰：“伯有侈而愎，子皙好在人上，莫能相下也。虽其和也，犹相积恶也，恶至无日矣。”(《左传》)

【襄公三十一年】

公薨之月，子产相郑伯以如晋，晋侯以我丧故，未之见也。子产使尽坏其馆之垣，而纳车马焉。士文伯让之，曰：“敝邑以政刑之不修，寇盗充斥，无若诸侯之属辱在寡君者何，是以令吏人完客所馆，高其闬闳，厚其墙垣，以无忧客使。今吾子坏之，虽从者能戒，其若异客何？以敝邑之为盟主，缮完葺墙，以待宾客。若皆毁之，其何以共命？寡君使匄请命。”对曰：“以敝邑褊小，介于大国，诛求无时，是以不敢宁居，悉索敝赋，以来会时事。逢执事之不间，而未得见，又不获闻命，未知见时，不敢输币，亦不敢暴露。其输之，则君之府实也。非荐陈之，不敢输也。其暴露之，则恐燥湿之不时而朽蠹，以重敝邑之罪。侨闻文公之为盟主也，宫室卑庳，无观台榭，以崇大诸侯之馆，馆如公寝，库厩缮修，司空以时平易道路，圬人以时塓馆公室。诸侯宾至，甸设庭燎，仆人巡宫。车马有所，宾从有代，巾车脂辖，隶人、牧圉，各瞻其事。百官之属，各展其物。公不留宾，而亦无废事。忧乐同之，事则巡之。教其不知，而恤其不足。宾至如归，无宁菑患？不畏寇盗，而亦不患燥湿。今铜鞮之宫数里，而诸侯舍于隶人。门不容车，而不可逾越；盗贼公行，而天厉不戒。宾见无时，命不可知。若又勿坏，是无所藏币以重罪也。敢请执事，将何以命之？虽君之有鲁丧，亦敝邑之忧也。若获荐币，脩垣而行，君之惠也。敢惮勤劳！”

文伯复命。赵文子曰：“信。我实不德，而以隶人之垣以赢诸侯，是吾罪也。”使士文伯谢不敏焉。晋侯见郑伯，有加礼，厚其宴、好而归之。乃筑诸侯之馆。

叔向曰：“辞之不可以已也如是夫！子产有辞，诸侯赖之，若之何其释辞也。《诗》曰：‘辞之辑矣，民之协矣。辞之绎矣，民之莫矣。’其知之矣。”(《左传》)

【昭公元年】

季武子伐莒，取郓。莒人告于会。楚告于晋曰：“寻盟未退，而鲁伐莒，渎齐盟。请戮其使。”乐桓子相赵文子。欲求货于叔孙而为之请，使请带焉。弗与。梁其踁曰：“货以藩身，子何爱焉？”叔孙曰：“诸侯之会，社稷也。我以货免，鲁必受师。是祸之也，何卫之为？人之有墙，以蔽恶也。墙之隙坏，谁之咎也？卫而恶之，吾又甚焉。虽怨季孙，鲁国何罪？叔出季处，有自来矣，吾又谁怨？然鲋也贿，弗与，不已。”召使者，裂裳帛而与之，曰：“带其褊矣。”

赵孟闻之，曰：“临患不忘国，忠也。思难不越官，信也。图国忘死，贞也。谋主三者，义也。有是四者，又可戮乎？”乃请诸楚曰：“鲁虽有罪，其执事不辟难，畏威而敬命矣。子若免之，以劝左右，可也。若子之群吏，处不辟污，出不逃难，其何患之有？患之所生，污而不治，难而不守，所由来也。能是二者，又何患焉？不靖其能，其谁从之？鲁叔孙豹可谓能矣，请免之，以靖能者，子会而赦有罪，又赏其贤，诸侯其谁不欣焉望楚而归之，视远如迩？疆埸之邑，一彼一此，何常之有？王伯之令也，引其封疆，而树之官，举之表旗，而著之制令。过则有刑，犹不可壹。于是乎虞有三苗，夏有观、扈，商有姺、邳，周有徐、奄。自无令王，诸侯逐进，狎主齐盟，其又可壹乎？恤大舍小，足以为盟主，又焉用之？封疆之削，何国蔑有？主齐盟者，谁能辩焉？吴、濮有衅，楚之执事，岂其顾盟？莒之疆事，楚勿与知，诸侯无烦，不亦可乎？莒、鲁争郓，为日久矣。苟无大害于其社稷，可无亢也。去烦宥善，莫不竞劝。子其图之！”固请诸楚，楚人许之，乃免叔孙。

令尹享赵孟，赋《大明》之首章，赵孟赋《小宛》之二章。事毕，赵孟谓叔向曰：“令尹自以为王矣，何如？”对曰：“王弱，令尹彊，其可哉！虽可，不终。”赵孟曰：“何故？”对曰：“彊以克弱而安之，彊不义也。不义而彊，其毙必速。《诗》曰：‘赫赫宗周，褒姒灭之。’彊不义也。令尹为王，必求诸侯。晋少懦矣，诸侯将往。若获诸侯，其虐滋甚，民弗堪也，将何以终？夫以彊取，不义而克，必以为道。道以淫虐，弗可久已矣。”

晋侯有疾。郑伯使公孙侨如晋聘，且问疾。叔向问焉，曰：“寡君之疾病，卜人曰‘实沈、台骀为崇’，史莫之知，敢问此何神也？”子产曰：“昔高辛氏有二子，伯曰阏伯，季曰实沈，居于旷林，不相能也，日寻干戈，以相征讨。后帝不臧，迁阏伯于商丘，主辰。商人是因，故辰为商星。迁实沈于大夏，主参。唐人是因，以服事夏、商。其季世曰唐叔虞。当武王邑姜方震大叔，梦帝谓己：‘余命而子曰虞，将与之唐，属诸参，而蕃育其子孙。’及生，有文在其手曰‘虞’，遂以命之。及成王灭唐而封大叔焉，故参为晋星。由是观之，则实沈，参神也。昔金天氏有裔子曰昧，为玄冥师，生允格、台骀。台骀能业其官，宣汾、洮，障大泽，以处大原。帝用嘉之，封诸汾川。沈、姒、蓐、黄，实守其祀。今晋主汾而灭之矣。由是观之，则台骀，汾神也。

抑此二者，不及君身。山川之神，则水旱疠疫之灾，于是乎禜之。日月星辰之神，则雪霜风雨之不时，于是乎禜之。若君身，则亦出入饮食哀乐之事也，山川星辰之神，又何为焉？侨闻之，君子有四时：朝以听政，昼以访问，夕以脩令，夜以安身。于是乎节宣其气，勿使有所壅闭湫底，以露其体。兹心不爽，而昏乱百度。今无乃壹之，则生疾矣。侨又闻之，内官不及同姓，其生不殖。美先尽矣，则相生疾，君子是以恶之。故《志》曰：'买妾不知其姓，则卜之。'违此二者，古之所慎也。男女辨姓，礼之大司也。今君内实有四姬焉，其无乃是也乎？若由是二者，弗可为也已。四姬有省犹可，无则必生疾矣。"

叔向曰："善哉！肸未之闻也。此皆然矣。"叔向出，行人挥送之。叔向问郑故焉，且问子皙。对曰："其与几何！无礼而好陵人，怙富而卑其上，弗能久矣。"

晋侯闻子产之言，曰："博物君子也。"重贿之。

子干奔晋，从车五乘。叔向使与秦公子同食，皆百人之饩。赵文子曰："秦公子富。"叔向曰："底禄以德，德钧以年，年同以尊。公子以国，不闻以富。且夫以千乘去其国，强御已甚。《诗》曰：'不侮鳏寡，不畏强御。'秦、楚，匹也。"使后子与子干齿。辞曰："鍼惧选，楚公子不获，是以皆来，亦唯命。且臣与羁齿，无乃不可乎？史佚有言曰：非羁何忌？"（《左传》）

【昭公二年】

叔弓聘于晋，报宣子也。晋侯使郊劳，辞曰："寡君使弓来继旧好，固曰'女无敢为宾'，彻命于执事，敝邑弘矣。敢辱郊使？请辞。"致馆，辞曰："寡君命下臣来继旧好，好合使成，臣之禄也。敢辱大馆？"叔向曰："子叔子知礼哉！吾闻之曰：'忠信，礼之器也。卑让，礼之宗也。'辞不忘国，忠信也。先国后己，卑让也。《诗》曰：'敬慎威仪，以近有德。'夫子近德矣。"

晋少姜卒。公如晋，及河，晋侯使士文伯来辞，曰："非伉俪也，请君无辱。"公还。季孙宿遂致服焉。叔向言陈无宇于晋侯曰："彼何罪？君使公族逆之，齐使上大夫送之，犹曰不共，君求以贪，国则不共，而执其使。君刑已颇，何以为盟主？且少姜有辞。"冬，十月，陈无宇归。十一月，郑印段如晋吊。(《左传》)

齐侯使晏婴请继室于晋，曰："寡君使婴曰：'寡人原事君，朝夕不倦，将奉质币，以无失时，则国家多难，是以不获。不腆先君之適，以备内官，焜燿寡人之望，则又无禄，早世陨命，寡人失望。君若不忘先君之好，惠顾齐国，辱收寡人，徼福于大公、丁公，照临敝邑，镇抚其社稷，则犹有先君之適，及遗姑姊妹，若而人。君若不弃敝邑，而辱使董振择之，以备嫔嫱，寡人之望也。'"

韩宣子使叔向对曰："寡君之愿也。寡君不能独任其社稷之事，未有伉俪，在缞绖之中，是以未敢请。君有辱命，惠莫大焉。若惠顾敝邑，抚有晋国，赐之内主，岂惟寡君，举群臣实受其贶。其自唐叔以下，实宠嘉之。"

既成昏，晏子受礼，叔向从之宴，相与语。叔向曰："齐其何如？"晏子曰："此季世也，吾弗知。齐其为陈氏矣！公弃其民，而归于陈氏。齐旧四量：豆、区、釜、钟。四升为豆，各自其四，以登于釜。釜十则钟。陈氏三量，皆登一焉，钟乃大矣。以家量贷，而以公量收之。山木如市，弗加于山；鱼盐蜃蛤，弗加于海。民参其力，二入于公，而衣食其一。公聚朽蠹，而三老冻馁。国之诸市，屦贱踊贵，民人痛疾，而或燠休之。其爱之如父母，而归之如流水。欲无获民，将焉辟之？箕伯、直柄、虞遂、伯戏，其相胡公、大姬，已在齐矣。"

叔向曰："然。虽吾公室，今亦季世也。戎马不驾，卿无军行，公乘无人，卒列无长。庶民罢敝，而宫室滋侈。道殣相望，而女富溢尤。民闻公命，如逃寇雠。栾、郤、胥、原、狐、续、庆、伯，降在皂隶。政在家门，民无所依。君日不悛，以乐慆忧。公室之卑，其何日之有？《谗鼎》之铭曰：'昧旦丕显，后世犹怠。'况日不悛，其能久乎？"

晏子曰："子将若何？"叔向曰："晋之公族尽矣。肸闻之，公室将卑，其宗族枝叶先落，则公从之。肸之宗十一族，唯羊舌氏在而已，肸又无子。公室无度，幸而得死，岂其获祀？"

初，景公欲更晏子之宅，曰："子之宅近市，湫隘嚣尘，不可以居，请更诸爽垲者。"辞曰："君之先臣容焉，臣不足以嗣之，于臣侈矣。且小人近市，朝夕得所求，小人之利也，敢烦里旅？"公笑曰："子近市，识贵贱乎？"对曰："既利之，敢不识乎？"公曰："何贵何贱？"于是景公繁于刑，有鬻踊者，故对曰："踊贵屦贱。"既已告于君，故与叔向语而称之。景公为是省于刑。君子曰："仁人之言，其利博哉！晏子一言而齐侯省刑。《诗》曰'君子如祉，乱庶遄已'，其是之谓乎！"

秋，七月，郑罕虎如晋，贺夫人，且告曰："楚人日征敝邑，以不朝立王之故。敝邑之往，则畏执事，其谓寡君，'而固有外心'。其不往，则宋之盟云。进退罪也。寡君使虎布之。"宣子使叔向对曰："君若辱有寡君，在楚何害？脩宋盟也。君苟思盟，寡君乃知免于戾矣。君若不有寡君，虽朝夕辱于敝邑，寡君猜焉。君实有心，何辱命焉？君其往也！苟有寡君，在楚犹在晋也。"(《左传》)

【昭公四年】

四年，春，王正月，许男如楚，楚子止之，遂止郑伯，复田江南，许男与焉。使椒举如晋求诸侯，二君待之。椒举致命曰："寡君使举曰：'日君有惠，赐盟于宋曰："晋、楚之从，交相见也。"以岁之不易，寡人原结驩于二三君。'使举请间。君若苟无四方之虞，则原假宠以请于诸侯。"

晋侯欲勿许。司马侯曰："不可。楚王方侈，天或者欲逞其心，以厚其毒而降之罚，未可知也。其使能终，亦未可知也。晋、楚唯天所相，不可与争。君其许之，而脩德以待其归。若归于德，吾犹将事之，况诸侯乎？若适淫虐，楚将弃之，吾又谁与争？"公曰："晋有三不殆，其何敌之有？国险而多马，齐、楚多难。有是三者，何乡而不济？"对曰："恃险与马，而虞邻国之难，是三殆也。四岳、三涂、阳城、大室、荆山、中南，九州之险也，是不一姓。冀之北土，马之所生，无兴国焉。恃险与马，不可以为固也，从古以然。是以先王务修德音，以亨神人，不闻其务险与马也。邻国之难，不可虞也。或多难以固其国，启其疆土；或无难以丧其国，失其守宇。若何虞难？齐有仲孙之难，而获桓公，至今赖之。晋有里、丕之难，而获文公，是以为盟主。卫、邢无难，敌亦丧之。故人之难，不可虞也。恃此三者，而不修政德，亡于不暇，又何能济？君其许之。纣作淫虐，文王惠和，殷是以陨，周是以兴，夫岂争诸侯？"乃许楚使。使叔向对曰："寡君有社稷之事，是以不获春秋时见。诸侯，君实有之，何辱命焉？"椒举遂请昏，晋侯许之。(《左传》)

【昭公五年】

晋韩宣子如楚送女，叔向为介。郑子皮、子大叔劳诸索氏。大叔谓叔向曰："楚王汏侈已甚，子其戒之！"叔向曰："汏侈已甚，身之灾也，焉能及人？若奉吾币帛，慎吾威仪，守之以信，行之以礼，敬始而思终，终无不复。从而不失仪，敬而不失威，道之以训辞，奉之以旧法，考之以先王，度之以二国，虽汏侈，若我何？”

及楚，楚子朝其大夫曰：“晋，吾仇敌也。苟得志焉，无恤其他。今其来者，上卿、上大夫也。若吾以韩起为阍，以羊舌肸为司宫，足以辱晋，吾亦得志矣，可乎？”大夫莫对。薳启彊曰：“可。苟有其备，何故不可？耻匹夫不可以无备，况耻国乎？是以圣王务行礼，不求耻人。朝聘有珪，享覜有璋，小有述职，大有巡功。设机而不倚，爵盈而不饮；宴有好货，飧有陪鼎，入有郊劳，出有赠贿，礼之至也。国家之败，失之道也，则祸乱兴。城濮之役，晋无楚备，以败于邲。邲之役，楚无晋备，以败于鄢。自鄢以来，晋不失备，而加之以礼，重之以睦，是以楚弗能报，而求亲焉。既获姻亲，又欲耻之，以召寇雠，备之若何？谁其重此？若有其人，耻之可也。若其未有，君亦图之。晋之事君，臣曰可矣。求诸侯而麇至。求昏而荐女，君亲送之，上卿及上大夫致之。犹欲耻之，君其亦有备矣。不然，奈何？韩起之下，赵成、中行吴、魏舒、范鞅、知盈；羊舌肸之下，祁午、张趯、籍谈、女齐、梁丙、张骼、辅跞、苗贲皇，皆诸侯之选也。韩襄为公族大夫，韩须受命而使矣。箕襄、邢带、叔禽、叔椒、子羽，皆大家也。韩赋七邑，皆成县也。羊舌四族，皆强家也。晋人若丧韩起、杨肸，五卿八大夫辅韩须、杨石，因其十家九县，长毂九百，其余四十县，遗守四千，奋其武怒，以报其大耻，伯华谋之，中行伯、魏舒帅之，其蔑不济矣。君将以亲易怨，实无礼以速寇，而未有其备，使群臣往遗之禽，以逞君心，何不可之有？”王曰：“不穀之过也，大夫无辱。”厚为韩子礼。王欲敖叔向以其所不知，而不能，亦厚其礼。

韩起反，郑伯劳诸圉，辞不敢见，礼也。(《左传》)

【昭公六年】

三月，郑人铸刑书。叔向使诒子产书，曰：“始吾有虞于子，今则已矣。昔先王议事以制，不为刑辟，惧民之有争心也。犹不可禁御，是故闲之以义，纠之以政，行之以礼，守之以信，奉之以仁，制为禄位，以劝其从，严断刑罚，以威其淫。惧其未也，故诲之以忠，耸之以行，教之以务，使之以和，临之以敬，莅之以强，断之以刚。犹求圣哲之上，明察之官，忠信之长，慈惠之师，民于是乎可任使也，而不生祸乱。民知有辟，则不忌于上。并有争心，以征于书，而徼幸以成之，弗可为矣。夏有乱政，而作《禹刑》。商有乱政，而作《汤刑》。周有乱政，而作《九刑》。三辟之兴，皆叔世也。今吾子相郑国，作封洫，立谤政，制参辟，铸刑书，将以靖民，不亦难乎？《诗》曰：‘仪式刑文王之德，日靖四方。’又曰：‘仪刑文王，万邦作孚。’如是，何辟之有？民知争端矣，将弃礼而征于书。锥刀之末，将尽争之。乱狱滋丰，贿赂并行。终子之世，郑其败乎！肸闻之：‘国将亡，必多制。’其此之谓乎！”复书曰：“若吾子之言，侨不才，不能及子孙，吾以救世也。既不承命，敢忘大惠！”

士文伯曰：“火见，郑其火乎！火未出而作火，以铸刑器，藏争辟焉。火如象之，不火何为？”

韩宣子之适楚也，楚人弗逆。公子弃疾及晋竟，晋侯将亦弗逆。叔向曰：“楚辟我衷，若何效辟？《诗》曰：‘尔之教矣，民胥效矣。’从我而已，焉用效人之辟？《书》曰：‘圣作则。’无宁以善人为则，而则人之辟乎？匹夫为善，民犹则之，况国君乎？”晋侯说，乃逆之。(《左传》)

【昭公八年】

春，石言于晋魏榆。晋侯问于师旷曰："石何故言？"对曰："石不能言，或冯焉。不然，民听滥也。抑臣又闻之曰：'作事不时，怨讟动于民，则有非言之物而言。'今宫室崇侈，民力彫尽，怨讟并作，莫保其性。石言，不亦宜乎！"于是晋侯方筑虒祁之宫。叔向曰："子野之言，君子哉！君子之言，信而有徵，故怨远于其身。小人之言，僭而无徵，故怨咎及之。《诗》曰'哀哉不能言，匪舌是出，唯躬是瘁。哿矣能言，巧言如流，俾躬处休'，其是之谓乎！是宫也成，诸侯必叛，君必有咎，夫子知之矣。"(《左传》)

【昭公九年】

周甘人与晋阎嘉争阎田。晋梁丙、张趯率阴戎伐颍。王使詹桓伯辞于晋，曰："我自夏以后稷，魏、骀、芮、岐、毕，吾西土也。及武王克商，蒲姑、商奄，吾东土也。巴、濮、楚、邓，吾南土也。肃慎、燕、亳，吾北土也。吾何迩封之有？文、武、成、康之建母弟，以蕃屏周，亦其废队是为，岂如弁髦，而因以敝之？先王居梼杌于四裔，以御螭魅，故允姓之奸，居于瓜州。伯父惠公归自秦，而诱以来，使逼我诸姬，入我郊甸，则戎焉取之。戎有中国，谁之咎也？后稷封殖天下，今戎制之，不亦难乎？伯父图之。我在伯父，犹衣服之有冠冕，木水之有本原，民人之有谋主也。伯父若裂冠毁冕，拔本塞原，专弃谋主，虽戎狄，其何有余一人？"

叔向谓宣子曰："文之伯也，岂能改物？翼戴天子，而加之以共。自文以来，世有衰德，而暴灭宗周，以宣示其侈，诸侯之贰，不亦宜乎？且王辞直，子其图之！"宣子说。王有姻丧，使赵成如周吊，且

致阎田与禭，反颍俘。王亦使宾滑执甘大夫襄以说于晋。晋人礼而归之。(《左传》)

【昭公十年】

九月，叔孙婼、齐国弱、宋华定、卫北宫喜、郑罕虎、许人、曹人、莒人、邾人、薛人、杞人、小邾人如晋，葬平公也。郑子皮将以币行，子产曰："丧焉用币？用币必百两，百两必千人，千人至，将不行。不行，必尽用之。几千人而国不亡？"子皮固请以行。既葬，诸侯之大夫欲因见新君。叔孙昭子曰："非礼也。"弗听。叔向辞之，曰："大夫之事毕矣。而又命孤，孤斩焉在衰绖之中，其以嘉服见，则丧礼未毕。其以丧服见，是重受吊也。大夫将若之何？"皆无辞以见。子皮尽用其币。归，谓子羽曰："非知之实难，将在行之。夫子知之矣，我则不足。《书》曰'欲败度，纵败礼'，我之谓矣。夫子知度与礼矣，我实纵欲，而不能自克也。"(《左传》)

【昭公十一年】

三月，丙申，楚子伏甲而飨蔡侯于申，醉而执之。夏，四月，丁巳，杀之，刑其士七十人。公子弃疾帅师围蔡。

韩宣子问于叔向曰："楚其克乎？"对曰："克哉！蔡侯获罪于其君，而不能其民，天将假手于楚以毙之，何故不克？然肸闻之，不信以幸，不可再也。楚王奉孙吴以讨于陈曰，将定而国。陈人听命，而遂县之。今又诱蔡而杀其君，以围其国，虽幸而克，必受其咎，弗能久矣。桀克有缗，以丧其国。纣克东夷，而陨其身。楚小位下，而亟暴于二王，能无咎乎？天之假助不善，非祚之也，厚其凶恶，而降之罚也。且譬之如天，其有五材，而将用之，力尽而敝之，是以无拯，

不可没振。”（《左传》）

单子会韩宣子于戚，视下言徐。叔向曰：“单子其将死乎！朝有著定，会有表，衣有襘，带有结。会朝之言，必闻于表著之位，所以昭事序也。视不过结、襘之中，所以道容貌也。言以命之，容貌以明之，失则有阙。今单子为王官伯，而命事于会，视不登带，言不过步，貌不道容，而言不昭矣。不道，不共；不昭，不从。无守气矣。”

九月，葬齐归，公不戚。晋士之送葬者，归以语史赵。史赵曰：“必为鲁郊。”侍者曰：“何故？”曰：“归姓也。不思亲，祖不归也。”叔向曰：“鲁公室其卑乎！君有大丧，国不废蒐。有三年之丧，而无一日之戚。国不恤丧，不忌君也。君无戚容，不顾亲也。国不忌君，君不顾亲，能无卑乎？殆其失国。”（《左传》）

【昭公十三年】

子干归，韩宣子问于叔向曰：“子干其济乎？”对曰：“难。”宣子曰：“同恶相求，如市贾焉，何难？”对曰：“无与同好，谁与同恶？取国有五难：有宠而无人，一也；有人而无主，二也；有主而无谋，三也；有谋而无民，四也；有民而无德，五也。子干在晋十三年矣，晋、楚之从，不闻达者，可谓无人。族尽亲叛，可谓无主。无衅而动，可谓无谋。为羁终世，可谓无民。亡无爱徵，可谓无德。王虐而不忌，楚君子干涉五难以弑旧君，谁能济之？有楚国者，其弃疾乎！君陈、蔡，城外属焉。苛慝不作，盗贼伏隐，私欲不违，民无怨心。先神命之，国民信之，芈姓有乱，必季实立，楚之常也。获神，一也。有民，二也。令德，三也。宠贵，四也。居常，五也。有五利以去五难，谁能害之？子干之官，则右尹也。数其贵宠，则庶子也。以神所命，则又远之。其贵亡矣，其宠弃矣，民无怀焉，国无与焉，将何以立？”

宣子曰:“齐桓、晋文,不亦是乎?”对曰:“齐桓,卫姬之子也,有宠于僖。有鲍叔牙、宾须无、隰朋以为辅佐,有莒、卫以为外主,有国、高以为内主。从善如流,下善齐肃,不藏贿,不从欲,施舍不倦,求善不厌,是以有国,不亦宜乎?我先君文公,狐季姬之子也,有宠于献。好学而不贰,生十七年,有士五人。有先大夫子余、子犯以为腹心,有魏犨、贾佗以为股肱,有齐、宋、秦、楚以为外主,有栾、郤、狐、先以为内主。亡十九年,守志弥笃。惠、怀弃民,民从而与之。献无异亲,民无异望,天方相晋,将何以代文?此二君者,异于子干。共有宠子,国有奥主。无施于民,无援于外,去晋而不送,归楚而不逆,何以冀国?”

晋成虒祁,诸侯朝而归者,皆有贰心。为取郠故,晋将以诸侯来讨。叔向曰:“诸侯不可以不示威。”乃并征会,告于吴。秋,晋侯会吴子于良。水道不可,吴子辞,乃还。七月,丙寅,治兵于邾南,甲车四千乘,羊舌鲋摄司马,遂合诸侯于平丘。

次于卫地,叔鲋求货于卫,淫刍荛者。卫人使屠伯馈叔向羹,与一箧锦,曰:“诸侯事晋,未敢携贰,况卫在君之宇下,而敢有异志?刍荛者异于他日,敢请之。”叔向受羹反锦,曰:“晋有羊舌鲋者,渎货无厌,亦将及矣,为此役也。子若以君命赐之,其已。”客从之。未退而禁之。

晋人将寻盟,齐人不可。晋侯使叔向告刘献公,曰:“抑齐人不盟,若之何?”对曰:“盟以厎信。君苟有信,诸侯不贰,何患焉?告之以文辞,董之以武师,虽齐不许,君庸多矣。天子之老,请帅王赋,元戎十乘,以先启行。迟速唯君。”叔向告于齐曰:“诸侯求盟,已在此矣。今君弗利,寡君以为请。”对曰:“诸侯讨贰,则有寻盟。若皆用命,何盟之寻?”叔向曰:“国家之败,有事而无业,事则不经。有业而无礼，经则不序。有礼而无威，序则不共。有威而不昭，共则不明。不明弃共，百事不终，所由倾覆也。是故明王之制，使诸侯岁聘以志业，间朝以讲礼，再朝而会以示威，再会而盟以显昭明。志业于好，讲礼于等，示威于众，昭明于神，自古以来，未之或失也。存亡之道，恒由是兴。晋礼主盟，惧有不治，奉承齐牺，而布诸君，求终事也。君曰：‘余必废之，何齐之有？’唯君图之，寡君闻命矣！”齐人惧，对曰：“小国言之，大国制之，敢不听从？既闻命矣，敬共以往，迟速唯君。”

叔向曰：“诸侯有间矣，不可以不示众。”八月，辛未，治兵，建而不旆。壬申，复旆之。诸侯畏之。

邾人莒人愬于晋曰：“鲁朝夕伐我，几亡矣。我之不共，鲁故之以。”晋侯不见公，使叔向来辞曰：“诸侯将以甲戌盟，寡君知不得事君矣，请君无勤。”子服惠伯对曰：“君信蛮夷之诉，以绝兄弟之国，弃周公之后，亦唯君。寡君闻命矣。”叔向曰：“寡君有甲车四千乘在，虽以无道行之，必可畏也。况其率道，其何敌之有？牛虽瘠，偾于豚上，其畏不死？南蒯、子仲之忧，其庸可弃乎？若奉晋之众，用诸侯之师，因邾、莒、杞、鄫之怒，以讨鲁罪，间其二忧，何求而弗克？”鲁人惧，听命。

季孙犹在晋，子服惠伯私于中行穆子，曰：“鲁事晋，何以不如夷之小国？鲁，兄弟也，土地犹大，所命能具。若为夷弃之，使事齐、楚，其何瘳于晋？亲亲，与大，赏共，罚否，所以为盟主也。子其图之。谚曰：‘臣一主二。’吾岂无大国？”穆子告韩宣子，且曰：“楚灭陈、蔡，不能救，而为夷执亲，将焉用之？”乃归季孙。惠伯曰：“寡君未知其罪，合诸侯而执其老。若犹有罪，死命可也。若曰无罪，而惠免之，诸侯不闻，是逃命也，何免之为？请从君惠于会。”宣子患之，谓叔向曰："子能归季孙乎？"对曰："不能。鲋也能。"乃使叔鱼。叔鱼见季孙曰："昔鲋也得罪于晋君，自归于鲁君。微武子之赐，不至于今。虽获归骨于晋，犹子则肉之，敢不尽情？归子而不归，鲋也闻诸吏，将为子除馆于西河，其若之何？"且泣。平子惧，先归。惠伯待礼。(《左传》)

【昭公十四年】

晋邢侯与雍子争鄐田，久而无成。士景伯如楚，叔鱼摄理。韩宣子命断旧狱，罪在雍子。雍子纳其女于叔鱼，叔鱼蔽罪邢侯。邢侯怒，杀叔鱼与雍子于朝。宣子问其罪于叔向。叔向曰："三人同罪，施生戮死可也。雍子自知其罪，而赂以买直，鲋也鬻狱，邢侯专杀，其罪一也。己恶而掠美为昏，贪以败官为墨，杀人不忌为贼。《夏书》曰'昏、墨、贼，杀'，皋陶之刑也。请从之。"乃施邢侯，而尸雍子与叔鱼于市。

仲尼曰："叔向，古之遗直也。治国制刑，不隐于亲，三数叔鱼之恶，不为末减。曰义也夫？可谓直矣！平丘之会，数其贿也，以宽卫国，晋不为暴。归鲁季孙，称其诈也，以宽鲁国，晋不为虐。邢侯之狱，言其贪也，以正刑书，晋不为颇。三言而除三恶，加三利，杀亲益荣，犹义也夫！"(《左传》)

【昭公十五年】

十二月，晋荀跞如周葬穆后，籍谈为介。既葬，除丧，以文伯宴，樽以鲁壶。王曰："伯氏，诸侯皆有以镇抚王室，晋独无有，何也？"文伯揖籍谈，对曰："诸侯之封也，皆受明器于王室，以镇抚其社稷，故能荐彝器于王。晋居深山，戎狄之与邻，而远于王室。王灵不及，拜戎不暇，其何以献器？”王曰：“叔氏，而忘诸乎？叔父唐叔，成王之母弟也，其反无分乎？密须之鼓，与其大路，文所以大蒐也。阙巩之甲，武所以克商也，唐叔受之，以处参虚，匡有戎狄。其后襄之二路，鏚钺、秬鬯、彤弓、虎贲，文公受之，以有南阳之田，抚征东夏，非分而何？夫有勋而不废，有绩而载，奉之以土田，抚之以彝器，旌之以车服，明之以文章，子孙不忘，所谓福也。福祚之不登，叔父焉在？且昔而高祖孙伯黡，司晋之典籍，以为大政，故曰籍氏及辛有之二子董之晋，于是乎有董史。女，司典之后也，何故忘之？”籍谈不能对。宾出，王曰：“籍父其无后乎！数典而忘其祖。”

籍谈归，以告叔向。叔向曰：“王其不终乎！吾闻之，所乐必卒焉。今王乐忧，若卒以忧，不可谓终。王一岁而有三年之丧二焉，于是乎以丧宾宴，又求彝器，乐忧甚矣，且非礼也。彝器之来，嘉功之由，非由丧也。三年之丧，虽贵遂服，礼也。王虽弗遂，宴乐以早，亦非礼也。礼，王之大经也。一动而失二礼，无大经矣。言以考典，典以志经，忘经而多言举典，将焉用之？”（《左传》）

【昭公二十八年】

初，叔向欲娶于申公巫臣氏，其母欲娶其党。叔向曰：“吾母多而庶鲜，吾惩舅氏矣。”其母曰：“子灵之妻杀三夫、一君、一子，而亡一国、两卿矣，可无惩乎？吾闻之：‘甚美必有甚恶。’是郑穆少妃姚子之子，子貉之妹也。子貉早死，无后，而天钟美于是，将必以是大有败也。昔有仍氏生女，黰黑而甚美，光可以鉴，名曰玄妻。乐正后夔取之，生伯封，实有豕心，贪惏无餍，忿纇无期，谓之封豕。有穷后羿灭之，夔是以不祀。且三代之亡、共子之废，皆是物也，女何以为哉？夫有尤物，足以移人。苟非德义，则必有祸。”叔向惧，不敢取。平公强使取之，生伯石。伯石始生，子容之母走谒诸姑，曰："长叔姒生男。"姑视之。及堂，闻其声而还，曰："是豺狼之声也，狼子野心。非是，莫丧羊舌氏矣。"遂弗视。(《左传》)

人物评议

“叔向，古之遗直也。治国制刑，不隐于亲。三数叔鱼之恶，不为末减。曰义也夫，可谓直矣。平丘之会，数其贿也，以宽卫国，晋不为暴。归鲁季孙，称其诈也，以宽鲁国，晋不为虐。邢侯之狱，言其贪也，以正刑书，晋不为颇。三言而除三恶，加三利，杀亲益荣，犹义也夫！”这是《左传》中孔子对叔向的历史评价，概论其既有高尚的道德操守，又是超凡的治国之才。

叔向（羊舌肸）从鲁襄公十一年出现在《左传》的记事中，到鲁昭公十六年之后不再出现关于他的记载，他在晋国参与政务的时间长达三十七年之久。需要说明的是，鲁昭公二十八年虽然补记了叔向娶妻生子的经历，但那段记载主要是因为他的儿子杨食我作乱致使羊舌氏灭亡而言，并不是关于叔向在晋国为政的记录。可见，叔向从成年开始就在为晋国处理政务，一直到老去。《左传》没有记载他退出晋国政局的原因，也没有记录他的离世时间，但能够让人看清的是，几乎终其一生，叔向都站在晋国政治的最前端，尽其所能地处理着各种各样的内政、外交事务。

开始时，叔向是以外交官员的身份，跟随在晋侯和执政的上卿身边，辅助他们处理外交问题、代为转达意见等，那时的叔向更多地表现为外交礼仪和外交辞令上的得宜。比如他第一次出现在鲁襄公十一年的记载中时，就只是晋侯派他去通告诸侯关于对郑国的处理意见，并没有他自身发挥才干的机会，但他的善于言辞，成了外交事务处理的重要优势。

随之，他在晋国处理外交事件的频率增加，也就说明他外交能力逐渐增强，得到的重视和认可度也都在增长。比如在鲁襄公十四年夏天，诸侯的大夫跟随晋侯攻打秦国、报复栎地的战役，晋侯在国境上等待，派六卿率领诸侯军队前进，到达泾水时，诸侯军队却不肯渡河。叔向就去见叔孙穆子，叔孙穆子赋了《匏有苦叶》这首诗，叔向就明白了他是在表达“志在于必济”，于是就直接去准备了船只。他在外交上表现出的博学多识和敏锐的洞察能力逐渐显露出来。

随着叔向在外交事务处理中的能力得到越来越多的认可，他发挥的作用也越来越大，在外交中他就有更多的参与空间，在这一过程中，叔向对自己国家的维护也越来越多。同时因为他在外交事务方面处理时表现出的出色才干，在鲁襄公十六年晋平公即位后，叔向就做了太傅，在晋国政务上发挥的作用越来越大。在任职期间，他有着太多可圈可点的表现，所以，他又升任为晋国的上大夫。

他参与了晋国各种内政外交活动，对外参加诸侯会盟，维护晋国的霸主地位；对内在治政上提出了很多有价值的主张，如教化为主、刑罚为辅，提倡尊贤任能，重视礼治，强调务德等，在晋国历史上发挥着重要的作用。但他最为人所称道的是他不徇私情、不偏袒其弟、性格直率等为人风貌，从中也充分表现了叔向作为国家重臣，能够忠诚国家、处处以国家利益为重的贤臣本色。关于叔向在处理政务中所体现出的忠诚为国精神，具体分析如下：

一、以礼相守

叔向在代表晋国对外交往中，一直以礼为先，尊重本国，也尊重他国，很好地表现了晋国的大国风范。鲁襄公十九年，齐国和晋国因为齐国攻打鲁国战败一事，在齐国的大隧结盟，所以叔孙穆叔在柯地会见了范宣子。穆叔在会见叔向时，赋了《诗经·鄘风·载驰》这首诗的第四章借以表达“其欲引大国以自救”的含义。叔向回答说：“肸岂敢不接受命令？”叔向很好地理解了穆叔的委婉表达，也代表晋国表达了作为霸主愿意维护盟国的心意。

襄公二十一年，诸侯在商任会见，齐侯、卫侯表现得不恭敬。叔向对此发表评论，认为齐侯、卫侯将不能免于祸难，并且说他们怠礼失政，失政不立将会导致祸乱。

昭公十年，晋平公卒，诸侯国的大夫安葬完晋平公后想趁机求见新君。叔向拒绝，并说，安葬事宜完毕却又命见君王，君王尚处于守丧期间，他穿嘉服见，可丧礼还没完；穿丧服见，就表示再次接受吊唁。这两者都不符合礼，叔向于是拒绝了大夫们的请求。昭公十一年，单子会韩宣子于戚。叔向观察入微，认为单子目光向下、说话迟缓，且其服饰、言语等都不符合会朝的礼节，故而断言单子将死。对于此事，《左传钞》中载俞桐川曾言：“同一言貌，人失之躁而亢，此失之下而迟，皆气为之也。气盈则内匮，气歉则外馁。末句参验入微。”①赞扬叔向的观察细致入微。亦有学者言：“叔向之言，可谓善于形容也。”②

昭公十五年，周王室安葬穆后之后就举行宴饮，并求彝器于晋国。叔向听说后认为周王将不得善终，因周王室一岁而有三年之丧二焉，

① （清）高嵣：《左传钞》，华东师范大学图书馆清乾隆五十三年《高梅亭读书丛钞》本。转引自李卫军编著：《左传集评》，北京：北京大学出版社，2016年，第1654页。

② 毛庆藩：《古文学馀》，华东师范大学图书馆清光绪三十四年刻本。转引自李卫军编著：《左传集评》，北京：北京大学出版社，2016年，第1654页。

周王服丧未满却开始宴乐，不符合礼；且彝器得来是因为嘉赏的功绩并非因为丧事，故周王此时求彝器于晋也不符合礼。

叔向重视礼仪，批评不重礼仪的人，也常常以此为治国标准。鲁襄公二十一年，叔向陪同晋侯参加商任会盟，齐侯、卫侯在会盟时表现不恭敬，叔向判定：这两位国君一定不免于祸难。会见和朝见，是礼仪的规范；礼仪，是政事的车子；政事，是身体的寄托。轻慢礼仪就会丧失政事，丧失政事就不能立身，因此才会发生祸乱。

二、以才斡旋

叔向在与诸侯大夫们的斡旋中，能够很好地理解对方所赋诗歌、引文的含义，并能多次引用《诗经》《尚书》等书中的内容，引经据典，信手拈来，体现了他学识的渊博。同时他的对答得体，也帮晋国很好地树立了大国形象。如襄昭公元年，叔向在回答赵孟“楚国令尹自以为王，何如”的问题时，引用《诗经》中的“赫赫宗周，褒姒灭之”①来说明“不义而强，其弊必速”的道理。

昭公六年，郑人铸刑书，叔向对此不赞同。他从“先王议事以制，不为刑辟”的做法开始分析，并联系夏、商、周三代刑书兴起都是在末世的历史事实，同时还引用《诗经·周颂·我将》中的语句如“仪式刑文王之典，日靖四方”②来阐述铸刑书的不合理之处，体现了叔向渊博的学识和广博的见识。

叔向还靠自己的才智作出合理的判断。襄公十四年，诸侯的大夫

① （清）阮元校刻：《十三经注疏·毛诗正义》，北京：中华书局，2009年，第950页。
② （清）阮元校刻：《十三经注疏·毛诗正义》，北京：中华书局，2009年，第1267页。

跟随着晋悼公进攻秦国时，面对穆子赋诗，叔向及时退出并准备船只。

三、明智达观

叔向在处理内政外交问题时，都能够理智判断，合理周旋。鲁襄公十八年，因为齐国攻打鲁国边境。晋侯率领诸侯军队援助鲁国攻打齐国。十月二十九日，齐国军队夜里逃走。叔向告诉晋侯说，平阴城上有乌鸦，齐军大概逃走了吧。十一月初一，晋侯进入平阴，于是就追赶齐军。叔向善于观察形势，能敏锐感知战场变化，并合理判断。

鲁襄公二十一年，晋国范氏和栾氏产生矛盾，范氏驱逐栾氏，清算栾氏的同盟者。叔向的弟弟羊舌虎因参与其中被杀，叔向受牵连入狱，有人问叔向，“你遭受罪祸，大概是因为不够聪明吧？”叔向却回答，这和死亡比起来不算什么。他认为能够这样悠闲逍遥地度过岁月，这正是聪明的表现。可见叔向能在现实面前审时度势，顺势而为。

乐王鲋去见叔向，说自己会去替叔向向晋侯求情，叔向却不回答他，乐王鲋走的时候，叔向也不拜送他。叔向的左右都认为他错失了良机，叔向却说，能够救自己的一定是祁奚大夫。家臣们听到后都问原因，叔向认为乐王鲋是顺从国君的人，他不会在国君面前说反对的话。而祁奚却不同，他在举荐人才的时候，都能做到“外举不弃雠，内举不失亲”，所以祁奚作为一个一心为国的人，肯定能够救他，不会抛弃他。

事情果然如叔向判断的那样，晋侯向乐王鲋询问叔向的事情时，乐王鲋就说出了叔向不会抛弃他的亲人，恐怕有同谋作乱的嫌疑的看法。而这个时候，祁奚已经告老在家了，听说这件事，便专门乘车去拜见范宣子。他在范宣子面前先引用《诗经·周颂·烈文》中的“惠我无疆，子孙保之”①，劝范宣子凡事多给人施恩惠，只有给人广施恩惠，才能让子孙永保自己的禄位；然后，他列举出了很多古代与叔向同样有能力的贤臣，都有过亲人犯罪的例子，来证明叔向身上发生的事情实属情有可原，只有理解叔向的无奈，对他这样有谋略、有功勋的人加以保护，才能为国家保住人才。祁奚认为叔向具备被保护的条件，他是国家的柱石。即使他的子孙有过错，还要宽容，以此来勉励那些有能力的人。现在一旦不免除叔向自身的祸患而弃社稷于不顾的话，那么就会让很多有能力的人感到困惑。这就像当初鲧被杀了，而禹却接替他的位置，伊尹放逐太甲又辅佐他，太甲始终没有怨恨，管叔、蔡叔被杀而周公却依旧辅佐成王一样，为什么要因为叔虎而放弃社稷呢？为什么要因为叔虎而责罚叔向呢？最后，祁奚劝范宣子作为执政大臣，他的一言一行都会被众人看在眼里，做了好事维护他的人会更多，大家会努力工作；他如果多杀人的话，那么只会让众人背离他。范宣子非常高兴，就和祁奚共乘一辆车子，对晋侯好言相劝，最终晋侯赦免了叔向。之后祁奚也不去见叔向，就回家了。叔向也没有向祁奚去告谢赦免之恩，就去朝见晋侯了。

叔向的忠诚、叔向的才干都通过祁奚之口表达得清清楚楚，尤其祁奚称叔向为国家的柱石，可见叔向的德行和能力在当时已经被认可。而叔向的通达也从此事中显露无遗，他面对牢狱生活还能悠闲自在、不以为意，他面对恩人也深知自己该做的是为国效力，而不需要去当面感激。这大概是难得的惺惺相惜吧！

起初，叔向的母亲嫉妒叔虎的母亲美丽，不让她陪侍丈夫，她的

① （清）阮元校刻：《十三经注疏·毛诗正义》，北京：中华书局，2009 年，第 1261 页。

儿子叔向却规劝母亲，叔向的母亲就曾分析说，这就像深山大泽之中，确实会生长龙蛇，她很美丽。我害怕她生下龙蛇来祸害你们。你们现在已经是衰败的家族了，国家有很多受宠的大臣，如果有坏人从中挑拨，是非常难以自处的。我自己有什么可惜的呢？于是她就让叔虎的母亲陪侍丈夫，生下了叔虎，叔虎外貌出众而且勇敢，栾怀子宠爱他，所以羊舌氏家族才遭受了这次祸患。

当初母亲的担忧得到了验证，但叔向还是靠自己的品行赢得了重视，也挽救了自己和家族。这就如他当初奉劝母亲是一样的，只要自己做的没有过错，最终不会因为他人的过错而出现太过严重的后果。

四、以德前瞻

鲁襄公十八年，楚军攻打郑国，晋国人听到楚国侵袭郑国的消息，师旷用他所歌唱的南方和北方歌曲的不同，分析判定楚国不能成功。董叔根据观星象认为岁星在西北，南方的军队不合天时，一定不能成功，而叔向却说：“在其君之德也。”可见叔向判定胜负是以国君的德行来判定一个国家的军心、民心的。他对德非常重视，可以看出他强调修德，重视以德治国。

襄公二十一年，鲁襄公和晋平公、齐庄公、宋平公、卫殇公、郑简公、曹武公、莒子、邾子在商任会见时，因为齐庄公、卫殇公表现得不恭敬。叔向说：“这两位国君必然不免于祸难。”襄公二十七年，在和赵文子的对话中得出伯有因为骄横快要灭亡的结论。襄公二十七年，楚国的薳罢去到晋国参加盟会，叔向评价他会永享禄位。襄公三十一年，叔向评价子产是个懂得辞令的人。由上可见，叔向颇具识人之明。

鲁襄公二十六年的六月，鲁、晋、宋、郑、曹国大臣在澶渊会盟，商议讨伐卫国。晋国人拘捕了参加会盟的卫国大臣。卫侯到了晋国，晋国人把他拘捕、囚禁。七月，齐侯和郑伯为了卫侯的事情到了晋国。晋侯设享礼招待他们。叔向让晋侯下拜两位国君说："寡君谨敢拜谢齐国国君，安定我们先君的宗庙；谨敢拜谢郑国国君，没有二心。"齐国人派晏婴私下跟叔向交流意见，叔向转告赵文子，赵文子又转告齐侯，晋侯经过交流，赦免了卫侯让他回国了。叔向给这次前来的子展以高度评价，他说："郑穆公后代七个家族，罕氏大概是最后灭亡的，因为子展节俭而专一。"通过叔向赞美子展的忠诚和节俭，可以看到叔向心目中认可的贤臣和德者，应该是忠诚国家又能严格要求自己的人。

襄公二十七年，面对晋楚争夺歃血先后，叔向说应该坚持德治，不去争夺。

五、以正处政

鲁襄公二十六年的春天，秦伯的弟弟鍼到晋国重温合约。在招待他时，叔向命手下令召唤行人子员跟随。行人子朱说自己是当班执行政务的，说了三次叔向都没有答应。子朱愤怒地说，职位级别相同，为什么在朝廷上黜退子朱？手摸着剑就要跟上叔向。叔向说，秦国晋国不和睦已经很久了，今天的事幸而成功，晋国依靠这次媾和。不成功，三军就得死在战场上。子员沟通两国的话，没有私心，您却常常改变原意，用邪恶侍奉国君的人，我是能抵制的。说完他就气愤地拂袖跟上去，被别人劝走了。晋平公说："晋国大概差不多要大治了吧，我的臣子所争执的是大事。"叔向确实是在国家大事上谨慎认真，不容差错的，尤其是在处理秦国和晋国好不容易在修复中的关系处理中，他更是慎之又慎，在选择用人上严格把关。同时，他也直言不讳，明确国家大事不允许有私心的人从中参与，出现差错。他正直、忠诚，表达直接。后代学者论及此事也评价说：“和秦是晋伯绝大机关，惜襄公、悼公皆未之喻，叔向之识，直过先轸。说到三军暴骨，一腔悲悯之意，反照平公毫不关痛痒。”①

昭公十三年，诸侯见晋国建成虒祁宫而有了二心，晋国因此出兵讨伐，军队驻扎在卫国时，叔向的弟弟叔鱼向卫国索取财货并放纵手下的砍柴人肆意妄为，卫国人送来礼物求助于叔向，叔向直言叔鱼贪得无厌，将遭到祸难，返还了珍贵的锦缎并给卫国人提了建议。昭公十四年，晋国的刑侯与雍子争夺鄐田，罪责在于雍子，但是暂时代理狱官一职的叔鱼在收取雍子的贿赂后改判刑侯有罪。刑侯暴怒，当朝杀死了他们两个，叔向判断这件案子时根据刑法判定三人皆有罪，将刑侯处死，雍子和叔鱼暴尸于集市，秉公执法，未有偏颇。通过以上的历史史实，可以看出叔向在国家利益面前，确是一位秉公执法、杀伐果断的中正骨鲠之臣，正如马端临《文献通考》中所评价：“夫有血气，必有争心。群居胜物之始，三皇无为之代，既有君长焉，则有刑罚焉。其俗至淳，其事至简，人犯者至少，何必先定刑名？所以因事立制，叔向之言可矣。自五帝以降，法教益繁，虞舜圣哲之君，后贤祖述其道，刑章轻重，亦以素设。周氏三典，悬诸象魏，皆先防抵陷，令避罪辜，是故郑昌献疏，盖以后明其义。”②

① （清）姜炳璋：《读左补义》，华东师范大学图书馆清乾隆三十三年刻本。转引自李卫军编著：《左传集评》，北京：北京大学出版社，2016 年，第 1339 页。

② （元）马端临撰，上海师范大学古籍研究所、华东师范大学古籍研究所点校：《文献通考》，北京：中华书局，2011 年，第 4856—4857 页。

第三节 郤缺

人物小传

郤缺，姬姓，郤氏，名缺，谥成，又称郤成子，春秋时期晋国上卿，因其食邑在冀，也称冀缺。郤缺因为人谦敬得以被举荐、任用。擅长军事，因军功得到重用。治政尚德，从政多年，行事稳健。他善抓时机，把控政局方向，执政时借机“废胥克”。

经典文本

【僖公三十三年】

狄伐晋，及箕。八月戊子，晋侯败狄于箕。郤缺获白狄子。

先轸曰："匹夫逞志于君，而无讨，敢不自讨乎？"免胄入狄师，死焉。狄人归其元，面如生。

初，臼季使过冀，见冀缺耨，其妻馌之。敬，相待如宾。与之归，言诸文公曰："敬，德之聚也。能敬必有德，德以治民，君请用之！臣闻之，出门如宾，承事如祭，仁之则也。"公曰："其父有罪，可乎？"对曰："舜之罪也殛鲧，其举也兴禹。管敬仲，桓之贼也，实相以济。《康诰》曰：'父不慈，子不祗，兄不友，弟不共，不相及也。'《诗》曰：'采葑采菲，无以下体。'君取节焉可也。"文公以为下军大夫。反自箕，襄公以三命命先且居将中军，以再命命先茅之县赏胥臣，曰："举郤缺，子之功也。"以一命命郤缺为卿，复与之冀，亦未有军行。(《左传》)

【文公七年】

晋郤缺言于赵宣子曰："日卫不睦，故取其地，今已睦矣，可以归之。叛而不讨，何以示威？服而不柔，何以示怀？非威非怀，何以示德？无德，何以主盟？子为正卿，以主诸侯，而不务德，将若之何？《夏书》曰：'戒之用休，董之用威，劝之以九歌，勿使坏。'九功之德皆可歌也，谓之九歌。六府三事，谓之九功。水、火、金、木、土、谷，谓之六府。正德、利用、厚生，谓之三事。义而行之，谓之德礼。无礼不乐，所由叛也。若吾子之德，莫可歌也，其谁来之？盍使睦者歌吾子乎?”宣子说之。(《左传》)

【文公十二年】

秦为令狐之役故，冬，秦伯伐晋，取羁马。晋人御之。赵盾将中军，荀林父佐之。郤缺将上军，臾骈佐之。栾盾将下军，胥甲佐之。范无恤御戎，以从秦师于河曲。臾骈曰:“秦不能久，请深垒固军以待之。”从之。(《左传》)

【文公十三年】

晋人患秦之用士会也，夏，六卿相见于诸浮。赵宣子曰:“随会在秦，贾季在狄，难日至矣，若之何?”中行桓子曰:“请复贾季，能外事，且由旧勋。”郤成子曰:“贾季乱，且罪大，不如随会，能贱而有耻，柔而不犯；其知足使也，且无罪。”乃使魏寿余伪以魏叛者，以诱士会，执其帑于晋，使夜逸。请自归于秦，秦伯许之。(《左传》)

【文公十五年】

晋郤缺帅师伐蔡，戊申，入蔡。(《春秋》)

新城之盟，蔡人不与。晋郤缺以上军、下军伐蔡，曰:“君弱，不可以怠。”戊申，入蔡，以城下之盟而还。凡胜国，曰“灭之”；获大城焉，曰“入之”。(《左传》)

【宣公八年】

晋胥克有蛊疾，郤缺为政。秋，废胥克，使赵朔佐下军。(《左传》)

【宣公九年】

晋郤缺帅师救郑。(《春秋》)

晋郤缺救郑。郑伯败楚师于柳棼。国人皆喜，唯子良忧曰：“是国之灾也，吾死无日矣。”(《左传》)

【宣公十一年】

秋，晋侯会狄于欑函。(《春秋》)

晋郤成子求成于众狄。众狄疾赤狄之役，遂服于晋。秋，会于欑函，众狄服也。是行也，诸大夫欲召狄。郤成子曰：“吾闻之，非德，莫如勤，非勤，何以求人？能勤，有继。其从之也。《诗》曰：‘文王既勤止。’文王犹勤，况寡德乎？”(《左传》)

人物评议

郤缺的父亲郤芮是跟随夷吾的心腹大臣，在重耳返回晋国后，吕甥和郤芮“悔纳重耳，欲焚公室而杀公，寺人披以告，公潜会秦伯于王城。二子焚公室，求公不获，遂如河上，秦伯诱而杀之。”① 因此，郤缺作为罪臣之后，能因为自己的修养走上政途，又能在为政后步步稳健，逐渐做到晋国的执政大臣，堪称政治奇迹。仔细分析就不难发现，郤缺凭德行得到举荐，他也同样在治理政务时强调德行，可以说，他的人生因重德、守德才渐入佳境。他却始终没有因权力而忘本，一直坚守德行。当然他的才华和能力必然是优异的，无论是政治、军事，还是识人、察人，他都表现出了非同一般的卓越，所以他一生无忧。他的非凡因为他为国担当的人生格局而显得尤其可贵。

一、以德为人，以德为政

郤缺最难能可贵之处就是他出色的品行，德行深厚也是他一生的坚守。对家人如此，对外人同样如此；为人如此，执政同样如此。

追溯郤缺的从政缘由，他的父亲曾因反对晋文公归国而被杀，他

① （春秋）左丘明撰，徐元诰集解，王树民、沈长云点校：《国语集解》，北京：中华书局，2002 年，第 35 页。

就成为罪臣之子，因而不得入仕为官，只能在冀野耕田。臼季出使时遇到他在田里锄草，他的妻子给他送饭，他很恭敬，夫妻二人相敬如宾。臼季就带他一起回来，并把他夫妻相敬如宾的事讲给晋文公听，还在晋文公面前举荐了他。臼季认为："臣见其不忘敬也。夫敬，德之恪也，恪于德以临事，其何不济！"①恭敬是德行的集中体现，他能够恭敬就必定有德行，有德行就可以用来治理百姓。因为懂得恭敬的人出门就如同会见宾客，承担事情就如同参与祭祀这样重大的仪式一样一丝不苟，这是仁爱的准则。晋文公因为郤缺的父亲有罪而犹豫，臼季就进一步用舜惩处鲧却重用他的儿子禹而最终解决了治水难题来劝说文公，还引用经典中的内容进一步表达出，不是所有的父子都是儿子要遵从父道的，这要看父亲的作为是否合于礼。最终晋文公被说动而起用郤缺，让他担任下军大夫之职。

郤缺因为自己对妻子的敬重而得到机缘，走上为政的道路，既是偶然，也是必然，一个品行出众的人总会被看见、被重视。郤缺在走出家门被起用以后，他对待政务确实如臼季所言，重视以德为之，这一点从他对赵盾的进言中可以得到充分体现。

鲁文公七年，郤缺针对为政问题向执政的赵盾谏言。他认为，过去卫国不顺服，所以占领它的土地。现在卫国已经顺服了，可以把土地归还给它。背叛了就加以讨伐，以显示声威；顺服了就加以笼络，来显示关怀。没有声威，没有关怀，就无法显示德行。没有德行，就无法主持盟会。作为霸主晋国的正卿，不致力于德行，就没有办法更好地主持诸侯的事。他又引《夏书》中的内容，"戒之用休，董之用

① （春秋）左丘明撰，徐元诰集解，王树民、沈长云点校：《国语集解》，北京：中华书局，2002年，第375页。

威，劝之以九歌，勿使坏。”谏言赵盾可以用喜事劝诫诸侯，用威刑督察诸侯，用九歌劝勉他们，避免他们学坏。他还给出明确解释，九歌就是九功之德可以歌唱的内容；并进一步解释了九功之德，即“六府三事——水、火、金、木、土、谷，谓之六府。正德、利用、厚生，谓之三事”。在治政时能推行这些就叫德、礼，没有礼、乐的规范，就会产生叛乱。他直言如果身为执政大臣不能按照这些德行行事，就不会有哪个诸侯国愿意回来归服他。并告诉赵盾可以靠这样的治政方式让归服的人来赞扬他，后代学者穆文熙曾言：“此论深得怀远之略，宣子悦之，他日遂归卫田，宜其能主盟于诸侯也。”① 可见郤缺的这一建议的可用之处。

其实这段劝谏也是郤缺的治政宣言，从中能看出郤缺对为政的思想理解和执政方法的考量，不难看出郤缺思想的高度和把握大局的能力。郤缺深谙治政，无论从道德上，还是从方法上，他都清楚知道怎样才能维护政局的稳定。

郤缺在自己执政之后，确实始终不忘初心，时时清醒地坚守道德原则。鲁宣公十一年，郤缺作为晋国的执政大臣，利用狄人部族间的矛盾，主动向狄人请求交好，让狄人顺利归服晋国。这年秋天，晋国准备与众狄人部族在欑函会见，临行时，很多晋国大夫都想直接召集狄人前来。郤缺的一段话充分展示了他执政的成功之处。他说：“非德，莫如勤，非勤，何以求人？能勤，有继。其从之也。”他认为没有德行不如勤劳，没有勤劳拿什么向别人求取呢？能够勤劳就继续用功，还是到狄人那里去吧。同时郤缺还以《诗经·周颂·赉》中对文

① （明）穆文熙：《左传钞评》，华东师范大学图书馆高丽锦城刻本。转引自李卫军编著：《左传集评》，北京：北京大学出版社，2016 年，第 486 页。

王的表达为例，“文王既勤止”[①]，认为文王尚且勤劳，何况缺少德行的人呢？将原有的德行和后天的努力联系到一起，明确地坚守自身的道德原则。

郤缺已经取得很大的人生成功的时候还能依旧保持勤劳的本色，本来可以一声号令就让别人奔忙的，他却不辞劳苦，严谨努力地做好每一件事，这大概就是所谓的德行吧。孔子说“克己复礼为仁”[②]，一个人的言行也最能代表一个人的品性，以此看来，郤缺堪称德之典范、仁之典范。他在为政体现出了以德治国的品行，他也是以德为政的典范。如果深入思考他的为人、为政的坚守就不难发现，这似乎是他深入骨髓的存在，并不是刻意为之，所以他在做任何事情的时候，自然而然就会给予对方最大的尊重，选取令人信服和尊崇的方式。他执政晋国，也让晋国充分显示出了大国气度和大国风范。

当然，在郤缺的为人、为政中处处都流露出他卓越的才干与能力，如他的才学，在他处理政事时展露充分；如言辞，他的话语中肯而令人信服；如识人，他能根据一个人的外在断定他的内在，等等。但最值得细品，能给人借鉴的是他的军事才能和他长于谋划的能力。

二、善于治军，善于筹谋

郤缺的为政生涯是从军事开始的，他也因为优秀的军事指挥作战能力逐渐建立功勋，并走上政治舞台的高处。

---

① （清）阮元校刻：《十三经注疏·毛诗正义》，北京：中华书局，2009年，第1304页。

② 程树德撰，程俊英、蒋见元点校：《论语集释》，北京：中华书局，1990年，第817页。

郤缺在每一次军事行动中都有不凡的表现。鲁僖公三十三年，郤缺第一次作为将领参加晋国的军事行动，在晋国与狄人的箕之战中，郤缺参与征战并一举俘获白狄首领，立下战功，一战成名，受到褒奖。晋襄公因为他箕之战中的卓越战功，首先用一等品级的命令嘉奖了臼季的举荐之功；同时用三等级的命令升郤缺做了卿，重新赐给他冀地，只是没有让他担任军中职位。鲁文公十二年，因为令狐之战的缘故秦康公派兵攻打晋国——历史上称这次战争为河曲之战，秦军攻占了晋国的羁马。晋国人发兵抵御秦军。这次征战中，郤缺已经做了晋军的上军将，成为三军的重要统帅之一。在这次秦晋交战中，郤缺的统兵能力已经得到了晋国人的认可，他的军事才能得到了肯定。

鲁文公十五年，因为蔡国没有参加晋国在新城组织的诸侯会盟，晋国派郤缺率领上军和下军，出兵攻打蔡国。郤缺作为出兵主帅首先号令三军：国君年幼，不能因此懈怠。这是警醒并勉励大家奋勇杀敌，晋军很快攻入蔡国的城市，与蔡国订立了城下之盟，然后回国。这次与蔡军的速战速决可以看出郤缺治军有方，他能及时警告将士不要生出不该有的懈怠，也能及时鼓励将士，所以晋军很快结束与蔡国的战争，胜利返还。这是郤缺首次单独率军征战，他出色的军事指挥作战能力和把控全局的能力得到充分的展现。

鲁宣公九年，郤缺再次率晋军出征，救助与楚军交战的郑国，并成功帮助郑国打败楚国，再次胜利而还。郤缺每次出征都能合理配合主帅完成军事行动，也能在自己作为主帅征战时掌控全军，指挥得当，他的军事指挥才能不言而喻。他之所以能顺利完成军事行动，与他善于筹谋，能冷静睿智地分析形势、判断得失是分不开的。

鲁文公十三年，晋国人因为担心士会被秦国重用，夏天的时候，六卿在诸浮相见，商量对策。当时，晋国的贾季也因为罪过而逃到了狄人那里。执政大臣赵盾担心他们两人给晋国带来祸难，与大家商量怎么解决目前晋国因为这两个人可能出现危险的问题。针对不同的意见，郤缺提出了自己的看法。他认为，贾季好作乱，而且犯过罪，让他回来不合适；不如让士会回来，其在身处卑微时保有羞耻之心，他态度柔和但又有不可侵犯的威严，他智谋可堪大用而又没有犯过罪。郤缺的意见最后被采纳，赵盾于是用计策让士会回到了晋国。

从郤缺参政的言谈可以看出，他善于筹谋，眼光独到，分析透彻，是个头脑清醒的政治家。同时他能准确判断出对国家有利的选择，在贾季和士会的对比中就可以看出郤缺既能准确判断人才的优劣，又能全面分析问题。此外，郤缺用人能从国家大局出发，有可谋全局的能力。历史证明，他正确的选择为晋国挽回了士会这样的国之栋梁。

郤缺的德行让人敬服，郤缺的能力让人感佩，其“以聚德取胜”①的方式值得我们学习。但真正让郤缺纵横邦国、叱咤风云的是他的家国情怀，试想一个同样拥有这样品行和能力的郤缺，却更多地出于个人目的去处理家事、政务，那他又能走到什么样的人生高度呢？他又能给世间留下什么思考呢？梁启超在教育子女时，总是告诉他们每个人一定要爱国，正是因为他的子女身上有浓烈的家国情怀，才能在大是大非面前坚定不移，也才能在处理个人人生方向时看得更高更远，成就他们不凡的人生。而梁启超也因为“一门三院士，九子皆精英”而声名远播。反观郤缺也同样如此，高远的格局决定了他的人生成就，家国情怀造就了他具有的博大气度。

---

① 李孟存、李尚师：《晋国人物评传》，延吉：延边大学出版社，2006年，第108页。

第四节 臾骈

丨人物小传

臾骈，生卒年不详，春秋时期晋国大夫，官至晋国上军佐。他思想深刻，公私分明，处事严谨，善于分析形势，善于把握时机，可堪大任。

经典文本

【文公六年】

十一月，丙寅，晋杀续简伯。贾季奔狄。宣子使臾骈送其帑。

夷之蒐，贾季戮臾骈，臾骈之人欲尽杀贾氏以报焉。臾骈曰："不可。吾闻《前志》有之，曰：'敌惠敌怨，不在后嗣，忠之道也。'夫子礼于贾季，我以其宠报私怨，无乃不可乎？介人之宠，非勇也；损怨益仇，非知也；以私害公，非忠也。释此三者，何以事夫子？"尽具其帑，与其器用财贿，亲帅扞之，送致诸竟。(《左传》)

【文公十二年】

秦为令狐之役故，冬，秦伯伐晋，取羁马。晋人御之。赵盾将中军，荀林父佐之，郤缺将上军，臾骈佐之。栾盾将下军，胥甲佐之。范无恤御戎，以从秦师于河曲。臾骈曰："秦不能久，请深垒固军以待之。"从之。

秦人欲战，秦伯谓士会曰："若何而战？"对曰："赵氏新出其属曰臾骈，必实为此谋，将以老我师也。赵有侧室曰穿，晋君之婿也，有宠而弱，不在军事，好勇而狂，且恶臾骈之佐上军也。若使轻者肆焉，其可。"秦伯以璧祈战于河。十二月，戊午，秦军掩晋上军，赵穿追之，不及。反，怒曰："裹粮坐甲，固敌是求，敌至不击，将何俟焉？"军吏曰："将有待也。"穿曰："我不知谋，将独出。"乃以其属出。宣子曰："秦获穿也，获一卿矣。秦以胜归，我何以报？"乃皆出战，交绥。

秦行人夜戒晋师曰："两君之士，皆未慭也。明日请相见也。"臾骈曰："使者目动而言肆，惧我也，将遁矣。薄诸河，必败之。"胥甲、赵穿当军门呼曰："死伤未收而弃之，不惠也；不待期而薄人于险，无勇也。"乃止。秦师夜遁。复侵晋，入瑕。(《左传》)

人物评议

舆骈作为晋国的大夫在历史记录中只有零星片段，透过这些片段只能看到他在某个历史事件中的言行，对他的品行和才能的认识十分有限，只能根据仅有的材料，对他进行分析，认识他某方面值得记录的品格，了解他身上值得品味、借鉴的优长。

一、深明大义，尽职尽责

舆骈作为晋国大夫，最能体现他为人深度和处世分寸的事，大概就是《左传》记录的他在执行公务时面对与自己有过节的罪人时所表现出的气度了。

晋国贾季（狐射姑，狐偃之子，晋文公舅父家表弟）因为阳处父夺去了他晋军主帅的职位，让赵盾做了晋军主帅，就派续鞫居杀死了阳处父。鲁文公六年十一月的一天，晋国人杀死了续鞫居，贾季就逃到了狄。晋国的执政正卿赵盾派舆骈把贾季的妻子儿女送到他所在的狄人那里去。在夷地阅兵的时候，贾季侮辱过舆骈，当时的贾季身居要职，舆骈只是军中的普通将领，如今贾季成了逃犯，他连妻子儿女都无法顾及，是赵盾不想对他赶尽杀绝，才让舆骈护送他的妻子儿女前去与他相聚。舆骈的手下就要趁机报复当年贾季对舆骈的羞辱，杀尽贾季的全家来报复他。舆骈认为这样做不合适：首先，要坚守古书上的做人原则，对人有恩惠和对人有怨恨，都不能连累他的后代，这样才是合于忠诚之道的；其次，夫子（指赵盾）愿意对贾季表示礼貌友好，自己在却因为受到他的宠信而报个人的私仇，是不合适的；再次，他认为借着别人的宠信而去报复，这不是勇敢，消除怨气却增加仇恨，这不是智慧，因为私利而妨害公务，这不是忠诚。一个人如果舍弃了勇敢、智慧和忠诚，是无法完成使命的。于是，臾骈便把贾季的妻子儿女和他的器用财货准备齐全，亲自率领手下人保卫着，送到了边境上。

臾骈的一番话，是对臣子职责最好的解读。白居易曾言："臾骈立言，尝闻之矣"①，"徵臾骈之言，益仇非智"②。后代学者穆文熙曾评价道："臾骈不报贾氏之怨，可谓有君子之风，褊心之徒，读此亦自洒然。"③ 臾骈深明大义，不因个人利害而影响公务，不挟私报复，不恃强凌弱。对待职责，毫不懈怠，尽心尽力。

二、才能出众，善抓战机

臾骈在政务上毫不含糊，能作出最合乎礼、义的正确选择，让人心生敬意。他在军事上也同样出手不凡，让人惊艳。

鲁文公十二年，在秦晋河曲之战中，臾骈作郤缺的副手，担任上军佐的职务。在这次作战的战略选择时，臾骈谏言，秦军很难坚持长久作战，晋军应该深挖沟渠、高筑壁垒、坚固军营等待秦军。晋军采纳了他的建议。臾骈在这次秦晋交战中首先看到秦军的问题，然后提

---

① （唐）白居易著，顾学颉校点：《白居易集》，北京：中华书局，1999 年，第 1381 页。

② （唐）白居易著，顾学颉校点：《白居易集》，北京：中华书局，1999 年，第 1387 页。

③ （明）穆文熙：《左传钞评》，华东师范大学图书馆高丽锦城刻本。转引自李卫军编著：《左传集评》，北京：北京大学出版社，2016 年，第 678 页。

出合理的战略建议，他擅长分析军事形势，长于选择军事策略，合理作出军事部署，他的军事指挥作战才能展露无遗。

秦军在求战不得的情况下，就向当时羁留在秦的士会寻求解决之道，士会深知晋军的内部情况，判定是赵盾新近提拔的臾骈的谋划，目的是让秦军久驻在外消耗士气。可见臾骈的才能被当时的晋人所熟知。

士会同时分析晋军内部结构，并找出晋军的薄弱环节，就是晋君的女婿赵穿，受宠又年少轻狂，并且与臾骈有矛盾，他肯定不愿按照臾骈的战略部署执行，他就是最好的攻击点。于是秦军采纳了士会的建议，从赵穿处入手，果真打破了晋军的战略部署，成功让晋军出战。但刚刚交战，双方试探虚实之后，就各自撤回。秦军派使者夜里告请晋军，约定明天在战场相见。臾骈在秦国使者退出后，分析说："使者目动而言肆，惧我也，将遁矣。薄诸河，必败之。"他观察到秦军使者眼珠不停转动，而且说话声音失常，应该是在害怕晋军，将要逃走了。若晋军把秦军逼到黄河边上，一定能打败他们。晋军因为胥甲和赵穿的阻挠没能按照臾骈的判定及时出兵，秦军果然连夜逃走了，后来还攻进了晋国。晋军因为没能采纳臾骈的合理建议，不但失去了一举歼敌的绝佳机会，还让秦军得到休养生息，反咬一口，给晋国造成了进一步的损失。

臾骈能在两军对垒中，通过对方使者的言语，辨析出他们的真实动向，从反面识破敌人使诈，背后是另有打算。他辨析敌情的方法被后来的军事理论家孙武概括进著名的察敌法之中，《孙子兵法·行军》篇："辞强而进驱者，退也。"[①] 敌人措辞强硬，示以驰驱进逼之姿态，

---

① （春秋）孙武撰，（三国）曹操等注，杨丙安校理：《十一家注孙子校理》，北京：中华书局，1999年，第196页。

那是在为准备撤退作掩护。这一察敌之法指出了战场上的一种复杂情况，提醒用兵者要根据战场上的实际情况，善于从反面识辨敌人的诈情。臾骈恰恰就具有这样抓住战场瞬息变化中的细节，作出判断和决策的军事指挥能力！

在这次秦晋河曲之战中，臾骈精准分析了敌情，给出了恰当的战略战术；当战争走向发生变化时，他也能根据战场的情况，准确判断敌情；并且他也能当机立断，作出最合理的战术选择，他的军事才能不言而喻。

臾骈的历史出场中，总是能作出最合理的方向选择，也总是能选择最恰当的方式处置眼前情况。从他的只言片语中，却可以看到他透视现象的思想深度，克制私欲的自我定力，担当使命的严谨尽责——这样的人才智出众，可堪大任，更值得敬重。

第五节　解扬

人物小传

解扬，字子虎。晋国霍邑人，人称霍虎。春秋时期晋国壮士，后升至晋国大夫。出使不辱使命，面对生死，大义凛然。

经典文本

【宣公十五年】

宋人使乐婴齐告急于晋，晋侯欲救之。伯宗曰："不可！古人有言曰：'虽鞭之长，不及马腹。'天方授楚，未可与争。虽晋之强，能违天乎？谚曰：'高下在心，川泽纳污，山薮藏疾，瑾瑜匿瑕，国君含垢，天之道也。君其待之！"乃止。使解扬如宋，使无降楚，曰："晋师悉起，将至矣。"郑人囚而献诸楚，楚子厚赂之，使反其言。不许，三而许之。登诸楼车，使呼宋而告之。遂致其君命。楚子将杀之，使与之言曰："尔既许不穀，而反之，何故？非我无信，女则弃之，速即尔刑！"对曰："臣闻之，君能制命为义，臣能承命为信，信载义而行之为利。谋不失利，以卫社稷，民之主也。义无二信，信无二命。君之赂臣，不知命也。受命以出，有死无霣，又可赂乎？臣之许君，以成命也。死而成命，臣之禄也。寡君有信臣，下臣获考，又何求？"楚子舍之以归。(《左传》)

人物评议

《左传》关于解扬只记载了晋君派他出使宋国这一件事，但从事件本身看，晋国当时既不想和楚国抗衡，以至于两败俱伤，或者战败导致名望和实力受损，又不想让宋国弃他而去，另择新主，投身楚国，解扬就是在这种情况下出使的。由此可以看出晋君对他能力的重视和认可，从侧面说明解扬是个敢于应对问题，又能善于解决问题、承担责任的大臣。这次出使中，还能展示出解扬身上值得称道之处。

一、顺势而为，不负使命

鲁宣公十四年秋天，楚国出兵攻打宋国，第二年春天，宋国向晋国求救。晋景公想要派兵援救宋国，晋国大夫伯宗劝说他不要出兵，因为楚国正是实力强大的时候，不能在这时候跟楚相争；晋国虽强，但要能屈能伸、心中有数才是最好的处理方法，这就像河流湖泊能容纳污泥浊水、山林草莽中隐藏毒虫猛兽、美玉也有瑕疵一般；他认为楚国如此强大是因为它正在受天命庇护的时候，劝说晋君隐忍一时，等待时机。晋景公就停止了发兵，并派解扬到宋国去，他的任务是告诉宋国不要投降楚国，就说晋国救宋的军队已经出发了，很快就会到来。

解扬这次的使命看似没有难度，但需要的却是一个有足够能力的人，来处理好与宋国人的关系，并安抚他们。因为实际情况是晋国既不想宋国投降楚国，又不想派兵与楚国对战沙场。更让人没有想到的是出使路上出现了意外，这也许就是历史要给解扬一个展示自己的机会。

解扬路过郑国的时候，郑人把他囚禁起来，献给了楚国。楚王想通过重重的贿赂收买他让他到宋国去说与晋君的使命相反的内容，解扬没有答应楚王。楚王再三想办法劝诱他，解扬就表面答应了楚王。当楚人让他登上楼车向宋国人喊话告诉宋人晋国不来救援时，解扬却趁机把晋君的命令传达给了宋国人。《经世钞》中对此有评价道："解阳先不许而后许之，楚人信之坚矣。人知其以知成忠，而不知其以忠成知也。且强而后许，则反言亦不为失言矣。"① 由此亦可见他的机敏和绝佳的应变能力。

解扬利用楚王，想要通过他解决与宋国之间的矛盾，并败坏楚国，就顺势借助楚王的安排，完成了自己的使命。当然，他这样利用楚王是存在着巨大的危险的。楚王当然很生气，就要杀了解扬，派人质问他，为什么已经答应楚王却临阵反悔？并告诉他，不讲信用的结果，就是必须接受应该受到的刑罚。但解扬面对此时的危险，自有他的人生解读。

二、心怀道义，坦然生死

面对出使中出现的意外，解扬想到的是怎样完成君王交给自己的使命，完全没有顾及个人安危，面对生死问题，他掷地有声，给出了

① ［日］奥田元继：《春秋左氏传评林》，华东师范大学图书馆 1793 年有文堂刻本。转引自李卫军编著：《左传集评》，北京：北京大学出版社，2016 年，第 869 页。

让世人感佩的答案。

当楚王气愤不已，派人质问解扬，解扬坦然淡定地回答："臣闻之，君能制命为义，臣能承命为信，信载义而行之为利。谋不失利，以卫社稷，民之主也。义无二信，信无二命。君之赂臣，不知命也。受命以出，有死无霣，又可赂乎？臣之许君，以成命也。死而成命，臣之禄也。寡君有信臣，下臣获考，又何求？"这段话语掷地有声，说明国君能制定正确的命令就是义，臣下能承担国君的命令就是信，臣下以信贯彻国君之义让他推行下去就是国家的利益。他言明信与义的道理，说明"信无二命"的意义，可见其心中道义之坚定，虽死不悔。后代学者对其此说也多有赞扬。蒋铭《古文汇钞》中言："楚子责阳无信，从无一语承认，反将信字细细分剖，严毅之容，劲激之气，自足傲视万众。"① 方宗诚亦言："辞命义正辞严，有威武不能屈气象。"②

解扬的一番慷慨陈词把人在世间应该坚守的信、义之道说得通透明白，信的坚守是要区分对象，不对自己的国家忠诚，而对外讲信，那是不守义的行为，因为守义之人不会同时坚守两份信。臣子对君命的坚守，正是对国家利益的维护。因此，为了维护国家利益，完成君主使命，死又何憾！《史记·郑世家》言其将死时，顾谓楚军高呼道："为人臣无忘尽忠而得死者！"③ 其大义可见一斑。解扬内心通透、清明，明确真正的大义所在，更是对君臣之义了然于胸，才会在生死面前处之泰然。

① （清）蒋铭：《古文汇钞》，华东师范大学图书馆清康熙五年刻本。转引自李卫军编著：《左传集评》，北京：北京大学出版社，2016 年，第 870 页。

② （清）方宗诚：《春秋左传文法读本》，华东师范大学图书馆清刻本。转引自李卫军编著：《左传集评》，北京：北京大学出版社，2016 年，第 870 页。

③ （汉）司马迁：《史记》，北京：中华书局，1982 年，第 1769 页。

“苟利国家生死以，岂因祸福避趋之”①，这句话用在解扬身上也很恰当，他正是因为国家大义而坦然生死的人。面对这样的忠贞之士，楚王自然不愿承担杀害贤士的罪名，于是，让解扬回到了晋国。解扬不负使命，也保全了性命，这也是其遵循信、义的结果。

① 钱仲联主编:《清诗纪事》，南京:凤凰出版社，2004年，第2161页。

第五章

楚国大夫篇

楚之先祖源自高阳氏颛顼。高阳者，黄帝之孙，昌意之子。颛顼之后五世吴回，乃帝高辛氏火正，主管天火与地火，能光融天下，帝喾命曰祝融。吴回之子陆终生有六子，幼子名季连，芈姓，即楚之先祖。季连之后即为鬻熊，曾为文王之师，成王封其曾孙熊绎为楚子，即为楚之始封君。据《清华简·楚居》记载，楚人立国之初，在鄀国盗牛祭祀，“室既成，无以内之，乃窃鄀人之犝以祭”①，说明楚人建国之初的贫弱状况，“楚人，居深山，以鹖为冠”；经过早期“筚路蓝缕”的奋发图强，楚国自楚成王之时开始崛起，兼并诸国，奄有江汉，成为江汉流域的强盛之邦，获周天子的赐胙封赏，“镇尔南方夷越之乱，无侵中国”。尤其在邲之战中，楚庄王大获全胜，威望日重。此后威震九州，问鼎中原，“远者来朝，近者入宾”。荆楚实力的日益强盛，加之特立独行的地域文化，孕育了申包胥、沈诸梁等一大批敢作敢为、敢为天下先的勇悍之臣。

① 李学勤主编：《清华大学藏战国竹简》(一)，上海文艺出版集团中西书局，2011年，第181页。

第一节　申包胥

丨人物小传

申包胥，申氏，姓不详，名包胥，又称申鲍胥、王孙包胥[1]、棼冒勃苏[2]。因封于申邑，故称申包胥。春秋时期楚国大夫，以忠贤著称。楚昭王十年，伍子胥带吴军攻打楚国，攻入楚都郢，楚昭王出逃到随国。伍子胥掘楚平王墓鞭尸。申包胥逃到山里，派人责备伍子胥。为复国，申包胥来到秦国请求帮助，一开始不被答应，申包胥便在秦城墙外哭了七天七夜，滴水不进，终于感动了秦国君臣，史称"哭秦庭"。

---

① （春秋）左丘明撰，徐元诰集解，王树民、沈长云点校：《国语集解》，北京：中华书局，2002 年，第 557 页。

② 何建章注释：《战国策注释》，北京：中华书局，1990 年，第 524 页。

经典文本

【定公四年】

初，伍员与申包胥友。其亡也，谓申包胥曰："我必复楚国。"申包胥曰："勉之！子能复之，我必能兴之。"及昭王在随，申包胥如秦乞师，曰："吴为封豕、长蛇，以荐食上国，虐始于楚。寡君失守社稷，越在草莽，使下臣告急，曰：'夷德无厌，若邻于君，疆埸之患也。逮吴之未定，君其取分焉。若楚之遂亡，君之土也。若以君灵抚之，世以事君。'"秦伯使辞焉，曰："寡人闻命矣。子姑就馆，将图而告。"对曰："寡君越在草莽，未获所伏，下臣何敢即安？"立，依于庭墙而哭，日夜不绝声，勺饮不入口，七日。秦哀公为之赋《无衣》，九顿首而坐。秦师乃出。(《左传》)

【定公五年】

申包胥以秦师至。秦子蒲、子虎帅车五百乘以救楚。子蒲曰："吾未知吴道。"使楚人先与吴人战，而自稷会之，大败夫槩王于沂。吴人获薳射于柏举，其子帅奔徒以从子西，败吴师于军祥。秋，七月，子期、子蒲灭唐。九月，夫槩王归，自立也，以与王战而败，奔楚，为堂谿氏。

楚子入于郢。初，斗辛闻吴人之争宫也，曰："吾闻之：'不让，则不和；不和，不可以远征。'吴争于楚，必有乱；有乱，则必归，焉能定楚？"王之奔随也，将涉于成臼，蓝尹亹涉其帑，不与王舟。及宁，王欲杀之。子西曰："子常唯思旧怨以败，君何效焉。"王曰："善。使复其所，吾以志前恶。"王赏斗辛、王孙由于、王孙圉、钟建、斗巢、申包胥、王孙贾、宋木、斗怀。子西曰："请舍怀也。"王曰："大德灭小怨，道也。"申包胥曰："吾为君也，非为身也。君既定矣，又何求？且吾尤子旗，其又为诸？"遂逃赏。王将嫁季芈，季芈辞曰："所以为女子，远丈夫也。钟建负我矣。"以妻钟建，以为乐尹。(《左传》)

人物评议

申包胥作为楚国的大夫，在国家危亡的关键时刻，挺身而出，凭借一己之力，力挽狂澜，甚至不顾及个人生死，一心为君为国，“忠不辟危”① 的精神最终打动秦哀公，为楚国复国请来援兵，完成复国愿望。

一、深明大义，赤胆忠心

当初，伍子胥和申包胥是好朋友。伍子胥家破人亡之际，在申包胥等人的帮助下要逃亡的时候，他面对申包胥，发誓说：“我一定要颠覆楚国。”申包胥说：“努力吧，你能颠覆了楚国，我就一定能复兴楚国。”

当申包胥看到伍子胥一家受牵连获罪，出于道义，他伸出援手，帮助了伍子胥，但当朋友之义与国家大义这样的重大问题上产生分歧时，申包胥毫不犹豫坚守的是家国大义，也就是一个臣子应该具有的报国之心，所以他既能理解伍子胥的丧家受辱之痛，也始终不忘自己的身份职责，“无私，然后能至公。至公，然后以天下为心矣，道可行矣”②。在私情和大义产生分歧时，毫不犹豫地站在了家国大义的立场，

① 何建章注释：《战国策注释》，北京：中华书局，1990 年，第 680 页。

② （隋）王通著，张沛校注：《中说校注》，北京：中华书局，2013 年，第 6 页。

而且立下誓言，铿锵有力、掷地有声。这些足可以看出申包胥生死不渝的报国情怀。

当伍子胥经过多年奋斗终于带领吴兵攻破郢都，吓跑楚昭王，鞭尸楚平王，楚国面临覆灭之灾时，申包胥果真毅然决然地去秦国乞师。在求助秦国的过程中，申包胥所表现出来的君臣大义、家国大义，更是让人震撼，也让人惊叹。

在申包胥言明出兵救楚对秦国的利益之后，秦哀公婉言谢绝，并告诉他，来乞求出兵的事已经知道，让他先到驿馆里去休息，等考虑好后再给予他答复。而申包胥却直接拒绝了秦王的安排，他认为，自己的国君逃亡在民间乡野，还没得到安身的地方，自己哪里敢就去安逸的驿馆去休息呢？于是申包胥作出让人意想不到的举动，他就靠墙站着嚎啕大哭，日夜不停，连续七天七夜，他连一口水都没有喝过。终于，秦哀公大为感动，为他朗读了《诗经·无衣》这首诗，表示愿意同楚国并肩作战。申包胥得到秦王的答复，当即顿首九次，然后才坐下来休息。秦国随后出兵救助楚国。可见，申包胥是拿出了自己的性命在祈求救援，“重死持义而不桡，是士君子之勇”①，能为国家兴亡做到如此程度，古今又有几人呢？

不仅如此，申包胥为家国大义，在面对既得利益时表现出的淡然，更加让人看清了他的赤胆忠心和报国情怀，是真正做到了“见利不亏其义，见死不更其守”②。

鲁定公五年，在秦、楚共同的兵力加持下，其最终战胜了吴国。

---

① （清）王先谦撰，沈啸寰、王星贤点校：《荀子集解》，北京：中华书局，1988年，第56页。

② （清）陈士珂辑，崔涛点校：《孔子家语疏证》，南京：凤凰出版社，2017年，第26页。

楚昭王得以重新回到郢都，于是论功行赏。当楚王要赏赐申包胥时，他却逃避接受赏赐，直言自己到秦国乞求援军是为了救助国君之难，不是为了给自身求赏赐，所以既然国君已经安定了，自己就再无他求。而且他以子旗为例，表示自己不想成为他那样贪得无厌最后给自己带来灾祸的人。

他的直言，坦陈了他的大义，也显示出了他克己为国的贤臣本质。

二、明晰厉害，言辞得体

申包胥见到秦哀公，在秦哀公面前他首先指出吴国这个国家的贪婪和狠毒，他说："吴国就是头大野猪，是条大毒蛇，一次一次地吞食中原国家，楚国最先受到侵害。"接着，他又对秦哀公直言楚国形势，以及这种形势将会给秦国带来的危害："敝国国君守不住自己的国家，逃走在民间僻野，派我来向秦国告急求救。吴国人贪心不足，如果吴国成为您的邻邦，恐怕您的边疆也要受到祸害。"然后，他又明言秦国如果出兵攻打吴国的利益所在，并诚意作出许诺，"趁着吴国人还没有把楚国平定，您还是赶快出兵占领一部分土地，要是楚国就此灭亡，这一部分土地就成为您的领土了。如果仰仗您的威福派兵安定楚国，楚国一定世世代代服侍您！"

申包胥在楚国面临颠覆破灭的情形下，到秦国请求帮助，他深知这次出兵对于秦国和楚国的不同意义，所以，他主要围绕吴国攻占楚国对秦国存在的利害得失进行分析，强调的核心问题是吴国的危险性以及秦国今后将面对的形势，这样的分析角度无疑更容易让秦国看到出兵助楚的利益所在。

申包胥既然敢在伍子胥面前坦言明志，就足以看出他的自信。而今天的我们可以肯定地说，他的自信源于他的能力，他既有身为臣子挽救国家危亡的能力，也有劝服诸侯、打动诸侯出兵相助的外交能力，他还有善于分析、通晓利害的言辞能力，而且他深明大义、勇于担当、淡泊名利、不计得失，甚至不顾生命安危，堪称臣子楷模。宋玉“美申包胥之气晟”①，全祖望赞其“事拟巫臣后，功居范蠡前”②，公者千古，青史流芳。

---

① （宋）朱熹撰，蒋立甫校点：《楚辞集注》，上海：上海古籍出版社，2001年，第121页。

② （清）全祖望撰，朱铸禹汇校集注：《全祖望集汇校集注》，上海：上海古籍出版社，2000年，第2137页。

第二节　沈诸梁

| 人物小传

沈诸梁，姬姓，沈氏，名诸梁，字子高，因封地在叶（今河南叶县南），故称叶公，是中国有文字记载的叶地的第一任行政长官。楚国左司马沈尹戌之子。春秋末期楚国著名的军事家、政治家。生卒年不可考，大约为孔子同时代的人，曾与孔子论证。他继承父志，终生报国；他忠诚为国，力挽狂澜；他思虑周全，善抓时机；他深受拥戴，德高望重；他不贪名利，功成身退。

经典文本

【定公五年】

吴师败楚师于雍澨。秦师又败吴师。吴师居麇，子期将焚之，子西曰："父兄亲暴骨焉，不能收，又焚之，不可。"子期曰："国亡矣，死者若有知也，可以歆旧祀？岂惮焚之？"焚之而又战，吴师败。又战于公壻之谿，吴师大败，吴子乃归。囚闉舆罢。闉舆罢请先，遂逃归。

叶公诸梁之弟后臧从其母于吴，不待而归。叶公终不正视。(《左传》)

【哀公四年】

四年，夏，楚人既克夷虎，乃谋北方。左司马眅、申公寿余、叶公诸梁致蔡于负函，致方城之外于缯关，曰："吴将泝江入郢，将奔命焉。"为一昔之期，袭梁及霍。单浮余围蛮氏，蛮氏溃。蛮子赤奔晋阴地。司马起丰、析与狄戎，以临上雒。左师军于菟和，右师军于仓野，使谓阴地之命大夫士蔑曰："晋、楚有盟，好恶同之。若将不废，寡君之原也。不然，将通于少习以听命。"士蔑请诸赵孟，赵孟曰："晋国未宁，安能恶于楚？必速与之！"士蔑乃致九之戎，将裂田以与蛮子而城之，且将为之卜。蛮子听卜，遂执之，与其五大夫，以畀楚师于三户。司马致邑立宗焉，以诱其遗民，而尽俘以归。(《左传》)

【哀公十六年】

楚大子建之遇谗也，自城父奔宋。又辟华氏之乱于郑，郑人甚善之。又适晋，与晋人谋袭郑，乃求复焉。郑人复之如初。晋人使谍于子木，请行而期焉。子木暴虐于其私邑，邑人诉之。郑人省之，得晋谍焉。遂杀子木。其子曰胜，在吴，子西欲召之。叶公曰："吾闻胜也诈而乱，无乃害乎?"子西曰："吾闻胜也，信而勇，不为不利，舍诸边竟，使卫藩焉。"叶公曰："周仁之谓信，率义之谓勇。吾闻胜也，好复言，而求死士，殆有私乎？复言，非信也。期死，非勇也。子必悔之。"弗从。召之，使处吴竟，为白公。请伐郑。子西曰："楚未节也。不然，吾不忘也。"他日，又请，许之。未起师，晋人伐郑，楚救之，与之盟。胜怒曰："郑人在此，雠不远矣。"胜自厉剑，子期之子平见之，曰："王孙何自厉也?"曰："胜以直闻，不告女，庸为直乎?将以杀尔父。"平以告子西。子西曰："胜如卵，余翼而长之。楚国第，我死，令尹、司马，非胜而谁?"胜闻之，曰："令尹之狂也，得死，乃非我。"子西不悛。胜谓石乞曰："王与二卿士，皆五百人当之，则可矣。"乞曰："不可得也。"曰："市南有熊宜僚者，若得之，可以当五百人矣。"乃从白公而见之，与之言，说。告之故，辞。承之以剑，不动。胜曰："不为利谄，不为威惕，不泄人言以求媚者，去之。"

吴人伐慎，白公败之。请以战备献，许之。遂作乱。秋，七月，杀子西、子期于朝，而劫惠王。子西以袂掩面而死。子期曰："昔者吾以力事君，不可以弗终。"抉豫章以杀人而后死。石乞曰："焚库、弑王，不然不济。"白公曰："不可。弑王不祥，焚库无聚，将何以守矣?"乞曰："有楚国而治其民，以敬事神，可以得祥，且有聚矣，何患?"弗从。叶公在蔡，方城之外皆曰："可以入矣。"子高曰："吾闻之，以险徼幸者，其求无餍，偏重必离。”闻其杀齐管修也，而后入。

白公欲以子闾为王，子闾不可，遂劫以兵。子闾曰：“王孙若安靖楚国，匡正王室，而后庇焉，启之愿也，敢不听从？若将专利，以倾王室，不顾楚国，有死不能。”遂杀之，而以王如高府，石乞尹门。圉公阳穴宫，负王以如昭夫人之宫。叶公亦至，及北门，或遇之，曰：“君胡不胄？国人望君如望慈父母焉。盗贼之矢若伤君，是绝民望也。若之何不胄？”乃胄而进。又遇一人曰：“君胡胄？国人望君如望岁焉，日日以几。若见君面，是得艾也。民知不死，其亦夫有奋心，犹将旌君以徇于国，而又掩面以绝民望，不亦甚乎？”乃免胄而进。遇箴尹固，帅其属将与白公。子高曰：“微二子者，楚不国矣。弃德从贼，其可保乎？”乃从叶公。使与国人以攻白公，白公奔山而缢。其徒微之。生拘石乞，而问白公之死焉。对曰：“余知其死所，而长者使余勿言。”曰：“不言将烹。”乞曰：“此事克则为卿，不克则烹，固其所也。何害？”乃烹石乞。王孙燕奔頯黄氏。沈诸梁兼二事，国宁，乃使宁为令尹，使宽为司马，而老于叶。(《左传》)

【哀公十七年】

楚白公之乱，陈人恃其聚而侵楚。楚既宁，将取陈麦。楚子问帅于大师子谷与叶公诸梁。子谷曰：“右领差车与左史老，皆相令尹、司马以伐陈，其可使也。”子高曰：“率贱，民慢之，惧不用命焉。”子谷曰：“观丁父，鄀俘也，武王以为军率，是以克州、蓼，服随、唐，大启群蛮。彭仲爽，申俘也，文王以为令尹，实县申、息，朝陈、蔡，封畛于汝。唯其任也，何贱之有？”子高曰：“天命不谄。令尹有憾于陈，天若亡之，其必令尹之子是与，君盍舍焉？臣惧右领与左史有二俘之贱，而无其令德也。”王卜之，武城尹吉。使帅师取陈麦。陈人御之，败。遂围陈。秋，七月，己卯，楚公孙朝帅师灭陈。

王与叶公枚卜子良，以为令尹。沈尹朱曰："吉。过于其志。"叶公曰："王子而相国，过将何为！"他日，改卜子国，而使为令尹。(《左传》)

【哀公十九年】

秋，楚沈诸梁伐东夷，三夷男女及楚师盟于敖。(《左传》)

人物评议

后汉应邵在他的《风俗通义》中评价叶公沈诸梁“忠于社稷，惠恤万民，方城之外，莫不欣戴”①，恰当地写出叶公身为政治家怀存国之功而不享存国之成的高风亮节。就叶公在这方面取得的成就而言，具体有以下方面。

一、治政有方，颇受拥戴

叶公受封的叶邑，在今天的河南省平顶山市叶县南的叶邑镇，属于春秋时期楚国北部边防重镇。关于叶公，最著名的恐怕要数“叶公好龙”这个典故了。《新序·杂事五》中通过子张之口讲述了这则轶事：“叶公子高好龙，钩以写龙，凿以写龙，屋室雕文以写龙，于是天龙闻而下之，窥头于牖，拖尾于堂，叶公见之，弃而还走，失其魂魄，五色无主。是叶公非好龙也，好夫似龙而非龙者也。”②叶公子高在这个故事里并不是什么光彩的形象，但历史上真实的叶公其实是一位深受百姓爱戴的贤官。据《叶县志》记载，叶公在叶邑主持政务达四十九年之久，几乎穷其一生，都在为楚国稳固边防。在这期间，他筑城固

① （汉）应劭撰，王利器校注：《风俗通义校注》，北京：中华书局，1981年，第85页。

② （汉）刘向编著，石光瑛校释，陈新整理：《新序校释》，北京：中华书局，2009年，第766页。

边，开疆扩土，大兴富国强兵之策。尤其值得一提的是，他在叶地治理水患、开凿沟渠、开辟农田，还兴修了两处水利工程，称为东、西二陂，存蓄方城山上流下来的水，用以灌溉农田，既治理了水患，又灌溉了农田，让百姓深受益处，因此，叶地百姓世代对他感恩戴德。

孔子在蔡国，准备前往楚国时，听说叶公政绩显赫，特意到叶地拜访他，与他交流治国方略，为此留下佳话。《论语・子路》篇的第十八章中，他针对孔子的“父为子隐，子为父隐，直在其中矣”，提出“吾党之直躬者，其父攘羊，而子证之”的“大义灭亲”的法治思想。①

以上种种都可以看出叶公在为国镇守一方时，政绩斐然，也正因如此，在楚国因白公胜作乱，即将颠覆之时，他才有能力攻进都城，救助王室，复兴楚国。

二、救国安民，功业不朽

楚国历史上的白公胜作乱，几乎颠覆了楚国，这件事发生在鲁哀公十六年。楚国当时的令尹子西，不听叶公的劝告，召回前太子建的儿子胜。胜被子西召回后，没多久就开始作乱，他在朝廷上杀死了子西和子期，还劫持了楚惠王。当时叶公住在楚国边境的蔡地，方城附近的人劝说叶公带兵攻入国都。叶公却认为，胜刚刚用冒险的方式侥幸获得了成功，他的欲望正是膨胀的时候，这肯定会让他处事不公正，也因此肯定不会得到百姓的拥戴，等到他让百姓离心离德，那时进军

① 参见程树德撰，程俊英、蒋见元点校：《论语集释》，北京：中华书局，1990年，第922页。

救主的时机才成熟。

后来听说胜杀了来自齐国的管修，管修为管仲的后人，当时以贤著称，所以叶公判断胜触犯了众怒，然后才带兵进入楚国国都。

之后，胜逼迫子闾为王，子闾明言他不是为楚国、只是为一己之私因而拒绝做楚王，被胜杀死。胜挟持楚惠王离开王宫，到了高府（楚王的别府），让他的心腹石乞守门。圉公阳在宫墙上挖开一个洞，背着惠王到了昭公夫人的宫中。这时叶公也带兵到了郢都的北门。路上有楚国人遇到他，对他说："您为什么不戴头盔？国人盼望您来，就如盼望慈爱的父母。盗贼的箭如果伤害您，会让老百姓很绝望的。"于是叶公就戴上头盔前进。

前进途中又遇到一个楚国人，看到他就说："您为什么戴上头盔呢？国人盼望您就像盼望一年的收成一样，天天盼您到来。如果见到您的面就会安心了，百姓就知道不再有生命的危险了，人人就会升起奋战之心，还要在都城把您的名字和功勋当众宣扬，可是您把脸遮起来，百姓看不到您就会绝望了。"叶公于是就脱掉头盔前进。

前进途中遇到箴尹固率领他的部下要去帮助胜。叶公说："没有子西和子期这两位，楚国就不能成其为一个国家了。您现在抛弃德行跟从盗贼，难道能保全自身吗？"箴尹固被叶公说动，就跟随叶公一起救助楚惠王。叶公就派他和国人一起攻打胜，胜逃到山上，见大势已去，上吊而死。他的部下把他的尸体藏了起来，叶公捉住石乞，追问胜的尸体，石乞宁死不愿说出实情，叶公就烹杀了他。

叶公率众平定了胜的叛乱，又开始整顿楚国政务。为了快速恢复楚国的朝政，楚王让叶公同时兼任令尹、司马二职，军政大权集于一身，这在楚国历史上是空前绝后的。

后来，叶公在自己准备告老时，也是在帮助楚惠王选出可堪重用的人才之后，才离开朝廷回到家乡养老的。

“善积而名显，德章而身尊”。[①] 叶公稳扎稳打、步步为营，拯救国家消除叛乱，深受瞩目和爱戴，成是楚国当时的国家柱石，一时间风头无二。这也是叶公沈诸梁一生中最辉煌的存国之功，那么，细究他建立如此不世之功的缘由，就不难发现，他在治政方面所具有的突出的个人品质。

叶公沈诸梁的个人品质中，值得称道的有如下几方面：

一是品德忠厚，不贪名利。“惟贤惟德，可以服人”。[②] 叶公的忠厚品行从他对待身边的人和事的态度中有十分清楚的体现，定公五年，在吴国和楚国的交战过程中，叶公沈诸梁的弟弟后臧，与他的母亲同被吴军俘虏到吴国，后来后臧抛弃他的母亲自己逃回到楚国。沈诸梁因为后臧的不义行为，终身不肯正眼看他。正是因为他自身品行忠厚中正，他对不仁不义之人采取嗤之以鼻的态度就再自然不过了，哪怕这个人是自己的亲弟弟，也同样如此。

叶公在对待国家大事时，能认真负责，直言不讳，也是他忠诚、忠厚人格的体现。叶公在带兵平定胜的叛乱后，不辞劳苦，身兼军政要职，在动乱方定的楚国，在很多朝臣品行有待考察、确定的时候，他承担了繁重的政务，这同样体现了他忠厚的品行。

在国家安定以后，帮助楚君选拔令尹和司马的人选时，他最后确认子西的儿子宁（公孙朝）做了令尹，让公孙宽做了司马，他自己则退休回到叶地养老去了。在最初楚王和叶公占卜选择令尹的接替人时，

---

① （汉）班固著，（唐）颜师古注，中华书局编辑部点校：《汉书》，北京：中华书局，1962 年，第 2517 页。

② （宋）司马光编著，（元）胡三省音注，标点资治通鉴小组校注：《资治通鉴》，北京：中华书局，1956 年，第 2214 页。

先对子良进行占卜。楚国的太宰沈尹诸说："吉利，他志愿超过国相。"叶公说："王子是去辅佐国王的，志愿超过令尹的地位要做什么呢？"叶公直言不讳，直接指出对国家最有利的令尹候选人应该具备的品质，这同样是他忠诚国家的思想体现。

正是叶公心怀国家，"言忠信，行笃敬"①，不掺杂私念，所以他在功成名就之时，急流勇退。而且在叶公隐退之前，他对楚国的国事进行合理安排，选拔出了可用之才接替自己，才放心离开。他完全从国家安定的角度去选择率兵的主将和执政大臣。他既能冲锋在前，不怕牺牲，又能勇挑重任，不辞劳苦，也能看淡名利，功成让贤。他一心为国的高风亮节赢得无数赞誉。

二是冷静睿智，善于识人。叶公是"知人善任使"②的好手。楚国胜作乱的时候，陈国人趁机侵犯楚国，楚国安定之后，就打算强割陈国的麦子。楚王向太师子谷和叶公沈诸梁询问派谁来统率楚军，子谷认为右领差车和左史老都辅佐过令尹和司马攻打陈国，应该可以派遣领兵。叶公认为，这两个人从身份上都是俘虏过来的贱官，百姓会轻慢他们，恐怕很难让众人听从命令。子谷用过去俘虏过来的贱官曾经作出的成就反驳叶公，坚持自己的意见，子谷举例说："观丁父做过鄀国俘虏，武王让他做军帅，因此得胜。彭仲爽做过申国俘虏，文王让他做令尹，也为楚国开疆拓土。只要他们能够胜任，做过俘虏有什么关系？"叶公认为，上天的命令是不容怀疑的，令尹对陈国留有遗恨，上天如果要灭亡陈国，恐怕一定会是让令尹的儿子去完成这个使命，

① 程树德撰，程俊英、蒋见元点校：《论语集释》，北京：中华书局，1990年，第1065页。

② （汉）班固著，（唐）颜师古注，中华书局编辑部点校：《汉书》，北京：中华书局，1962年，第4211页。

劝说子谷放弃自己坚持的人选。同时他也质疑子谷所推选的两个人是不是只有俘虏的卑贱，却并不具备子谷用来证明的前代已经做出成就的贱官的美德。楚王最终选择了武城尹公孙朝，派他率兵夺收陈国的麦子，陈国军队被楚军打败，公孙朝进而包围了陈国。到了秋季，公孙朝率领楚军灭了陈国。

此事可以证明叶公在选择人才时的慧眼如炬，而他深刻的分析，更能看出他识人从不片面断定，一定是从多方面来审视的。叶公识人，能力固然重要，更重要的是品质，应“任官惟贤才”①。

哀公十七年，楚惠王和叶公在选择做令尹的人选时，舍弃子良而选择子国，同样可以看出叶公的深刻睿智，令尹作为国君的辅佐，如果愿望超出了自己的身份，是国家的危险，恐怕容易存有二心。所以，叶公深知臣子的本分以及选拔人才最重要的品质。

不仅如此，叶公还能透过表象，“听其言而观其行”②，看到一个人行为背后的本质，他对白公胜的判断就充分体现了这一点。哀公十六年，令尹子西想要将太子建流落在外的儿子胜接回国。叶公说：“我听说胜这个人狡诈而好作乱，恐怕是一个祸害！”子西说：“我听说胜诚实而勇敢，不做没有利益的事情。不如把他安置在边境上，让他保卫边疆。”叶公反驳说：“符合仁爱叫作诚信，遵循道义叫作勇敢。胜这个人务求实现诺言，而又遍求不怕死的人，大概是有私心。不管什么话都要实践，这不是诚信，不管什么事情都不怕死，这不是勇敢。您一定会后悔的。”子西不听，还是将胜接回过，后来，胜果然发动了叛乱，还在朝堂上杀死了子西。

---

① （清）阮元校刻：《十三经注疏·尚书正义》，北京：中华书局，2009年，第350页。

② 程树德撰，程俊英、蒋见元点校：《论语集释》，北京：中华书局，1990年，第313页。

叶公当时具体分析了胜的诚信和勇敢的实质：亲近仁爱叫作诚信，遵循道义叫作勇敢。胜务求实践自己的诺言，又遍求不怕死的人，应该是存有私心。换言之，只有心存仁爱又遵守信义的人，才能算作真正的诚信。不管什么事情都要实践，这不是真正的诚信，这是以诚信之名谋取私利的行径。不管什么事情都不怕死，这不是勇敢。真正的勇敢一定是以道义为前提的，不只是不怕死，更不是为了一己私利、以勇敢为名，那与亡命之徒没什么两样；为大义而勇于面对死亡才是真正的勇敢。从叶公的分析中我们也能深刻理解叶公反对子西让胜回国守边决定的原因，一个暗藏私心的人无非是打着诚信和勇敢的名义，以自己的好恶为核心，行奸邪狡诈之事，怎么能真正为国效力呢？所以他直言不讳地提醒子西，如果真让胜回国，恐怕他将来会后悔。

可见，叶公的识人之明是在他深刻睿智的思想内涵的前提下，冷静分析思考的结果。

三是能力出众，善抓时机。叶公非凡的军事和政治能力在历史中有多次明确的记录。鲁哀公四年的夏天，楚国军队攻克了夷虎，开始谋求向北方进军。左司马眅、申公寿馀、叶公沈诸梁在负函集合蔡国人，在缯关集合方城山之外的人，以吴国要逆江而上、进入郢都为名，让这些人奔走听命，并且规定要在一个晚上的时间内袭击梁地和霍地。楚军的这次北上征伐取得了很大的成功。

鲁哀公十九年秋天，叶公沈诸梁率兵攻打东夷，最终让三夷的男女和楚军在敖地结成联盟。可见叶公率军有法，制敌有方，并尽量为楚国的长治久安着想，尽可能解决好内忧外患。

哀公十六年，白公胜发动叛乱。此时叶公在蔡地，人们都劝他说：“可以进兵国都了。”叶公说：“我听说，用冒险而侥幸成功的，他的欲望不会满足，办事不公平，百姓必然不依附。”于是，叶公等到白公胜杀了齐国的管修，彻底失去民心后才进入郢都，因此很得百姓的拥护。平定叛乱时，叶公身兼令尹、司马二职，国家安定以后，就让前任令尹子西的儿子宁做令尹，让前任司马子期的儿子宽做司马，自己回叶地退休养老。

叶公在楚国国家祸乱的关键时刻，担起了挽救国家危亡的大任，“以国家之务为己任。”① 在这一过程中，叶公审时度势，善于察清形势，善于抓住时机，在关键时候，一举击败叛军，肃清了叛贼。随后，叶公又积极投身到重整朝纲的国家大计之中，担起重任，不辞劳苦，安定国家。而当国家的一切终于走上正轨，叶公又功成身退，告老退休，把朝政交付给值得托付的大臣，回到老家，颐养天年。就这一事件所体现出的高风亮节足可以光耀千秋，何况他的治政、治军都从容而卓越。

《老子》中说：“天之道，利而不害。圣人之道，为而不争。”② 叶公颇具这样的贤者风范。千年后，大诗人黄庭坚初至叶县，有感其风，写下了“白鹤去寻王子晋，真龙得慕沈诸梁”③ 的豪句。

---

① （唐）韩愈著，刘真伦、岳珍校注：《韩愈文集汇校笺注》，北京：中华书局，2010年，第996页。

② （魏）王弼注，楼宇烈校释：《老子道德经注》，北京：中华书局，2011年，第200页。

③ （宋）黄庭坚撰，任渊、史荣、史季温注，刘尚荣点校：《黄庭坚诗集注》，北京：中华书局，2003年，第1643页。

第三节　孙叔敖

人物小传

孙叔敖，芈姓，蔿氏，名敖，字孙叔，又叫蔿艾猎、蔿敖。《荀子·非相》篇："楚之孙叔敖，期思之鄙（郊野）人也。"①东汉邯郸淳《楚相孙叔敖碑》也提到："楚相孙君，讳饶，字叔敖，本是县人也，六国时期思属楚。"②由此可知，孙叔敖为楚国期思邑（今河南信阳市淮滨县）人，蔿贾之子，春秋时期著名的政治家。起初，孙叔敖在淮河边负责治水，后被推荐并得到楚庄王重用，升任楚国令尹。孙叔敖善于治水，且对国家忠心耿耿，处事思虑周全，是一位以贤能著称于世的名相。

① （清）王先谦撰，沈啸寰、王星贤点校：《荀子集解》，北京：中华书局，1988 年，第 73 页。

② （明）杨慎：《金石古文》，上海：商务印书馆，1936 年，第 183 页。

经典文本

【宣公十一年】

楚左尹子重侵宋，王待诸郔。令尹蒍艾猎城沂，使封人虑事，以授司徒。量功命日，分财用，平板榦，称畚筑，程土物，议远迩，略基趾，具餱粮，度有司。事三旬而成，不愆于素。(《左传》)

【宣公十二年】

楚子北，师次于郔。沈尹将中军，子重将左，子反将右，将饮马于河而归。闻晋师既济，王欲还，嬖人伍参欲战。令尹孙叔敖弗欲，曰："昔岁入陈，今兹入郑，不无事矣。战而不捷，参之肉其足食乎？"参曰："若事之捷，孙叔为无谋矣。不捷，参之肉将在晋军，可得食乎？"令尹南辕、反旆，伍参言于王曰："晋之从政者新，未能行令。其佐先縠刚愎不仁，未肯用命。其三帅者，专行不获。听而无上，众谁适从？此行也，晋师必败。且君而逃臣，若社稷何？"王病之，告令尹改乘辕而北之，次于管以待之。

潘党既逐魏锜，赵旃夜至于楚军，席于军门之外，使其徒入之。楚子为乘广三十乘，分为左右。广鸡鸣而驾，日中而说。左则受之，日入而说。许偃御右广，养由基为右；彭名御左广，屈荡为右。乙卯，王乘左广以逐赵旃。赵旃弃车而走林，屈荡搏之，得其甲裳。晋人惧二子之怒楚师也，使軘车逆之。潘党望其尘，使骋而告曰："晋师至矣！"楚人亦惧王之入晋军也，遂出陈。孙叔曰："进之！宁我薄人，无人薄我。《诗》云：‘元戎十乘，以先启行。’先人也。《军志》曰‘先人有夺人之心’，薄之也。”遂疾进师，车驰卒奔，乘晋军。桓子不知所为，鼓于军中曰：“先济者有赏！”中军、下军争舟，舟中之指可掬也。（《左传》）

人物评议

《史记·循吏列传》云："孙叔敖者，楚之处士也。虞丘相进之于楚庄王，以自代也。三月为楚相，施教导民，上下和合，世俗盛美，政缓禁止，吏无奸邪，盗贼不起。秋冬则劝民山采，春夏以水，各得其所便，民皆乐其生。"① 从这段记载中可以看到孙叔敖被举荐后三个月就做了楚国的相国，而且在他的施政教导下，楚国上下和睦、风俗繁盛和美，执政和缓、令行禁止，官吏不行奸邪，盗贼不起，四季中百姓合理安排生产，人民各得其所，全国上下一片和谐。"百姓昭明，协和万邦"。② 他的政治才能和治政成效无疑是卓越的。

在《左传》中对孙叔敖的记载虽然没有十分详尽，但透过历史的片段还是可以看到他的非凡之处，具体有如下几个方面。

一、善于规划，思虑周全

孙叔敖在历史上以善于治政而被尊位一代名相，《左传》中关于他的治政方略并没有详细记载，只记录了他率领、筹划筑造沂地城池一事。这件事发生在鲁宣公十一年。

当时，楚国正出兵攻打宋国，孙叔敖已经身为楚国的令尹，他正

① （汉）司马迁：《史记》，北京：中华书局，1982 年，第 3099 页。

② （清）阮元校刻：《十三经注疏·尚书正义》，北京：中华书局，2009 年，第 250 页。

在沂地组织领导筑城。在这件事的安排部署中，可以看出他突出的规划能力。他先派人制定筑城工程的计划，把具体计划报告给主管的司徒。然后，对工程时间进行计量规划。接着，考虑工程的所用材料的分配和所需要的工具，对材料和工具的考量细致到取平夹板树立支柱，备好盛土的器具和筑土用的杵。随后，精确计算所需土方和木材，研究取水取土距离的远近。对具体工程事宜计算完成后，他还亲自巡视城基和四至，筹备后勤补给，准备干粮和粮食。最后，对工程的各方面负责人进行审查。在孙叔敖这样精细严密的规划筹谋、细致合理的调度安排下，工程三十天就完成了，没有超过预定的计划。

只此一事就不难看出孙叔敖把控全局的能力和严密细致地安排调度的能力，而他的这些作为都是他思虑周全的外在表现。由此及彼，就不难推演出孙叔敖执政管理中的精细周到。

二、直陈利害，筹谋在前

孙叔敖在面对国家大事的处理上，能够从国家大局出发，毫不避讳地坦陈自己的观点，“直辞正谏，论道佐时”①，希望给楚王的判断提供最直接的意见。鲁文公十二年，楚庄王在打败郑国后，将要到黄河饮马而归，听说晋国已经出兵来救助郑国，很快就要渡过黄河了，楚庄王就想要撤兵回国，楚王宠爱的大夫伍参想要与晋军交战。当时担任鲁国令尹的孙叔敖不打算与晋军作战，他认为，楚国前一年刚刚征

① （唐）吴兢撰，谢保成集校：《贞观政要集校》，北京：中华书局，2009年，第19页。

伐了陈国，如今又征伐郑国，还有很多要劳动民力的事情，与晋国交战如果不能胜利，造成了损失将无可挽回，因为晋国一直是中原地区实力最强大的国家之一，他还因为伍参提出这一意见而直接责怪伍参说，如果战败，即使吃掉伍参的肉也无济于事。而伍参也针锋相对地说："如果打赢了晋国，就说明孙叔敖是没有谋略的人；如果打不胜，那么我伍参的肉肯定在晋军中了。"在楚王没有下最后决定的时候，孙叔敖让士兵把车辕调转了方向，把军旗也转向南方，做好了罢兵回国的准备。这也是他直接摆明态度，希望楚王能及时罢兵，不要在楚国连年征战的状态下与晋军这样的强敌对阵。

这时，伍参却态度坚决，就又却到楚王面前分析说："晋军的执政者新任不久，命令还不能被执行；他的中军佐先縠，既刚直、狠辣，又没有仁心，不肯服从命令；他的上、中、下三军之帅，得不到统一命令；军中听不到主帅的命令，士兵们不知道听从谁的话才对，这次进兵，晋军一定会战败的。况且楚国如果退兵，那就是做君主的逃避做臣子的行为（楚庄王是君，晋国领兵的是臣子），对楚国的社稷不会有益处。"楚庄王对"君而避臣"的话感到不愉快，于是命令尹孙叔敖，改变所乘的兵车的方向，仍然向北行进。最后，楚军就驻扎在郑国管地等待晋军。

从楚国与晋国是否要打邲之战的战前决策中，可以看出孙叔敖是能够直谏，不回避矛盾的大臣，他在国家利益面前，是一心为公的，"公家之利，知无不为，忠也"。① 他也把自己能想到的问题都事先思虑清楚，并做好准备。

---

① （清）阮元校刻：《十三经注疏·春秋左传正义》，北京：中华书局，2009 年，第 3908 页。

三、抢占先机，临危不乱

孙叔敖尽管不赞成楚国与晋国在准备并不充分的情况下交战，但当战争真正发生时，他却毫不犹豫地投身其中，其深知“上得天时，下得地利，观敌之变动，后之发，先之至，此用兵之要术也。”① 在关键时刻能看到并及时把握战机，让楚国抢占先机，最终在邲之战打败晋国，成为新一任的诸侯霸主。

鲁宣公十二年，虽然楚军和晋军都做好了战争的准备，但都不敢轻易冒进，处在彼此观望之中。这时，晋国的两个臣子（魏锜和赵旃）却主动挑起事端，试图激怒楚军，想让楚国和晋国交战。晋军主帅并不清楚这两个臣子的心理，担心他们激怒楚军，就用軘车试图迎回魏锜和赵旃，但从楚军方面看来，远远望见晋军尘土飞扬，而且当时楚王就在追赶魏锜和赵旃，楚国人自然担心楚王陷入晋军的包围之中，就带出队伍列阵来等待战斗。在这样一种复杂而焦灼的情况下，令尹孙叔敖下令说：“进攻晋军！宁可让我们的军队逼近敌人，不要让敌人的军队逼近我们！《诗经》上说：‘达到兵车十辆，在前面开路’。这是抢在敌人的前面。《军志》上说：‘先发制人，可以夺去敌人的作战勇气。’这是进逼敌人。”于是楚军就急速前进，车子飞驰，士卒狂奔，袭击晋军。逼得晋军主帅荀林父不知该怎么办，只好让军队撤退渡河，晋军争先恐后乘船逃离而去。

在邲之战中，正是孙叔敖的当机立断、指挥得当，让楚军占领了先机，一举打败强大的晋军，孙叔敖的军事指挥才能也得到了充分

---

① （清）王先谦撰，沈啸寰、王星贤点校：《荀子集解》，北京：中华书局，1988 年，第 187 页。

展示。

孙叔敖在任期间，辅佐楚庄王，从政治到军事都取得了巨大发展和进步，让楚国国威大振，他的治世才能也得到了世人的公认，不愧为一代名相。《新序》记叙了他少有仁心的一件事。孙叔敖幼时出游，见两头蛇，杀而埋之。回到家哭泣，母亲问其缘故，孙叔敖对曰："我听说见两头之蛇者死，前面我见到了，害怕会死去与母亲分别。"母亲问："蛇现在何处？"孙叔敖答道："恐其他人又见，杀而埋之矣。"母亲说："我听闻有阴德者，上天会报之以福，你不会死的。"等到孙叔敖长大，成为楚国令尹，未治，而国人信其仁。① 但让人惋惜的是，孙叔敖英年早逝，给世间留下不尽的遗憾。

① 参见（汉）刘向编著，石光瑛校释，陈新整理：《新序校释》，北京：中华书局，2009年，第21页。

第四节　钟仪

人物小传

钟仪，芈姓，钟氏，名仪，春秋时期楚国人。他是楚国公族，在楚国被封为郧公，后世尊称为四德公，是有史书记载的最早的古琴演奏家。他家世代都是宫廷琴师。在楚、郑交战的时候，钟仪被俘，随即被郑国人献给了晋国。因其深明大义、处事得体而被晋侯放归。

经典文本

【成公七年】

秋，楚子重伐郑，师于氾。诸侯救郑。郑共仲、侯羽军楚师，囚郧公钟仪，献诸晋。八月，同盟于马陵，寻虫牢之盟，且莒服故也。晋人以钟仪归，囚诸军府。(《左传》)

【成公九年】

晋侯观于军府，见钟仪，问之曰："南冠而絷者，谁也？"有司对曰："郑人所献楚囚也。"使税之，召而吊之。再拜稽首。问其族，对曰："泠人也。"公曰："能乐乎？"对曰："先父之职官也，敢有二事？"使与之琴，操南音。公曰："君王何如？"对曰："非小人之所得知也。"固问之，对曰："其为大子也，师、保奉之，以朝于婴齐而夕于侧也。不知其他。"

公语范文子。文子曰："楚囚，君子也。言称先职，不背本也；乐操土风，不忘旧也；称大子，抑无私也；名其二卿，尊君也。不背本，仁也；不忘旧，信也；无私，忠也；尊君，敏也。仁以接事，信以守之，忠以成之，敏以行之，事虽大，必济。君盍归之，使合晋、楚之成？"公从之，重为之礼，使归求成。

十二月，楚子使公子辰如晋，报钟仪之使，请修好结成。(《左传》)

人物评议

杨绛先生说："唯有身处卑微的人，最有机缘看到世态人情的真相。"① 这不禁让人想知道，一个身处落魄的人，该有怎样的一种状态去对待家国大义呢？做汉奸、摇尾乞怜恐怕都太过丑陋，为大多数人所不耻；默默承受、不卑不亢，"宠辱不惊其心，喜愠不形于色，"② 大概只有是内心强大的人才能真正做到，有些可能还只是勉强支撑；坦然处之、安之若素、进退有度，这样的言行举止大概可以称得上叹为观止了吧。

春秋时期楚国人钟仪在面对人生灾难时所体现出来的态度，大概可以让很多人意想不到又感佩有加。

钟仪的人生意外发生在鲁成公七年的秋天，当时楚国子重带兵攻打郑国，军队驻扎在氾地。诸侯军队救援郑国。郑国的共仲、侯羽包围了楚军，俘虏了楚国郧公钟仪，并把他献给了晋国。晋侯（晋景公）与鲁成公、齐侯、宋公、卫侯、曹伯、莒子、邾子、杞伯在马陵一起结盟后，就带着钟仪回到了晋国，把他囚禁在军用仓库里。

而真正让人认识钟仪高贵精神的是在鲁成公九年。有一天，晋侯到军器库视察，见到了钟仪，就问那个戴着南方人帽子的囚犯是谁。主管军器库的人告诉他，是郑国人献给晋国的楚国俘虏。晋侯就让人

① 杨绛著，许枫编：《杨绛作品集》，昆明：云南人民出版社，1999 年，第 383 页。

② （唐）白居易著，谢思炜校注：《白居易文集校注》，北京：中华书局，2011 年，第 1975 页。

放他出来，召见并慰问他。钟仪拜了两拜叩头致谢。晋侯问他家族的世官，他回答说："是乐官。"晋侯说："能奏乐吗？"钟仪回答说："这是先父的职官，岂敢另学其他？"晋侯让人给他拿来了琴，他弹奏了南方的乐调。晋侯说："你们的君王为人怎样？"钟仪回答说："这不是小人所能知道的。"晋侯再三问，他回答说："他做太子的时候，师保侍奉他，早晨向婴齐晚上向侧请教。其他的我就不知道了。"

在今天的我们看来，这段对话很难看出钟仪为人的品质如何，但按照当时的社会环境分析他的回答却完全出乎我们的意料之外。当晋景公把钟仪的言谈告诉范文子后，范文子分析说："这个楚国俘虏，是个君子。说他先父的职官，是不背弃根本。奏乐奏家乡的乐调，是不忘记故旧。举出楚君做太子时候的事情，是没有私心。称两位卿的名字，是尊敬君王。不背弃根本，是仁德。不忘记故旧，是守信。没有私心，是忠诚。尊敬君王，是敏达。用仁德来处理事情，用信义来固守它，用忠心来完成它，用敏达来推行它，事情虽然大，一定会成功的。"

从范文子的分析中可以得出的结论是，钟仪有春秋时代被看重的君子之德："君子固穷"①，他在身处困境时，能不忘为人的根本，是仁德；"故旧不遗"②，他虽身处他乡，却不忘故旧，是守信；晋侯想从他这里了解楚王的事情，却并没有想要讨好晋侯为自己赢得机会，而只言楚王做太子时的事情，一心顾念国家，是忠诚，是没有私心；谈到楚王经常请教的两位卿时，他用他们的名字称呼他们，是对楚王的尊

---

① 程树德撰，程俊英、蒋见元点校：《论语集释》，北京：中华书局，1990年，第1050年。

② 程树德撰，程俊英、蒋见元点校：《论语集释》，北京：中华书局，1990年，第515年。

敬，是敏达。可见，范文子肯定钟仪是一个兼具仁德、诚信、忠诚、敏达的君子。

正因为他的高贵品质，范文子认为他是一个可以成大事的人才，就劝说晋景公放他回楚国，并想通过他改善晋、楚两国的关系，达成两国修好的目的。晋景公听从了范文子的意见，以厚礼接待钟仪，让他回国代晋国求和。

钟仪身为臣子，深明君臣大义，哪怕身陷囹圄，不会因为一己私利卖主求荣，作出危害国家的事情。他懂得臣子之道，在其位谋其政，享受了为臣子的俸禄，就要担当为人臣子的责任，因此能坚守礼仪。他为人忠诚，不畏强权，不会因为晋国强大，就直降身份巴结讨好，而是知进退、懂分寸。他在涉及国家大义时，也能坦然面对人生变故，坦然生死，当生则生，当死则死。钟仪无论做人，还是为官，都值得后人仰视。骆宾王在狱悲咏："西陆蝉声唱，南冠客思深。不堪玄鬓影，来对《白头吟》。露重飞难进，风多响易沉。无人信高洁，谁为表予心？"①夏完淳诀别故土写下："三年羁旅客，今日又南冠。无限河山泪，谁言天地宽！已知泉路近，欲别故乡难。毅魄归来日，灵旗空际看。"②跨越时空长河，高洁坚毅的灵魂产生共鸣，南冠楚囚成了他们共同的精神信仰，千载之间，勉励无数后来人。

---

① （唐）骆宾王撰，（清）陈熙晋笺，王群栗点校：《骆宾王集》，杭州：浙江古籍出版社，2015年，第231页。

② （明）夏完淳著，白坚笺校：《夏完淳集笺校》，上海：上海古籍出版社，1991年，260页。

第六章

其他诸国大夫篇

谈及“春秋”时代，人们都会想到“礼崩乐坏”一词，“《春秋》之中，弑君三十六，亡国五十二，诸侯奔走，不得保其社稷者，不可胜数”①。文化上也呈现出官学颓败、私学渐起的百家争鸣之态。但周朝三百年的尚德风习，长期礼乐文明的感化浸染，岂会一旦坍塌？纵使礼有废，乐有崩，春秋二百余年的历史长河中依然留有众多的良吏贤臣，坚守朝纲，心系家国。

① （汉）司马迁撰：《史记》，中华书局，1959 年，第 3297 页。

第一节　齐　鲍叔牙

| 人物小传

鲍叔牙，齐国大夫，曾在齐桓公做公子时跟随他出奔莒国，之后帮助桓公回国即位，并且力荐管仲回国继续辅佐齐桓公，使得齐国称霸诸侯。鲍叔牙为人宽厚懂礼，善于识人且不拘小节，与管仲之间的关系为后人称道，史称“管鲍之交”。鲍叔牙过世后，其后代也为齐国的发展贡献了力量。

经典文本

【庄公八年】

初，襄公立，无常。鲍叔牙曰："君使民慢，乱将作矣。"奉公子小白出奔莒。乱作，管夷吾、召忽奉公子纠来奔。初，公孙无知虐于雍廪。(《左传》)

【庄公九年】

春，雍廪杀无知。公及齐大夫盟于蔇，齐无君也。夏，公伐齐，纳子纠。桓公自莒先入。秋，师及齐师战于乾时，我师败绩，公丧戎路，传乘而归。秦子、梁子以公旗辟于下道，是以皆止。

鲍叔帅师来言曰："子纠，亲也，请君讨之。管、召，雠也，请受而甘心焉。"乃杀子纠于生窦，召忽死之。管仲请囚，鲍叔受之，及堂阜而税之。归而以告曰："管夷吾治于高傒，使相可也。"公从之。(《左传》)

人物评议

《韩诗外传》中有孔子评论鲍叔牙之语："齐有鲍叔……知贤，智也。推贤，仁也。引贤，义也。有此三者，又何加焉？"①虽然这段文献记载的真实性有待考证，但这其中对鲍叔牙的评价却十分中肯，下面就从鲍叔牙之智、之仁、之义几方面具体分析其处世之道。

鲍叔牙所处的时代，正是齐国由乱到治的时代，鲍叔牙就是在由乱到治的过程中举足轻重的臣子。他的不可替代在于，他能在历史转折的关键时刻清醒理智地分析时局，作出明智的判断和选择，"智者决之断也"②。

在《左传》鲁庄公八年的记载中，明确记录了齐襄公时代齐国政治混乱的情况，有两件事足以看到那个时期齐国政治的乱象。第一件事是关于齐襄公"瓜期不代"的事件，齐襄公派连称、管至父戍守葵丘，承诺等到明年瓜成熟了，就派其他大臣来代替他们守卫边境。但是戍守期限已过，齐襄公却没有派人替换二人，因此二人心怀怨恨，商量作乱。第二件事是，在两位边臣密谋作乱过程中，齐襄公毫无所知，而当动乱发生时，也没有记录关于大臣护卫、救助的任何内容，而且作乱者只杀了齐襄公身边的三个小臣。可想而知，齐襄公在为政过程中因为政令无常、荒淫无道，无论朝堂还是身边已经没有可用之

① （汉）韩婴撰，许维遹校释：《韩诗外传集释》，北京：中华书局，1980年，第267页。

② （汉）司马迁：《史记》，北京：中华书局，1982年，第2625页。

人了。

当初齐襄公即位的时候，面对他的政令无常，作为齐国大夫的鲍叔牙就说："做国君的使百姓产生轻慢之心，那就要发生变乱了。"于是他保护公子小白逃到莒国去了。同时另一位才智超群的臣子管仲，和召忽一起，在齐国发生了内乱后，才护卫着公子纠逃到了鲁国。

从这段历史中，我们不难看出鲍叔牙对时局的观察、审视和把握的程度，已经在管仲之上了，可能这也是公子小白能够快速把握时机回国即位的一个重要原因。当然，历史没有推测，结果就是因为鲍叔牙的辅助，最终动乱后没有国君的齐国迎来下一位新君公子小白，即齐桓公。正是"定天下者，必明于天下之大势，而后可以决天下之"。①

鲍叔牙把握大局的能力还不仅如此，他还在公子小白即位后，借助鲁国试图改变齐国政局，加兵齐国，反而战败的时机，以大兵压境相威逼，迫使鲁庄公杀死了公子纠，让齐国再无内乱之忧。这是鲍叔牙为国家长治久安所作出的明智选择，国家政局不稳，就无法言及发展和强大，鲍叔牙清醒地了解大局所向，也冷静睿智地为齐国以后的发展作出明智的选择。他一方面让鲁国代为杀死公子纠，免除齐国的后顾之忧；另一方面留下管仲，为齐国的未来留下重要人才。

不能不感慨，鲍叔牙之智是大格局下的大智慧。也许正是因为他格局高远，才能在审察人才方面有不同凡响的睿智。

《史记·管晏列传》中也记载了鲍叔牙之识人进贤："管仲夷吾者，颍上人也。少时常与鲍叔牙游，鲍叔知其贤。管仲贫困，常欺鲍叔，鲍叔终善遇之，不以为言。已而鲍叔事齐公子小白，管仲事公子纠。

① （清）戴名世撰，王树民编：《戴名世集》，北京：中华书局，1986年，第380页。

及小白立，为桓公，公子纠死，管仲囚焉。鲍叔遂进管仲。管仲既用，任政于齐，齐桓公以霸，九合诸侯，一匡天下，管仲之谋也。”① 其后有一段管仲自述，大概最能体现鲍叔牙的识人之智。管仲说：“吾始困时，尝与鲍叔贾，分财利多自与，鲍叔不以我为贪，知我贫也。吾尝为鲍叔谋事而更穷困，鲍叔不以我为愚，知时有利不利也。吾尝三仕三见逐于君，鲍叔不以我为不肖，知我不遭时也。吾尝三战三走，鲍叔不以我为怯，知我有老母也。公子纠败，召忽死之，吾幽囚受辱，鲍叔不以我为无耻，知我不羞小节而耻功名不显于天下也。生我者父母，知我者鲍子也。”②

管仲无疑是国家需要的大才，鲍叔牙足可称为伯乐。从管仲的这段自述中可以看到的，还有鲍叔牙之仁。鲍叔牙之仁，在于他能看透人才胸襟抱负，并能宽仁以待；鲍叔牙之仁还在于，他能为国家挽救人才、举荐人才，并能“以身下之”。

从管仲的自述中可以看到鲍叔牙在管仲与他一起合伙做买卖，多分财物时，能理解他是因为贫穷而并不是贪婪；鲍叔牙在管仲三次去做官又三次被君主驱逐时，能理解他是因为没有遇到明君而不是他没有才华；鲍叔牙在管仲多次参战多次逃跑时，能理解他是因为家有老母而不是贪生怕死；鲍叔牙在管仲辅佐公子纠失败被囚禁时，能理解他是因为不甘于功名不显而不是苟且偷生。从鲍叔牙对待管仲的态度中，鲍叔牙识人之明让人敬服，鲍叔牙宽仁之心让人感佩！

更为难能可贵的是，鲍叔牙举荐管仲时，直接明言劝谏：“管夷吾治于高傒，使相可也。”（管仲治理政事的才能胜过齐国上卿高傒，可

---

① （汉）司马迁：《史记》，北京：中华书局，1982 年，第 2131 页。

② （汉）司马迁：《史记》，北京：中华书局，1982 年，第 2131 页。

以用他为相。）鲍叔牙从公子小白时期就一直追随齐桓公，齐桓公对他的信任从他举荐管仲之后“公从之”可见，齐桓公采纳了鲍叔牙的建议，就可以看到他在齐国国家大事决策中举足轻重的地位。但他直接举荐管仲为相，齐桓公也拜管仲做了齐国的国相，那么鲍叔牙从身份地位上就已经居于管仲之下了，而且他是自请居于管仲之下，这份心胸气度，就不仅仅用宽仁所能评价和概括得了，更体现了鲍叔牙之义，是他心怀家国天下、为国选贤不计私利的家国大义。

“选贤进能，不私乎内”。① 正是因为鲍叔牙心怀家国，他才能因大义设法杀人、留人、放人、荐人。齐桓公即位后，鲁庄公想要护送公子纠回齐国为君，率兵征讨齐国，结果鲁军大败。鲍叔牙乘胜率领齐军来到鲁国，威逼鲁庄公说：“公子纠是齐君的哥哥，请鲁君为我杀掉他。管仲和召忽是齐君的仇人，请鲁君将活人交给我，送给齐君，亲手杀了他们，以快心意。”于是鲁庄公就在生窦将公子纠杀死，召忽因为公子纠的死而自杀了。管仲请求就缚，鲍叔牙就押了管仲回齐国。到了齐国的堂阜，鲍叔牙将管仲释放了。回到齐国都城，他就把事情告诉了齐桓公，并举荐管仲为相。

正是因为有了鲍叔牙，才有了管仲相齐，也才有了齐桓公称霸诸侯。一代强大的齐国，可以说是鲍叔牙之智、之仁、之义推动而来。

---

① 张纯一校注，梁运华点校：《晏子春秋校注》，北京：中华书局，2014年，第167页。

第二节 周 苌弘

| 人物小传

苌弘，姬姓，名弘，也称苌叔。春秋时期周朝大夫。在任期间，为周景王、刘文公等人建言献策，显示了他的政治眼光和处世智慧。后因亲近晋国范氏一族，被赵鞅讨伐，周人杀苌弘以平息赵氏之乱。苌弘死于鲁哀公三年。

经典文本

【昭公十一年】

景王问于苌弘曰："今兹诸侯，何实吉？何实凶？"对曰："蔡凶。此蔡侯般弑其君之岁也，岁在豕韦，弗过此矣。楚将有之，然壅也。岁及大梁，蔡复楚凶，天之道也。"（《左传》）

【昭公十七年】

晋侯使屠蒯如周，请有事于雒与三涂。苌弘谓刘子曰："客容猛，非祭也。其伐戎乎！陆浑氏甚睦于楚，必是故也。君其备之！"乃警戒备。九月丁卯，晋荀吴帅师涉自棘津，使祭史先用牲于雒。陆浑人弗知，师从之。庚午，遂灭陆浑，数之以其贰于楚也。陆浑子奔楚，其众奔甘鹿。周大获。宣子梦文公携荀吴而授之陆浑，故使穆子帅师，献俘于文宫。（《左传》）

【昭公十八年】

春，王二月，乙卯，周毛得杀毛伯过而代之。苌弘曰："毛得必亡，是昆吾稔之日也，侈故之以。而毛得以济侈于王都，不亡，何待？"（《左传》）

【昭公二十三年】

八月丁酉，南宫极震。苌弘谓刘文公曰："君其勉之！先君之力可

济也。周之亡也，其三川震。今西王之大臣亦震，天弃之矣。东王必大克。”(《左传》)

【昭公二十四年】

春，王正月，辛丑，召简公、南宫嚚以甘桓公见王子朝。刘子谓苌弘曰：“甘氏又往矣。”对曰：“何害？同德度义。《大誓》曰：‘纣有亿兆夷人，亦有离德；余有乱臣十人，同心同德，’此周所以兴也。君其务德，无患无人。”戊午，王子朝入于邬。(《左传》)

【定公四年】

春三月，刘文公合诸侯于召陵，谋伐楚也。

晋人假羽旄于郑，郑人与之。明日，或旆以会。晋于是乎失诸侯。

将会，卫子行敬子言于灵公曰：“会同难，啧有烦言，莫之治也。其使祝佗从。”公曰：“善。”乃使子鱼。子鱼辞曰：“臣展四体，以率旧职，犹惧不给，而烦刑书。若又共二，徼大罪也。且夫祝，社稷之常隶也。社稷不动，祝不出竟，官之制也。君以军行，祓社衅鼓，祝奉以从，于是乎出竟。若嘉好之事，君行师从，卿行旅从，臣无事焉。”公曰：“行也！”及皋鼬，将长蔡于卫。卫侯使祝佗私于苌弘曰：“闻诸道路，不知信否。若闻蔡将先卫，信乎？”苌弘曰：“信。蔡叔，康叔之兄也，先卫，不亦可乎？”

子鱼曰：“以先王观之，则尚德也。昔武王克商，成王定之，选建明德，以藩屏周。故周公相王室，以尹天下，于周为睦。分鲁公以大路、大旂，夏后氏之璜，封父之繁弱，殷民六族，条氏、徐氏、萧氏、索氏、长勺氏、尾勺氏，使帅其宗氏，辑其分族，将其类丑，以法则周公，用即命于周。是使之职事于鲁，以昭周公之明德。分之土田陪敦，祝、宗、卜、史，备物、典策，官司、彝器；因商奄之民，命以伯禽而封于少皞之虚。分康叔以大路、少帛、綪茷、旃旌、大吕，殷民七族，陶氏、施氏、繁氏、锜氏、樊氏、饥氏、终葵氏；封畛土略，自武父以南，及圃田之北竟，取于有阎之土，以共王职。取于相土之东都，以会王之东蒐。聃季授土，陶叔授民，命以《康诰》，而封于殷虚，皆启以商政，疆以周索。分唐叔以大路、密须之鼓、阙巩、沽洗，怀姓九宗，职官五正。命以《唐诰》，而封于夏虚，启以夏政，疆以戎索。三者皆叔也，而有令德，故昭之以分物。不然，文、武、成、康之伯犹多，而不获是分也，唯不尚年也。管、蔡启商，惎间王室，王于是乎杀管叔而蔡蔡叔，以车七乘，徒七十人。其子蔡仲，改行帅德，周公举之，以为己卿士，见诸王，而命之以蔡。其命书云：'王曰：胡！无若尔考之违王命也！'若之何其使蔡先卫也？武王之母弟八人，周公为太宰，康叔为司寇，聃季为司空，五叔无官，岂尚年哉？曹，文之昭也；晋，武之穆也。曹为伯甸，非尚年也。今将尚之，是反先王也。晋文公为践土之盟，卫成公不在，夷叔，其母弟也，犹先蔡。其载书云：'王若曰：晋重、鲁申、卫武、蔡甲午、郑捷、齐潘、莒期。'藏在周府，可覆视也。吾子欲复文、武之略，而不正其德，将如之何？"苌弘说，告刘子，与范献子谋之，乃长卫侯于盟。（《左传》）

【哀公三年】

刘氏、范氏世为婚姻，苌弘事刘文公，故周与范氏。赵鞅以为讨。六月，癸卯，周人杀苌弘。（《左传》）

人物评议

苌弘为周朝大夫，他是跟随刘文公（刘文公，是春秋时期刘国的国君，但他留在周天子身边，帮助周天子处理周王朝的政务，相当于当时周王朝的执政大臣，类似于相国的职位），帮助处理周王朝政务。从《左传》的记载中可以看出，苌弘最值得称道的是他的明智达理、慷慨为国。具体分析如下。

苌弘是智者，这一点从他善观星象、地理并能够推测吉凶一事就可以略知一二。鲁昭公十一年，周景王向苌弘询问："现在的诸侯国之中，哪里吉祥？哪里凶险？"苌弘回答说："蔡国凶险。这是蔡侯般杀死他国君的年份。岁星在豕韦，不会过这一年了。楚国将会占有蔡国，然而这是积累邪恶。岁星到大梁，蔡国复国，楚国凶险，这是上天的常道。"

鲁昭公二十三年八月二十七日。南宫极因为地震被压死。苌弘根据地震一事向刘文公谏言，他判定"现在西王（王子朝）的大臣那里也发生了地震，这是上天抛弃了他，东王必然大胜。"他判断这件事的依据是，当年周室灭亡的时候，泾水、渭水、洛水一带也发生了地震。

从这两件事情上可以推断苌弘为当时的智者。相传孔子曾"访乐于苌弘"①，《淮南子·泛论》也说："昔者苌弘，周室之执数者也，天

① （清）陈士珂辑，崔涛点校：《孔子家语疏证》，南京：凤凰出版社，2017年，第78页。

地之气，日月之行，风雨之变，律历之数，无所不通。”① 无论周景王这位天子，还是执政大臣刘文公有事情的时候，都会听从苌弘的建议。当然天子和执政大臣的信任也足以证明苌弘的忠诚。

苌弘也是明智的，他的明智首先体现在他善于判断、善于明察上。鲁昭公十七年，晋侯派屠蒯到周朝去，请求祭祀洛水和三涂山。苌弘通过观察屠蒯的言行样貌就对刘文公判断，这个人的面容凶猛，不是为了祭祀，恐怕是要攻打戎人，并根据时局进一步解释，陆浑人和楚国人很友好，一定是这个缘故让晋国人心生不快。同时他还提醒刘文公，要做些戒备和防范工作。于是，刘文公让周天子的人对戎人加强了戒备。后来晋国果然派荀吴率领军队攻打陆浑，并灭掉了陆浑。而且晋国的理由就是，陆浑氏对楚国友好而对晋国怀有二心。

苌弘的明智还表现在他通达事理方面，他处理政务注重以礼行事，如有差池，就会及时纠正。鲁定公四年，刘文公在召陵会合诸侯，目的是谋划进攻楚国。在安排诸侯歃血的顺序时，原本安排蔡国在卫侯前面歃血，卫灵公对此有异议，就派祝陀私下与苌弘交流。祝陀对苌弘说：“在道路上听说，把蔡国安排在卫国之前歃血，确实吗？”苌弘说：“确实。蔡叔（蔡国的开国君主）是康叔（卫国的开国君主）的兄长，先于卫国歃血不也是可以的吗？”

祝陀就用先王崇尚德性的标准来详细与苌弘交流蔡国和卫国在执行先王之道方面做法的差别，并明确指出了蔡叔曾和管叔一起谋划变乱；而康叔却一直在朝为官，兢兢业业；此外其他兄弟有不曾在朝为官的，用长幼之分来排序显然是不合适的。并且他直接责问苌弘：“您想

① （汉）刘安编，刘文典撰，冯逸、乔华点校：《淮南鸿烈集解》，北京：中华书局，2013 年，第 445 页。

要恢复文王、武王的法度，而不端正自己的德行，您准备怎么办呢？”苌弘很高兴，把这件事告诉了刘文公，并和范文子商量，在结盟的时候，让卫国在蔡侯之前歃血。

苌弘是一位智者，也是一位能睿智冷静处理政务问题的明智之臣，他能如此通达，应该源于他宣扬正义、注重品德的处世思想。“为天下及国，莫如以德，莫如行义”。① 这一点在鲁昭公二十四年的记载中可以得到验证。当时正是王子朝叛乱的时候，当召公简、南宫嚚带着甘桓公觐见王子朝的时候，刘文公担心王子朝势力越来越大，就对苌弘说：“甘氏又去了。”苌弘回答说：“有什么妨害呢？同心同德在于合乎正义。《泰誓》中说：‘纣王有亿兆人，兼有四夷，离心离德。我有治世之臣十人，同心同德。’这就是周朝所以兴起的原因。君王还是致力于德行。不要忧虑没有人。”在苌弘的回答中，他举出周朝兴起时主要原因在于天子和大臣们的同心同德，而能够同心同德是因为他们秉持的是正义。相反商纣王虽然是拥有很多人，还兼有四夷之大，但因为不行正义而四海离心，最终只能走向灭亡。

鲁昭公十八年春天，当周朝毛得杀死毛伯过并取而代之的时候，苌弘说：“毛得一定得逃亡，这一天是昆吾恶贯满盈的日子，这是因为骄横的缘故。而毛得在天子的都城以骄横成事，不逃亡，还等待什么呢？”可见，苌弘相信正义，坚持德行，“正直者顺道而行，顺理而言，公平无私”。②

苌弘明智达理，在了然国家大义与个人生死之间的关系后，他自

---

① （秦）吕不韦编，许维遹集释，梁运华整理：《吕氏春秋集释》，北京：中华书局，2009 年，第 517 页。

② （汉）韩婴撰，许维遹校释：《韩诗外传集释》，北京：中华书局，1980 年，第 264 页。

然而然地选择了为国赴死。刘氏和范氏世代结为姻亲，苌弘侍奉刘文公，所以与晋国范氏关系密切，赵鞅因此而讨伐苌弘。鲁哀公三年六月，周人为平息赵氏的武力声讨，杀死了苌弘。人们感念于苌弘之大德，演变出“藏其血三年而化为碧”①的传说，惋惜颂扬之情可见一斑。

凭借苌弘的才智，他想要逃离周王朝的都城，躲过杀身之祸，应该不难做到，何况当时天下诸侯各自为政，尽管晋国强大，但其他诸侯国也不乏可以与晋国相抗衡的实力，但苌弘却宁肯以身殉国，也不愿因为自己引起更多的动荡或纷争，所以苌弘的明智达理正是他能以身殉国的前提，而让后人唏嘘感叹的恰恰是这样一个明正义、守德行的老臣为平息国家动乱的舍生取义、慷慨赴死！

“知、仁、勇三者，天下之达德也”。②历史让苌弘告诉后人：有大德者守大义，重大义者有大勇。大德大智、大义大勇，苌弘可敬、可叹！

---

① （清）郭庆藩撰，王孝鱼点校：《庄子集释》，北京：中华书局，1961 年，第 920 页。
② （清）阮元校刻：《十三经注疏·礼记注疏》，北京：中华书局，2009 年，第 3536 页。

第三节　卫　宁武子

人物小传

宁武子，宁氏，名俞，谥号为“武”，史称宁武子。宁武子作为卫国大夫，曾跟随卫侯在国外，能以国家为重，懂得认清形势，为官有方。《论语·公冶长》中孔子曾评价道：“宁武子邦有道则知，邦无道则愚。”①

① 程树德撰，程俊英、蒋见元点校：《论语集释》，北京：中华书局，1990年，第340页。

经典文本

【僖公二十八年】

或诉元咺于卫侯曰："立叔武矣。"其子角从公，公使杀之。咺不废命，奉夷叔以入守。六月，晋人复卫侯。甯武子与卫人盟于宛濮，曰："天祸卫国，君臣不协，以及此忧也。今天诱其衷，使皆降心以相从也。不有居者，谁守社稷？不有行者，谁扞牧圉？不协之故，用昭乞盟于尔大神以诱天衷。自今日以往，既盟之后，行者无保其力，居者无惧其罪。有渝此盟，以相及也。明神先君，是纠是殛。"国人闻此盟也，而后不贰。卫侯先期入，甯子先，长牂守门以为使也，与之乘而入。公子歂犬、华仲前驱。叔孙将沐，闻君至，喜，捉发走出，前驱射而杀之。公知其无罪也，枕之股而哭之。歂犬走出，公使杀之。元咺出奔晋。

卫侯与元咺讼，甯武子为辅，鍼庄子为坐，士荣为大士。卫侯不胜。杀士荣，刖鍼庄子，谓宁俞忠而免之。执卫侯，归之于京师，寘诸深室。甯子职纳橐饘焉。元咺归于卫，立公子瑕。(《左传》)

【僖公三十年】

晋侯使医衍酖卫侯。甯俞货医，使薄其酖，不死。公为之请，纳玉于王与晋侯，皆十瑴。王许之。秋，乃释卫侯。卫侯使赂周歂、冶廑，曰："苟能纳我，吾使尔为卿。"周、冶杀元咺及子适、子仪。公入，祀先君。周、冶既服，将命，周歂先入，及门，遇疾而死。冶廑辞卿。(《左传》)

【僖公三十一年】

狄围卫。十有二月，卫迁于帝丘。(《春秋》)

冬，狄围卫，卫迁于帝丘。卜曰三百年。

卫成公梦康叔曰："相夺予享。"公命祀相。甯武子不可，曰："鬼神非其族类，不歆其祀。杞、鄫何事？相之不享于此久矣，非卫之罪也，不可以间成王、周公之命祀。请改祀命。"(《左传》)

【文公四年】

卫侯使甯俞来聘。(《春秋》)

卫甯武子来聘，公与之宴，为赋《湛露》及《彤弓》。不辞，又不答赋。使行人私焉。对曰："臣以为肄业及之也。昔诸侯朝正于王，王宴乐之，于是乎赋《湛露》，则天子当阳，诸侯用命也。诸侯敌王所忾，而献其功，王于是乎赐之彤弓一、彤矢百、玈弓矢千、以觉报宴。今陪臣来继旧好，君辱贶之，其敢干大礼以自取戾？"(《左传》)

人物评议

宁武子身为卫国大夫，在卫国出现混乱时，他坚决跟随国君，守候国君，并在国君回归时，做好准备工作。可谓“君使臣以礼，臣事君以忠。”① 在卫国稳定后，在与诸侯之间交往中，他进退有度，举止合礼。在这期间，他的忠诚、智慧和明礼展露无疑。他的为人态度和处事方法，不仅在卫国被尊重，也得到了其他诸侯国的尊重。宁武子值得称道之处，具体有如下方面。

一、守候国君，稳定卫国

在宁武子参政的时代，卫成公曾两次被迫离开卫国，在他最尴尬、艰难的时候，宁武子一直陪伴在他的身边，并帮助他解决一些力所能及的问题。

卫成公第一次被迫离开卫国，是因为在晋国和楚国争霸中，卫成公考虑到晋文公在即位之前曾经流亡到卫国，卫成公的父亲卫文公当时没有对晋文公一行非常落魄的人以礼相待，如今晋文公夺得晋国君位，卫国恐怕会因卫文公之前的行为遭到晋文公的报复，于是拥戴楚成王，并将自己的女儿嫁给楚成王，以求得楚国的保护。但原本为楚

---

① 程树德撰，程俊英、蒋见元点校：《论语集释》，北京：中华书局，1990 年，第 197 页。

国盟友的宋国见晋国意欲与楚国争夺霸权，于是背叛楚国，转而投靠晋国。楚成王害怕其他拥戴自己的诸侯国纷纷效仿宋国叛楚附晋，就派出大将成得臣率领大军围攻宋国。面对来势汹汹的楚军，宋国自知无力抵御，连忙派人前去晋国求援。晋文公因在流亡途中受到过楚成王的善待，不愿与楚军兵戎相见，但他又不想舍弃宋国让楚国越来越强大，最后决定出兵攻打楚国的附属国曹国，企图以此缓解宋国被围之难。于是，晋文公派人向卫成公借道攻打曹国，并让卫国一起出兵攻打曹国。卫国大臣们得知后都希望借此机会转而投靠晋国，卫成公却因害怕晋文公会追究卫文公当年对他的无礼行为，拒绝了晋文公的请求，继续支持楚国，而卫国大夫元咺在对待晋国的态度上与卫成公产生矛盾，卫成公被赶出卫国，逃到陈国。

卫成公逃亡在陈的时候，宁武子陪伴在其身边。后来晋国不再干预，他才得以回国。卫成公回国做国君时，他又安抚臣下，稳定人心，“所任者得其人，则国家治，上下和，群臣亲，百姓附”。①

鲁僖公二十八年，身为卫国大夫的宁武子和卫国官吏大族们在宛濮结盟说：“上天降祸，卫国因君臣不和谐而遭到这样的忧患。现在天意保佑我国，让大家放弃成见，互相听从。没有留守的人，谁来守卫国家？没有跟随国君出行的人，谁去保卫牧牛养马的人？由于不和谐的缘故，因而祈求在尊神之前明白宣誓，以求天意保佑。从今天已经订立盟约之后，跟随国君的人不要仗恃自己的功劳，留守的人不要害怕自己有罪，有人违背这个盟约，祸害就相继降临到他的头上。明神和仙君在上，必纠正其罪，必诛杀其人。”在这次盟誓中，宁武子首

① （汉）刘安编，刘文典撰，冯逸、乔华点校：《淮南鸿烈集解》，北京：中华书局，2013年，第286页。

先让大家放下芥蒂，互相合作；然后他又明确表示了在卫侯离开国家的过程中，跟随他出行的人和守候在国内的人都是一样重要的臣民，不能有所区分；最后言明纪律，有不守此次盟约的人必纠其罪，必杀其人。

这次盟约，既告诫跟随在卫侯身边的人不能自恃功高、为所欲为，“在上不骄，高而不危”。[①] 也让留守国内的人们得到了安慰，不会再有疑虑、三心二意。一盟而安众人让卫国臣子们都各安其分、各司职守。在陪伴卫成公和安排卫成公回国的一系列事件中，宁武子在国家政务方面的能力得到充分体现，且他不但忠诚于君主，对国家的安定也作出了重要的贡献。

然而意外还是发生了。从历史记载中看，卫成公比约定的日期早进入卫国，他是因为不信任代为执政的武叔，就比约定的日期提前回国，想查明情况。宁武子又在卫侯之前进入卫国，他是担心卫成公因为不信任留守的人而造成祸乱，所以提前回国打算安抚留守的人心。长牂把守城门，以为他是国君的使者，和他同乘一辆车进入。公子歂犬、华仲为前驱。叔武正要洗头发，听说国君来到，很高兴，握着头发跑出来，前驱却把他射死了。卫成公知道他没有罪，把头枕在尸体的大腿上而哭他。宁武子已经在争取做好准备工作了，可是意外还是发生了。但是宁武子的执政智慧，从他对于政事的时机把握和预先处理中得到了充分体现，是“智足以谋国事”[②]。

卫成公回国后的这次变故，引发了卫成公再次被迫离开卫国。叔

① （清）皮锡瑞撰，吴仰湘点校：《孝经郑注疏》，北京：中华书局，2016 年，第 24 页。

② （汉）贾谊撰，阎振益、钟夏校注：《新书校注》，北京：中华书局，2000 年，第 292 页。

武死后，公子歂犬逃跑，卫成公派人杀了他，而元咺逃亡到了晋国。元咺到晋国后，就发生了卫成公和元咺争讼的事。宁武子做了卫侯的诉讼人，鍼庄子做卫侯的代理人，士荣做卫侯的答辩人。最终卫侯没能打赢官司，晋侯杀了士荣，砍掉了鍼庄子的脚，却认为宁武子忠诚而赦免了他，逮捕了卫成公，把他送到京师，关在囚房里，宁武子负责给卫侯送衣食。元咺回到魏国，立公子瑕做了国君。

鲁僖公三十年，晋文公派遣医衍毒死卫成公，宁武子贿赂医衍，让他少放些毒药，所以卫成公没有被药死。之后，鲁僖公替他请求，把玉献给周天子和晋文公，每个人都是十对。周天子答应了，这年秋天卫成公便被释放了。

在卫成公被囚禁期间，宁武子不但伴随照顾他，而且还时时保护着他。如果没有宁武子及时发现并挽救卫成公，他就再也不会有机会出现在历史舞台上。宁武子对已经被囚禁并失去国君身份的卫成公始终不离不弃，他的忠诚不容否认。

仔细探究，宁武子的忠诚与他能够坚守礼义、通达世事有很大关系。

二、坚守礼义，通达明智

鲁僖公三十一年冬天，狄人包围了卫国，卫国迁移到帝丘，占卜说“可以立国三百年”。卫成公梦见自己的先祖康叔说有人想夺走他的祭品，成公就命令祭祀相（夏后帝启的孙子，曾居住在帝丘），卫国大夫宁武子不同意，说：“鬼神如果不是他的同族祭祀，就不享用那些祭品，杞国、鄫国（杞国和鄫国为相的祭祀国）为何不祭祀？相在杞国和鄫国不享用祭祀已经很久了，这不是卫国的罪过，不能违背成王、周公规定的祭祀。请求您改变祭祀相的命令。”

鲁文公四年，宁武子到鲁国聘问。鲁文公和他一起宴饮，为他赋《湛露》和《彤弓》两首诗。宁武子没有辞谢，又不赋诗回答。文公派行人私下向宁武子探问原因，宁武子回答说：“臣下以为是练习演奏乐歌的。从前诸侯在正月向天子朝贺，天子设宴奏乐，在这个时候赋《湛露》这首诗。那表示天子对着太阳，诸侯听命效劳。诸侯把天子痛恨的人当仇敌而献上自己的功劳。天子这时赐给他们一张红色的弓，一百支红色的箭，一千支黑色的弓和箭，以表明用宴乐报答功劳。现在陪臣前来继续过去的友好，承蒙君王赐宴，怎敢冒犯大礼而自取罪过呢？”鲁文公所赋二诗，《湛露》是“天子燕诸侯”①之诗，《彤弓》为“天子赐有功诸侯”②之诗，宁武子若是应下，那便真是犯了大礼。

宁武子无疑是一个知礼守义的贤臣，他对礼的规范有着非常明确的了解，因此他能够在君主出现失礼的行为时及时劝谏；他也能在与其他诸侯国的交往中，严守礼节。当然他的通达也可以从以上两次记录中显露无遗，他在对待卫侯的不合礼举措时，是直言进谏，直接劝说卫侯收回成命；但他出访鲁国时，对鲁君的不合礼行为只是默不作答，在被进一步问起时，他才详细解释了其中的原因，可见他处理政务的明智和通达。

在《论语·公冶长》中孔子评价宁武子：“邦有道则知，邦无道则愚。其知可及也，其愚不可及也。”③今天已经无法具体判定孔子是因

① （清）阮元校刻：《十三经注疏·毛诗正义》，北京：中华书局，2009年，第900页。
② （清）阮元校刻：《十三经注疏·毛诗正义》，北京：中华书局，2009年，第901页。
③ 程树德撰，程俊英、蒋见元点校：《论语集释》，北京：中华书局，1990年，第340页。

为什么给宁武子以“智”作为评价的，也无法断定孔子所说的“邦有道”则知是不是他指在卫国相对安定的时期能够直言劝谏，并帮助卫文公处理政务时的睿智；所说的“邦无道则愚”是不是指他在国家政治混乱、卫成公被迫离开卫国时，始终保持追随卫成公，不离不弃。凭借他的政治才能本可以取得更大的成就、作出更大的贡献，而他却宁肯选择忠诚、坚守道义，让自己的政治才能得不到施展，这在一般功利者的眼中，是不是该称其为“愚”呢？那么如果把孔子口中的“愚”解释为“忠”是不是更能代表孔子对宁武子的肯定和赞赏呢？所以孔子才会说“其知可及也”，帮助国家治理政务大概很多能臣都可以做得到；“其愚不可及也”，舍弃个人私利，追随时刻有性命之危的君主，这大概不是一般的臣子能够做到的吧。何况身处乱世，能坚守忠义的又有几人呢？

虽无法完全肯定孔子口中宁武子的明智和愚钝究竟指什么，但他追随国君、拯救国家、坚守礼义的品德情操却是无从否定的，且能在乱世中坚持如此，颇值得称道和赞美。

第四节　卫　孔达

丨人物小传

孔达，姬姓，名达，谥号为“庄”，亦称孔庄叔，卫国大夫，后为卫国的执政大臣。卫成公不愿朝晋，曾派孔达帅师侵郑国、晋国，晋国联合诸侯各国讨伐卫国。为与晋国讲和，卫国交出孔达以讨好晋国，晋国以为孔达为忠良之臣，将其放归卫国。后因卫国救陈国一事，晋国打算讨伐卫国，孔达一人承担罪责，于鲁宣公十四年自缢而死，使卫国免遭讨伐。卫人为嘉奖其为国殉身的壮举，善待孔氏一族。

经典文本

【文公元年】

晋文公之季年，诸侯朝晋。卫成公不朝，使孔达侵郑，伐绵、訾及匡。晋襄公既祥，使告于诸侯而伐卫，及南阳。先且居曰："效尤，祸也。请君朝王，臣从师。"晋侯朝王于温，先且居、胥臣伐卫。五月辛酉，朔，晋师围戚。六月，戊戌，取之，获孙昭子。卫人使告于陈。陈共公曰："更伐之，我辞之。"卫孔达帅师伐晋，君子以为古。古者越国而谋。(《左传》)

【文公二年】

公未至，六月，穆伯会诸侯，及晋司空士縠盟于垂陇，晋讨卫故也。书堪其事也。陈侯为卫请成于晋，执孔达以说。(《左传》)

【文公四年】

春，晋人归孔达于卫，以为卫之良也，故免之。夏，卫侯如晋拜。曹伯如晋会正。(《左传》)

【文公九年】

公子遂会晋人、宋人、卫人、许人救郑。(《春秋》)

公子遂会晋赵盾、宋华耦、卫孔达、许大夫救郑，不及楚师。卿不书，缓也，以惩不恪。(《左传》)

【文公十七年】

春，晋人、卫人、陈人、郑人伐宋。(《春秋》)

春，晋荀林父、卫孔达、陈公孙宁、郑石楚伐宋，讨曰："何故弑君？"犹立文公而还。卿不书，失其所也。(《左传》)

【宣公十二年】

晋人、宋人、卫人、曹人同盟于清丘。(《春秋》)

宋师伐陈，卫人救陈。

晋原縠、宋华椒、卫孔达、曹人同盟于清丘，曰："恤病，讨贰。"于是卿不书，不实其言也。宋为盟故，伐陈。卫人救之。孔达曰："先君有约言焉。若大国讨，我则死之。"(《左传》)

【宣公十三年】

清丘之盟，晋以卫之救陈也，讨焉。使人弗去，曰："罪无所归，将加而师。"孔达曰："苟利社稷，请以我说，罪我之由。我则为政而亢大国之讨，将以谁任？我则死之。"(《左传》)

【宣公十四年】

春，卫杀其大夫孔达。(《春秋》)

春，孔达缢而死。卫人以说于晋而免。遂告于诸侯曰："寡君有不令之臣达，构我敝邑于大国，既伏其罪矣。敢告。"卫人以为成劳，复室其子，使复其位。(《左传》)

人物评议

孔达所生活的时代，卫国正处在晋国和楚国强国争霸的夹缝中，卫国也因此常生变乱，国内国外都难以安定。所以，卫国的很多决策很难由自身的实际情况出发而作出恰当的选择和判断，常常被强国裹挟着，忽左忽右，摇摆不定。那么，孔达身为卫国大夫，就难免被夹带着处在左右为难的境地，也就很难始终如一地坚守一端。但他始终不变的是坚守臣子职责，不忘臣子本分，为国家利益，不顾代价，以至于在国家存亡面前，他勇敢地站出来，担下罪责。苏轼言:“忠臣体国，知无不为。”① 历史总是给人一次又一次的震撼，孔达这种以一已牺牲换取家国安宁的精神，无疑又一次刷新了家国担当的纪录，写下又一种悲壮！

在《春秋》《左传》关于孔达的记载中，孔达一直在为卫国征战不已。在春秋混战时期，代表卫国阵前征战是他；因为卫国的弱势，夹在晋、楚两大强国之间立场反复时，承担罪责的也是他。

一、为国征战，一生不休

关于孔达的记载中最多的就是孔达为卫国征战的事情。晋文公末

① （宋）苏轼撰，（明）茅维编，孔凡礼点校:《苏轼文集》，北京：中华书局，1986年，第1437页。

年，诸侯朝见晋国。卫成公不去朝见，反而派遣孔达率兵侵袭郑国，攻占了绵、訾两地，到达了匡地。晋襄公举行文公的周年祭礼以后，派人通告诸侯讨伐卫国。五月初一晋军包围了戚地，六月初八，攻占了戚地，俘虏了孙昭子（卫国大夫，采邑为戚地），卫国派人通告陈国，陈共公给卫国出主意，让卫国转而进攻晋国，然后他再去晋国调解讲和。卫国就又派孔达率领军队进攻晋国。

从这次出战可以看出当时的卫国已经乱了方寸，在强大的晋国压力之下，无所适从。孔达就仿佛是一支卫国挥出的长剑，在前沿负责拼杀。正因为如此，为了结束这次战争，卫国人请求陈共公去替他们向晋国求和，而为了表达求和的诚意和达成目的，卫国人逮捕了孔达送给晋国处置，来讨好晋国。

孔达为国效力，结果却反而被国家献给敌方，作为军中将领、国家重臣，大概不会有比这样的结局更可悲的了。“悼余生之不时兮”①，弱国无外交，一腔忠诚的大臣反而要用来讨好敌人。所幸的是春秋时期各诸侯国非常重视贤才，认为杀这样的人会带来灾难，所以晋国人在鲁文公四年的春天，释放孔达回到了卫国，因为晋国人认为孔达是卫国的良臣，所以就赦免了他。

大难不死回到卫国的孔达再次为国家披上战袍，成为卫国的守护者，开始带兵征战。鲁文公九年，楚国趁着晋国势力不如从前，就出兵攻打郑国，郑国无奈和楚国讲和。鲁国公子遂会合晋国赵盾、宋国华耦、卫国孔达、许国大夫救援郑国，没有遇到楚军。

鲁文公十七年的春天，晋国荀林父、卫国孔达、陈国公孙宁、郑

① （宋）朱熹集注，夏剑钦、吴广平校点：《楚辞集注》，长沙：岳麓书社，2013 年，第 98 页。

国石楚攻打宋国，声讨宋国弑杀国君，但在了解到宋文公深得民意的情况下，最后还是确认了宋文公的国君之位而撤兵回国了，“兵家之胜，贵于未战”。①

在那段诸侯纷争的时期，孔达在诸侯联盟中，成为卫国的代表，为了能维护卫国在诸侯国中的地位，不得不跟随强国，征战、声讨、救援。但是在诸侯国之间的强弱不对等的关系中，弱国很难有自己独立的主张，国家很难得到保障，只能惟强国马首是瞻。可是孔达作为一个国家的执政者，他也会有自己国家利益相关的盟友，他们之间也有着共同维护的盟约和利益，甚至这些约定是早在与强国之前就存在的，是历史由来已久的关系。孔达重视忠诚为国，也讲究按道义行事，因此，在面对自己国家需要维护的盟友遇到危险时，他无法视而不见。而他在讲究道义的时候，却冒犯了大国利益，在无法权衡时，孔达最终付出的是生命的代价。孔达真正做到了“所守者道义，所行者忠信，所惜者名节”。②

二、为国尽忠，慷慨赴死

鲁宣公十二年，晋国先縠、宋国华椒、卫国孔达、曹人一起在清丘结盟。盟约为“救济有难的国家，讨伐有二心的国家”。宋国人根据订立的盟约攻打陈国，卫国救助陈国，这显然又是与盟约相悖的行为。孔达却解释说：“先君和陈国有过约定，如果大国攻打我们任何一

① （汉）班固著，（唐）颜师古注，中华书局编辑部点校：《汉书》，北京：中华书局，1962年，第3812页。

② （宋）欧阳修著，李逸安点校：《欧阳修全集》，北京：中华书局，2001年，第297页。

方，我们都会为此而死。”

孔达的决策没有错，他的解释也合情合理，然而强大的晋国需要维护的是以它为核心的盟约。于是晋国人根据清丘的盟约，追究卫国救助陈国之事，并以大国的姿态责备卫国。晋国的使者住到卫国，得不到卫国的答复就不肯离开，并且声明，如果罪责没有具体归属，那就要把战争加到卫国的头上。在大国的咄咄相逼之下，孔达毅然站出来，甘愿领受责罚。他说：“苟利社稷，请以我说，罪我之由。我则为政，而亢大国之讨，将以谁任？我则死之。”（如果有利于国家，请用我的死来让晋国满意，我来担当罪过。卫国现在是我在执政，应该负担大国的责难，除了我，罪责还能让谁来担当呢？我愿为此而死。）作为一代忠臣良将，孔达言语铿锵、掷地有声，可是听着却无法不令人心痛动容。

鲁宣公十四年春天，孔达上吊而死。卫国人以此给了晋国交代，并被免除了讨伐。于是卫国向诸侯通告说：“寡君有不令之臣达，构我敝邑于大国，既伏其罪矣，敢告。”（寡君有一个不好的臣子孔达，在敝邑和大国之间制造事端，他已经承认了他的罪过，谨敢通告。）卫国人认为他有辅助先君的功劳，便为他的儿子娶妻，让他接任父亲的官职。孔达的壮举，一直被卫国铭记，其后孔悝的鼎上还铭刻有卫庄公对孔悝论及孔达功绩的话：“乃祖庄叔，左右成公，成公乃命庄叔随难于汉阳，即宫于宗周，奔走无射。启右献公。”①（你的远祖庄叔是成公的左膀右臂，成公曾命令他随同逃难至楚，他也曾随成公一起被囚禁在京师，他四处奔走劳苦，毫不厌倦，后来帮助献公返回国内。）

① （清）孙希旦撰，沈啸寰、王星贤点校：《礼记集解》，北京：中华书局，1989年，第1251页。

"忠信，内外也"。[1]身为春秋名臣、卫军主帅，孔达一生忠诚，为所当为。孔达的死是卫国的无奈与悲哀，也是历史的无奈与悲哀，一代忠臣良将不能在战场上马革裹尸，却被大国逼迫而死，死得何其委屈、何其可悲！又何其悲壮、何其慷慨！

① （宋）黎靖德编，王星贤点校：《朱子语类》，北京：中华书局，1986年，第482页。

第五节　秦　蹇叔

人物小传

蹇叔，秦国大夫，为秦国元老。在对崤之战的见解中可见，他忠言直谏，不怕得罪秦君，更具有远见卓识，对地理山川了如指掌。他不仅是一位智者，还是一位贤者。

经典文本

【僖公三十二年】

冬，晋文公卒。庚辰，将殡于曲沃，出绛，柩有声如牛。卜偃使大夫拜，曰："君命大事，将有西师过轶我，击之，必大捷焉。"杞子自郑使告于秦，曰："郑人使我掌其北门之管，若潜师以来，国可得也。"穆公访诸蹇叔，蹇叔曰："劳师以袭远，非所闻也。师劳力竭，远主备之，无乃不可乎！师之所为，郑必知之。勤而无所，必有悖心。且行千里，其谁不知？"公辞焉。召孟明、西乞、白乙，使出师于东门之外。蹇叔哭之曰："孟子，吾见师之出，而不见其入也！"公使谓之曰："尔何知？中寿，尔墓之木拱矣。"蹇叔之子与师，哭而送之，曰："晋人御师必于崤。崤有二陵焉：其南陵，夏后皋之墓也；其北陵，文王之所辟风雨也。必死是间，余收尔骨焉。"秦师遂东。(《左传》)

【僖公三十三年】

晋原轸曰："秦违蹇叔，而以贪勤民，天奉我也。奉不可失，敌不可纵。纵敌患生；违天不祥。必伐秦师。"栾枝曰："未报秦施而伐其师，其为死君乎？"先轸曰："秦不哀吾丧而伐吾同姓，秦则无礼，何施之为？吾闻之，一日纵敌，数世之患也。谋及子孙，可谓死君乎？"遂发命，遽兴姜戎。子墨衰绖，梁弘御戎，莱驹为右。夏四月辛巳，败秦师于崤，获百里孟明视、西乞术、白乙丙以归。遂墨以葬文公。

晋于是始墨。

秦伯素服郊次，乡师而哭曰："孤违蹇叔以辱二三子，孤之罪也。"不替孟明，曰："孤之过也，大夫何罪？且吾不以一眚掩大德。"(《左传》)

人物评议

“昔缪公求士，西取由余于戎，东得百里奚于宛，迎蹇叔于宋，来丕豹、公孙支于晋。”①李斯在《谏逐客书》中列举了秦缪公时的五位贤臣，其中就有一位是蹇叔。秦国老臣蹇叔，在历史的记载中只出现在了秦晋崤之战的记录当中，但他的言行举止却如定格在历史时空中的镜头，那样鲜活而生动，那点点滴滴无一不讲述着一个老臣为了国家利益而不顾一切的人格魅力，一腔热血、无私无畏，其忠诚可嘉，其勇气可敬！“勇，志之所以敢也”。②也是因为有勇有谋，所以才能取得成功。

秦国和晋国本来约定一起攻打郑国，但因为郑国烛之武的一番言辞说动了秦穆公，因此秦国和郑国结盟并且秦国还派杞子、杨孙、逢孙带兵帮助郑国把守关隘，秦晋关系因此裂痕增大。

鲁僖公三十二年的冬天，晋文公重耳去世，秦大夫杞子从郑国派人向秦穆公报告说，郑国人让他管理郑国国都北门的钥匙，如果这时秦国能偷偷出兵袭击郑国，很容易就能得到郑国。秦穆公果然被他说动，想要出兵偷袭郑国。

秦穆公因此征询老臣蹇叔的建议，面对秦穆公的打算，蹇叔首先坚决不同意秦国出兵郑国。他认真分析形势，言明此次出兵的可能性和利害关系，竭力劝阻秦穆公。蹇叔先是否定这次出兵决定的合理性，

① 杨周靖主编：《李斯集译注》，郑州：中州古籍出版社，2020 年，第 10 页。

② （清）孙诒让撰，孙启治点校：《墨子间诂》，北京：中华书局，2001 年，第 313 页。

他说："疲劳的军队去袭击远方的国家，我没有听说过。"然后他指出这种不合理的原因，先从秦军角度看，"军队疲劳不堪，力量就会衰竭，而远方国家的君主必然有所准备，这样做恐怕是不行的"；再从敌方郑国的角度看，"我们军队的行动，郑国必然知道"。最后，他从出兵结果的角度进行推测，"辛勤劳累而毫无所得，将士必然产生怨恨情绪"。他还一再强调"况且行军千里，谁能不知道呢"这显而易见的事实，希望让被利益诱惑而冲昏头脑的秦穆公能够清醒地看到这件事情的不可行性。秦穆公不肯听从蹇叔的冷静分析，他召见孟明、西乞、白乙，命令他们率领军队从东门外出发。

面对秦穆公拒不接受的态度，蹇叔并没有就此放弃，他直接用行动去表明自己对这件事坚决否定的态度。

在秦军出发的时候，蹇叔哭着送他们说："孟明啊，我能看见军队的出征，而看不见军队回来了。"秦穆公派人对蹇叔说："你知道什么？如果你六七十岁的中寿年龄就死了，你坟上的树木早已有合抱粗了。"

蹇叔并没有因为秦穆公一再的坚持而退让，也丝毫没有改变自己坚决反对出兵的态度，他哭着送在军队里的儿子，并嘱咐他："晋人必定在崤山袭击秦军，崤山有二陵：它的南陵，是夏后皋的坟墓，它的北陵，是周文王躲避风雨的地方。你必定会死在那里，我到那里去收拾你的尸骨。"

果然，秦军到达滑国的时候被郑国商人弦高碰到并发现了秦军的企图，弦高一方面犒劳秦军，另一方面偷偷通知了郑国。于是郑穆公派人察看杞子等人住的客馆，发现他们厉兵秣马，已经装束完毕，就派皇武子辞谢并威胁他们，杞子逃到齐国，逢孙、杨孙逃到宋国。秦军主将孟明知道郑国有准备了，攻打它不能取胜，包围它没有后援，于是灭了滑国而撤返回秦国。

晋国得到消息后，先轸认为，秦国不听蹇叔的话，而因为贪心使人民劳苦，这是上天送给晋国的良机。在先轸的坚决主张下，晋军在崤山截击秦军，大败秦军。秦穆公穿着白衣服驻扎郊外亲自迎接惨败而归的军队，并哭着说："我不听蹇叔的话使诸位受辱，这是我的罪过。"

崤之战以秦军的惨败收场，证实了蹇叔的判断；晋国先轸明确指出秦穆公不听从蹇叔的意见而见利忘义，给了晋国很好的攻击理由；秦穆公自己也痛哭流涕，后悔自己当初派兵袭郑的错误决定。从这些事实中可以看出蹇叔的远见卓识——他睿智多识，能够全面分析形势，清醒而理智地作出判断，是难得的臣子。苏洵曾言："不先审天下之势而欲应天下之务，难矣。"[①] 确实如此。

同时，蹇叔对国家的忠诚也表现无疑，他不但毫不犹豫地否定秦穆公出兵郑国的决策，又不顾秦穆公的反感，用哭嚎的形式表达自己对秦穆公决策的坚决反对，甚至直接对儿子说出要去给他收尸的话，用这样决绝的方式对秦穆公的做法表达抗议。"忠无不报，信不见疑"。[②] 百里奚向秦穆公举荐蹇叔时曾说："臣不及臣友蹇叔，蹇叔贤而世莫知。"[③] 此一"贤"字当之无愧。作为秦国的元老，蹇叔能在国家出现重大决策失误时毫无顾忌地表达抗议，丝毫不担心秦穆公会因此而对他采取危险的行动，他的忠勇着实令世人赞叹，他的智慧和冷静同样值得为国者三思。

---

① 曾枣庄、刘琳主编：《全宋文》第四十三册，上海：上海辞书出版社、合肥：安徽教育出版社，2006 年，第 60—61 页。

② （汉）司马迁：《史记》，北京：中华书局，1982 年，第 2470 页。

③ （汉）司马迁：《史记》，北京：中华书局，1982 年，第 186 页。

第六节　郑　罕虎

人物小传

罕虎，姬姓，罕氏，名虎，字子皮，子罕之子，郑穆公之孙。后娶于齐国子尾氏。罕虎是一位贤达之臣，以国家为重，以民为重。宋国司城子罕曾评价他“邻于善，民之望也”，晏子也曾评价他“能用善人，民之主也”，认为他是民众的希望。罕虎博学多识，与子产的关系也颇为密切，鲁襄公三十年曾支持子产的改革，能够明白子产的想法，是子产敬重的人。罕虎出使各国，于鲁昭公十三年卒。他过世后，子产接替其位，成为郑国正卿。罕虎在任期间，郑国政治和谐，为之后郑国的平稳发展打下了基础。

经典文本

【襄公二十九年】

郑子展卒，子皮即位。于是郑饥而未及麦，民病。子皮以子展之命，饩国人粟，户一钟，是以得郑国之民。故罕氏常掌国政，以为上卿。宋司城子罕闻之，曰："邻于善，民之望也。"宋亦饥，请于平公，出公粟以贷，使大夫皆贷。司城氏贷而不书，为大夫之无者贷。宋无饥人。叔向闻之，曰："郑之罕，宋之乐，其后亡者也，二者其皆得国乎！民之归也，施而不德，乐氏加焉，其以宋升降乎！"(《左传》)

【襄公三十年】

晋人、齐人、宋人、卫人、郑人、曹人、莒人、邾人、滕人、薛人、杞人、小邾人会于澶渊。宋灾故。(《春秋》)

郑伯有耆酒，为窟室，而夜饮酒，击钟焉，朝至，未已。朝者曰："公焉在？"其人曰："吾公在壑谷。"皆自朝布路而罢。既而朝，则又将使子皙如楚，归而饮酒。庚子，子皙以驷氏之甲伐而焚之。伯有奔雍梁，醒而后知之，遂奔许。大夫聚谋。子皮曰："《仲虺之志》云：'乱者取之，亡者侮之。推亡固存，国之利也。'罕、驷、丰同生，伯有汰侈，故不免。"

人谓子产就直助强，子产曰："岂为我徒？国之祸难，谁知所敝？或主强直，难乃不生。姑成吾所。"辛丑，子产敛伯有氏之死者而殡之，不及谋而遂行。印段从之，子皮止之。众曰："人不我顺，何止焉?”子皮曰:“夫子礼于死者,况生者乎?”遂自止之。壬寅,子产入。癸卯,子石入。皆受盟于子皙氏。

乙巳,郑伯及其大夫盟于大宫。盟国人于师之梁之外。伯有闻郑人之盟己也,怒。闻子皮之甲不与攻己也,喜,曰:“子皮与我矣。”癸丑,晨,自墓门之渎入,因马师颉介于襄库,以伐旧北门。驷带率国人以伐之。皆召子产。子产曰:“兄弟而及此,吾从天所与。”伯有死于羊肆,子产襚之,枕之股而哭之,敛而殡诸伯有之臣在市侧者。既而葬诸斗城。子驷氏欲攻子产,子皮怒之,曰:“礼,国之干也。杀有礼,祸莫大焉。”乃止。

仆展从伯有,与之皆死。羽颉出奔晋,为任大夫。鸡泽之会,郑乐成奔楚,遂适晋。羽颉因之,与之比而事赵文子,言伐郑之说焉。以宋之盟故,不可。子皮以公孙鉏为马师。

为宋灾故,诸侯之大夫会,以谋归宋财。冬,十月,叔孙豹会晋赵武、齐公孙虿、宋向戌、卫北宫佗、郑罕虎及小邾之大夫,会于澶渊。既而无归于宋,故不书其人。君子曰:“信其不可不慎乎!澶渊之会,卿不书,不信也夫。诸侯之上卿,会而不信,宠名皆弃,不信之不可也如是。《诗》曰‘文王陟降,在帝左右’,信之谓也。”书曰“某人某人会于澶渊,宋灾故”,尤之也。不书鲁大夫,讳之也。

郑子皮授子产政,辞曰:“国小而偪,族大宠多,不可为也。”子皮曰:“虎帅以听,谁敢犯子?子善相之。国无小,小能事大,国乃宽。”

子产为政,有事伯石,赂与之邑。子大叔曰:“国皆其国也,奚独赂焉?”子产曰:“无欲实难。皆得其欲,以从其事,而要其成。非我有成,其在人乎?何爱于邑,邑将焉往?”子大叔曰:“若四国何?”子产曰:“非相违也,而相从也。四国何尤焉?《郑书》有之曰:‘安定国家，必大焉先。’姑先安大，以待其所归。”既，伯石惧而归邑，卒与之。伯有既死，使大史命伯石为卿，辞。大史退，则请命焉。复命之，又辞。如是三，乃受策入拜。子产是以恶其为人也，使次己位。

子产使都鄙有章，上下有服，田有封洫，庐井有伍。大人之忠俭者，从而与之；泰侈者，因而毙之。丰卷将祭，请田焉。弗许，曰："唯君用鲜，众给而已。”子张怒，退而征役。子产奔晋，子皮止之，而逐丰卷。丰卷奔晋。子产请其田、里，三年而复之，反其田、里及其入焉。从政一年，舆人诵之曰："取我衣冠而褚之，取我田畴而伍之。孰杀子产，吾其与之。”及三年，又诵之曰："我有子弟，子产诲之。我有田畴，子产殖之。子产而死，谁其嗣之？”(《左传》)

【襄公三十一年】

郑子皮使印段如楚，以适晋告，礼也。

子皮欲使尹何为邑。子产曰："少，未知可否。”子皮曰："愿，吾爱之，不吾叛也。使夫往而学焉，夫亦愈知治矣。”子产曰："不可。人之爱人，求利之也。今吾子爱人则以政，犹未能操刀而使割也，其伤实多。子之爱人，伤之而已，其谁敢求爱于子？子于郑国，栋也。栋折榱崩，侨将厌焉。敢不尽言？子有美锦，不使人学制焉。大官大邑，身之所庇也，而使学者制焉。其为美锦，不亦多乎？侨闻学而后入政，未闻以政学者也。若果行此，必有所害。譬如田猎，射御贯，则能获禽。若未尝登车射御，则败绩厌覆是惧，何暇思获？”子皮曰："善哉！虎不敏。吾闻君子务知大者远者，小人务知小者近者。我，小人也。衣服附在吾身，我知而慎之；大官大邑，所以庇身也，我远而慢之。微子之言，吾不知也。他日我曰：‘子为郑国，我为吾家，以庇焉，其可也。’今而后知不足。自今请，虽吾家，听子而行。”子产曰："人心之不同，如其面焉。吾岂敢谓子面如吾面乎？抑心所谓危，亦以告也。"子皮以为忠，故委政焉。子产是以能为郑国。(《左传》)

【昭公元年】

叔孙豹会晋赵武、楚公子围、齐国弱、宋向戌、卫齐恶、陈公子招、蔡公孙归生、郑罕虎、许人、曹人于虢。(《春秋》)

春，楚公子围聘于郑，且娶于公孙段氏，伍举为介……正月乙未，入逆而出，遂会于虢，寻宋之盟也。

楚令尹围请用牲，读旧书，加于牲上而已，晋人许之。

三月，甲辰，盟。楚公子围设服离卫。叔孙穆子曰："楚公子美矣，君哉！"郑子皮曰："二执戈者前矣！"蔡子家曰："蒲宫有前，不亦可乎？"楚伯州犁曰："此行也，辞而假之寡君。"郑行人挥曰："假不反矣！"伯州犁曰："子姑忧子皙之欲背诞也。"子羽曰："当璧犹在，假而不反，子其无忧乎？"齐国子曰："吾代二子愍矣。"陈公子招曰："不忧何成？二子乐矣。"卫齐子曰："苟或知之，虽忧何害？"宋合左师曰："大国令，小国共，吾知共而已。"晋乐王鲋曰："《小旻》之卒章善矣，吾从之。"

夏，四月，赵孟、叔孙豹、曹大夫入于郑，郑伯兼享之。子皮戒赵孟，礼终，赵孟赋《瓠叶》。子皮遂戒穆叔，且告之。穆叔曰："赵孟欲一献，子其从之！"子皮曰："敢乎？"穆叔曰："夫人之所欲也，又何不敢？"及享，具五献之笾豆于幕下。赵孟辞，私于子产，曰："武请于冢宰矣。"乃用一献。赵孟为客，礼终乃宴。穆叔赋《鹊巢》。赵孟曰："武不堪也。"又赋《采蘩》，曰："小国为蘩，大国省穑而用之，其何实非命？"子皮赋《野有死麕》之卒章，赵孟赋《常棣》，且曰："吾兄弟比以安，尨也可使无吠。"穆叔、子皮及曹大夫兴，拜，举兕爵，曰："小国赖子，知免于戾矣。"饮酒乐。赵孟出，曰："吾不复此矣。"

郑为游楚乱故，六月，丁巳，郑伯及其大夫盟于公孙段氏。罕虎、公孙侨、公孙段、印段、游吉、驷带私盟于闺门之外，实薰隧。公孙黑强与于盟，使大史书其名，且曰"七子"。子产弗讨。(《左传》)

【昭公三年】

秋，七月，郑罕虎如晋，贺夫人，且告曰："楚人日征敝邑，以不朝立王之故。敝邑之往，则畏执事，其谓寡君，'而固有外心'。其不往，则宋之盟云。进退罪也。寡君使虎布之。"宣子使叔向对曰："君若辱有寡君，在楚何害？脩宋盟也。君苟思盟，寡君乃知免于戾矣。君若不有寡君，虽朝夕辱于敝邑，寡君猜焉。君实有心，何辱命焉？君其往也！苟有寡君，在楚犹在晋也。"(《左传》)

【昭公五年】

晋韩宣子如楚送女，叔向为介。郑子皮、子大叔劳诸索氏。大叔谓叔向曰："楚王汰侈已甚，子其戒之！"叔向曰："汰侈已甚，身之灾也，焉能及人？若奉吾币帛，慎吾威仪，守之以信，行之以礼，敬始而思终，终无不复。从而不失仪，敬而不失威，道之以训辞，奉之以旧法，考之以先王，度之以二国，虽汰侈，若我何？"

郑罕虎如齐，娶于子尾氏。晏子骤见之，陈桓子问其故，对曰："能用善人，民之主也。"(《左传》)

【昭公六年】

楚公子弃疾如晋，报韩子也。过郑，郑罕虎、公孙侨、游吉从郑伯以劳诸柤，辞不敢见。固请见之。见，如见王，以其乘马八匹私面。见子皮如上卿，以马六匹。见子产，以马四匹。见子大叔，以马二匹。禁刍牧采樵，不入田，不樵树，不采蓺，不抽屋，不强丐。誓曰："有犯命者，君子废，小人降！"舍不为暴，主不慁宾。往来如是。郑三卿皆知其将为王也。(《左传》)

【昭公十年】

九月，叔孙婼、齐国弱、宋华定、卫北宫喜、郑罕虎、许人、曹人、莒人、邾人、薛人、杞人、小邾人如晋，葬平公也。郑子皮将以币行。子产曰："丧焉用币？用币必百两，百两必千人，千人至，将不行。不行，必尽用之。几千人而国不亡？"子皮固请以行。既葬，诸侯之大夫欲因见新君。叔孙昭子曰："非礼也。"弗听。叔向辞之，曰："大夫之事毕矣。而又命孤，孤斩焉在衰绖之中，其以嘉服见，则丧礼未毕。其以丧服见，是重受吊也。大夫将若之何？"皆无辞以见。子皮尽用其币。归，谓子羽曰："非知之实难，将在行之。夫子知之矣，我则不足。《书》曰'欲败度，纵败礼'，我之谓矣。夫子知度与礼矣，我实纵欲，而不能自克也。"(《左传》)

【昭公十一年】

秋，季孙意如会晋韩起、齐国弱、宋华亥、卫北宫佗、郑罕虎、曹人、杞人于厥慭。(《春秋》)

秋，会于厥慭，谋救蔡也。郑子皮将行。子产曰："行不远，不能救蔡也。蔡小而不顺，楚大而不德，天将弃蔡以壅楚，盈而罚之，蔡必亡矣。且丧君而能守者，鲜矣。三年，王其有咎乎！美恶周必复，王恶周矣。"晋人使狐父请蔡于楚，弗许。(《左传》)

【昭公十三年】

子产归，未至，闻子皮卒，哭，且曰："吾已！无为为善矣，唯夫子知我。"仲尼谓子产："于是行也，足以为国基矣。《诗》曰：'乐只君子，邦家之基。'子产，君子之求乐者也。"且曰："合诸侯，艺贡事，礼也。"(《左传》)

人物评议

“国者，天下之大器也，重任也”①。以一人之力可以兴国、可以定国，这样的人一定是百姓心目中的英雄，也一定是治政者的定海神针，无论什么样的治政者，得此一人都可高枕无忧。那么，这样一个有能力、有担当的人应该有着怎样高尚的品德和非凡的智慧呢？大概在每个人心中都会给出不同的描述。如果你能静下心来读一读《左传》中郑国的罕虎在执政中所表现出的朴拙及他决策的明智，相信你一定与我一样感慨他的大智若愚，贤达可亲。他的身上，既有着不同于一般执政者的朴素亲和，又有着执政应该具有的大局意识和当断则断的冷静沉着。罕虎在《左传》的记载中，大多以子皮相称，下面对他的评价中，也用子皮称呼他。对于子皮身上所体现出的卓越品质，具体分析如下。

一、德高惠民，广受赞誉

在春秋时代，品行是评价一个人的重要标准，无论一个人有多大的能力，如果没有德行，最后都是不会被认可和接受的。正所谓“道德不厚者，不可以使民”②，子皮在子展去世后就接替了他郑国执政大

---

① （清）王先谦撰，沈啸寰、王星贤点校：《荀子集解》，北京：中华书局，1988年，第207页。

② 何建章注释：《战国策注释》，北京：中华书局，1990年，第74页。

臣的职位，可见他是一位在人品上被郑国国家层面上认可了的人才。从历史记载中也可以看到子皮在处理政务时常常能以德服人。

在子皮接任执政大臣后不久，鲁襄公二十九年，郑国发生了饥荒，但是还没有到麦收时节，老百姓很困乏。子皮按照子展的遗命，把粮食赠送给国人，每户一钟，因此得到了郑国百姓的拥护。宋国的司城子罕听到这件事，评价说，其接近于善，这是百姓的期望。宋国也发生了饥荒，司城子罕向宋平公请求，拿出公家的粮食借给百姓，让大夫们都出借粮食。司城氏借出粮食，而没有写借契，又替没有粮食的大夫借粮给百姓，因此宋国没有挨饿的百姓。晋国叔向听到这件事，认为郑国的罕氏，宋国的乐氏，大概会是最后灭亡的；两家都掌握国政，这是百姓归向他们的缘故。施惠而不自以为恩德，乐氏更高一筹，大概会随着宋国的盛衰而盛衰。从叔向的评价中也很容易看出，古人对人的德行的重视，一个有德望的人才会被认可，有德望的家族才会被重视，“以德行仁者王”①。

正是因为子皮施惠于民而赢得了民心，宋国的司城子罕才会从他身上得到了“邻于善，民之望也”的启发，还像他一样采取惠民政策，并且做得更好。子皮宽仁的品德在这件事中得到了体现。他的品德修为，还体现在他懂得反思、敢于面对自己的问题、承认并改正自己的问题这些方面。

鲁襄公三十一年，子皮想让尹何做他封地的长官，在征询子产意见时，子产却委婉地提醒他说：“太年轻，不知道行不行？”子皮却认为尹何这个人谨慎老实，而且自己很喜欢他，肯定不会背叛自己，自己就想让他去学习一下，这样他也就更懂得治理封邑了。听到他这样

① （清）焦循撰，沈文倬点校：《孟子正义》，北京：中华书局，第221页。

处理问题，子产直接提出了反对意见，他说："不行，但凡一个人喜爱另一个人，总是谋求对那个人有利。现在您喜爱一个人，却把政事交给他。就像一个人不会拿刀，而让他去割东西，他的伤害一定会多的。"子产反对的第一个理由就是：您喜欢一个人，不过是伤害他罢了，那谁敢在您那里求得喜爱呢？

接着，子产又进一步分析他这样做不合适的原因："您在郑国是栋梁，栋梁折断，椽子就会崩毁，我将会压在底下，岂敢不把话说完？您有美丽的彩绸，绝不能让不会裁制衣服的人学习裁制的。重要的官职、大的封邑，是自身的庇护，反而让学习的人去管理，它比美丽的彩绸不是重要得多吗？"子产反对的第二个理由就是：这样的处理太过于轻率，对子皮自己也有可能造成伤害，甚至是很难挽回的，正所谓"怠情忽略，必乱其政"。①

然后子产又进一步分析："我听说学习以后才参加管理政务，没听说把管理政事当作学习的对象。如果这样做是一定有害处的，比如打猎、射箭、驾车，要熟练才能擒获禽兽。如果从来没有登车射过箭、驾过车，那么一心害怕翻车压人，哪里还有工夫想着猎获禽兽呢？"可见，把自己重要的保障交给一个无法保障技术的人处理是存在着多么大的风险！

面对子产中肯的分析，利弊得失清楚地摆在了子皮面前，子皮也明白自己在处理封邑这么重大的问题时的一时糊涂，于是他直接承认，说："好啊！我真是不聪明，我听说君子专门了解大的、远的事情，小人专了解小的、近的事情，我是小人呐，衣服穿在我身上我知道爱惜它，重要的官职、大的封邑是庇护自身的，我却疏远并且轻视它，没

① （清）阮元校刻：《十三经注疏·尚书正义》，北京：中华书局，2009年，第502页。

有您的话，我是不知道这些得失的。过去我说您治理郑国，我治理我的家族来庇护我自己，那就可以了。现在我才知道不够，从现在开始我向您请求，即使是我家族的事情，也要听从您的意见去办理。”子产说：“人心不相同正像人的面孔不相同一样，我怎敢说您的面孔像我的面孔呢？不过是我心里认为危险的就把它告诉您了。”

作为郑国执政的正卿，能够在面对自己处理不当的问题时，态度坦然，勇于检讨自己，这是十分难能可贵的，“见不善，愀然必以自省也”。① 只有修为达到一定境界的人才能懂得身居高位、处事不当会造成怎样严重的后果，但又有几个身居高位的人敢正视自己的举措存在的不足呢？

魏世俨曰：“子皮使尹何为邑，如季路之使子羔为费宰，特婉转出之。然子产虚心受善，千载令人健羡。”② 能听善言，善改己过，子皮不仅在处理自己家事时如此，在处理国事时，也同样做到了这一点。

鲁昭公十年七月，晋平公死了，子皮作为郑国的代表到晋国去参加安葬事宜。他在出发时准备带财礼前去，子产否定了他这一做法。子产认为子皮这样做不合适，一方面是不合礼仪，另一方面是太过铺张浪费。子皮不听，坚决请求带着出去。安葬完毕，他用光了带去的财物，结果确实如子产料想的一样。回国后子皮对子羽说：“并不是难在懂得道理，难在实行。子产懂得道理，我则道理懂得还不够。《尚书》说：‘欲望败坏法度，放纵败坏礼仪’，说的就是我这样的人呢。子产懂得法度和礼仪，我的确是放纵欲望而不能自我克制。”

---

① （清）王先谦撰，沈啸寰、王星贤点校：《荀子集解》，北京：中华书局，1988年，第21页。

② （清）魏禧：《左传经世钞》卷十五，清乾隆刻本。

方宗诚曰："此段叙子产之有识，叔向之守礼，子皮之不文过。"①子皮的一番诚恳反思，让人看到的是一个人真正从人格上体现出的高尚之处，他是抛开一切外在物质权力加持的人品的宽厚可贵，是来自灵魂深处的高贵带给人的震撼！

二、智明识人，为国选贤

子皮在看到子产的能力后，就让他主持郑国的国政。从前文可以看到，在和子产探讨交流治政策略、方法的过程中，子皮看到子产一再给出合理明智的建议后，通过事实检验得出结论，子产是忠诚的，所以他就把郑国的政务完全委托给他，子产因此能够治理郑国。

其实子皮识人，并不简简单单看这个人在自己面前的表现，他还观察了子产在一些政务处理上的为人行事。子皮刚治政不久，郑国的伯有和子皙两兄弟发生矛盾，互相争斗。当时有人劝子产要靠拢正直的、帮扶强大的，子产不愿参与其中，要保持自己不偏袒任何一方的中立身份，但子产出于礼仪，就去收了跟随伯有的死者的尸体，加以殡葬。然后，他没有和其他任何大夫商量就走了。印段跟从着他，想要责处他，子皮劝阻了他。众人责怪子皮不该放走不顺从的子产。子皮却认为，子产所做的一切是出于礼，而且他通过子产对死去的人尚且讲究礼，看到子产为人处世重礼尊礼。于是他就亲自去劝阻子产，让他不要离开，子产后来就进入了国都。

后来伯有被打败死在卖羊的街市，仍然是子产去给伯有的尸体穿

---

① （清）方宗诚：《春秋左传文法读本》，华东师范大学图书馆清刻本。转引自李卫军编著：《左传集评》，北京：北京大学出版社，2016年，第1648页。

上衣服，头枕在尸体的大腿上嚎哭，为他收尸并把棺材停放在住在街市旁边的伯有的家臣家里，不久后把他埋葬在了斗城。子产的做法完全是出于礼，可是作为伯有敌对方成员的驷氏却并不能正确理解他的做法，就想要攻打子产。是子皮对他们的做法进行了劝阻，他很生气地说："礼仪是国家的主干，杀有礼的人，没有比这再大的祸患了。"于是驷氏就停止了行动。

"善为政者，务在于择人而已"①，子皮之所以能够一再保护子产，是他看到子产为人行事中的合礼，对他能够正确评价，而不是站在某一方私利的角度去看待子产的行为。可见，子皮看人是出于公心，而不是私利。所以子皮后来看到子产的能力后就让他掌管郑国的政务，而且还用自己的身份地位帮助子产顶住压力，支持子产在郑国进行政策改革。

子皮在把国政交付给子产时，子产因为有自己的执政想法，也深知执政背后的强大压力，就推辞说："我们国家小而且逼近大国，公族庞大而受宠的人又多，我不能治理好。"子皮说："我率领公族听从你的命令，谁敢触犯你？你好好地辅助国家吧，国家不在于小，小国能够侍奉大国，国家就可以得到宽舒和缓了。"

正是因为有了子皮的大力支持，子产才能在郑国实行一系列改革措施。他让城市和乡村都有一定的规章，上下尊卑各有不同的服装颜色，田地有疆界和沟渠，庐舍田井安排有相应的相保。对忠诚简朴的卿大夫听信并亲近他，对骄横奢侈的就依法惩办他。"明分任职，则治而不乱，明而不蔽矣"。② 大夫丰卷要祭祖，请求打猎获取祭品，子产

① （唐）魏徵等撰，沈锡麟整理：《群书治要》，北京：中华书局，2014年，第583页。

② 黎翔凤撰，梁运华整理：《管子校注》，北京：中华书局，2004年，第955页。

没有答应，因为只有国君才能采用新猎获的野兽祭祀，一般人用普通的祭品就可以了。丰卷大怒，回去以后就召集兵卒，准备攻打子产。子产要逃到晋国去，子皮阻止了他，并驱逐了丰卷。丰卷逃到了晋国。子产向郑君请求保留他的田地住宅，过了三年，便让丰卷回国，把他的田地、住宅和一切收入都还给了他。

子产的改革措施无疑冒犯了一些世家大族的利益，也整治了一系列不合礼的骄纵行为，如果不是子皮的支持，这样的改革很难坚持下去，取得成效。

子产执政一年时，众人因为他的改革触犯了利益，都希望有谁去杀了子产，他们都愿意帮助那个能杀了子产的人。但是到了第三年，众人都纷纷表达："我家有子弟，子产来教诲；我家有田地，子产来栽培。子产如果死了，由谁来继位呢？"

可见，子产仅用了三年时间，就让郑国政治发生了喜人的变化。孔子评论说："子产在这次行动中足以成为国家的基石了。《诗经》说：'欢乐啊君子，你是国家的基石！'子产是君子中追求欢乐的人。"又评论说："会和诸侯，制定贡赋的限度，这就是礼。"在《论语·公冶长》中也有："子谓子产：'有君子之道四焉：其行己也恭，其事上也敬，其养民也惠，其使民也义。'"①子产的治政策略和执政能力得到了当世和后世的高度认可。

子产所取的成就离不开子皮的支持，子皮选择了子产，也为郑国选择了治世贤臣。子皮离世，他提携扶助的子产就已经成为国家的基石。鲁昭公十三年，晋国落成了虒祈之宫，前往朝见而归的诸侯，都

---

① 程树德撰，程俊英、蒋见元点校：《论语集释》，北京：中华书局，1990年，第326页。

对晋国怀有二心。晋侯打算会见吴王，水路不通，吴王辞谢，晋侯就回去了。七月二十九日，晋国在邾国的南面检阅军队，装载甲士的战车有四千辆。羊舌鲋代理司马，于是就在平丘会合诸侯。子产、子太叔辅佐郑伯参加会见。子产对贡赋限度提出异议，并重新制定标准，规范了当世贡赋不合礼的情况，作出了重大的贡献。子产回国，还没有到达郑国，就听到了子皮死去的消息。他大哭，并说："我完了，没有人帮我做好事了，唯有子产了解我。"

子产对子皮的敬爱是发自内心的，子皮对子产的支持也让子产不仅为郑国，而且为诸侯国的大事作出了自己的贡献。春秋晚期的郑国，能够在诸侯中占有一席之地，诸侯国能很好地解决贡赋大事，其中子皮是重要的助推。李笠翁评价说："齐无管仲则不霸，郑无子产则不国。然管仲之任也以鲍叔，子产之任也以子皮。二子之才世恒有，而鲍、罕不恒有也，可胜悼哉！"①

所以就连睿智如晏子这样的同时代人物，都对他以德为政的行为给予了高度肯定。鲁昭公五年，子皮到齐国在子尾氏那里娶妻。晏子屡次觐见。陈桓子（即陈无宇，齐国大夫）问晏子这样做是什么缘故，晏子回答说："能用善人，民之主也。"

孔子高度评价子皮的识人荐人之贤，《韩诗外传》中记载子贡问贤臣，孔子回答道："齐有鲍叔，郑有子皮。"子贡不解，为何不是齐有管仲、郑有东里子产。孔子说："我只听过鲍叔荐管仲，子皮荐子产，却没听过管仲、子产举荐过谁。"子贡很快明白，原来荐贤于贤。夫子告诉他："知贤，知也。推贤，仁也。引贤，义也。有此三者，又何加

① ［日］奥田元继：《春秋左氏传评林》，华东师范大学图书馆1793年有文堂刻本。转引自李卫军：《左传集评》，北京：北京大学出版社，2016年，第1698页。

焉?”[1]子皮兼有知、仁、义，既成全了自己的贤名，亦有大用于国家。

三、外安诸侯，斡旋得体

在子皮执政期间，郑国处于晋国、楚国两个大国之间，两大强国争权夺势，夹在中间的郑国要想保全自己，就必须维护好与大国之间的关系。子皮在执政过程中，深刻理解侍奉大国的重要性，明晰侍奉大国之礼、之策，他在很多问题的处理中都表现出了他处理外交事务的得体，真正做到了不卑不亢、进退得法。

郑国当时的外交中，最难处理的是与晋、楚两国之间的关系，亲附任何一个都会引起另一个的不满，无依无靠又很难生存，左右逢源又须有轻重之分，子皮很好地拿捏了这其中的轻重缓急。

在执政之初，子皮派印段去楚国之前，就先到晋国报告，因为这在当时是合于礼的。这样做让晋国满意，也让楚国挑不出毛病。

不仅是这一次面对出使的问题，在鲁昭公三年七月，子皮在郑国国君需要到楚国去时，也是趁机到晋侯面前直接坦陈，并且表现出了足够的尊重，言辞也十分得体。子皮到晋国是祝贺晋平公新娶齐国的女子为妻，趁机报告说，楚国人每天责问敝邑，就因为我们没有朝贺楚国新立国君的缘故。敝邑如果前往，那么又畏惧执事误会，担心认为寡君原本就对晋国有二心。如果不去，那么在宋国的盟约又是这样说的，进退都是罪过。寡君派虎前来陈述。晋国执政大臣韩宣子派叔向回答说:“君王如果心向着寡君，在楚国又有什么害处呢？这是重修

---

① （汉）韩婴撰，许维遹校释:《韩诗外传集释》，北京：中华书局，1980年，第267页。

在宋国会盟的友好。君王如果考虑盟约，寡君就知道应该免除罪过了；君王如果心不向着寡君，即使早晚光临敝邑，寡君也会猜疑他。君王确实心向着寡君，何必辱没他的命令呢？国君还是前往吧，如果心向着寡君，在楚国就像在晋国一样。”

子皮的外交辞令是他善于应对、能顺应时局的体现，“虽有智慧，不如乘势。虽有镃基，不如待时”。[①] 这一点也体现在他鲜明的外交态度上，子皮面对大国的强势谦恭有礼、适当退让，但他并不是一味如此，他在强国以势相压时，也常能趁机委婉提示大国，小国恭敬侍奉，但大国也不要借势欺凌。

鲁昭公元年的四月，晋国赵孟、鲁国叔孙豹、曹国的大夫进入郑国，郑简公同时设享礼招待他们。子皮告请赵孟，告请的礼仪结束，赵孟赋《瓠叶》这首诗，义取古人不以微薄废礼，虽瓠叶兔首，犹与宾客享之。子皮就告请叔孙豹，同时告诉他赵孟赋诗的情况。叔孙豹说：“赵孟想要一献，您还是听从他吧。”一献之礼是传统文化中燕飨之礼的礼节，来源于周礼。大致步骤为三步：先由主人取酒爵致客，称为“献”，由客还敬，称为“酢”；再由主人把酒注入觯或爵后，先自饮而后劝宾客随饮，称“酬”，合起来称为“一献之礼”。在“献”的环节中，有洗爵的步骤。因此，“一献之礼”又称为“三爵之礼”，应该在很重大的场合下才能用到。[②] 子皮说：“他敢吗？”叔孙豹说：“那个人想这样做又有什么不敢的？”到了享礼的时候，在东房准备了五献的笾豆之类的用具。赵孟（赵武）辞谢，对子产私下说：“武已经向冢宰请求过了。”于是就用了一献之礼。赵孟是主宾，享礼完毕，就饮

① （清）焦循撰，沈文倬点校：《孟子正义》，北京：中华书局，1987 年，第 183 页。

② 参见（清）阮元校刻：《十三经注疏·仪礼注疏》，北京：中华书局，2009 年，第 2057 页。

宴。叔孙豹赋《鹊巢》这首诗，喻指晋国，赵孟制之。赵孟说："武不敢当。"叔孙豹又赋了《采蘩》一诗，义取蘩菜薄物，可以荐公侯，享其信，不求其厚。叔孙豹说："小国献上了蘩，大国节省爱惜而加以使用，怎么敢不服从大国的命令呢？"子皮赋《野有死麕》的最后一章，义取君子徐以礼来，无使我失节，而使狗吠叫。喻指赵孟以义安抚诸侯，不以非礼相加凌。赵孟赋《棠棣》，表达想亲近兄弟之国，并说："我们兄弟相亲，可以使狗别叫了。"叔孙豹、子皮和曹国的大夫起来，下拜，举起牛角杯说："小国依赖您，知道免于罪过了。"喝酒喝得很高兴。赵孟出来说："我不会再看到这样的欢乐了。"

在这次社交活动中，子皮面对赵孟不合礼的做法并没有直接指出来，他是借助饮酒赋诗时委婉表达了希望赵孟不要凭借晋国之强相欺凌的意见，因此得到赵孟友好的回应，可谓宾主尽欢、皆大欢喜。子皮在考虑稳定郑国方面可谓煞费苦心，不但要在处境相类似的诸侯国之间周旋，更要在与大国相处时尽其所能地保住郑国的尊严。正所谓"化转环属，各有形势，反复相求，因事为制"。①

在这些重要的外交应对中，体现了子皮冷静机智的外交能力，同样也是他辞令功夫的显露。这一点常常能够很好地帮助他处理好邦国之间的关系，也能在重大场合展现出他举止的得宜。子皮在参加诸侯会盟面对无礼行为时，言谈也非常注意分寸，这也为他赢得了赞誉。鲁昭公元年，楚国公子围进入郑国迎娶新妇而出，于是就和鲁国叔孙豹、晋国赵武、齐国国弱、宋国向戌、陈国公子招、蔡国公子归生、郑国罕虎、许人、曹人在虢地会见，重温宋国的会盟。三月二十五日

---

① （战国）鬼谷子著，许富宏校注：《鬼谷子校注》，北京：中华书局，2010年，第90页。

结盟时，楚国公子围陈设国君的服饰，并用两个卫兵持戈侍立保卫。参加会盟的各国大夫评价他的这个行为，大多讽刺挖苦、嘲弄抨击，郑国子皮只是随口说了一句“两个拿戈的人站在前面了”，不置褒贬。之后，子羽对子皮说：“叔孙的话恰切而委婉，宋国左师的话简明而合于礼仪，乐王鲋的话自爱而恭敬，您和子家的话持其两端不偏颇，都是可以保持几代爵禄的大夫。齐国、卫国、陈国的大夫大概不能免于祸患难吧。国子替人忧虑，子招以高兴代替忧虑，齐子虽然有忧虑，却不将其当作危害。忧虑未及己身而替人忧虑、可以忧虑反而高兴和忧虑而不将其当作危害，都是招来忧患的原因。”

从子羽的评论中我们可以看出，各国大夫对待言辞的重视，但真正能言辞得体的人却并不多。“辞不可不修而说不可不善”，① 子皮身为郑国的代表在众人面前很好地展现了合适的外交礼仪、态度和言辞。

子皮在邦交关系的大事处理上也能够从容应对，体现出卓越的外交能力，是“出于其类，拔乎其萃”② 的外交人才。鲁昭公三年时，子皮到晋国祝贺晋君新娶齐女为夫人时。之前楚国要离间游吉，就趁他去晋国送葬时派人到晋国联系他，想让他去楚国。子皮来了后，就直接带游吉回郑国了。楚国派人对游吉说：“自从您回国以后，小人打扫了先人的旧房子，说，‘您大概还要来’，现在子皮来了，小人失去希望了。”游吉说：“吉地位低下，不能前去，这是畏惧大国，尊敬夫人。况且孟子说：‘您将要没事了。’吉大约没事了。”

鲁昭公五年，晋国韩宣子去楚国护送晋女，叔向做副手。郑国子皮、子太叔在索氏慰劳他们，并提醒他们对楚国人多加防备。

---

① （汉）刘向撰，向宗鲁校证：《说苑校证》，北京：中华书局，1987 年，第 267 页。
② （清）焦循撰，沈文倬点校：《孟子正义》，北京：中华书局，1987 年，第 218 页。

鲁昭公十一年秋天，因为楚国攻打蔡国，鲁国的季孙意如、晋国韩起，齐国国弱，宋国华亥、魏国北公佗、郑国罕虎、曹人、杞人在厥慭会见，商量救援蔡国，罕虎将要出行。子产分析蔡国和楚国的形势后，认为子皮这次行动无法成行。

可见，子皮在对待邦交关系中的各种情况都能合理处置，从容面对，“言必当理，事必当务”。①无论是诸侯会盟，招待慰问，甚至是个别问题的处理，他都能以恰当的方式，让各方满意，使各种问题得到圆满的解决，也尽量维护友好关系。

子皮执政期间的各种举措同样赢得了诸侯的肯定。鲁昭公六年楚国公子弃疾为了回报韩起送晋女到楚国，到晋国拜谢，经过郑国，郑国子皮、子产、子太叔跟随郑伯在柤地慰劳他。公子弃疾辞谢不敢见面，郑伯坚决请求会见，这才见面。公子弃疾拜见郑伯如同拜见楚王，用八匹驾车的马作为私人进见的礼物，拜见子皮如同拜见楚国的上卿，用马六匹，拜见子产用马四匹，拜见子太叔用马两匹；并且报告说，禁止手下割草、放牧、采摘、砍柴，不进入农田，不砍树木，不采摘种植的苹果，不破坏房屋取木材，不强行乞讨，发誓说：“有违反命令的，君子撤职，普通人降等。”寄住时不做暴行，主人不担心客人，前去和回来都像这样。

从这次郑国隆重对待公子弃疾出行，可以看出郑国对楚国的尊重，公子弃疾同样以郑重的礼仪回馈郑国，表达的是对郑国的敬重；他在经过郑国时，严格要求部下不扰民，更能看到他对郑国的重视；郑国的三个卿都知道他将要做楚王了，那么他对郑国的重视就更能说明，

① （清）王先谦撰，沈啸寰、王星贤点校：《荀子集解》，北京：中华书局，1988 年，第 124 页。

在子皮执政郑国期间郑国在诸侯国之中赢得了声望，得到了尊重。这是对子皮执政郑国最好的认可，也是对子皮个人最好的评价。

回看子皮的为人、处世、治政，用大智若愚来概括再恰当不过。他在一些事情的处理上似乎不够谨慎，还有点任性，但他知错能改，善听忠言，格外可亲可敬。而且，他在重大问题的处理上从没犯过糊涂，甚至比一般执政者更加睿智清醒。所以说子皮是个清醒冷静的大智若愚者。

后世，子产、子皮都成为了能臣的代名词，《旧唐书》里说起房玄龄、杜如晦二人，将其比为："房则管仲、子产，杜则鲍叔、罕虎矣。"①

① （后晋）刘昫等撰，中华书局编辑部点校：《旧唐书》，北京：中华书局，1975年，第2472页。

第七节　郑　子张

人物小传

子张，姬姓，印氏，名黑肱，字子张，又称伯张，是子印之子，郑穆公之孙，郑国大夫。子张过世前，只留下足够使用的牲畜和田地，将多余的土地归还给国君，认为“生在敬戒，不在富也”，君子认为他善于警戒自身，是贤达之臣。

经典文本

【宣公十四年】

（夏）晋侯伐郑。（《春秋》）

夏，晋侯伐郑，为邲故也。告于诸侯，蒐焉而还。中行桓子之谋也。曰："示之以整，使谋而来。"郑人惧，使子张代子良于楚。郑伯如楚，谋晋故也。郑以子良为有礼，故召之。（《左传》）

【襄公十八年】

郑子孔欲去诸大夫，将叛晋而起楚师以去之。使告子庚，子庚弗许。楚子闻之，使杨豚尹宜告子庚曰："国人谓不榖主社稷而不出师，死不从礼。不榖即位，于今五年，师徒不出，人其以不榖为自逸而忘先君之业矣。大夫图之，其若之何？"子庚叹曰："君王其谓午怀安乎！吾以利社稷也。"见使者，稽首而对曰："诸侯方睦于晋，臣请尝之。若可，君而继之。不可，收师而退，可以无害，君亦无辱。"子庚帅师治兵于汾。于是子蟜、伯有、子张从郑伯伐齐。子孔、子展、子西守。二子知子孔之谋，完守入保。子孔不敢会楚师。（《左传》）

【襄公二十二年】

九月，郑公孙黑肱有疾，归邑于公。召室老、宗人立段，而使黜官、薄祭。祭以特羊，殷以少牢，足以共祀，尽归其余邑。曰："吾闻之，生于乱世，贵而能贫，民无求焉，可以后亡。敬共事君，与二三

子。生在敬戒，不在富也。”已巳，伯张卒。君子曰：“善戒！《诗》曰‘慎尔侯度，用戒不虞’，郑子张其有焉。”(《左传》)

人物评议

子张身为郑穆公之孙，本为公室成员，又为郑国大夫，维护公室利益，守护郑国就是他义不容辞的责任，当然享受公室应有的待遇也是他的权利。生于乱世，郑国又处在晋国和楚国两大强国之间，子张在职守面前确实从没有含糊过。但不知道是不是在诸侯征伐和诸侯相互斡旋中让子张对人生有了不一样的解读，他在生命终结时，作出了让历史为之惊讶的决定。

子张一生为国辛劳。鲁宣公十四年，晋国出兵攻打郑国，因为郑国在邲之战中出兵帮助了楚国。晋国通告诸侯，在郑国阅兵之后才回国，用以震慑郑国等诸侯国，郑国人果然非常害怕，就派子张到楚国去替换子良。子良是郑襄公的弟弟，在鲁宣公十二年的时候到楚国去做的人质。而子张为郑穆公的孙子，也是郑国公室的成员。郑国人认为子良合于礼，就召他回国了，而让子张代替子良到楚国去做人质。郑伯也去了楚国，想与楚国谋划对付晋国的事情。

作为人质，子张待在楚国最主要的作用是让楚国看到郑国的诚意，维护好郑国和楚国的关系，以利于郑国在晋、楚两个大国之间能够有所依附。

在鲁襄公十八年时，子张跟随郑简公出兵攻打齐国。至于子张在郑国政务方面的其他常规事务的内容，《左传》中并没有太多的记载，但被浓墨重彩地记录下的是子张让当世和历史都为之震惊的临终一幕。

鲁襄公二十二年九月，郑国公孙黑肱（子张）生病了，他把生前的封邑还给郑简公。他具体做法是：先召集家族之长和宗族的人，立他的儿子段为后继人；并当众告诉他减少家臣，祭祀从简。他还详细嘱咐了施行方法：平常的祭祀，用一只羊；盛大的祭祀，用羊和猪。然后他吩咐儿子，留下足够供给祭祀用的土地，把其余的封邑全部归还给国家。最后他还解释这样做的原因，他说："我听说过，生在乱世，地位高贵而能够守着清贫，不向百姓求取什么，就可以在别人之后灭亡。要恭敬地侍奉国君和诸位大夫。生存在于警戒，不在于富有。"九月二十五日，公孙黑肱死去。记录此事的君子评论说："公孙黑肱善于警戒。《诗经》中有'慎重地使用你公侯的法度，警戒意外的祸患'。郑国公孙黑肱大概做到了吧。"

"贫而无谄，富而无骄"，不如"贫而乐，富而好礼者"。[①] 或许子张便是孔子所说的"好礼"之人。"生在敬戒，不在富也"，这句话成了他的临终宣言，也很好地解读了他归地国家的重要原因。但深究这背后的内涵，不知道是不是诸侯纷争让子张对个人利益的理解有了更深刻的体察。他虽然一生都为国家辛劳，他更清楚地看到了维护国家利益的艰难，也看到了太多的利益争夺给百姓带来的疾苦，同时也看到了太多的因为利益纷争而引发的灾祸，这让他重视警戒之心。所以，子张以此提醒儿孙要有警戒之心，不可因身份高贵而心生贪念，不可因地位高贵就不敬重国君和诸位大夫。相信他的这种通达、这份公心也一定能给周围人乃至郑国公室带来警示。所谓死得其所，大概说的就是子张这类人吧。

---

① 程树德撰，程俊英、蒋见元点校：《论语集释》，北京：中华书局，1990年，第54页。

清人魏禧评价他说："'生于乱世，贵而能贫，民无求焉，可以后亡'，至哉言乎！伯张真千古之知士能人，善保其家，长享其财者也。"①

① （清）魏禧：《左传经世钞》卷十三，清乾隆刻本，第22页。

第七章

孔 门 篇

《论语·公冶长》云："颜渊、季路侍。子曰：'盍各言尔志？'子路曰：'愿车马、衣轻裘，与朋友共，敝之而无憾。'颜渊曰：'愿无伐善，无施劳。'子路曰：'愿闻子之志。'子曰：'老者安之，朋友信之，少者怀之。'"①孔子及二弟子之公心远志可以一斑。又《论语·雍也》："季康子问：'仲由可使从政也与？'子曰：'由也果，于从政乎何有？'曰：'赐也可使从政也与？'曰：'赐也达，于从政乎何有？'曰：'求也可使从政也与？'曰：'求也艺，于从政乎何有？'"②孔子言谈中提到自己的弟子时，评价中肯，但也能看出其内心的骄傲。当然，这些只是孔子自己看到的学生的优长，真实历史中他的这些学生又有着怎样的作为，是不是果然如老师眼中那样呢？翻开历史，孔子及其弟子作为士大夫阶层，其表现出的思想深度、修为高度以及在面对家国大义时的行为能力都堪称楷模，为历代士大夫所称道。

① 程树德撰，程俊英、蒋见元点校：《论语集释》，北京：中华书局，1990年，第353页。

② 程树德撰，程俊英、蒋见元点校：《论语集释》，北京：中华书局，1990年，第379页。

第一节 鲁 孔子

丨人物小传

孔子，子姓，孔氏，名丘，字仲尼，为商王族后裔。原是宋国人，其六世祖孔父嘉曾任宋国大司马，后因宋国内乱，孔氏一族出奔至鲁国。孔子曾担任鲁国司寇等职。孔子学识渊博，注重周礼，“仁”[①]是其“一贯”之道。他对《左传》中记载的春秋早期之事及相关人物都作出了精准的评价。孔子一生辗转于各诸侯国之间，渴望展示其治国理政之才。晚年回到鲁国，仍在为恢复鲁国公室力量、田赋改革等进行努力。孔子开创了私人讲学的风气，有弟子三千、贤者七十二的记载，更有子路、子贡、曾参、子有等学生声名远播后世。孔子致力于修订和整理典籍，以传播后世。鲁哀公十六年孔子过世，鲁哀公亲自为其作诔文，表达哀思。孔子及其开创的儒家学派对后世影响深远，受到后人的敬仰和爱戴，堪当“其生也荣，其死也哀”[②]！

---

① “仁”是孔子的核心学说，“仁”之一字在《论语》中出现了 109 次，可见其重要性。

② 程树德撰，程俊英、蒋见元点校：《论语集释》，北京：中华书局，1990 年，第 1342 页。

经典文本

【僖公二十八年】

是会也，晋侯召王，以诸侯见，且使王狩。仲尼曰："以臣召君，不可以训。"故书曰："天王狩于河阳。"言非其地也。(《左传》)

【宣公二年】

秋，九月，乙丑，晋赵盾弑其君夷皋。(《春秋》)

乙丑，赵穿攻灵公于桃园。宣子未出山而复。大史书曰"赵盾弑其君"，以示于朝。宣子曰："不然。"对曰："子为正卿，亡不越竟，反不讨贼，非子而谁？"宣子曰："呜呼！'我之怀矣，自诒伊慼。'其我之谓矣。"孔子曰："董狐，古之良史也，书法不隐。赵宣子，古之良大夫也，为法受恶。惜也，越竟乃免。"宣子使赵穿逆公子黑臀于周而立之。壬申，朝于武宫。(《左传》)

【宣公九年】

陈杀其大夫泄冶。(《春秋》)

陈灵公与孔宁、仪行父通于夏姬，皆衷其衵服，以戏于朝。泄冶谏曰："公卿宣淫，民无效焉，且闻不令。君其纳之！"公曰："吾能改矣。"公告二子。二子请杀之，公弗禁，遂杀泄冶。孔子曰："《诗》云：'民之多辟，无自立辟。'其泄冶之谓乎！"(《左传》)

【成公二年】

新筑人仲叔于奚救孙桓子，桓子是以免。既，卫人赏之以邑，辞，请曲县、繁缨以朝，许之。仲尼闻之，曰："惜也！不如多与之邑。唯器与名，不可以假人，君之所司也。名以出信，信以守器，器以藏礼，礼以行义，义以生利，利以平民，政之大节也。若以假人，与人政也。政亡，则国家从之，弗可止也已。"(《左传》)

【成公十七年】

初，鲍国去鲍氏而来为施孝叔臣。施氏卜宰，匡句须吉。施氏之宰，有百室之邑。与匡句须邑，使为宰。以让鲍国，而致邑焉。施孝叔曰："子实吉。"对曰："能与忠良，吉孰大焉？"鲍国相施氏忠，故齐人取以为鲍氏后。仲尼曰："鲍庄子之知不如葵，葵犹能卫其足。"(《左传》)

【襄公二十三年】

齐侯将为臧纥田。臧孙闻之，见。齐侯与之言伐晋。对曰："多则多矣！抑君似鼠。夫鼠昼伏夜动，不穴于寝庙，畏人故也。今君闻晋之乱而后作焉，宁将事之，非鼠如何？"乃弗与田。仲尼曰："知之难也，有臧武仲之知，而不容于鲁国，抑有由也。作不顺而施不恕也。《夏书》曰：'念兹在兹。'顺事、恕施也。"(《左传》)

【襄公二十五年】

冬，十月，子展相郑伯如晋，拜陈之功。子西复伐陈，陈及郑平。仲尼曰："《志》有之：'言以足志，文以足言。'不言，谁知其志？

言之无文，行而不远。晋为伯，郑入陈，非文辞不为功。慎辞哉！”（《左传》）

【襄公二十七年】

五月甲辰，晋赵武至于宋。丙午，郑良霄至。六月，丁未朔，宋人享赵文子，叔向为介。司马置折俎，礼也。仲尼使举是礼也，以为多文辞。（《左传》）

【襄公三十一年】

郑人游于乡校，以论执政。然明谓子产曰：“毁乡校，何如？”子产曰：“何为？夫人朝夕退而游焉，以议执政之善否。其所善者，吾则行之；其所恶者，吾则改之。是吾师也，若之何毁之？我闻忠善以损怨，不闻作威以防怨。岂不遽止？然犹防川，大决所犯，伤人必多，吾不克救也。不如小决使道，不如吾闻而药之也。”然明曰：“蔑也今而后知吾子之信可事也。小人实不才。若果行此，其郑国实赖之，岂唯二三臣？”仲尼闻是语也，曰：“以是观之，人谓子产不仁，吾不信也。”（《左传》）

【昭公五年】

昭子即位，朝其家众，曰：“竖牛祸叔孙氏，使乱大从，杀適立庶，又披其邑，将以赦罪，罪莫大焉。必速杀之！”竖牛惧，奔齐。孟、仲之子杀诸塞关之外，投其首于宁风之棘上。

仲尼曰：“叔孙昭子之不劳，不可能也。周任有言曰：‘为政者不赏私劳，不罚私怨。’《诗》云：‘有觉德行，四国顺之。’”（《左传》）

【昭公七年】

九月，公至自楚。孟僖子病不能相礼，乃讲学之。苟能礼者从之。及其将死也，召其大夫，曰："礼，人之幹也。无礼，无以立。吾闻将有达者，曰孔丘，圣人之后也。而灭于宋。其祖弗父何，以有宋而授厉公。及正考父佐戴、武、宣，三命兹益共。故其鼎铭云：'一命而偻，再命而伛，三命而俯。循墙而走，亦莫余敢侮。饘于是，鬻于是，以糊余口。'其共也如是。臧孙纥有言曰：'圣人有明德者，若不当世，其后必有达人。'今其将在孔丘乎？我若获没，必属说与何忌于夫子，使事之，而学礼焉，以定其位。"故孟懿子与南宫敬叔师事仲尼。仲尼曰："能补过者，君子也。《诗》曰：'君子是则是效。'孟僖子可则效已矣。"(《左传》)

【昭公十二年】

王揖而入，馈不食，寝不寐，数日。不能自克，以及于难。

仲尼曰："古也有志，克己复礼，仁也。信善哉！楚灵王若能如是，岂其辱于乾谿？"(《左传》)

【昭公十三年】

子产归，未至，闻子皮卒，哭，且曰："吾已！无为为善矣，唯夫子知我。"仲尼谓子产："于是行也，足以为国基矣。《诗》曰：'乐只君子，邦家之基。'子产，君子之求乐者也。"且曰："合诸侯，艺贡事，礼也。"(《左传》)

【昭公十七年】

秋，郯子来朝，公与之宴。昭子问焉，曰："少皞氏鸟名官，何故也？"郯子曰："吾祖也，我知之。昔者黄帝氏以云纪，故为云师而云名。炎帝氏以火纪，故为火师而火名。共工氏以水纪，故为水师而水名。大皞氏以龙纪，故为龙师而龙名。我高祖少皞挚之立也，凤鸟适至，故纪于鸟，为鸟师而鸟名。凤鸟氏，历正也。玄鸟氏，司分者也。伯赵氏，司至者也。青鸟氏，司启者也。丹鸟氏，司闭者也。祝鸠氏，司徒也。鴡鸠氏，司马也。鳲鸠氏，司空也。爽鸠氏，司寇也。鹘鸠氏，司事也。五鸠，鸠民者也。五雉，为五工正，利器用，正度量，夷民者也。九扈，为九农正，扈民无淫者也。自颛顼以来，不能纪远，乃纪于近。为民师而命以民事，则不能故也。"仲尼闻之，见于郯子而学之。既而告人曰："吾闻之，天子失官，学在四夷，犹信。"(《左传》)

【昭公二十年】

琴张闻宗鲁死，将往吊之。仲尼曰："齐豹之盗，而孟絷之贼，女何吊焉？君子不食奸，不受乱，不为利疚于回，不以回待人，不盖不义，不犯非礼。"

十二月，齐侯田于沛，招虞人以弓，不进。公使执之。辞曰："昔我先君之田也，旃以招大夫，弓以招士，皮冠以招虞人。臣不见皮冠，故不敢进。"乃舍之。仲尼曰："守道不如守官。"君子韪之。

郑子产有疾，谓子大叔曰："我死，子必为政。唯有德者能以宽服民，其次莫如猛。夫火烈，民望而畏之，故鲜死焉；水懦弱，民狎而玩之，则多死焉，故宽难。"疾数月而卒。大叔为政，不忍猛而宽。郑国多盗，取人于萑苻之泽。大叔悔之，曰："吾早从夫子，不及此。"

兴徒兵以攻萑苻之盗，尽杀之。盗少止。

仲尼曰："善哉！政宽则民慢，慢则纠之以猛。猛则民残，残则施之以宽。宽以济猛，猛以济宽，政是以和。《诗》曰，'民亦劳止，汔可小康；惠此中国，以绥四方。'施之以宽也。'毋从诡随，以谨无良，式遏寇虐，惨不畏明'，纠之以猛也。'柔远能迩，以定我王'，平之以和也。又曰，'不竞不絿，不刚不柔，布政优优，百禄是遒'，和之至也。"及子产卒，仲尼闻之，出涕曰："古之遗爱也。"(《左传》)

【昭公二十八年】

秋，晋韩宣子卒，魏献子为政，分祁氏之田以为七县，分羊舌氏之田以为三县。司马弥牟为邬大夫，贾辛为祁大夫，司马乌为平陵大夫，魏戊为梗阳大夫，知徐吾为涂水大夫，韩固为马首大夫，孟丙为盂大夫，乐霄为铜鞮大夫，赵朝为平阳大夫，僚安为杨氏大夫。谓贾辛、司马乌为有力于王室，故举之；谓知徐吾、赵朝、韩固、魏戊，余子之不失职、能守业者也；其四人者，皆受县而后见于魏子，以贤举也。

魏子谓成鱄："吾与戊也县，人其以我为党乎？"对曰："何也！戊之为人也，远不忘君，近不逼同；居利思义，在约思纯，有守心而无淫行，虽与之县，不亦可乎！昔武王克商，光有天下，其兄弟之国者十有五人，姬姓之国者四十人，皆举亲也。夫举无他，唯善所在，亲疏一也。《诗》曰：'唯此文王，帝度其心。莫其德音，其德克明。克明克类，克长克君。王此大国，克顺克比。比于文王，其德靡悔。既受帝祉，施于孙子。'心能制义曰度，德正应和曰莫，照临四方曰明，勤施无私曰类，教诲不倦曰长，赏庆刑威曰君，慈和徧服曰顺，择善而从之曰比，经纬天地曰文。九德不愆，作事无悔，子孙赖之。主之举也，近文德矣，所及其远哉！”

贾辛将适其县，见于魏子。魏子曰：“辛来！昔叔向适郑，鬷蔑恶，欲观叔向，从使之收器者，而往，立于堂下，一言而善。叔向将饮酒，闻之，曰：‘必鬷明也！’下，执其手以上，曰：‘昔贾大夫恶，娶妻而美，三年不言不笑，御以如皋，射雉，获之，其妻始笑而言。贾大夫曰：“才之不可以已。我不能射，女遂不言不笑夫！”今子少不飏，子若无言，吾几失子矣。言不可以已也如是！’遂如故知。今女有力于王室，吾是以举女。行乎！敬之哉！毋堕乃力！”

仲尼闻魏子之举也，以为义，曰：“近不失亲，远不失举，可谓义矣。”又闻其命贾辛也，以为忠，“《诗》曰‘永言配命，自求多福’，忠也。魏子之举也义，其命也忠，其长有后于晋国乎！”（《左传》）

【昭公二十九年】

冬，晋赵鞅、荀寅帅师城汝滨，遂赋晋国一鼓铁，以铸刑鼎，著范宣子所为刑书焉。仲尼曰：“晋其亡乎！失其度矣。夫晋国将守唐叔之所受法度，以经纬其民，卿大夫以序守之。民是以能尊其贵，贵是以能守其业。贵贱不愆，所谓度也。文公是以作执秩之官，为被庐之法，以为盟主。今弃是度也，而为刑鼎，民在鼎矣，何以尊贵？贵何业之守？贵贱无序，何以为国？且夫宣子之刑，夷之蒐也，晋国之乱制也，若之何以为法？”蔡史墨曰：“范氏、中行氏其亡乎！中行寅为下卿，而干上令，擅作刑器，以为国法，是法奸也。又加范氏焉，易之，亡也。其及赵氏，赵孟与焉。然不得已，若德，可以免。”（《左传》）

【定公元年】

秋，七月，癸巳，葬昭公于墓道南。孔子之为司寇也，沟而合诸墓。(《左传》)

【定公九年】

六月，伐阳关，阳虎使焚莱门。师惊，犯之而出。奔齐，请师以伐鲁，曰："三加，必取之。"齐侯将许之，鲍文子谏曰："臣尝为隶于施氏矣，鲁未可取也。上下犹和，众庶犹睦，能事大国，而无天菑，若之何取之？阳虎欲勤齐师也，齐师罢，大臣必多死亡，己于是乎奋其诈谋。夫阳虎有宠于季氏，而将杀季孙，以不利鲁国，而求容焉。亲富不亲仁，君焉用之？君富于季氏，而大于鲁国，兹阳虎所欲倾覆也。鲁免其疾，而君又收之，无乃害乎？"

齐侯执阳虎，将东之。阳虎愿东，乃囚诸西鄙。尽借邑人之车，锲其轴，麻约而归之。载葱灵，寝于其中而逃。追而得之，囚于齐。又以葱灵逃，奔宋，遂奔晋，适赵氏。仲尼曰："赵氏其世有乱乎！"(《左传》)

【定公十年】

春，及齐平。

夏，公会齐侯于祝其，实夹谷。孔丘相，犁弥言于齐侯曰："孔丘知礼而无勇，若使莱人以兵劫鲁侯，必得志焉。"齐侯从之。孔丘以公退，曰："士兵之！两君合好，而裔夷之俘以兵乱之，非齐君所以命诸侯也。裔不谋夏，夷不乱华，俘不干盟，兵不逼好，于神为不祥，于德为愆义，于人为失礼，君必不然。"齐侯闻之，遽辟之。

将盟，齐人加于载书曰："齐师出竟，而不以甲车三百乘从我者，有如此盟！"曰："而不反我汶阳之田，吾以共命者，亦如之。"齐侯将享公，孔丘谓梁丘据曰："齐、鲁之故，吾子何不闻焉？事既成矣，而又享之，是勤执事也。且牺、象不出门，嘉乐不野合。飨而既具，是弃礼也；若其不具，用秕稗也。用秕稗，君辱；弃礼，名恶。子盍图之？夫享，所以昭德也。不昭，不如其已也。"乃不果享。

齐人来归郓、讙、龟阴之田。(《左传》)

【定公十二年】

仲由为季氏宰，将堕三都。于是叔孙氏堕郈。季氏将堕费，公山不狃、叔孙辄帅费人以袭鲁。公与三子入于季氏之宫，登武子之台。费人攻之，弗克。入及公侧。仲尼命申句须、乐颀下，伐之，费人北，国人追之，败诸姑蔑。二子奔齐。遂堕费。将堕成，公敛处父谓孟孙："堕成，齐人必至于北门。且成，孟氏之保障也。无成，是无孟氏也。子伪不知，我将不堕。"(《左传》)

【定公十五年】

春，邾隐公来朝。子贡观焉。邾子执玉高，其容仰；公受玉卑，其容俯。子贡曰："以礼观之，二君者，皆有死亡焉。夫礼，死生存亡之体也，将左右周旋，进退俯仰，于是乎取之。朝、祀、丧、戎，于是乎观之。今正月相朝，而皆不度，心已亡矣。嘉事不体，何以能久？高仰，骄也；卑俯，替也。骄近乱，替近疾。君为主，其先亡乎？"

夏，五月，壬申，公薨。仲尼曰："赐不幸言而中，是使赐多言者也。"(《左传》)

【哀公三年】

夏，五月，辛卯，司铎火。火逾公宫，桓、僖灾。救火者皆曰"顾府"。南宫敬叔至，命周人出御书，俟于宫，曰："庀女而不在，死。"子服景伯至，命宰人出礼书，以待命。命不共，有常刑。校人乘马，巾车脂辖，百官官备，府库慎守，官人肃给。济濡帷幕，郁攸从之。蒙葺公屋，自大庙始，外内以悛。助所不给。有不用命，则有常刑，无赦。公父文伯至，命校人驾乘车。季桓子至，御公立于象魏之外，命救火者，伤人则止，财可为也。命藏象魏，曰："旧章不可亡也。"富父槐至，曰："无备而官办者，犹拾沈也。"于是乎去表之槁，道还公宫。孔子在陈，闻火，曰："其桓、僖乎！"(《左传》)

【哀公六年】

是岁也，有云如众赤鸟，夹日以飞三日。楚子使问诸周大史。周大史曰："其当王身乎！若禜之，可移于令尹、司马。"王曰："除腹心之疾，而寘诸股肱，何益？不穀不有大过，天其夭诸？有罪受罚，又焉移之？"遂弗禜。初，昭王有疾。卜曰："河为祟。"王弗祭。大夫请祭诸郊。王曰："三代命祀，祭不越望。江、汉、雎、章，楚之望也。祸福之至，不是过也。不穀虽不德，河非所获罪也。"遂弗祭。孔子曰："楚昭王知大道矣。其不失国也，宜哉！《夏书》曰：'惟彼陶唐，帅彼天常。有此冀方，今失其行。乱其纪纲，乃灭而亡。'又曰：'允出兹在兹，由己率常，可矣。'"(《左传》)

【哀公十一年】

春，齐为鄎故，国书、高无丕帅师伐我，及清。季孙谓其宰冉求，曰："齐师在清，必鲁故也，若之何？"求曰："一子守，二子从公御诸竟。"季孙曰："不能。"求曰："居封疆之间。"季孙告二子，二子不可。求曰："若不可，则君无出。一子帅师背城而战。不属者，非鲁人也。鲁之群室，众于齐之兵车，一室敌车优矣。子何患焉？二子之不欲战也宜，政在季氏。当子之身，齐人伐鲁而不能战，子之耻也大。不列于诸侯矣。"季孙使从于朝，俟于党氏之沟。武叔呼而问战焉。对曰："君子有远虑，小人何知？"懿子强问之，对曰："小人虑材而言，量力而共者也。"武叔曰："是谓我不成丈夫也。"退而蒐乘，孟孺子洩帅右师，颜羽御，邴洩为右。冉求帅左师，管周父御，樊迟为右。季孙曰："须也弱。"有子曰："就用命焉。"季氏之甲七千，冉有以武城人三百为己徒卒，老幼守宫，次于雩门之外。五日，右师从之。公叔务人见保者而泣曰："事充政重，上不能谋，士不能死，何以治民？吾既言之矣，敢不勉乎！"

师及齐师战于郊，齐师自稷曲，师不逾沟。樊迟曰："非不能也，不信子也。请三刻而逾之。"如之，众从之。师入齐军。右师奔，齐人从之。陈瓘、陈庄涉泗。孟之侧后入以为殿，抽矢策其马曰："马不进也。"林不狃之伍曰："走乎？"不狃曰："谁不如？"曰："然则止乎？"不狃曰："恶贤？"徐步而死。师获甲首八十，齐人不能师。宵，谍曰："齐人遁。"冉有请从之三，季孙弗许。孟孺子语人曰："我不如颜羽，而贤于邴洩。子羽锐敏，我不欲战而能默。洩曰：'驱之。'"公为与其嬖僮汪锜乘，皆死，皆殡。孔子曰："能执干戈以卫社稷，可无殇也。"冉有用矛于齐师，故能入其军。孔子曰："义也。"

冬，卫大叔疾出奔宋。初，疾娶于宋子朝，其娣嬖。子朝出，孔文子使疾出其妻而妻之。疾使侍人诱其初妻之娣，寘于犁，而为之一宫，如二妻。文子怒，欲攻之，仲尼止之。遂夺其妻。或淫于外州，外州人夺之轩以献。耻是二者，故出。卫人立遗，使室孔姞。疾臣向魋，纳美珠焉，与之城鉏。宋公求珠，魋不与，由是得罪。及桓氏出，城鉏人攻大叔疾，卫庄公复之。使处巢，死焉。殡于郧，葬于少禘。初，晋悼公子慭亡在卫，使其女仆而田。大叔懿子止而饮之酒，遂聘之，生悼子。悼子即位，故夏戊为大夫。悼子亡，卫人翦夏戊。孔文子之将攻大叔也，访于仲尼。仲尼曰："胡簋之事，则尝学之矣。甲兵之事，未之闻也。"退，命驾而行，曰："鸟则择木，木岂能择鸟？"文子遽止之，曰："圉岂敢度其私，访卫国之难也。"将止，鲁人以币召之，乃归。

季孙欲以田赋，使冉有访诸仲尼。仲尼曰："丘不识也。"三发，卒曰："子为国老，待子而行，若之何子之不言也？"仲尼不对，而私于冉有曰："君子之行也，度于礼，施取其厚，事举其中，敛从其薄。如是，则以丘亦足矣。若不度于礼，而贪冒无厌，则虽以田赋，将又不足。且子季孙若欲行而法，则周公之典在。若欲苟而行，又何访焉？"弗听。(《左传》)

【哀公十二年】

夏，五月，昭夫人孟子卒。昭公娶于吴，故不书姓。死不赴，故不称夫人。不反哭，故不言葬小君。孔子与吊，适季氏。季氏不絻，放绖而拜。

冬，十二月，螽，季孙问诸仲尼，仲尼曰："丘闻之，火伏而后蛰者毕。今火犹西流，司历过也。"(《左传》)

【哀公十四年】

春，西狩获麟。(《春秋》)

春，西狩于大野，叔孙氏之车子鉏商获麟，以为不祥，以赐虞人。仲尼观之，曰："麟也。"然后取之。

甲午，齐陈恒弑其君壬于舒州。孔丘三日齐，而请伐齐三。公曰："鲁为齐弱久矣，子之伐之，将若之何？"对曰："陈恒弑其君，民之不与者半。以鲁之众，加齐之半，可克也。"公曰："子告季孙。"孔子辞。退而告人，曰："吾以从大夫之后也，故不敢不言。"(《左传》)

【哀公十五年】

卫孔圉取大子蒯聩之姊，生悝。孔氏之竖浑良夫，长而美，孔文子卒，通于内。大子在戚，孔姬使之焉。大子与之言曰："苟使我入获国，服冕乘轩，三死无与。"与之盟，为请于伯姬。闰月，良夫与大子入，舍于孔氏之外圃。昏，二人蒙衣而乘，寺人罗御，如孔氏。孔氏之老栾宁问之，称姻妾以告，遂入，适伯姬氏。既食，孔伯姬杖戈而先，大子与五人介，舆豭从之。迫孔悝于厕，强盟之，遂劫以登台。栾宁将饮酒，炙未熟，闻乱，使告季子。召获驾乘车，行爵食炙，奉卫侯辄来奔。季子将入，遇子羔将出，曰："门已闭矣。"季子曰："吾姑至焉。"子羔曰："弗及，不践其难。"季子曰："食焉，不辟其难。"子羔遂出。子路入，及门，公孙敢门焉，曰："无入为也。"季子曰："是公孙也，求利焉而逃其难。由不然，利其禄，必救其患。"有使者出，乃入。曰："大子焉用孔悝？虽杀之，必或继之。"且曰："大子无勇，若燔台，半，必舍孔叔。"大子闻之惧，下石乞、盂黡敌子路。以戈击之，断缨。子路曰："君子死，冠不免。"结缨而死。孔子闻卫乱，曰："柴也其来，由也死矣。"孔悝立庄公。庄公害故政，欲尽去之，先谓司徒瞒成曰："寡人离病于外久矣，子请亦尝之。"归告褚师比，欲与之伐公，不果。(《左传》)

【哀公十六年】

夏，四月，己丑，孔丘卒。(《春秋》)

夏，四月，己丑，孔丘卒。公诔之曰："旻天不吊，不憖遗一老。俾屏余一人以在位，茕茕余在疚。呜呼哀哉！尼父，无自律。"子赣曰："君其不没于鲁乎！夫子之言曰：'礼失则昏，名失则愆。'失志为昏，失所为愆。生不能用，死而诔之，非礼也。称一人，非名也。君两失之。"(《左传》)

人物评议

“天不生仲尼，万古长如夜”。① 孔子的出现，照亮了华夏大地。

关于《左传》与孔子，有两点需要首先说明：一是《左传》记载孔子的言行，始于鲁僖公二十八年（前632年），终于鲁哀公十六年（前479年）的记录“夏，四月，己丑，孔丘卒”，时间跨度长达一百五十三年，与我们的常识不符。可见《左传》中记载了许多孔子的言论，尤其是鲁僖公、鲁文公、鲁宣公和鲁昭公时期所涉及的孔子的言论，都只是他以旁观者的身份阅读历史留下的评点，而并不是他的亲历记录。二是相传孔子曾参与了《春秋》的制作。《孟子》中言：“世衰道微，邪说暴行有作，臣弑其君者有之，子弑其父者有之，孔子惧，作《春秋》”。② 司马谈也认为，“幽厉之后，王道缺，礼乐衰，孔子修旧起废，论《诗》《书》，作《春秋》，则学者至今则之”③。虽有《孟子》《史记》之记载，但《春秋》与孔子之联系（由其编写，抑或是由其删定，又或是与其无关），至今仍为公案④。《左传》作为《春秋》三传之一，自然与孔子也有一定的联系，《左传·成公十四年》记：“故君子曰：‘《春秋》之称，微而显，志而晦，婉而成章，尽

① （宋）黎靖德编，王星贤点校：《朱子语类》，北京：中华书局，1986年，第2350页。

② （清）焦循撰，沈文倬点校：《孟子正义》，北京：中华书局，第452页。

③ （汉）司马迁：《史记》，北京：中华书局，1982年，第3295页。

④ 具体可参看杨伯峻编著：《春秋左传注》（修订本），北京：中华书局，2016年，第6—19页。

而不污，惩恶而劝善。非圣人谁能修之？'”这里所说的圣人也许就是孔子。

相比于孔子的地位显赫，春秋时期的很多人物都湮没在了历史之中，早已不为人知，有一些甚至还是因为人们要了解孔子，才从典籍中翻看到其相关事迹，可是从《左传》中我们却不难发现，孔子在当时也只是一位有着独特思想却不被时代认可的大夫。从历史材料中我们看到孔子在当时政治舞台上的表现并不多，钱穆先生在《国史新论》里说："如读《左传》，那是春秋时代二百四十年一部极详尽的历史。但孔子在《左传》里不占地位。《左传》里讲到孔子，可说是微不足道，哪能和其他人物相比？"①可知那个时代并没有给孔子太多的表现机会，史料中涉及孔子的内容更多的是孔子对其他历史人物或事件的评价。从孔子对人物和事件的评价以及孔子亲历的历史事件中，我们依然能够触摸到孔子的治国之道，而这种治国之道中所寄寓的"礼"与"仁"的治国理念，正是孔子思想深处家国情怀的另一种表达，是他希望能靠恢复周礼来使社会恢复秩序，让社会生活走出战乱，回归安定的内心渴望的外化。所以孔子的家国情怀并不能以他为国家做了什么具体的事来定论，他的思想深度和政治格局已经远远超出了一个时代的局限，成为历代帝王奉为圭臬的圣言圣语，也是封建时代百姓渴望实现的王道皈依。在孤独的大道上，孔子奉承着"朝闻道，夕死可矣"②的信仰，铿锵名言，也鼓舞了千千万万的后来人。

以礼治国是孔子治国安民思想的重要依据。首先，传中孔子对

---

① 钱穆：《国史新论》，北京：生活·读书·新知三联书店，2001年，第304页。

② 程树德撰，程俊英、蒋见元点校：《论语集释》，北京：中华书局，1990年，第244页。

前代各诸侯国君臣的评论，大多以是否合理（礼）为标准。鲁僖公二十八年，“晋侯召王，以诸侯见，且使王狩”，孔子评论此事说“以臣召君，不可以训”，晋文公虽为诸侯领袖，但他请身为天子的周襄王到温地，并安排狩猎，是不合礼制的，所以孔子认为这种做法不能作为范例。鲁成公二年，孔子对卫君赐给新筑邑大夫诸侯所用的曲县和繁缨之事评论说，不如多赏赐给他城邑，并认为唯独礼器和名位不能随便赐给人，名位和礼器是君主所掌管的，爵位和名号是使人信赖的表征，并进一步谈论了治国的六项关键制度，即名位、信、器、礼、义、利及治民之间的关系，从中可以看出孔子对礼的高度重视。孔子对楚灵王不能克己复礼、任由欲望膨胀而遭受灾祸之事，评论道“古也有志，克己复礼，仁也。信善哉”，可以看作是他对治国不“礼”拈出的反面教材。

孔子对前代名臣政务处理时以“礼”为标准的评论中，多次涉及郑子产，也更能突出代表了孔子重视大臣守礼的思想。鲁襄公二十五年时，子产“献捷于晋，戎服将事”，晋人问陈之罪，子产对答合于礼，孔子对此予以充分肯定；鲁昭公十三年，子产在晋国组织的会盟中以周礼为依据，力陈贡赋与国君身份的关系以及对小国兴衰的影响，最终得到晋国的认可，为郑国争取了利益，孔子赞扬他为国之基石。

当然，在对大臣懂礼、守礼、以礼治国考察的过程中，孔子尤其看重臣子维护礼制的智慧。孔子赞扬子产能依据礼制治理国家、处理邦交，称其为郑国的柱石，他也批评臧武仲虽然有聪明才智，但却不被鲁国所容纳，因为他的所为不顺于事理，不合于恕道。《论语》中还记载了孔子对臧文仲的评价：“臧文仲居蔡，山节藻棁，何如其知也？”① 越礼之人难称智，这是孔子对守礼才是大智的根本认识。

其次，孔子处理各种社会关系时的过程中，也处处体现了依礼而为。鲁定公元年，孔子在鲁国任司寇时，首先做的就是在鲁昭公墓外挖沟，使他的墓和先公的墓处在同一个范围内，这是孔子对君权的维护，也是对礼法的维护。在外交上孔子同样以礼法为依据，在鲁定公九年的齐鲁夹谷会盟中，孔子身为鲁国国君的陪同者，先借助齐侯用莱人触犯盟约的不合礼法行为击毁了齐侯试图劫持鲁侯的企图，又凭借结盟之礼让齐国归还了侵占的郓地、讙地和鱼阴的土地，还阻止了齐侯准备设享礼的不合礼行为，化险为夷，让鲁国取得了巨大的外交胜利。鲁哀公十一年，季孙就按田亩收税一事征求孔子的意见，问了三次孔子都没有给出意见，并私下里对冉有说，君子推行政事要依礼衡量，事情要做得适当。鲁哀公十二年，昭夫人孟子卒，孔子去吊丧，季氏没有脱掉帽子，孔子脱掉丧服答拜，孔子重礼展现无疑。鲁哀公十四年六月，齐国陈恒杀了国君，孔子虽已年迈，还是斋戒三天，三次向哀公请求攻打齐国，哀公让他去找季氏后，他说因为自己身处大夫之列不敢不说话，可见孔子对以礼行事的重视。

此外，孔子以礼治国的思想，还体现在他对于官制的重视中。鲁昭公二十五年，孔子在向郯子学习少昊氏以鸟名官后，感慨天子失去官制，官制的学问就只能流落四方了。在这一年，面对齐侯在沛狩猎时的举措，孔子感慨守道不如守官。因为在孔子看来，礼器和名位是非常重要的，是君主所要掌管的重要治国表征。

---

① 程树德撰，程俊英、蒋见元点校：《论语集释》，北京：中华书局，1990 年，第 328 页。

在以礼治国的思想中，孔子尤其强调以“义”为前提。所谓“君子喻于义，小人喻于利”。① 在孔子看来，遵守君臣大义是以礼治国的前提，没有义，礼就没有了根基。鲁昭公二十年，“琴张闻宗鲁死，将往吊之”，孔子说“齐豹之盗，而孟絷之贼，女何吊焉？君子不食奸，不受乱，不为利疚于回，不以回待人，不盖不义，不犯非礼”。鲁昭公二十八年，晋国魏献子执政时，选拔人才担任要职，孔子评价他的做法是合乎义的，“近不失亲，远不失举，可谓义”。从上面两件事可以看出孔子对义的重视。在鲁哀公十一年，冉有跟随季氏与齐军交战，孔子评价冉有使用矛攻杀齐军并取得胜利的事情是正确的，也是孔子对臣子之义的认可。对阳虎的指责同样是孔子重视君臣之义的重要体现。

孔子也将遵礼守义上升到了道的高度。鲁哀公六年，楚昭王占卜有灾，却不肯施祭免除自己的灾星将其转移到臣子身上，孔子评价楚昭王知大道。

“志士仁人，无求生以害仁，有杀身以成仁”。② 仁是孔子固守的大道，实施仁政是孔子治国安民思想的最终归宿。孔子强调为政者之德是施仁政的重要前提。孔子在评价楚灵王时说“古也有志，克己复礼，仁也”，可见孔子对君王能够克制自己的欲望、以礼施政看得非常重，他将施政者做到这一点称为“仁”。《论语》也记录了孔子类似的话：“克己复礼为仁。一日克己复礼，天下归仁焉。”③ 仔细思考，施

---

① 程树德撰，程俊英、蒋见元点校：《论语集释》，北京：中华书局，1990 年，第 267 页。

② 程树德撰，程俊英、蒋见元点校：《论语集释》，北京：中华书局，1990 年，第 1073 页。

③ 程树德撰，程俊英、蒋见元点校：《论语集释》，北京：中华书局，1990 年，第 817 页。

政者能做到“克己复礼”，对于民众来说确实是莫大的恩惠了，这应该就是孔子所说的“仁者爱人”①吧。

孔子在郑子产去世时表现出对他的欣赏，也充分体现了孔子对统治者以“仁”施政的赞赏。鲁昭公二十年郑子产去世，孔子听到消息流着眼泪说他是“古之遗爱也”。这其中除了孔子对子产在内政外交上的非凡能力的认可，还有对他以德惠施政行为的肯定。鲁襄公三十一年，郑国大夫然明因为民众大多在乡校议论执政得失而建议毁掉乡校，子产却认为，那里既可以让百姓闲适游玩，又可以听到他们的各种议论，有助于让统治者分清哪些是百姓认可的，哪些是百姓反对的，对此孔子感叹：“以是观之，人谓子产不仁，吾不信也。”子产去世前交代子大叔：“我死，子必为政。唯有德者能以宽服民，其次莫如猛。夫火烈，民望而畏之，故鲜死焉；水懦弱，民狎而玩之，则多死焉，故宽难。”孔子肯定说：“善哉！政宽则民慢，慢则纠之以猛。猛则民残，残则施之以宽。宽以济猛，猛以济宽，政是以和。《诗》曰，‘民亦劳止，汔可小康；惠此中国，以绥四方’，施之以宽也。‘毋从诡随，以谨无良，式遏寇虐，惨不畏明’，纠之以猛也。‘柔远能迩，以定我王’，平之以和也。又曰，‘不竞不絿，不刚不柔，布政优优，百禄是遒’，和之至也。”对子产为政的仁德与礼法并用给予了高度评价。

由此可见，孔子作为一位有政治高度的思想家，他的家国情怀、格局非比寻常，他更希望看到的是社会的和谐。正是站在这样的高度

---

① 《大戴礼记》记孔子言：“是故仁者莫大于爱人，知者莫大于知贤，政者莫大于官贤。”见（清）王聘珍撰，王文锦点校：《大戴礼记解诂》，北京：中华书局，1983年，第8页。《荀子·君道》载：“子曰：‘赐，知者若何？仁者若何？’子贡对曰：‘知者知人，仁者爱人。’子曰：‘可谓士君子矣。’”见（清）王先谦撰，沈啸寰、王星贤点校：《荀子集解》，北京：中华书局，1988年，第533页。

上，他的家国情怀更多地体现在他的政治理想，即通过他的仁政与礼治实现的和谐社会之中，这些也从他对历史人物的评价及自己的行为中得到了充分体现。而最让人遗憾的是，终其一生，孔子的努力也没有变成现实。孔子离世，鲁哀公不顾礼法亲致诔文，称其为“尼父”，为他悲哀的同时，又何尝不是深深地为他遗憾呢！司马迁在《史记·孔子世家》中写道：“诗有之：‘高山仰止，景行行止。’虽不能至，然心乡往之。”①吴闿生在《左传微》中总结云：“以孔子之圣而鲁不能用为主。夹谷之会，田赋之对，令读者一览而知为圣人足矣。记孟僖子之言，讥鲁之不能知孔子也。引择木之言，萧然神远矣。盖列国之不能用系带写，而终归咎于鲁君臣，故记季氏之问，谓孔子之道不行，以权在季氏也；记哀公之诔，亦哲人良木之伤也。哀公于孔子卒一事，所失多矣。意最沉痛。”②王侯将相一时繁华，很快便如过眼云烟，而孔子的思想传扬万世，无数学者宗之，死且不朽！

① （汉）司马迁：《史记》，北京：中华书局，1982年，第1947页。
② （清）吴闿生撰，白兆麟校注：《左传微》，合肥：黄山书社，1995年，第1059页。

第二节　鲁　仲由

人物小传

仲由，字子路，又字季路，鲁国卞邑人，孔门弟子，七十二贤之一。其曾为季氏家臣，参与了鲁国的“堕三都”事件，后又去往卫国，为孔悝当邑宰。鲁哀公十五年，死于卫国蒯聩引发的动乱中。子路是一个不畏强权，敢于为国家、为心中正义英勇献身的君子，深得孔子爱赏。

经典文本

【定公十二年】

仲由为季氏宰，将堕三都。于是叔孙氏堕郈。季氏将堕费，公山不狃、叔孙辄帅费人以袭鲁。公与三子入于季氏之宫，登武子之台。费人攻之，弗克。入及公侧。仲尼命申句须、乐颀下，伐之，费人北，国人追之，败诸姑蔑。二子奔齐。遂堕费。将堕成，公敛处父谓孟孙："堕成，齐人必至于北门。且成，孟氏之保障也。无成，是无孟氏也。子伪不知，我将不堕。"(《左传》)

【哀公十四年】

小邾射以句绎来奔，曰："使季路要我，吾无盟矣。"使子路，子路辞。季康子使冉有谓之曰："千乘之国，不信其盟，而信子之言，子何辱焉？"对曰："鲁有事于小邾，不敢问故，死其城下可也。彼不臣而济其言，是义之也。由弗能。"(《左传》)

【哀公十五年】

秋，齐陈瓘如楚。过卫，仲由见之，曰："天或者以陈氏为斧斤，既斫丧公室，而他人有之，不可知也。其使终飨之，亦不可知也。若善鲁以待时，不亦可乎？何必恶焉？"子玉曰："然，吾受命矣。子使告我弟。"(《左传》)

【哀公十五年】

卫孔圉取大子蒯聩之姊，生悝。孔氏之竖浑良夫，长而美，孔文子卒，通于内。大子在戚，孔姬使之焉。大子与之言曰："苟使我入获国，服冕乘轩，三死无与。"与之盟，为请于伯姬。闰月，良夫与大子入，舍于孔氏之外圃。昏，二人蒙衣而乘，寺人罗御，如孔氏。孔氏之老栾宁问之，称姻妾以告，遂入，适伯姬氏。既食，孔伯姬杖戈而先，大子与五人介，舆豭从之。迫孔悝于厕，强盟之，遂劫以登台。栾宁将饮酒，炙未熟，闻乱，使告季子。召获驾乘车，行爵食炙，奉卫侯辄来奔。季子将入，遇子羔将出，曰："门已闭矣。"季子曰："吾姑至焉。"子羔曰："弗及，不践其难。"季子曰："食焉，不辟其难。"子羔遂出。子路入，及门，公孙敢门焉，曰："无入为也。"季子曰："是公孙也，求利焉而逃其难。由不然，利其禄，必救其患。"有使者出，乃入。曰："大子焉用孔悝？虽杀之，必或继之。"且曰："大子无勇，若燔台，半，必舍孔叔。"大子闻之惧，下石乞、盂黡敌子路。以戈击之，断缨。子路曰："君子死，冠不免。"结缨而死。孔子闻卫乱，曰："柴也其来，由也死矣。"孔悝立庄公。庄公害故政，欲尽去之，先谓司徒瞒成曰："寡人离病于外久矣，子请亦尝之。"归告褚师比，欲与之伐公，不果。(《左传》)

人物评议

仲由作为跟随孔子时间最长的孔门弟子，其言行深受孔子影响。在未投入孔子门下时，据《史记》记载其“性鄙，好勇力，志伉直，冠雄鸡，佩豭豚”①，后被孔子收服后，虽有收敛，但在《论语》中其给人的印象仍是坦诚直率，孔子说“由也果”②，也同时表明了子路不改其勇武的本色。而在《左传》中，可以看到，随着阅历的加深，他的大智大勇、明礼达义愈加凸显，且难能可贵。具体可以从以下三方面概括他的家国情怀。

一、大智大勇，坚守大义

鲁哀公十四年，小邾国的大夫射带着句绎来投奔鲁国，但他提出要求，要让子路和他进行约定，可以免除盟誓，子路拒绝后，季康子派冉有劝说子路，冉有认为，一个拥有千辆兵车的国家，不相信盟誓，却肯相信子路的话，这是对子路的信赖。子路却认为大夫射不守臣道却反而要求鲁国按照他的要求来，这是把他的不守为臣之道当成合理的了，所以按照为臣之义没有答应他的要求。可见，子路在大是大非面前，能分清大义，不是只顾眼前的利益而使自己和鲁国陷于被动。

① （汉）司马迁：《史记》，北京：中华书局，1982年，第2191页。
② 程树德撰，程俊英、蒋见元点校：《论语集释》，北京：中华书局，1990年，第379页。

这充分体现了子路的格局，展示了他为人的大智慧。

鲁定公十二年，子路做季氏的家臣长，他遵照孔子还政公室的礼治需要，敢于直接针对当时鲁国的三大权臣，主持“堕三都”这一重大事件，虽然这件事最终没能完成，但子路明知危险却勇敢为之的行为，实在值得赞叹。

苏轼在《留侯论》中有言：“古之所谓豪杰之士者，必有过人之节。人情有所不能忍者，匹夫见辱，拔剑而起，挺身而斗，此不足为勇也。天下有大勇者，卒然临之而不惊，无故加之而不怒。此其所挟持者甚大，而其志甚远也。”① 仲由正是这样一位大义在前、无惧无畏的大勇者。

二、精通辞令，为所当为

子路的敢于担当，在他“堕三都”一事中得到了充分的展示，更在鲁哀公十五年的卫国内乱中得到了最大化的展现，堪称死而后已。在卫国的内乱中，仲由得知孔悝危险，在自己本来远离危险的情况下，认为自己身为孔悝的家臣其去救助他是自己应该承担的职责，因此不顾劝阻，甘愿以身犯险，并付出了生命的代价。这正体现了子路身为臣子，能以为臣之道要求自己，明知危险却当仁不让的君子之风。

在勇武的仲由身上，很少有人看到他精通辞令的一面，而鲁哀公十五年发生的一件事，就很好地展现了仲由的言辞风采。当齐国陈瓘到楚国去路过卫国时，仲由趁机见到陈瓘，并与他分析形势，言明陈

① （宋）苏轼撰，（明）茅维编，孔凡礼点校：《苏轼文集》，北京：中华书局，1986年，第103页。

国的不确定性，进而说明与鲁国友善相处对齐国更有利。他用自己娴熟的外交辞令说动陈瓘，让他支持自己的观点，为鲁国改善与齐国的关系作出了贡献。

三、死得其所，风度长存

鲁哀公十五年，卫国内乱，子路认为自己拿了俸禄就不能躲避祸患，因此不顾他人劝阻执意前行，最终战死。他遵照“君子死，冠不免”的行事原则，在死前还将帽缨系好①。子路明明已经避开了危险，但他依照不能逃避职责的忠义原则，慷慨赴死，又在面临生死时不失君子风度，可见他为人、为臣的坚守。孔子在得知子路去世的消息后，哭其于中庭，并为之覆醢②。正是子路的这份忠勇可嘉，也让他的君子风度永世长存，不仅在当代受孔子的赞赏，也让后代人嘉许称善。

仲由在春秋时期虽然留下的笔墨不多，但形象却鲜明而突出，他的忠勇和他的大义都成为孔门弟子的楷模。

---

① 参见（汉）司马迁：《史记》，北京：中华书局，1982 年，第 1601 页。

② 参见（清）孙希旦撰，沈啸寰、王星贤点校：《礼记集解》，北京：中华书局，1989 年，第 169 页。

第三节　卫　子贡

人物小传

子贡，复姓端木①，名赐，字子贡，也称子赣，卫国人，孔子得意弟子，孔门十哲之一。子贡在孔门中以善于言语著称，且长于外交辞令，加之睿智通达，在政务处理中，尤其外交方面，颇具才干。子贡善于经商，“端木遗风”至今仍在商界备受推崇。

---

① 《史记》中作“端沐”。见（汉）司马迁：《史记》，北京：中华书局，1982年，第2195页。

经典文本

【定公十五年】

春，邾隐公来朝。子贡观焉。邾子执玉高，其容仰；公受玉卑，其容俯。子贡曰："以礼观之，二君者，皆有死亡焉。夫礼，死生存亡之体也，将左右周旋，进退俯仰，于是乎取之。朝、祀、丧、戎，于是乎观之。今正月相朝，而皆不度，心已亡矣。嘉事不体，何以能久？高仰，骄也；卑俯，替也。骄近乱，替近病。君为主，其先亡乎！"

夏，五月，壬申，公薨。仲尼曰："赐不幸言而中，是使赐多言者也。"(《左传》)

【哀公七年】

太宰嚭召季康子，康子使子贡辞。大宰嚭曰："国君道长，而大夫不出门，此何礼也？"对曰："岂以为礼？畏大国也。大国不以礼命于诸侯，苟不以礼，岂可量也？寡君既共命焉，其老岂敢弃其国？大伯端委以治周礼，仲雍嗣之，断发文身，赢以为饰，岂礼也哉？有由然也。"反自鄫，以吴为无能为也。(《左传》)

【哀公十二年】

公会吴于橐皋。吴子使大宰嚭请寻盟。公不欲，使子贡对曰："盟，所以周信也，故心以制之，玉帛以奉之，明神以要之。寡君以为苟有盟焉，弗可改也已。若犹可改，日盟何益？今吾子曰，必寻盟。若可寻也，亦可寒也。”乃不寻盟。

吴征会于卫。初，卫人杀吴行人且姚而惧，谋于行人子羽。子羽曰：“吴方无道，无乃辱吾君，不如止也。”子木曰：“吴方无道，国无道，必弃疾于人。吴虽无道，犹足以患卫。往也！长木之毙，无不摽也。国狗之瘈，无不噬也。而况大国乎！”

秋，卫侯会吴于郧。公及卫侯、宋皇瑗盟，而卒辞吴盟。吴人藩卫侯之舍。子服景伯谓子贡曰：“夫诸侯之会，事既毕矣，侯伯致礼，地主归饩，以相辞也。今吴不行礼于卫，而藩其君舍以难之，子盍见大宰？”乃请束锦以行。语及卫故。大宰嚭曰：“寡君原事卫君，卫君之来也缓，寡君惧，故将止之。”子贡曰：“卫君之来，必谋于其众。其众或欲或否，是以缓来。其欲来者，子之党也。其不欲来者，子之仇也。若执卫君，是堕党而崇仇也。夫堕子者，得其志矣。且合诸侯而执卫君，谁敢不惧？堕党崇仇，而惧诸侯，或者难以霸乎！”大宰嚭说，乃舍卫侯。卫侯归，效夷言。子之尚幼，曰：“君必不免，其死于夷乎！执焉，而又说其言，从之固矣。”（《左传》）

【哀公十五年】

冬，及齐平。子服景伯如齐，子赣为介，见公孙成，曰：“人皆臣人，而有背人之心。况齐人虽为子役，其有不贰乎？子，周公之孙也。多飨大利，犹思不义。利不可得，而丧宗国，将焉用之？”成曰：“善哉！吾不早闻命。”陈成子馆客，曰：“寡君使恒告曰：‘寡君愿事君如事卫君。’”景伯揖子赣而进之，对曰：“寡君之愿也。昔晋人伐卫，齐为卫故，伐晋冠氏，丧车五百，因与卫地，自济以西，禚、媚、杏以南，书社五百。吴人加敝邑以乱，齐因其病，取讙与阐。寡君是

以寒心。若得视卫君之事君也，则固所愿也。”成子病之，乃归成。公孙宿以其兵甲入于嬴。（《左传》）

【哀公十六年】

夏，四月，己丑，孔丘卒。公诔之曰：“旻天不吊，不慭遗一老。俾屏余一人以在位，茕茕余在疚。呜呼哀哉！尼父！无自律。”子赣曰：“君其不没于鲁乎！夫子之言曰：‘礼失则昏，名失则愆。’失志为昏，失所为愆。生不能用，死而诔之，非礼也。称一人，非名也。君两失之。”（《左传》）

【哀公二十六年】

卫出公自城鉏使以弓问子赣，且曰：“吾其入乎？”子赣稽首受弓，对曰：“臣不识也。”私于使者曰：“昔成公孙于陈，甯武子、孙庄子为宛濮之盟而君入；献公孙于卫齐，子鲜、子展为夷仪之盟而君入。今君再在孙矣，内不闻献之亲，外不闻成之卿，则赐不识所由入也。《诗》曰：‘无竞惟人，四方其顺之。’若得其人，四方以为主，而国于何有？”（《左传》）

【哀公二十七年】

春，越子使后庸来聘，且言邾田，封于骀上。二月，盟于平阳。三子皆从。康子病之，言及子赣，曰：“若在此，吾不及此夫！”武伯曰：“然。何不召？”曰：“固将召之。”文子曰：“他日请念。”（《左传》）

人物评议

从传中可以看出，子贡先在鲁国做季氏的臣子，后不被季氏所用，回到卫国。这期间，关于子贡的历史涉及最多的是展示他超凡的口才，尤其是外交方面的辞令斡旋，其可称无往不胜。当然，子贡娴熟的辞令离不开他深入的政治洞察力和严谨的逻辑分析能力，所以子贡外在的口才优势是他内在智慧的流露。其家国情怀则集中体现在他理性的认识和卓越的外交能力之中，具体体现如下。

一、分析精准，政治通透

子贡看待问题时能站在更高的层面上，所以他能一针见血地指出问题的关键所在，从中既能看出子贡对礼治的维护，也能看到子贡客观冷静的政治头脑。

鲁定公十五年，邾隐公来朝见鲁定公时，子贡观礼。他看到邾国国君一副高高在上的傲然模样，鲁定公则是低眉顺眼的卑微样子，断言说，按照礼法，这两位国君都会面临死亡。原因是，礼为生死存亡的关键，因为它是人“左右周旋，进退俯仰”的依据，骄傲会生乱，卑微会衰落，都不合乎礼度。国君作为邦国的核心，无论生乱还是衰败，一定会首当其冲。

鲁哀公十六年，孔子病逝，哀公亲自吊唁，竟然说出“旻天不吊，不慭遗一老。俾屏余一人以在位，茕茕余在疚。呜呼哀哉！尼父，无自律”这样不合礼法的言辞。在子贡看来，正合孔子所说的“礼失则昏，名失则愆”，他指出鲁哀公的言行极为不当，“失志为昏，失所为愆。生不能用，死而诔之，非礼也。称一人，非名也。君两失之”。

鲁哀公二十六年，卫出公派人问子贡自己是否有机会回国，子贡公开的回答是自己不知道。私下里，他却对使者举出历史上流亡在外的国君能够回国都是因为有得力的贤臣、能臣的帮助的例子，意在点明卫公身边没有贤臣和亲信，没有能支撑他回到卫国的力量，并引用《诗经》中“无竞惟人，四方其顺之”①，提醒卫出公可堪大任的贤才的重要性。从中可以看出，在卫国混乱纷呈的政治状态中，子贡并不希望卫出公做无意义的举动而导致无谓的牺牲，却有不忘提醒他身为国君的重要职责和应具备的能力。

由以上事件，既可以看到子贡的政治高度，又可以看到子贡严谨的政治分析能力，他的治国方略可见一斑；邦国的治理应该有所遵从，依礼行事无疑需要从国君做起，上行下效，才能秩序井然，所谓“上好礼，则民易使也”②是也；政治的稳定还在于人才，任人唯贤才能树立国之正气，贤才也是安抚四方的关键，所谓“任官惟贤材”③是也。

二、精于辞令，善于外交

子贡在鲁国为臣时，以其通达的外交辞令为鲁国处理了一系列的

---

① 此句毛诗作“无竞维人，四方其训之”。见（清）阮元校刻：《十三经注疏·毛诗正义》，北京：中华书局，2009年，第1195页。

② 程树德撰，程俊英、蒋见元点校：《论语集释》，北京：中华书局，1990年，第1040页。

③（清）阮元校刻：《十三经注疏·尚书正义》，北京：中华书局，2009年，第350页。

外交事务，颇有才干，极大程度上维护了鲁国的利益，《史记》中就曾写道，“故子贡一出，存鲁，乱齐，破吴，强晋而霸越。子贡一使，使势相破，十年之中，五国各有变”①，给予了极高的评价。

子贡善于辞令，在他两次对吴王宠臣太宰嚭的交流中得到充分展示。子贡的言辞艺术主要体现为有理有据、依事辩理。鲁哀公七年，太宰嚭倚仗吴国的强势召见季康子，季康子派子贡去见他，他借鲁哀公之前到鄫地与吴国人会见为由，指出“国君道长，而大夫不出门，此何礼也”，诘问季康子失礼。子贡针锋相对，“岂以为礼？畏大国也。大国不以礼命于诸侯，苟不以礼，岂可量也”，申斥吴国凭借大国的强势逼迫他国就范，非礼在先；进而以退为进，强调鲁哀公已经亲自参与会见了，作为国家老臣的季康子怎么敢不遵照自己国君的指示；同时又从吴国开国国君的弟弟仲雍为了配合兄长推行周礼而出现不礼行为是有原因的入手，转而强调季康子也情有可原。子贡言辞逻辑周密、步步为营、合情合理，让太宰嚭无从反驳，只能接受。

鲁哀公十二年，吴王派太宰嚭见哀公，请求重温过去的盟约，哀公派子贡去答复太宰嚭。子贡首先从盟约的意义说起，“盟，所以周信也，故心以制之，玉帛以奉之，明神以要之”；然后强调鲁国国君对待盟约的态度，“寡君以为苟有盟焉，弗可改也已。若犹可改，日盟何益”；再直斥吴国重温盟约的弊端，“今吾子曰，必寻盟。若可寻也，亦可寒也”，最终让吴国放弃了重温盟约。子贡抓住盟约的本质，指出重温盟约无异于毁约，让吴国人哑口无言。

鲁哀公十二年秋天，哀公与卫侯、宋国皇瑗结盟，吴国人趁机

---

① （汉）司马迁：《史记》，北京：中华书局，1982年，第2201页。

包围了卫侯的馆舍。子贡去见太宰嚭时，太宰嚭借口说："寡君原事卫君，卫君之来也缓，寡君惧，故将止之。"子贡并不直接指出他的谎言，而是委婉地帮他分析形势，指出："卫君之来，必谋于其众。其众或欲或否，是以缓来。其欲来者，子之党也。其不欲来者，子之仇也。若执卫君，是堕党而崇仇也。夫堕子者，得其志矣。且合诸侯而执卫君，谁敢不惧？堕党崇仇，而惧诸侯，或者难以霸乎？"问题的关键在于，如果卫侯因为来参与盟会而出了问题，可能会给吴国带来很大的麻烦。大宰嚭悦服，就放回了卫侯。子贡通过分析利害关系，让吴国人主动撤离，可谓"三寸舌胜过于百万兵"的典型。

鲁哀公十五年，子贡随从子服景伯到齐国出使，参与解决齐鲁土地争端问题，其卓越的外交才能和高超的言辞艺术再次得以展现。鲁国公孙成逃到齐国后，被齐国任用为投靠到齐国的鲁国成地的长官，所以子贡抓住问题的关键，双管齐下，最终让齐国使臣答应归还鲁国的土地。子贡首先帮公孙成分析，替齐国管理成地，任用手下的齐国人时他们难免不生二心，让公孙成认识到身在齐国地位的尴尬；进而从公孙成的身份入手，指出他作为周公的后代，曾享受了巨大的利益，如果为齐国做对鲁国不利的事，将被视为不义；结合以上两个方面，以他的处境，利益很难得到，还会失去自己的祖国，岂不是得不偿失。子贡就是这样从个人利益谈到家国大义，最终让公孙成心服口服，表示愿意听从他的命令。

可以看出，子贡能够在具体政治矛盾中抓住问题的关键，表现出高超的政治洞察力。在了解问题的关键之后，他又能晓之以理、明之以义、动之以利，运用他超凡的语言艺术，达到既定的政治效果。他的外交智慧与语言艺术合二为一，将“上兵伐谋”①的外交斡旋体现得淋漓尽致。

《韩诗外传》中曾记载子贡与孔子的一段对话，孔子问其志向，子贡对曰：“得素衣缟冠，使于两国之间，不持尺寸之兵，升斗之粮，使两国相亲如兄弟。”②子贡政治才能不同凡响，关键在于他高远的政治格局，而真正能站在政治的高度处理好国家大事的人，无非是不计较个人得失而把国家大事放在首位，只有公心，没有私心，才能不畏不惧，处理问题得心应手。

正是因此，鲁哀公二十七年，鲁国三大权臣季孙、孟孙、叔孙的掌权人在即将与邾国商谈国土之事时谈到子贡，季康子感慨：“若在此，吾不及此夫。”孟武伯也提出：“然。何不召？”叔孙文子说“他日请念。”足可以看到子贡的政治才能与外交才能，在当时鲁国三大权臣中得到了高度认可。

---

① （春秋）孙武撰，（三国）曹操等注，杨丙安校理：《十一家注孙子校理》，北京：中华书局，1999年，第46页。

② （汉）韩婴撰，许维遹校释：《韩诗外传集释》，北京：中华书局，1980年，第320—321页。

第四节　鲁　冉求

丨人物小传

冉求，字子有，又称冉有、冉子。春秋时期鲁国人，孔子弟子。冉求长于政事，为季氏宰十余年，在鲁国与齐国的战争中身先士卒，但也因帮助季氏进行田赋改革而受到孔子的严厉批评。孔子也评价他多才艺，堪任冢宰①。

---

① 《论语》载："'求也何如？'子曰：'求也，千室之邑，百乘之家，可使为之宰也，不知其仁也。'"见程树德撰，程俊英、蒋见元点校：《论语集释》，北京：中华书局，1990年，第304页。

经典文本

【哀公十一年】

春，齐为鄎故，国书、高无丕帅师伐我，及清。季孙谓其宰冉求，曰："齐师在清，必鲁故也，若之何？"求曰："一子守，二子从公御诸竟。"季孙曰："不能。"求曰："居封疆之间。"季孙告二子，二子不可。求曰："若不可，则君无出。一子帅师背城而战。不属者，非鲁人也。鲁之群室，众于齐之兵车，一室敌车优矣。子何患焉？二子之不欲战也宜，政在季氏。当子之身，齐人伐鲁而不能战，子之耻也大。不列于诸侯矣。"季孙使从于朝，俟于党氏之沟。武叔呼而问战焉。对曰："君子有远虑，小人何知？"孺子强问之，对曰："小人虑材而言，量力而共者也。"武叔曰："是谓我不成丈夫也。"退而蒐乘，孟孺子泄帅右师，颜羽御，邴泄为右。冉求帅左师，管周父御，樊迟为右。季孙曰："须也弱。"有子曰："就用命焉。"季氏之甲七千，冉有以武城人三百为己徒卒，老幼守宫，次于雩门之外。五日，右师从之。公叔务人见保者而泣曰："事充政重，上不能谋，士不能死，何以治民？吾既言之矣，敢不勉乎！"

师及齐师战于郊，齐师自稷曲，师不逾沟。樊迟曰："非不能也，不信子也。请三刻而逾之。"如之，众从之。师入齐军。右师奔，齐人从之。陈瓘、陈庄涉泗。孟之侧后入以为殿，抽矢策其马曰："马不进也。"林不狃之伍曰："走乎？"不狃曰："谁不如？"曰："然则止乎？"不狃曰："恶贤？"徐步而死。师获甲首八十，齐人不能师。宵，谍曰：

“齐人遁。”冉有请从之三，季孙弗许。孟孺子语人曰：“我不如颜羽，而贤于邴洩。子羽锐敏，我不欲战而能默。洩曰：‘驱之。’”公为与其嬖僮汪锜乘，皆死，皆殡。孔子曰：“能执干戈以卫社稷，可无殇也。”冉有用矛于齐师，故能入其军。孔子曰：“义也。”

季孙欲以田赋，使冉有访诸仲尼。仲尼曰：“丘不识也。”三发，卒曰：“子为国老，待子而行，若之何子之不言也？”仲尼不对，而私于冉有曰：“君子之行也，度于礼，施取其厚，事举其中，敛从其薄。如是，则以丘亦足矣。若不度于礼，而贪冒无厌，则虽以田赋，将又不足。且子季孙若欲行而法，则周公之典在。若欲苟而行，又何访焉？”弗听。(《左传》)

【哀公十四年】

小邾射以句绎来奔，曰：“使季路要我，吾无盟矣。”使子路，子路辞。季康子使冉有谓之曰：“千乘之国，不信其盟，而信子之言，子何辱焉？”对曰：“鲁有事于小邾，不敢问故，死其城下可也。彼不臣而济其言，是义之也。由弗能。”(《左传》)

【哀公二十三年】

春，宋景曹卒。季康子使冉有吊，且送葬，曰：“敝邑有社稷之事，使肥与有职竞焉，是以不得助执绋，使求从舆人，曰：‘以肥之得备弥甥也，有不腆先人之产马，使求荐诸夫人之宰，其可以称旌繁乎！’”(《左传》)

人物评议

在《论语》中，孔子评价冉有“求也艺”[①]，从春秋战国时期对年轻子弟的具体要求分析可知，六艺，即礼、乐、射、御、书、数是当时贵族子弟的必修课[②]，那么冉有就应当是具有多种才能的人。而且，孔子肯定“求也艺”是在季康子问“求也，可使从政也与”的情况下，进一步说明冉有具有从政的才能。具体分析如下。

一、为谋能忠，进退有度

冉有的出场定位是鲁国权臣季氏的家臣长，《左传》中记录的关于他的内容，成功地诠释了“为人谋而能忠”“食君之禄，忠君之事”的忠臣的形象。他为季氏出生入死、机变斡旋。

鲁哀公十一年，在以季氏为主的鲁国和齐国的战争中，他先为季氏分析谋划战争的利弊及应采取的应对方略，提出三种作战方略，并用言语刺激孟孙、叔孙参战，然后又亲自率领左军与齐军作战，是他的全力以赴、机智周旋、不怕牺牲才使得鲁国最终战胜了齐军。

---

① 程树德撰，程俊英、蒋见元点校：《论语集释》，北京：中华书局，1990年，第379—380页。

② 《周礼·地官司徒·保氏》记：“养国子以道。乃教之六艺：一曰五礼，二曰六乐，三曰五射，四曰五御，五曰六书，六曰九数。”见（清）孙诒让撰，汪少华整理：《周礼正义》，北京：中华书局，2015年，第1217页。

在季氏就征收田赋一事向孔子征求意见时，孔子沉默不言。当然，孔子也非常明白这其中的利害关系，深知冉有身为季氏家臣的身份，就私下里对冉有坦然讲出了自己希望季氏能遵照周代的典章制度，不要随便作出更改。冉有果然把孔子的建议告知了季氏，但是季氏并没有听从孔子的建议，冉有也仍然支持季氏，为季氏办差。

鲁哀公十四年，小邾国的大夫射愿意献出句绎之地投奔鲁国，但提出的要求是让子路给他承诺。子路拒绝了他的要求，季氏就派冉有去劝说子路，冉有听命季氏去劝说子路，虽然最终没有劝动子路，但冉有认真为季氏做事的行为足见他的忠诚。

从以上的几件事中足可以看出冉有作为臣子的忠诚可信，他为季氏谋而后定，当进能进，善于谋划、勇于作战，而在处理他与孔子和子路与季氏之间的关系时，他并不强求老师孔子和师兄子路能因为他改变自己的坚持，该退则退，处理问题很好地把握了进退之度。《孔子家语》就评价他说："仕为季氏宰，进则理其官职，退则受教圣师，为性多谦退。"① 可以说十分贴切。

当然，他的忠勇善战也得到了孔子的认可，比如在与齐军交战中能亲自拿着武器去奋力拼杀；但有些做法也是被孔子批评的，比如《论语·季氏》中，孔子直接引用周任的话批评冉有"陈力就列，不能者止"②，也直接用治理国家的主要思想教育他，"有国有家者，不患寡而患不均，不患贫而患不安。盖均无贫，和无寡，安无

---

① （清）陈士珂辑，崔涛点校：《孔子家语疏证》，南京：凤凰出版社，2017年，第248页。

② 程树德撰，程俊英、蒋见元点校：《论语集释》，北京：中华书局，1990年，第1134页。

倾。夫如是，故远人不服，则修文德以来之，既来之，则安之”①。当然，孔子批评教育冉有也是因为他只是站在季氏的角度看问题，季氏因为看到颛臾威胁到了他的费城，便要攻打他。冉有为之辩解。从这里也可以看出冉有因为忠诚季氏而忽略了鲁国的国家利益。颛臾是鲁国境内的小国，而季氏却因为威胁到自己的利益而在邦国之内大动干戈，显然没有顾及鲁国的国家利益，冉有还为这样的行为寻找理由，这正是孔子批评教育他的原因，也说明了他的政治格局高度不够。忠诚没有错，但大义却不能不顾，因忠诚而只顾季氏的利益，显然忽略了做臣子的大义，季氏毕竟也只是鲁国的大臣。所以说冉有身上的家国情怀更偏重对家的看重，也就是身为家臣的责任和义务，虽然格局略小，但并不妨碍对他作为臣子才干的肯定。

二、定位准确，富有担当

冉有在重大危机来临时，能冷静分析形势，精准定位使命，确实是不可多得的人才。

鲁哀公十一年，齐国因郋地之战的缘故进攻鲁国，驻扎在清地。季孙与冉有商议问计，作为季氏家臣长，冉有为季孙提供了作战方略，又在孟孙、叔孙不同意出战的情况下，能从大局出发，明确指出季孙作为执政者要承担该承担的责任。如果齐国人攻打鲁国时，季孙不能作战，那将是他的耻辱，他将完全不配站在诸侯之列。所谓“在其位

① 程树德撰，程俊英、蒋见元点校：《论语集释》，北京：中华书局，1990年，第1137页。

谋其政”①，冉有就是在情势危急的紧要关头，让季孙明白该有的责任担当。当然，他也用自己的行动诠释了责任和担当。他作为季孙的家臣之长，手执长矛，亲自率领军队迎战，在最紧要的关头，不顾个人安危，申明号令冲锋在前。正因为他的奋力而为，最终鲁军打败齐军。

齐国一直是军事强国，齐军来攻打鲁国，无疑让鲁国人心存忌惮，孟孙、叔孙在事件开始时的表现就是最好的例证，季孙也心存顾虑，从后来齐军战败逃跑，冉有多次请求出兵追击而季孙不许，就可以得到证实。所以以季孙为首的鲁国军队这次能取得胜利，是与冉有劝说季孙肩负起其政治定位该有的担当和他本人的勇于担当、亲力亲为分不开的。

三、有勇有谋，善听劝谏

鲁哀公十一年时鲁国与齐国的战争中，冉有不但忠诚可嘉、颇具责任感，他的大智大勇、能听善言也是取得战争胜利的关键。

在鲁国人面对齐国大军压境的情势下，冉有用自己的冷静劝说季氏迎战，这是他在事件处理中表现出的第一大智慧；冉有精准分析鲁国国情，拿出三种应战方案，让季氏清楚作战的形势和胜利的可能，这是他表现出的第二大智慧；冉有在随从季氏上朝时用言语刺激孟孙、叔孙，让他们由拒绝参战到不得不参战，为鲁军制造声势，这是他表现出的第三大智慧；在交战的关键时刻，鲁军不敢过沟迎战，冉有能听从年轻的樊迟的意见，向军队申明号令，率领军队过沟应战，并因

---

① 程树德撰，程俊英、蒋见元点校：《论语集释》，北京：中华书局，1990年，第541页。

此取得了关键性的胜利，这是他表现出的第四大智慧；齐军败退，冉有请求追击，善于抓住时机，是他表现出的第五大智慧。

冉有亲自率军迎战，亲临前线指挥作战，又能在交战的关键时刻，身先士卒，组织鲁军过沟迎战，冷静果敢，实在勇气可嘉！

在冉有还未成为季氏宰时，季子然就曾问询孔子其是否具有臣子的才能，孔子闻后，坚定地回答说："具臣矣。"① 冉有也没有辜负孔子，其身为臣子，能文能武，有勇有谋，善于劝谏，善于听谏，善于决断，仅仅通过齐鲁交战这一件事，就足可以看出"求也艺"是多么中肯的评价。

四、长于辞令，善于外交

鲁哀公十四年，面对小邾国大夫射提出与子路订立盟约而子路拒绝的情况，冉有接受季孙的命令去劝说子路，向子路说明，一个拥有千辆兵车的国家，不相信盟誓，却愿意相信你子路的承诺，这对你来说不是屈辱和委屈呀。他的言辞不可谓不能打动人心，只可惜子路深明大义，不为所动，但这并不影响我们看到冉有的善于辞令。

鲁哀公二十三年春天，季桓子的外祖母去世，季康子派冉求前去吊唁送葬。冉求先以季康子事务繁忙为由表达歉意，并表明自己来是跟从舆人之后，言明身份和责任，谦恭有礼；又进而替季康子送出准备好的马匹，表达该有的礼节。冉有是代替季康子到宋国吊丧，这涉及外交问题，又涉及季康子的家事，而整个事件中，他言辞得

① 程树德撰，程俊英、蒋见元点校：《论语集释》，北京：中华书局，1990年，第792页。

体，进退有度，庄重懂礼，充分展现了外交才能和言语能力。

当然，季氏能派冉有去参加邦国间的事务处理，本身既是对冉有外交能力的肯定，也是对冉有知礼有度的外交风度的肯定。冉有作为重视周礼的孔子的学生，也确实做到了言语得体、行为合宜。

总之，冉有自身的才干和他在鲁国历史上发挥的作用，更多地体现在他为季氏为家臣之长时的出色表现，他在辅助季氏处理家国大事上尽心尽力、智勇双全、辞令通达、外交得宜，实为难能可贵。

第八章

士、庶人篇

春秋时有“不在其位，不谋其政”[①]之说，而且在《左传》中关于齐鲁长勺之战的内容中，也明确记载了“肉食者谋之”的社会现实，即国家大事应由天子、诸侯、卿大夫这些从小就接受担当国家大任教育的人来解决。因此，卿大夫们担当国家大事是他们的责任，也是他们维护身份地位的前提，对于他们而言，国家大事是分内事，是理所应当。而一些普通的士人、庶人能在国家危亡之时，主动关心国家大事，为国家安危筹谋，甚至不计个人得失，则大多是属于自发行为，这才是真正出于爱国之心，比卿大夫之流的爱国言行更具震撼力和感染力，是“国之兴亡，匹夫有责”的切实体现。

① 程树德撰，程俊英、蒋见元点校：《论语集释》，北京：中华书局，1990 年，第 541 页。

第一节　曹刿

人物小传

曹刿，一作曹翙，生卒年不详。他作为鲁国大夫，知礼懂礼，具有过人的军事谋略。在鲁庄公十年的长勺之战中，曹刿以民为本，认为与民忠方可以战，并在作战过程中提出“一鼓作气，再而衰，三而竭”的军事理论，大败齐师，但为后人所称赞。

经典文本

【庄公十年】

春，王正月，公败齐师于长勺。(《春秋》)

春，齐师伐我。公将战，曹刿请见。其乡人曰："肉食者谋之，又何间焉。"刿曰："肉食者鄙，未能远谋。"乃入见。

问何以战。公曰："衣食所安，弗敢专也，必以分人。"对曰："小惠未遍，民弗从也。"公曰："牺牲玉帛，弗敢加也，必以信。"对曰："小信未孚，神弗福也。"公曰："小大之狱，虽不能察，必以情。"对曰："忠之属也，可以一战，战则请从。"公与之乘。

战于长勺，公将鼓之。刿曰："未可。"齐人三鼓，刿曰："可矣。"齐师败绩。公将驰之。刿曰："未可。"下视其辙。登轼而望之，曰："可矣。"遂逐齐师。既克，公问其故。对曰："夫战，勇气也。一鼓作气，再而衰，三而竭。彼竭我盈，故克之。夫大国难测也。惧有伏焉。吾视其辙乱，望其旗靡，故逐之。"

夏，六月，齐师、宋师次于郎。公子偃曰："宋师不整，可败也。宋败，齐必还，请击之。"公弗许。自雩门窃出，蒙皋比而先犯之。公从之，大败宋师于乘丘。齐师乃还。(《左传》)

【庄公二十三年】

夏，公如齐观社。(《春秋》)

夏，公如齐观社，非礼也。曹刿谏曰："不可！夫礼，所以整民也。故会以训上下之则，制财用之节。朝以正班爵之义，帅长幼之序；征伐以讨其不然。诸侯有王，王有巡守，以大习之。非是，君不举矣。君举必书。书而不法，后嗣何观？”（《左传》）

人物评议

曹刿作为春秋时期士人的代表，他的言行体现出的崇高的责任感和卓越的社会能力。《礼记·王制》："诸侯无故不杀牛，大夫无故不杀羊，士无故不杀犬豕，庶人无故不食珍。"①可见，曹刿的初始身份较为低下，或许就是普通的庶人。但他却知礼懂礼，具有过人的军事谋略。在鲁庄公十年的长勺之战中，曹刿以国之安危为先，不考虑身份的低微，以民之惠为本，认为只有与民忠，方可一战，并在作战过程中谋略得当，大败齐师，为后人所称赞。

身为鲁国大夫，曹刿有勇有谋，敢于在国家危难之时挺身而出，凭借卓越的谋略才能赢得了战争，保全了家国。他主张以民为本，心怀天下，具有强烈的忧患意识和爱国精神。曹刿论战在后世被广为称赞，不仅是因为他的政治远见和战略才能，更是由于他自身的人格魅力与精神品质。这种崇高的精神气节深入民族的根源，代代传承，至今仍指引着我们不断前行。正如后世顾亭林在《日知录》中说："保天下者，匹夫之贱与有责焉。"②

---

① （清）孙希旦撰，沈啸寰、王星贤点校：《礼记集解》，北京：中华书局，1989年，第354页。

② （清）顾炎武撰，黄汝诚集释，栾保群点校：《日知录集释》，北京：中华书局，2020年，第756页。

一、长勺之战，初试锋芒

春秋时期，齐桓公怀有雄心大志，想要称霸天下。鲁庄公十年（前684年），他不顾管仲的竭力劝阻，派高傒、鲍叔牙、公子雍率大军伐鲁。此前，齐、鲁几次交战，均以鲁国战败告终。听闻齐大军压境，鲁庄公和群臣大惊失色，不知所措。齐鲁开战前，曹刿求见庄公，取信于民而后战，作战时随从指挥，大败齐师，一鼓作气之典出于此。

作战过程中，庄公准备击鼓，曹刿说："未可。"齐国人三次击鼓进军。曹刿说："可矣。"齐军大败，庄公准备驱车追击齐军。曹刿说："未可。"等到他仔细勘察齐军车轮的痕迹，又登高远望齐军队形后，才下令可以继续追击，一举击溃齐师。战胜之后，鲁庄公问其原因，曹刿回答道："夫战，勇气也。一鼓作气，再而衰，三而竭。彼竭我盈，故克之。"第一次击鼓可以振奋士气，第二次击鼓士气就少了一些，第三次击鼓士气就消耗殆尽了。敌方的士气消耗殆尽，而本国的士气刚刚振奋，因此得以取得胜利。"夫大国，难测也，惧有伏焉"，然而齐国作为大国，难免不会设下埋伏。对此，曹刿的做法则是"视其辙乱，望其旗靡，故逐之"。经过细致谨慎的观察，确定敌方已经军心大乱，无力反抗，这才放心继续追击。整套流程行云流水，既不拖泥带水，也不鲁莽仓促，一气呵成，由此可见曹刿对时机的把控和战术的精妙之处。

长勺之战前，曹刿只是一介籍籍无名之徒，并未在史书上有过相关记载。《左传》着重刻画了曹刿战前的沉着冷静和作战过程中的随机应变，不鸣则已，一鸣惊人，抓住人物亮点，将他的家国情怀与军事才能展现得淋漓尽致，一个鲜活的形象瞬间跃然纸上。尽管缺失其他相关事迹，但长勺之战的初试锋芒足以让后人对曹刿这一形象印象深刻，从此之后，“一鼓作气”作为表达果断与决心的正面例子便流传了下来。其影响很大，后来毛主席就用这个案例来阐发战略防御的原则[①]。

二、政治劝谏，心怀天下

曹刿的出彩之处不仅体现在其高超的军事理论上，还有其心系天下的大局观念。根据《左传》记载，曹刿对鲁庄公的劝谏出现了两次，分别是庄公十年长勺之战前和庄公二十年入朝议事。议论篇幅不长，但言简意赅，思路清晰，以天下大局和百姓民生为思想核心，尽显凛然大义，呈现出一个正直赤诚的忠臣形象。

庄公十年，长勺之战前，曹刿即将出发觐见庄公，同乡人劝阻道：“肉食者谋之，又何间焉？”曹刿说：“肉食者鄙，未能远谋。”他认为居高官、享厚禄的人目光短浅，不能深谋远虑。曹刿不顾同乡劝导，主动请求鲁庄公接见，希望能够凭自己的谋略助鲁国扭转局面，体现出忧国忧民的精神品质，为后文的恳切谏言作铺垫。见到鲁庄公之后，曹刿并没有在一开始就提出自己的见解，而是先询问庄公“何以战”，可见其深谋远虑，准备充分。有效了解双方实况是作战的重要前提，在敌方力量未知的时候，更要清晰地掌握己方国情，从而展开下一步的谋略。曹刿以此发问也是对鲁庄公的考验，判断他是否具备一个君主的本领和才能，并根据他的态度，找到合适的陈述切入点。

接着，曹刿与庄公展开了关于恩惠、信用和待民之道的对话。经过两次否决之后，庄公给出了最后一个回答：“小大之狱，虽不能察，

---

① 参见《毛泽东选集》第一卷，北京：人民出版社，1991 年，第 203 页。

必以情。”曹刿给予了认可：“忠之属也，可以一战。”大小不同的案件，即使不能一一明察，但必定根据实情来判断。这句话真正流露出关爱百姓、以民为本的态度，是君王尽本职的一种表现，可以凭借这一态度作战。《礼记》中曾记载：“子曰：‘民以君为心，君以民为体。心庄则体舒，心肃则容敬，心好之身必安之。’”①曹刿深谙其理，方有此问。

鲁庄公二十年之夏，庄公到齐国去观看祭祀社神。这一行为不合乎礼，曹刿劝谏说：“夫礼，所以正民也。是故先王制诸侯，使五年四王、一相朝。终则讲于会，以正班爵之义，帅长幼之序，训上下之则，制财用之节，其间无由荒怠。”他认为礼是用来整束百姓的，作为一切秩序的标准，是维持社会稳定的关键。正是由于祖宗先辈代代相传的礼法制度，整个国家社会才能保持稳定，维持在一个和谐有序的状态中。然而一旦记载的行为不合于法度，于后世则会留下危乱的隐患。“君举必书，书而不法，后嗣何观”，眼前君主的一举一动都会被记载在历史中，如果行为举止违背了原定的礼制，那么后世子孙也可能因此而放松底线，国家的运行轨迹也随之偏离，造成严重的后果。

曹刿坚定地维护礼仪制度，不仅站在大臣为君主着想的立场上，更是为了整个国家的考量。在君主犯错的时候及时上谏，正是心系天下的充分体现。“苟利国家生死以，岂因祸福避趋之”②，如若为了自身安危，处处附和君王，忽视隐瞒不当的举止，长此以往，一个国家必然发展停滞，甚至衰亡。

---

① （清）孙希旦撰，沈啸寰、王星贤点校：《礼记集解》，北京：中华书局，1989 年，第 1329 页。

② 钱仲联主编：《清诗纪事》，南京：凤凰出版社，2004 年，第 2161 页。

三、精神风度，启示时代

（一）赤胆忠心——理想所向

纵览天下时局，鲁国本就人少力寡，面对强大的齐国，战胜希望更是渺茫。就在这样千钧一发的危险时机，曹刿不顾同乡劝导，主动请求鲁庄公接见，希望能够凭自己的谋略助鲁国扭转局面，体现出强烈的忧患意识和民族责任感。当国家有难时，哪怕身为普通百姓，也毅然决然地挺身而出，这种果断和决心是大多数人难以做到的，而曹刿身上就具有这种可贵的品质。正是由于庄公的接纳与包容，上位者与下级之间形成了一种默契的呼应，国家与百姓之间达成了互相倚靠的平衡状态，曹刿的爱国情怀由此得以抒发，同时进一步加强了其报效祖国的信念。怀着这样的理想追求，曹刿面对庄公毫不胆怯，冷静大方，认真剖析庄公的作战思路，指出其不足之处。除了胆识过人，其中蕴含更多的则是一片忠心赤忱。曹刿宁可置生死于不顾，大胆请见庄公，首先质问一句“何以战”，不卑不亢，心胸自有大局，令人刮目相看。

古人云，“国难见忠臣”。只有真正危急时刻，才能看出一个人的本质，曹刿的言行就是对爱国精神的充分诠释。在利益和危难面前，忠诚不二者少而又少，因此能够实践“忠”字的人也就弥足珍贵。我们对忠诚的人生出爱戴崇敬之心，是时代和社会的普遍趋势，也是对人性中真善美的向往。曹刿论战在今天被选入语文教材，正是历史对这一精神品质的认可赞颂，其经过了时代的考验，在今天仍然散发着炽热的温度，向后世传递着赤诚之心。

（二）“以人为本”——国之根基

在曹刿与庄公的战前对话中，曹刿所表达的最核心的思想就是

“以人为本”。对于曹刿“何以战”的提问，庄公起初认为将衣食与祭祀用品准备齐全，分给百姓，对于民生大计来说就已经足够了，但在曹刿看来，这些只是物质层面上的小恩惠和小信用，并不能在根本上说明什么。庄公站在统治者的角度，始终怀着俯视的眼光看待平民百姓，因此才会以“衣食”“玉帛”等物质角度回答，这是一种较为狭隘的视角，并非曹刿想要看到的大局观念。

衣食和祭祀方面都是小的恩惠和信用，而对于案情的合理处置才是真正尽了本职，曹刿判断的依据是君主的态度是否诚恳尽力，对于各项事情的处置是否公正合理。君王对平民百姓是否上心，决定了一个国家的未来走向。《管子》中就曾言：“人主能安其民，则民事其主，如事其父母。”① 曹刿认为鲁庄公的言论还仅仅停留在物质的表层，其真正核心应该是“以民为本”，只有恩惠遍及，才能得到百姓的信服，最终凝聚起强大的力量，得以战胜齐国。

处置案件合情合理，为“忠之属也”，“忠”为坦诚，是对人民和国家的保障，归根结底也是人本思想的一环。上位者要维持事务正常运转，必须把百姓放在首位，亲力亲为，尽职尽责，这一点在今天依旧具有启示性。民生是维持一个国家持续长久运转的根本，国家由人民组成，有血缘关系的人聚集在一起，形成了“家”；而无数“家”凝聚在一起，便形成了“国”。《尚书·尧典》曰：“克明俊德，以亲九族。九族既睦，平章百姓。百姓昭明，协和万邦。”② 一个国家想要强大，第一要务就是落实“以人为本”，真正做到关怀百姓，凝聚民心。当人民团结一致时，“国”就变成了“家”，而“家”就是“国”，家

① 黎翔凤撰，梁运华整理：《管子校注》，北京：中华书局，2004 年，第 1181 页。
② （清）阮元校刻：《十三经注疏·尚书正义》，北京：中华书局，2009 年，第 250 页。

国天下，百姓无忧，社会和谐安定，内忧外患都会自然解决。

（三）以柔克刚——战略关键

战争当中，一个优秀的谋略家，甚至抵得上成千上万的将士。曹刿虽然没有在战场上冲锋陷阵，却能凭借智慧，以柔克刚，以弱胜强，以小取大。和“望梅止渴”“四面楚歌”类似，曹刿利用的正是心理博弈，先诱引敌方放松心理防线，进入懈怠状态，同时大力鼓舞己方，激起斗争。二者相比更加鲜明，于是松懈者更加气馁，鼓舞者更加振奋，迅速拉开局势。击败齐国之后，曹刿也没有就此放松警惕，而是观察其车轮轨迹和行军队伍，确认敌军是否设下埋伏，思路巧妙，随机应变。

长勺之战是典型的弱国对强国之战，也是考验军事战略的关键时刻。在这场战役上，弱国想要取胜，唯有做好全面而充分的战略准备。曹刿不仅在这场力量悬殊的作战中指导军队取得了胜利，而且通过实践为人们指明了防御作战的战略原则，看似柔弱，却灵巧应战，以敏锐的洞察力掌握战场的风吹草动，真正契合了“以柔克刚”①原则，以智取胜。

孔子曾言：“智者乐水。”②水是无形流动之物，却能以无形克服有形，以流转变化回避强敌，其中蕴含的智慧是无穷的。谋略家看似文弱雅致，却是战场上的灵魂所在，正是各国谋略家之间的智慧较量决定着战争的胜负，谈笑之间，天下大局为之一变。传统的军事谋略家不是凭借在战场上出生入死、浴血奋战的经验来指挥作战，而是靠读

---

① （三国）诸葛亮撰，段熙仲、闻旭初编校：《诸葛亮集》，北京：中华书局，1960年，第81页。

② 程树德撰，程俊英、蒋见元点校：《论语集释》，北京：中华书局，1990年，第408页。

书识理来完成自己的使命。虽然看似缺乏实战经验，但他从书本中积累起来的知识经验，足以使他们从力量对比、人心向背、地理气候等等天时地利人和的多方面因素来把握节奏，最终改变战争的走向，引领大局，这正是“以柔克刚”的智慧。在现代社会，我们也需结合实际，充分调动各方面的因素，发挥自身的智慧，灵活应对生活的每一个考验。

四、结语

曹刿在史书上并没有太多记载[①]，《左传》中仅记录了长勺之战与劝谏庄公这两段经历，作为短暂的历史切面，被流传了下来。纵观其人，生平不详，无法根据其经历展开一个整体而全面的评价，但这两件事例却足以让他在漫漫历史长河中出类拔萃，成为其中一颗闪亮的星点。

曹刿具有卓越的军事远见和高超的作战指挥才能，主要体现在战前准备和作战谋略这两个方面。首先，曹刿非常重视战前可靠的政治准备，他认为“民从”才是战争取胜的重要保证，只有具备了这一条件，才“可以一战”，否则就无法提供稳固的民意基础，难以战胜敌方。其次，他在指挥作战时深谋远虑，适当运用了正确的战略。既深知士气的作用，又善于抓住有利的时机发动反攻，知己知彼，不畏强敌，又步步谨慎，最终战胜齐国。在国家政事方面，曹刿也坚定地维护君主统治，重视整体的社会秩序，站在未来的发展眼光，用以约束

① 李零先生认为《史记·刺客列传》中描写的曹沫即曹刿。见李零:《为什么说曹刿和曹沫是同一人——为读者释疑，兼谈兵法与刺客的关系》，《读书》2004年第9期。

现在的行为举止。他能够跳出狭隘的局限视角，怀有天下大局的先见之明，顺应历史发展规律，每一步都踏到了实处。

今人看来，曹刿有勇有谋，敢于在国家危难时刻主动献身，及时指正君王的失误，忧国忧民，怀有深沉的爱国精神。在论述中，他坚定地站在百姓的立场上，以民为本，胸怀天下。战前准备全面，战时随机应变，战后谨慎追击，制定高超的军事谋略，并层层推进，逐步实施。知礼懂礼，眼观大局，以国家利益为重，维护统治秩序。其勇气、谋略，以及爱国气度都为后人称赞，值得我们学习。展望过去，放眼当下，虽然时局早已发生了翻天覆地的变化，但这片华夏大地上的民族风骨永存。正是站在前人的经验和基础上，我们才得以一路远行，这份精神始终蕴藏在中华儿女的血脉中，乘前人之荫以庇护后世，代代流转。

第二节 鉏麑

丨人物小传

鉏麑[①]，春秋时期晋国著名大力士。晋灵公不行君道，被赵盾反复劝谏而心生烦怨。鉏麑受晋灵公之命刺杀赵盾，却被赵盾的勤勉与正直所感动，因无法忍受自己陷入“贼民之主”之“不忠”与“弃君之命”之“不信”的矛盾境地，遂触槐而死。鉏麑在后世成了忠义的文化象征，“昔者赵盾，假寐兢庄。天廻厥害，鉏麑以亡”(欧阳詹语)。

---

① 鉏麑，《吕氏春秋》作“沮麛”，见（秦）吕不韦编，许维遹集释，梁运华整理：《吕氏春秋集释》，北京：中华书局，2009年，第632页；《说苑》作“鉏之弥”，见(汉)刘向撰，向宗鲁校证：《说苑校证》，北京：中华书局，1987年，第82页。

经典文本

【宣公二年】

秋，九月，乙丑，晋赵盾弑其君夷皋。(《春秋》)

晋灵公不君，厚敛以雕墙；从台上弹人，而观其辟丸也；宰夫胹熊蹯不熟，杀之，寘诸畚，使妇人载以过朝。赵盾、士季见其手，问其故，而患之。将谏，士季曰："谏而不入，则莫之继也。会请先，不入，则子继之。"三进，及溜，而后视之，曰："吾知所过矣，将改之。"稽首而对曰："人谁无过，过而能改，善莫大焉。《诗》曰：'靡不有初，鲜克有终。'夫如是，则能补过者鲜矣。君能有终，则社稷之固也，岂惟群臣赖之。又曰：'衮职有阙，惟仲山甫补之'。能补过也。君能补过，衮不废矣。"犹不改。宣子骤谏，公患之，使鉏麑贼之。晨往，寝门辟矣，盛服将朝。尚早，坐而假寐。麑退，叹而言曰："不忘恭敬，民之主也。贼民之主，不忠；弃君之命，不信。有一于此，不如死也。"触槐而死。(《左传》)

人物评议

鲁迅先生说："我们从古以来，就有埋头苦干的人，有拼命硬干的人，有为民请命的人，有舍身求法的人，……虽是等于为帝王将相作家谱的所谓'正史'，也往往掩不住他们的光耀，这就是中国的脊梁。"[①] 鉏麑大概就是这类能"明死生之大"，选择"有重于社稷"[②] 的士人，因此，才被载入历史。

鲁宣公二年，由于晋灵公姬夷皋不行为君之道日久，他与直谏大臣之间的矛盾爆发了出来。一直以来，晋灵公征收重税来满足自己荒淫奢侈的生活，他连宫室的墙壁都要装饰华丽的彩绘。他还从高台上用弹弓射人，观看人们躲藏来娱乐自己。就因为厨师偶然没把熊掌炖烂他就把人杀死，并且装入篓子里，叫宫女抬着送出宫外。晋国当时的执政大夫赵盾多次劝谏，因此惹得晋灵公十分厌烦，并心生恼恨，就派武艺高强的鉏麑去刺杀赵盾。鉏麑在潜入赵府准备行刺时，看到赵盾早早把朝服穿得整整齐齐，准备上朝，趁着时间还早，正在闭目养神。鉏麑被赵盾的勤勉与正直所打动，不忍刺杀他，并感叹："不忘恭敬，民之主也。贼民之主，不忠；弃君之命，不信。有一于此，不如死也。"（他在家里还不忘恭敬国君，真是晋国百姓的好领导。我杀掉这样的好领导，就是不忠；如果放了他，就是不执行国君的命令，

① 《鲁迅全集》第 6 卷，广州：花城出版社，2021 年，第 64 页。

② （明）张溥撰，曾肖点校：《七录斋合集》，济南：齐鲁书社，2015 年，第 221 页。

就是失信。无论怎么做，我都难以摆脱不忠或不信的结果了，还不如死了的好。）于是，鉏麑就一头撞死在赵盾家院中的槐树上。

这段文字是关于鉏麑刺杀赵盾过程的记载，它充分展示了鉏麑在面对国家大义时对死生的选择。

从思想上看，鉏麑是一个讲究忠信之道、具备大义思想的士人，在大是大非面前，他不盲目听从国君的安排，有着自己的认识和判断，能够以大义为原则处理世事；从为人上看，鉏麑坚守正义，他深知晋灵公的为人，所以不会不分青红皂白而讲究愚忠，他宁愿死也不愿去做不忠不信的事情，让自己背负不忠不信的骂名；从行为上看，鉏麑是个敢于面对、不会逃避的士人，他能在认清现实后，刚烈果敢地采取行动，毫不拖泥带水地作出合乎道义的选择。他最终触槐而死，足以证明他是一个视原则与信仰高于生命的人。

张溥曾感慨："凡富贵之子，慷慨得志之徒，其疾病而死，死而湮没不足道者，亦已众矣！"① 与鉏麑同样的士人不胜枚举，他们大多数都如一粒尘埃淹没于历史的时空里。然而鉏麑却因为敢于舍生取义、慷慨赴死而在历史上留下了闪光的一瞬，让世人仰慕。

① （明）张溥撰，曾肖点校：《七录斋合集》，济南：齐鲁书社，2015 年，第 220 页。

第三节　介之推

人物小传

介之推，姓介，名推，又名介子推、子推，后人尊为介子。是“重耳之亡”中跟随晋文公周游列国的小臣，倾尽犬马之劳，主要事迹为“割股救主”（见《韩诗外传》）和“不言禄”而隐居。后世称介之推为忠诚奉君、淡然名利、坚守道义的忠臣孝子，“士甘焚死不公侯，满眼蓬蒿共一丘”（黄庭坚《清明》诗句），并为其设立寒食节，修建庙堂（英毅圣王庙），永世纪念。

经典文本

【僖公二十四年】

晋侯赏从亡者。介之推不言禄，禄亦弗及。推曰："献公之子九人，唯君在矣。惠、怀无亲，外内弃之。天未绝晋，必将有主。主晋祀者，非君而谁？天实置之，而二三子以为己力，不亦诬乎？窃人之财犹谓之盗，况贪天之功以为己力乎？下义其罪，上赏其奸，上下相蒙，难与处矣。"其母曰："盍亦求之，以死谁怼？"对曰："尤而效之，罪又甚焉。且出怨言，不食其食。"其母曰："亦使知之，若何？"对曰："言，身之文也。身将隐，焉用文之？是求显也。"其母曰："能如是乎！与女偕隐。"遂隐而死。晋侯求之，不获，以绵上为之田，曰："以志吾过，且旌善人。"(《左传》)

人物评议

介之推跟随晋文公逃亡，且能深刻认识追随君主与求得报酬之事的实质，在《左传》中的仅有记载，就是他因“不言禄”而携母隐居一事。

关于介之推，较早出现在文献《庄子·盗跖》[1]《楚辞·九章·惜往日》[2]中文中叙述了晋文公将绵上封为介之推之田。至于他割股救主、抱木燔死以及同寒食节的关系等内容，都是后世的演绎和传说。如《韩诗外传》就记载了他“割股奉君”[3]之事。民间还一直有清明节的来历与介之推有关的传言，说他临死前还留下了一首血诗：“割肉奉君尽丹心，但愿主公常清明。柳下作鬼终不见，强似伴君作谏臣。倘若主公心有我，忆我之时常自省。臣在九泉心无愧，勤政清明复清明。”

这些演绎无疑给介之推增加了很多神秘的色彩。但推测其由来，我们不难理解，这些内容无非是介之推的人格节操给世人带来的巨大影响。下面我们就具体解读《左传》中关于介之推的内容所表现出来的品行节操。

---

① （清）郭庆藩撰，王孝鱼点校：《庄子集释》，北京：中华书局，1961年，第998页。

② （宋）朱熹集注，夏剑钦、吴广平校点：《楚辞集注》，长沙：岳麓书社，2013年，第77页。

③ （汉）韩婴撰，许维遹校释：《韩诗外传集释》，北京：中华书局，1980年，第338页。

介之推的家国情怀，主要体现在他“不言禄”所表现出的为人臣子的思想高度上。鲁僖公二十四年，当晋文公稳定了晋国的形势，就赏赐跟随他出亡的人。介之推不肯提及自己的功劳以求得禄位，因而没有得到赏赐。介之推不提及自己的功劳，是因为他认为晋文公能回国当国君是上天的意愿，并非臣子们的功劳，所以那些跟随着逃亡的人认为是自己的力量帮助了晋文公，这是欺骗行为，因为这分明是贪天之功。在下位的臣子把这种分明是罪过的行为当成正义而去邀功，在上位的君主赏赐他们这种行为就是助长奸邪，那么这种赏赐行为就是上下互相欺瞒蒙蔽，所以他很难与这样一群人同朝而处。

从介之推的观点中可以看出他辩证通达的思想。他身为臣子，所做的一切都是应该做的，或者顺乎天命而为的，真正成就晋文公的绝不是他及臣子们的能力就能达到的，自然就不存在去邀功的说法，那么邀功请赏自然就是不应该的行为，所以他无法理解和接受这样的行为，这是他弃官归隐的思想高度。

而当他母亲提出让他去向晋侯求得赏赐时，他认为明知这样的行为是错误的还去效仿，那是更大的错误；而且他自己已经对朝政有所怨言，就更不能接受那样的俸禄了。他母亲建议他向晋文公说出自己的观点，他认为在自己已经决定归隐时再去说出这样的建议分明是粉饰自己，还是追求利禄显达罢了。于是母亲就陪介之推一同归隐，直至死去，“更与贤母偕，丘壑情同允”①。

从介之推与他母亲的对话中可以看到他对名利真正的淡泊，可以看出他对君臣关系该有的分寸有正确解读。君臣应该各安其分，所谓

① （清）顾炎武撰，王冀民笺释：《顾亭林诗笺释》，北京：中华书局，1998年，第887页。

“欲为君尽君道，欲为臣尽臣道”①是也，而不是利益捆绑，那么臣子维护国君的行为就是作为臣子的本分。所以他在朝为臣，从不推卸责任和担当，他也从不把责任和担当当作谋求私利的手段和方法，而且他既然已经说出了对封赏一事的否定态度，就是对晋国当时的朝政有了深层的认识，这使得他对在朝为臣产生了否定态度，他就以决绝的态度坚决离开，因此一直到他死去，晋文公都没有找到他。他的臣子之道是：在朝为官，就坚守臣子的道义与责任，而不是为自己谋得权势和名利；他决定归隐，就保持始终不变的远离。

从古及今，抛开名利来解读君臣关系，又能达到介之推的思想高度的寥寥无几。所以，介之推的淡泊名利是相当清高的，他的“不言禄”是古今难能企及的高度。黄庭坚为此有诗云：“人乞祭余骄妾妇，士甘焚死不公侯。贤愚千载知谁是，满眼蓬蒿共一丘。”②

介之推是一个很难用贤臣或名臣来概括的臣子，他似乎把君臣关系上升到了哲学的新高度，而这一高度恰好是对中国传统思想中爱国大义思想的最高评判标准。大概正因如此，后世才有那么多关于他的演绎和传说吧！

---

①（清）焦循撰，沈文倬点校：《孟子正义》，北京：中华书局，1987年，第491页。

②（宋）黄庭坚撰，任渊、史荣、史季温注，刘尚荣点校：《黄庭坚诗集注》，北京：中华书局，2003年，第758—759页。

第四节　烛之武

丨人物小传

烛之武，姬姓，烛氏，名武，郑国，冯梦龙《东周列国志》补充说："考城人也，姓烛名武，年过七十，事郑国为圉正，三世不迁官。"烛之武有勇有谋，擅长分析形势、了解时局；长于外交辞令，凭借一番说辞打破了秦、晋联盟，成功让秦伯结盟郑国，退兵而还，使郑国免于战乱之灾。

经典文本

【僖公三十年】

九月，甲午，晋侯、秦伯围郑，以其无礼于晋，且贰于楚也。晋军函陵，秦军氾南。

佚之狐言于郑伯曰："国危矣，若使烛之武见秦君，师必退。"公从之。辞曰："臣之壮也，犹不如人；今老矣，无能为也已。"公曰："吾不能早用子，今急而求子，是寡人之过也。然郑亡，子亦有不利焉。"许之。

夜，缒而出，见秦伯曰："秦、晋围郑，郑既知亡矣。若亡郑而有益于君，敢以烦执事。越国以鄙远，君知其难也，焉用亡郑以倍邻？邻之厚，君之薄也。若舍郑以为东道主，行李之往来，共其乏困，君亦无所害。且君尝为晋君赐矣，许君焦、瑕，朝济而夕设版焉，君之所知也。夫晋何厌之有？既东封郑，又欲肆其西封，若不阙秦，将焉取之？阙秦以利晋，唯君图之。"

秦伯说，与郑人盟。使杞子、逢孙、扬孙戍之，乃还。(《左传》)

人物评议

烛之武，身为郑国当时寂寂无名的普通臣子，在历史中只是昙花一现，然而他留给历史的却是意犹未尽的遗憾与震撼！这主要源自他在国家危难之时，能够抛开个人多年怀才不遇的不满，凭偌大的勇气，以一己之力只身前往虎狼般的秦兵营垒，又凭借出色的口才和对时局的掌握和分析能力，成功说服秦伯退兵，使郑国免于灭亡的命运。他挽救了郑国，也成为怀才不遇者为国家大义抛开个人恩怨，勇于拯救国家的典范。具体情况分析如下。

一、临危受命，义勇可嘉

鲁僖公三十年的九月甲午日，晋侯联合秦伯共同出兵围攻郑国，理由之一是，郑国在晋文公当初逃亡的时候没能对他以礼相待；理由之二是，郑国当时还亲近楚国，对晋国怀有二心。具体情况是在公元前 632 年（鲁僖公二十八年）的晋、楚城濮之战中，郑国曾出兵帮助楚国，结果城濮之战以楚国失败而告终。郑国处在晋国和楚国的中间，身为弱国要想生存自然要依附强国，所以马上派子人九出使晋国，与晋结好。甚至在公元前 632 年 5 月，“晋侯及郑伯盟于衡雍”。但是，晋文公为了争夺霸权的需要，还是在两年后发动了这次攻打郑国的战争。当然，秦国当时愿意出兵参与这次战争，一是秦晋历史上关系一直很好；二是秦国想争夺霸权，需要向外扩张。所以这场战争本身就是要谋求发展、争夺权势。

晋国驻扎在郑国北部的函陵（郑国地名，在今天的河南省新郑县北），秦军驻扎在郑国西部的氾南（即氾水之南，在今天的河南省中牟县南），两大强国互为犄角，虎视眈眈，这种形势下的郑国仿佛成了待宰的羔羊，岌岌可危。

大军压境，郑国上下被紧张恐惧的空气笼罩，四城紧闭。郑国大夫佚之狐站出来为郑伯献策，推荐派烛之武出使，并保证他能退却秦兵。

郑伯听取了佚之狐的建议，召见烛之武。烛之武推辞说："我年轻时，尚且不如别人，现在老了，没有能力办事情了。"一句话，让人看到的是烛之武多年怀才不遇的心酸。这也让人不禁试问，在国家危难之时才被想起，而且出使秦国兵营又是担着生命危险的，这种情况下，这样费尽心力却不一定能顺利交差的事情有几个人愿意去做呢？虽然郑文公在国家的用人之际能放下身价，诚恳表达歉意说："我早先没有重用您，现在危急之中求您，这是我的过错。"但这种时候，如果一个胸怀格局不够博大、又没有爱国之心的人会作出怎样的选择呢？答案不言而喻。当然，从另一个角度看"覆巢之下，焉有完卵"？正如郑文公所言："然而郑国灭亡了，对您也不利啊。"可对于已年迈之人如果不够重视国家存亡，不够有勇气和智慧，何苦在意这些呢？

所以说，烛之武正是出于对国家人民的深情大义，才能做到值此国家危在旦夕的关键时刻，不细究过往的对错，郑重答应出面去劝说秦伯。于是，趁着夜色，郑国人用绳子将烛之武吊着从城上放下，去见秦伯。

“风萧萧兮易水寒，壮士一去兮不复还”！① 荆轲在为燕国安危去刺秦王时慷慨悲壮，高歌而行。烛之武只是悄悄于夜色中缒城而出，而他的挺身而出体现的“国家兴亡，匹夫有责”，却同样勇气可嘉，大义可敬！

二、长于辞令，善于外交

劝说从古至今都是一门艺术，这门艺术的核心就是“动之以情，晓之以理”。在“外交辞令”中，最主要的情理就是权衡各方面的关系。那么烛之武在见到秦伯之后，首先摆明的就是秦国和郑国的关系。在敌强我弱的情况下，烛之武先不暴露游说目的，而是作出郑国一切为秦国打算的姿态，打消秦伯的戒备之心，再帮助秦伯分析利弊。烛之武说：“秦、晋两国围攻郑国，郑国已经知道要灭亡了。如果灭掉郑国对秦国有好处，怎么敢用这件事劳烦您手下的人通报来见您呢？越过晋国把远方的郑国作为秦国的东部边境，您知道这是困难的，您何必要灭掉郑国而增加邻邦晋国的土地呢？”烛之武一开口就让秦穆公知道，攻下郑国所获得的利益都会落入晋国的囊中，对秦国来说除了军队的损耗和表面看来从郑国得到的土地，实质上是不会有真正受益的。真正得到实际利益的是晋国，而晋国得到利益相对来说就是对秦国利益的损害，“邻邦的国力雄厚了，您的国力也就相对削弱了”，利弊关系直接摆到秦伯眼前，让他看透攻击郑国的实质性结果。

接下来，烛之武从改变秦国和郑国关系的角度，进一步分析这种做法对秦国的利弊。“假如放弃灭郑的打算，而让郑国作为您秦国东方

---

① （汉）司马迁：《史记》，北京：中华书局，1982 年，第 2534 页。

道路上（招待过客）的主人，秦国使者往来，郑国可以随时供给他们所缺乏的东西，对您秦国来说，也没有什么害处。”这无疑是对秦国巨大的诱惑，秦国在西北地区，想要争霸中原确实需要在中原地区有一个合适的帮手。而郑国恰好处在各国的中心位置，又夹在楚国和晋国这两大强国之间，自然需要强有力的外援，这个外援如果是秦国，以郑国的国力，既无法对秦国以后的发展造成威胁，又能对秦国进军中原提供有利的帮助，还能适当牵制晋国、楚国等强国。所以秦国不灭亡郑国有百利而无一害。

然后，烛之武直接攻心，揭开秦晋之好的伤疤，“况且，您曾经对晋惠公有恩惠，他也曾答应把焦、瑕二邑割让给您。然而，他早上渡河归晋，晚上就筑城拒秦，这是您知道的”。还不够，烛之武又再添一把火，直接撕开秦晋关系背后的利益争夺实质，“晋国有什么满足的呢？既然它已把郑国当作东部的疆界，又想扩张西部的疆界。如果不侵损秦国，晋国从哪里取得它所期求的土地呢？”把赤裸裸的利益冲突摆到秦穆公面前后，烛之武把最后的选择权交给秦穆公：“使秦国受损而使晋国受益，您好好掂量掂量吧（希望您能好好考虑‘阙秦以利晋’这件事）！”这非常精彩地体现了烛之武劝谏艺术的高明之处。面对强秦，他一直以弱势的身份和姿态出现，一直用委婉温和的方式，娓娓道来，让秦穆公有耐心听他分析利弊。他却表面一心为秦地挑拨秦晋之好，主动权似乎一直掌握在秦穆公的手中，而实际的走向却是烛之武最想达成的。

正是这一番情理交融的婉言相劝，攻破秦人心防，让秦穆公明白“帮助晋国灭郑之后可能会惹火烧身”的严峻形势发展方向。最终“秦伯高兴了，就与郑国签订了盟约”。不仅如此，为充分表现秦国与郑国友好关系遭到晋国的破坏，秦穆公并派杞子、逢孙、扬孙帮郑国守卫，就率军回国。

烛之武退秦师的劝说技巧可谓炉火纯青！但客观分析，他精湛的外交能力和语言艺术，一定是建立在他对时局充分了解和清醒认识的基础上的，从中可以看出的是烛之武虽身处低位，但心怀天下、格局高远、才智超群，实际上是“老骥伏枥，志在千里”①。也只有这样的烛之武，才能凭一腔热血、三寸之舌挽狂澜于既倒，扶郑国之将倾！

① （三国）曹操著，中华书局编辑部编：《曹操集》，北京：中华书局，2013年，第11页。

第五节　寺人披

人物小传

寺人披，又称勃鞮、履鞮、伯楚，春秋时期晋献公的一名宦寺。虽然他只是身为寺臣（此寺臣并非后世后宫的宦官，而是明堂的侍者），但明了大义，敢于担当，用行为证明小臣亦可义薄云天。

经典文本

【僖公五年】

晋侯使以杀大子申生之故来告。初，晋侯使士蒍为二公子筑蒲与屈，不慎，寘薪焉。夷吾诉之。公使让之。士蒍稽首而对曰："臣闻之：无丧而慼，忧必雠焉；无戎而城，仇必保焉。寇雠之保，又何慎焉！守官废命，不敬；固仇之保，不忠。失忠与敬，何以事君？《诗》云：'怀德惟宁，宗子惟城。'君其修德而固宗子，何城如之？三年将寻师焉，焉用慎？"退而赋曰："狐裘尨茸，一国三公，吾谁适从？"及难，公使寺人披伐蒲。重耳曰："君父之命不校。"乃徇曰："校者，吾仇也。"逾垣而走，披斩其袪。遂出奔翟。(《左传》)

【僖公二十四年】

吕、郤畏偪，将焚公宫而弑晋侯。寺人披请见，公使让之，且辞焉，曰："蒲城之役，在五年。君命一宿，女即至。其后余从狄君以田渭滨，女为惠公来求杀余，命女三宿，女中宿至。虽有君命，何其速也。夫袪犹在，女其行乎。"对曰："臣谓君之入也，其知之矣。若犹未也，又将及难。君命无二，古之制也。除君之恶，唯力是视，蒲人、狄人，余何有焉。今君即位，其无蒲、狄乎！齐桓公置射钩而使管仲相，君若易之，何辱命焉？行者甚众，岂唯刑臣？"公见之，以难告。三月，晋侯潜会秦伯于王城。己丑晦，公宫火。瑕甥、郤芮不获公，乃如河上，秦伯诱而杀之。(《左传》)

【僖公二十五年】

晋侯问原守于寺人勃鞮。对曰："昔赵衰以壶飧从，径，馁而弗食。"故使处原。(《左传》)

人物评议

寺人披作为春秋时期晋国宫中的寺臣，先后经历了晋献公、晋惠公、晋怀公、晋文公四代国君。那段时期晋国遭遇骊姬之祸政局混乱不堪，臣子在跌宕起伏的政治漩涡中常常左右逢迎，或者自身难保。在这样的情况下能始终坚守为臣的中正之道，清白无私，行事端方，实在是难能可贵，寺人披就是这样一位臣子，他的为臣品行具体分析如下。

一、守臣子道，藏浩然气

寺人披作为臣子，尊奉君命是他的职责，无论哪一个国君给予他的命令，他都会认真执行，“忠臣体国，知无不为”①。

寺人披在做晋献公宦寺的时候，毫不含糊地执行晋献公交给他的任务。如鲁僖公五年的春天，因为骊姬之祸，晋献公派寺人披攻打公子重耳的封地蒲城，杀死公子重耳。公子重耳不愿用父亲给予的权力反抗父亲，就让蒲地的人放弃抵抗，自己准备跳墙逃走。寺人披在追杀他的时候，斩断了他的袖口。重耳之后逃亡到狄。

后来，公子重耳回到晋国，做了晋国的国君。在鲁僖公二十四年，

---

① （宋）苏轼撰，（明）茅维编，孔凡礼点校：《苏轼文集》，北京：中华书局，1986年，第1437页。

晋惠公的旧臣吕甥、郤芮害怕受晋文公的迫害，企图放火烧毁晋文公的宫室，杀死晋文公。寺人披知道事情真相后，就请求面见晋文公。晋文公却因为记恨他当年一再的追杀，派人责备他，并且拒绝不见。他让人给寺人披传话说："你到蒲城杀我那回，君王叫你过一夜再去，你当天就到了。后来，我避难到狄，跟着狄军在渭水边打猎，惠公命你来刺杀，他叫你过三夜再去，你第二夜就赶到了，虽然你是奉国君的命令行事。可是为什么要那样快呢？那时被你斩断的残袖我还保存着，你还是赶快走开吧。"

很明显，晋文公不想再见寺人披。然而寺人披的一番话即明确了他的为臣之心，也提醒晋文公为君之道。寺人披答道："我以为您既然回国为君，当然已经懂得了为君的道理，如果您还没有懂得为君之道的话，那么恐怕您又要遭到灾难了。执行国君的命令，不能有二心，这是自古以来的法度。替国君除恶，当然要尽自己最大的力量。您逃到蒲地的时候是蒲人，逃到狄的时候是狄人。杀一个蒲人或狄人和我有什么关系呢？现在您做了国君，难道就不会有像蒲人、狄人一样危害您的人了吗？从前，齐桓公不计较射钩的仇恨，任命管仲做相国，您如果不能像齐桓公那样大量，而是念着斩断衣袖的怨恨，那我会自动走开，何必劳您下命令呢？到那时恐怕惧罪出奔的人多着呢，岂止我一个。"

寺人披并没有因为晋文公的责备就轻易放弃自己身为臣子守候国君的职责，不仅如此，他还从为君之道的角度传话给晋文公，让晋文公知道自己的失误，也理解他当初追杀晋文公并不涉及私人恩怨，完全是因为君命在身。同时，他还指出了晋文公这种计较个人私怨的行为带给他的将只会是灾难和失去人心，这对于一个刚刚执掌晋国大权，面对国家混乱形势的晋文公来说，无异于当头棒喝。所以，寺人披的仗义执言，反而让晋文公看清了他的所为并不是针对晋文公的，他是一个尽职尽责的优秀臣子。他的大义凛然也让晋文公瞬间醒悟，自己在国君的位置上该以怎样的心态对待前君旧臣和过去的恩怨。寺人披的一番言辞，不仅让晋文公理解了他，也让世人看到了他的浩然之气。

也正是寺人披身上的这股浩然之气，让他深知一个贤君对于当时的晋国究竟意味着什么，所以在危难关头他才坚持救助晋文公。在晋文公听了寺人披的一番话召见他时，他立即把吕甥、郤芮的阴谋报告给晋文公。之后的三月，晋文公和秦穆公在王城秘密会见。在三月末晋文公的宫里起火的那天，吕甥、郤芮才没有捉到晋文公，而当他们逃到黄河边上时，被秦穆公用计诱骗去杀掉了，晋国因此又免除了一场灾难。

仔细辨别就不难发现，寺人披的坚守职责、忠诚君主的背后是他对晋国命运的关注，他的所作所为表面是忠诚国君、忠于职守，“人臣之誉，莫美于忠”①，其实背后是他始终坚守的晋国，维护国君正是守卫国家的代言。

二、直言不讳，坦荡无私

从前文寺人披和晋文公的对话中，可以清楚地看到寺人披直言不讳的臣子本色，哪怕自己过去曾经作出过对国君有所伤害的行为，但他内心无私，所以他毫无避讳；身为臣子执行君命毫无保留，他行为端方，所以他坦然从容。

---

① （汉）王符撰，（清）汪继培笺，彭铎校正：《潜夫论笺校正》，北京：中华书局，1985 年，第 356 页。

在寺人披得到晋文公信任，并问及国家大事时，他也同样坦坦荡荡，一心为国。鲁僖公二十五年，晋文公向寺人披询问原地长官的人选。寺人披回答说："从前赵衰用壶携带了食物跟随您，一个人走在小路上，饿了也不去吃它。"寺人披的话提醒晋文公当年他逃亡时赵衰的所作所为。那时境况艰难，赵衰不离不弃，还要躲避追杀，不敢走大路，因为食物少，自己舍不得吃，要留给晋文公。当赵衰的忠诚再次被提及时，晋文公应该是最有感触的，所以晋侯就让赵衰做了原地的大夫。

寺人披无疑是春秋时期臣子中地位低下的一类，但他的所作所为能被历史隆重地记录，"卑而不失义"①，显然是因为他不同寻常的表现。身为小臣，他把责任看得大于天，能够始终不变地坚守；身为小臣，他面对大义义无反顾，毫不含糊地全力维护；身为小臣，因心底无私，他能更清醒地看透为人的本质，坦荡举荐。寺人披虽为小臣，但他却有着大义直言、冷静睿智、坦荡无私的大臣风范！

---

① 张纯一校注，梁运华点校:《晏子春秋校注》，北京：中华书局，2014年，第170页。

第六节　弦高

丨人物小传

弦高，春秋时期郑国的大商人。在秦国准备偷袭郑国时，他意外遇到，却没有袖手旁观，而是智慧处理，退却秦兵，让郑国免去了灭国之灾。事后郑穆公以官禄赏赐弦高，高坚辞不受。弦高犒师之行，其智可赞，其心可敬。《后汉书》有言评曰："弦高以牛饩退敌，墨翟以萦带全城。"①唐人吴筠有诗赞曰：卓哉弦高子，商隐独标奇。做谋全郑国，矫命犒秦师。赏神义不受，存公灭其私。虚心贵无名，远迹居九夷。②

① （南朝宋）范晔撰，（唐）李贤等注：《后汉书》，北京：中华书局，1965年，第1908页。

② （清）彭定求等编：《全唐诗》，北京：中华书局，1960年，第9655页。

经典文本

【僖公三十三年】

春，秦师过周北门，左右免胄而下。超乘者三百乘。王孙满尚幼，观之，言于王曰："秦师轻而无礼，必败。轻则寡谋，无礼则脱。入险而脱。又不能谋，能无败乎？"及滑，郑商人弦高将市于周，遇之。以乘韦先，牛十二犒师，曰："寡君闻吾子将步师出于敝邑，敢犒从者，不腆敝邑，为从者之淹，居则具一日之积，行则备一夕之卫。"且使遽告于郑。郑穆公使视客馆，则束载、厉兵、秣马矣。使皇武子辞焉，曰："吾子淹久于敝邑，唯是脯资饩牵竭矣。为吾子之将行也，郑之有原圃，犹秦之有具囿也。吾子取其麋鹿以闲敝邑，若何？"杞子奔齐，逢孙、扬孙奔宋。孟明曰："郑有备矣，不可冀也。攻之不克，围之不继，吾其还也。"灭滑而还。(《左传》)

人物评议

孔子说："当仁，不让于师。"① 泛言之，孔子所讲的就是，对于有意义的事情，应当勇敢地去实行，哪怕在老师这样的长辈或先行者面前也不需要谦让。这是因为在孔子的人生观里，高尚的精神追求是高于一切的。弟子对老师应该有敬畏心理，但不应该成为一种障碍。如果因为这种敬畏心理而丧失了自我精神追求，就会遭到人们的鄙视。发展到今天，当仁不让已经成为人们耳熟能详的成语，它表达的意思是：凡是有益于人民的事，就不要推辞，而应该勇敢承担。

当仁不让是人类精神追求中的至高境界，它是自发的积极态度和高尚精神的结合体。能拥有这样精神境界的人，自然成为人们赞赏和学习的典范，尤其是在家国大义面前，能够做到当仁不让，就更意味着生而为人的大丈夫的胸襟和智慧。弦高身上就具备这样的精神，他作为一个普通商人，国家大事应该不是他的职责，但在意识到国家面临危险的时刻，他当仁不让，为所当为，其智勇、其情怀，无不令人赞叹。

---

① 程树德撰，程俊英、蒋见元点校：《论语集释》，北京：中华书局，1990年，第1124页。

一、意外遇敌，机智应对

秦国一直有进兵中原的野心，始终在寻找着合适的机会。当初秦国在和晋国联合攻打郑国时，秦穆公被郑国老臣烛之武说动，与郑国达成同盟。退兵时，秦国留下杞子、逢孙、扬孙帮助戍守郑国。秦国人显然对进兵中原一直做着准备，在鲁僖公三十二年的冬天，秦国大夫杞子从郑国秘密派人报告秦穆公说："郑国叫我掌管他们国都北门的钥匙，如果主公能暗中派兵前来，就可以占领郑国了。"秦国人似乎终于等到了合适的机会，于是秦穆公不听老臣蹇叔的劝谏，派孟明等人率领秦军准备长途跋涉偷袭郑国。

当秦国到达滑国时，意外却突然来临。作为郑国大商人的弦高要到周的都城去做买卖，恰好遇到了秦军。弦高想办法知道了秦军的来意，作为一个商人，他清楚地知道秦军这样秘密到来，对郑国意味着什么。他首先想到的不是"肉食者谋之"，而是身为一个郑国人，在国家危亡时刻该怎么处理这样的危机。

弦高未必不知道他作为一个郑国人正面临的危险，但他冷静地分析恰当的处理方式。一方面他尽自己所能安抚秦军，而且是堂而皇之地以一个郑国使者的身份出现在秦军面前。他先送上四张熟牛皮，然后又送去十二头牛慰劳秦兵。他还打着郑国的旗号，对秦国人说："我们国君听说你们行军要经过敝国，冒昧地用这一点东西来慰劳你们的军队。敝国虽不富厚，但因为你们军队在外行军已久，所以我们愿意在你们住下时为你们准备一天的给养；在你们动身时，为你们安排一夜的守卫。"

另一方面，弦高立即派人驾驿车快马加鞭到郑国报信。郑穆公接到信息，就派人到客馆去查看杞子等人的动态，发现他们已经捆好了行李，磨快了武器，喂饱了战马。

正是弦高的机智冷静和当机立断，传递回重要信息，才让郑国发现了秦军的动机。《尚书》中所言“惟克果断，乃罔后艰”① 是也。

二、赶走敌军，挽救危亡

郑穆公了解到秦军行动的真相后，就派郑国大夫皇武子去对杞子等秦国人下逐客令说：“你们在敝国住很久了，因此我们的肉、粮食和牲畜都用光了，听说你们就要走了，郑国有个养兽的苑囿，就像秦国有个养兽的园囿一样，请各位各自去打些麋鹿路上用，让我们安闲，怎么样？”杞子等人知道事情已经败露，于是杞子逃往齐国，逢孙、扬孙逃往宋国。

秦国将领孟明分析情况，断定郑国已经有了防备，偷袭不可能有指望了，攻打郑国又很难攻下，围困郑国，后援又接应不上，于是决定撤兵回国去。秦军顺便灭了滑国后，就取道回国去了。

郑国的灭国之灾就这样轻松地被弦高化解，然而这看似轻松的背后，处在当时危急情境下的弦高一定是非常不轻松的，他要想办法知道秦军的来意，他要应对眼前的秦军，还要尽量不激怒秦军，他要马上传递信息给郑穆公，这其中任何一个环节都不能出现意外。这需要一个人取舍抉择，需要能够勇于舍弃个人私利，甚至生命，才能成就家国大义。要知道，“义之所在，不倾于权，不顾其利，举国而与之不为改视，重死持义而不挠，是君子之勇”。② 当然，这对于一个心怀国

---

① （清）阮元校刻：《十三经注疏·尚书正义》，北京：中华书局，2009 年，第 502 页。

② （清）王先谦撰，沈啸寰、王星贤点校：《荀子集解》，北京：中华书局，1988 年，第 56 页。

家的人似乎并不是一个难题，那么弦高最需要做好的，至少是如何应对从天而降的巨大危机和危险。当弦高做好了这一切，我们看到的是轻而易举，而对于当世当时的弦高来说，他押上身家性命，写就的却是“当仁不让，为所当为”。

第七节　栾鍼

人物小传

栾鍼，姬姓，栾氏，名针，春秋时晋国人。栾书之子，栾黡之弟。鲁成公十六年（晋厉公六年），晋楚鄢陵之战栾鍼为晋厉公的车右，厉公所乘的车子陷于泥淖中，栾书要用车载厉公。栾鍼认为栾书身为主帅，不应当为晋厉公驾车，就自己把晋厉公从泥淖中救出来。鲁襄公十四年（晋悼公十四年）栾鍼随军伐秦，鍼耻无功而退，驰入秦师斗死。

经典文本

【成公十三年】

秦桓公既与晋厉公为令狐之盟，而又召狄与楚，欲道以伐晋，诸侯是以睦于晋。晋栾书将中军，荀庚佐之。士燮将上军，郤锜佐之。韩厥将下军，荀罃佐之。赵旃将新军，郤至佐之。郤毅御戎，栾鍼为右。孟献子曰："晋帅乘和，师必有大功。"五月丁亥，晋师以诸侯之师及秦师战于麻隧。秦师败绩，获秦成差及不更女父。曹宣公卒于师。师遂济泾，及侯丽而还。迓晋侯于新楚。(《左传》)

【成公十六年】

楚子登巢车以望晋军，子重使大宰伯州犁侍于王后。王曰："骋而左右，何也？"曰："召军吏也。""皆聚于军中矣！"曰："合谋也。""张幕矣。"曰："虔卜于先君也。""彻幕矣！"曰："将发命也。""甚嚣，且尘上矣！"曰："将塞井夷灶而为行也。""皆乘矣，左右执兵而下矣！"曰："听誓也。""战乎？"曰："未可知也。""乘而左右皆下矣！"曰："战祷也。"伯州犁以公卒告王。苗贲皇在晋侯之侧，亦以王卒告。皆曰："国士在，且厚，不可当也。"苗贲皇言于晋侯曰："楚之良，在其中军王族而已。请分良以击其左右，而三军萃于王卒，必大败之。"公筮之，史曰："吉。其卦遇《复》三，曰：'南国蹙，射其元王中厥目。'国蹙王伤，不败何待？"公从之。有淖于前，乃皆左右相违于淖。步毅御晋厉公，栾鍼为右。彭名御楚共王，潘党为右。石首御郑成公，唐苟为右。栾、范以其族夹公行，陷于淖。栾书将载晋侯，鍼曰：“书退！国有大任，焉得专之？且侵官，冒也；失官，慢也；离局，奸也。有三罪焉，不可犯也。”乃掀公以出于淖。

栾鍼见子重之旌，请曰：“楚人谓夫旌，子重之麾也，彼其子重也。日臣之使于楚也，子重问晋国之勇，臣对曰：‘好以众整。’曰：‘又何如？’臣对曰：‘好以暇。’今两国治戎，行人不使，不可谓整；临事而食言，不可谓暇。请摄饮焉。”公许之。使行人执榼承饮，造于子重，曰：“寡君乏使，使鍼御持矛，是以不得犒从者，使某摄饮。”子重曰：“夫子尝与吾言于楚，必是故也。不亦识乎？”受而饮之，免使者而复鼓。(《左传》)

【襄公十四年】

夏，诸侯之大夫从晋侯伐秦，以报栎之役也。……栾鍼曰：“此役也，报栎之败也。役又无功，晋之耻也。吾有二位于戎路，敢不耻乎？”与士鞅驰秦师，死焉。(《左传》)

人物评议

栾鍼在《左传》记载中参加了三次战役，没有关于他其他场合行事的记载，可见，他是军中将领。三次战役中有两次明确记录了他是战车的右卫，一次是鲁成公十三年，秦、晋麻隧之战时，栾鍼参战，郤毅驾战车，栾鍼做车右；另一次是在晋、楚鄢陵之战这次重大战役中，他担任的是晋厉公的车右卫。由此可以看出，他应该是一个值得信任、懂得分寸的军中将领。那么作为一名将领，栾鍼怎样的具体表现，体现了他怎样的家国情怀呢？具体分析如下。

一、明礼重义，坚守职责

“兵者诡道，善因事变”①，战争中，常常会出现许多意想不到的情况，一个将领在随时发生的意外中所作出的判断和所表现出的行为能力，常常更能判定他的思想、态度、能力。栾鍼在参战过程中的表现，也同样是判定他作战态度、处事能力的关键。鲁成公十六年，在晋、楚鄢陵之战中，晋军的将领步毅给晋厉公驾车，栾鍼为车的右卫，晋厉公的车，由栾、范两族人组成的队伍夹护着前进。尽管守护森严，意外还是发生了，晋厉公的战车不小心陷入泥沼里。这时身为

① （唐）房玄龄等撰，中华书局编辑部点校：《晋书》，北京：中华书局，1974 年，第 11 页。

中军主帅的栾书正好看到，他就要用自己的战车来载晋厉公。作为厉公车右的栾鍼却阻止了他，对他喊道："栾书走开，国家托付给你元帅的重任，哪能包办其他事情呢？况且，侵夺他人的职权是冒犯别人的行为，擅离职守是怠慢自己的职责，远离部下就是犯罪，你这样做有三种罪名，不能违反啊！"然后，栾鍼就想办法把晋厉公的车抬出了泥沼。

在这一战争插曲中，栾鍼无疑是最抢眼的存在，他身为车右，直接指责军中主帅越职行事，护卫晋厉公的责任不在栾书，所以他不应该来处理厉公车驾之事。同时他明确指出栾书作为中军主帅应该承担的职责所在，他应该统领全军，重任在肩；他应该坚守位置，不能离开属下。所以栾鍼直接奉劝他不要违反了职责范围，偏离了自己的本职！

栾鍼在告诫主帅时，也让人看到了他心中明确的礼义大端，在其位就该谋其政；栾鍼抬出战车的行为也让人看到了他对职责的坚守，坚定又执着，不会有丝毫的懈怠。《论语·颜渊》中说："行之以忠。"① 栾鍼可谓身体力行。

栾鍼重礼明义不仅表现在对待本国人的身上，面对对手时，尽管双方正在兵戎相见，他仍然表现出了识大义、明礼仪的良好素养。在鄢陵的两军交战中，栾鍼望见楚国子重的旗帜，向晋厉公请求说："楚人说那个旗帜是子重的帅旗，那旗帜下可能就是子重了。当初我出使到楚国的时候，子重曾经向我问过晋国所谓的'勇武'，我回答说：'喜好人多而军容整饬。'又问：'还怎样？'我又回答说：'喜欢临事镇

① 程树德撰，程俊英、蒋见元点校：《论语集释》，北京：中华书局，1990年，第862页。

静。’现在两国交兵，连个使者都不派，不能说是重视军容；临阵就忘了以前说过的话，不能说是镇静；请让人送些酒给子重饮吧。”晋厉公同意了栾鍼的请求。栾鍼派出使者拿着酒器，盛着酒送到子重那里，说：“我们国君缺乏任使的人才，命栾鍼为晋军的车右，因此不能分身来犒劳您的部下，派我送上薄酒，略表心意。”子重说：“那位大人过去在楚国曾经跟我谈过一番话，今天送酒一定是为了这个缘故，记性真是太好了。”子重接过酒来喝了，让使者回去，又重新击鼓作战。

晋楚两国的交兵中，栾鍼这样的做法无疑是代表晋国的，他这样做就让楚国人更清晰地看到晋国人的风范气度。可见，重视国家大义、讲究外交等礼仪已经成为栾鍼的一种本能，他到楚国出使时如此，战场上同样如此。

栾鍼的所作所为让人看到的，是一个优秀将领对待职责的庄重和严谨，是一个臣子在对待对手时的进退得宜，他无疑是一个明大义、识大体、尽职守的优秀将领。

二、耻国无功，敢于牺牲

身为晋军的重要将领，栾鍼最让人震撼的是他面对大国对阵时，因为晋军的无功而返而以身赴死杀敌、不惜牺牲的精神，他的行为无异于一声惊雷，有着炸裂一般的震撼。

在鲁襄公十四年，晋侯组织诸侯的军队攻打秦国，以报复栎地的战役。在军队前进的过程中，晋国主帅荀偃作出了错误的决定，因此无奈撤军。栾鍼见此役即将无功而返，就说：“这次战役是为了报复栎地的，战役没有建立功劳，是晋国的耻辱。我有兄弟二人在战车上，怎能不感到耻辱呢？”于是就和士鞅冲进秦军阵营，战死在了那里。

作为晋军中的老将，栾鍼深知动用军队、采取军事行动对一个国家来说意味着什么，而军队的无功而返无异于军事行动的失败，这对于一个军人来说，是没能完成国家重任的奇耻大辱。他兄弟二人皆为晋军将领，无疑更是加倍的耻辱，所以他不惜慷慨赴死，甚至在他的观念中，自己的生命于国家的受辱而言是无足轻重的，是荀子所言“君子苟能无以利害义，则耻辱亦无由至矣”① 之义。

自古以来，为了国家利益慷慨赴死的英雄人物不可胜数，然而像栾鍼一样，因无法容忍国家受辱而宁可壮烈牺牲的却十分罕见，他以国为重的情怀堪称古今将士的典范！

---

① （清）王先谦撰，沈啸寰、王星贤点校：《荀子集解》，北京：中华书局，1988 年，第 535 页。

第九章

女 性 篇

宗法制是周代维系宗族关系、稳定社会的基本制度。依照周制，宗族分为大宗和小宗。周王自称天子，是天下之大宗，由其后的嫡长子世代接续，嫡长子之外的其他儿子则被封为诸侯。诸侯对天子而言是小宗，但在他的封国内又是大宗。嫡长子之外的诸侯其他儿子则被分封为卿大夫。卿大夫对诸侯而言是小宗，但在自己的采邑内又是大宗。从卿大夫到士都是如此。这种由父系氏族家长制演化而来的宗法制度，决定了女性在家族中的依附地位。但这种从属的社会地位并没有遮盖周代女性的道德光芒，也没有熄灭她们人伦大德、家国情怀的培养，这从齐姜、赵姬等春秋女性人物的事迹中即可看出。

第一节 齐姜

丨人物小传

齐姜，齐国公族之女，姜姓，故称齐姜。齐桓公之宗女，晋文公重耳逃亡到齐国时所娶之妻，深明大义，胆识过人。为了重耳能匡扶晋国，成就大业，联合狐偃等重耳的追随者设计迫使重耳离开齐国，踏上磨砺锤炼之途。刘向将其收入《列女传》，并有赞曰："齐姜公正，言行不怠。劝勉晋文，反国无疑。公子不听，姜与犯谋。醉而载之，卒成霸基。"①

① （清）王照圆撰，虞思徵点校：《列女传补注》，上海：华东师范大学出版社，2012年，第54页。

经典文本

【僖公二十三年】

及齐，齐桓公妻之，有马二十乘，公子安之，从者以为不可。将行，谋于桑下。蚕妾在其上，以告姜氏，姜氏杀之。而谓公子曰："子有四方之志，其闻之者吾杀之矣。"公子曰："无之。"姜曰："行也，怀与安，实败名。"公子不可。姜与子犯谋，醉而遣之。醒，以戈逐子犯。(《左传》)

人物评议

晋文公重耳当年出逃时到了齐国，齐桓公将本族一个女子嫁给他为妻，这就是齐姜。齐姜作为重耳逃到齐国时所娶的妻子，在短暂的夫妻相处中，能让重耳沉浸在舒服的日子中，对生活感到很满足，可见她给予了重耳家的温暖和来自妻子的温情。但在重耳不想追求功名大业时，她却毅然放下儿女私情，采用决绝的方式将重耳重新送上大业之路，给了重耳重拾勇气的机会。齐姜在《左传》中也只是寥寥数笔，然而在她鲜活生动的言行举止中，她能择大端的品行节操可见一斑。具体分析如下。

第一，深明大义。齐姜作为公族的女子深知重耳身上背负的使命，所以在她和晋文公短暂的相处中，她在尽着妻子的本分的同时，也时刻关注他的大业。为此，当她听到晋文公重耳说出不想离开齐国、满足于现有的生活状态时，她说出："你走吧，怀恋妻子和安于现状是会毁坏功名的。"

这世间应该没有哪个女子愿意与自己的丈夫分离，但在特殊环境下，作为特殊人物的妻子，需要理解和担当的就会更多，齐姜正是这样一个特殊的存在。她正是因为明白家国大义，明白自己丈夫该尽的责任，才选择主动提出让他离开，去寻找机会，完成历史担当。

第二，果敢机智。当公子重耳沉浸在齐桓公赐妻、送车的轻松生活中不愿再谋求大业时，他的随从人员却认为他不应该这样待下去，随员们想到别的国家去寻找机会，于是就在桑林里暗中商量动身的事。

不料采桑养蚕的女奴在桑树上偷听到了他们的谈话，回去就将这件事告诉给了姜氏。姜氏怕女奴泄露秘密，立刻将她杀掉。

齐姜深知重耳的处境，也深知重耳随从所谋之事一旦泄露会带来怎样难以预料的后果，因此，她果断地杀死了女奴，直接斩断消息的传播源头，展现了她当机立断的魄力。

但当她对重耳说："您有离开齐国远行的打算吧？偷听到你们计划的人，我已经将她杀了。"重耳却说："没有这回事儿。"他根本不想离开。面对这种情况，姜氏和狐偃定下计策，把重耳灌醉，直接送出了齐国都城。

重耳醒来大怒，拿起长戈就去追杀狐偃。可见，他是真的不愿意离开齐国。作为他的妻子，为了重耳的未来，齐姜果断封锁消息，又机智地与重耳的属下合谋，并坚决将重耳送出齐国都城，逼迫他为未来继续谋求出路、寻找机会。作为人妻，她是真正抛开个人私情，把丈夫的家国大业放在首位，宁可牺牲自己的幸福，也要成就家国大业的女性。她无疑是历史上具有大胸襟、大格局的女子的代表。《列女传》中称赞她："齐姜公正，言行不怠。劝勉晋文，反国无疑。公子不听，姜与犯谋。醉而载之，卒成霸基。"①

---

①（清）王照圆撰，虞思徵点校：《列女传补注》，上海：华东师范大学出版社，2012年，第54页。

第二节 赵姬

丨人物小传

赵姬，晋文公重耳的女儿，姬姓，因嫁于晋国重臣赵衰为妻，故称赵姬。身为国君之女，赵姬力谏赵衰接回他在狄所娶女子叔隗，且甘居叔隗之下。赵姬为赵衰生有赵同、赵括、赵婴三子，却认为叔隗所生之赵盾更为贤能，力主赵衰立赵盾为嫡子，自己所生三子为庶子，深得后人夸赞，“赵衰姬氏，制行分明，身虽尊贵，不妒偏房，躬事叔隗，子盾为嗣，君子美之，厥行孔备”（刘向语）。[①]

① （清）王照圆撰，虞思徵点校：《列女传补注》，上海：华东师范大学出版社，2012年，第69页。

经典文本

【僖公二十四年】

狄人归季隗于晋而请其二子。文公妻赵衰，生原同、屏括、楼婴。赵姬请逆盾与其母，子余辞。姬曰：“得宠而忘旧，何以使人？必逆之！”固请，许之，来，以盾为才，固请于公以为嫡子，而使其三子下之；以叔隗为内子，而己下之。(《左传》)

人物评议

赵姬身为晋文公之女，下嫁赵衰，按照礼法应该为一家之主母，甚至可比家主尊贵，但赵姬嫁入赵氏却处处以为人妻、为人母的规范要求自己，甚至不惜委屈自己。仔细分析，她的所作所为处处体现了大局意识、大家风范。具体分析如下。

一、谋夫之大，信义为主

晋文公把女儿嫁给赵衰，生了原同、屏括、楼婴。她在赵氏显然已经是当家主母。但赵姬并没有因为自己是国君的女儿就恃宠而骄。她嫁入赵氏，就处处以赵氏之妻要求自己，尽力为了赵衰着想。鲁僖公二十四年，狄人把晋文公当年逃亡时在狄地娶的妻子季隗送回到晋国，却请求留下他的两个儿子。赵姬趁机请求迎接盾和他的母亲（即叔隗，是赵衰随晋文公逃亡时在狄地娶的妻子），赵衰坚决辞谢不肯接回他们。赵姬说："得到新宠而忘记旧好，以后还怎样使用别人？一定要把他们接回来。"她设身处地地为赵衰考虑，身为执政大臣，喜新厌旧会失信众人，于赵衰而言诚信是为官之本。所以赵姬坚决请求他不要抛弃前妻，以免失信众人，赵衰最终同意了。

探究赵姬的思想，应该没有哪个女子愿意委屈自己，让丈夫接回原来的妻子。但赵衰作为晋国的执政大臣，他的一言一行都备受瞩目，也是卿大夫的行为典范，直接关系到晋国的内政外交等国家大事。所以赵姬委屈自己正是为了丈夫的大义着想，她最不愿看到的，应该是丈夫作为当朝重臣因为对原夫人的不闻不问而遭人诟病。赵姬所谋求的是家国大义，她的决定是帮助丈夫立信于世，正范于世，贯彻“言必诚信，行必忠正”① 的人生准范。

二、立家之本，德才为重

赵姬不单单是一心为丈夫的大义着想，她也能为家族的兴盛着想。叔隗和赵盾回到晋国以后，赵姬看到了赵衰和叔隗所生的长子赵盾，认为他很有才，就坚决向赵衰请求把赵盾立为嫡子，而让她自己生的三个儿子居于赵盾之下，让叔隗作为正妻，而自己居于她之下。

赵姬的一系列举动让人看到赵姬在立家中重视的是德和才，她自己就是一个立德的典范。身为国君之女却甘心居于赵氏原妻之下，不以身份压人，而是以礼持家，这是修德的体现；看到赵盾的才能而立为嫡子，这是尊贤重能的体现，也是修德重德的体现。

赵姬心存大义，才不计较自己的得失；赵姬重德修德，赵氏后继有人。赵姬虽心怀家国，她的行为让世人更容易认清家国兴旺的根源。

---

① （清）陈士珂辑，崔涛点校：《孔子家语疏证》，南京：凤凰出版社，2017年，第26页。

第三节　秦穆姬

人物小传

穆姬，也称伯姬、秦穆姬，姬姓，晋献公和齐姜之女、申生同母妹妹，嫁于秦穆公为夫人，故称穆姬。据《诗经·秦风·渭阳》毛序，穆姬卒于晋文公流亡至秦国之前。她身在秦国，心系晋国。她虽然不满晋惠公在秦国帮助下回国为君后的种种行为，但也不能接受秦穆公羞辱晋惠公的做法，不惜以死相逼，护卫晋国国君的一丝颜面。

经典文本

【僖公五年】

冬，十二月，丙子，朔，晋灭虢。虢公丑奔京师。师还，馆于虞，遂袭虞，灭之。执虞公及其大夫井伯，以媵秦穆姬，而修虞祀，且归其职贡于王。故书曰："晋人执虞公。"罪虞，且言易也。(《左传》)

【僖公十五年】

晋侯之入也，秦穆姬属贾君焉，且曰："尽纳群公子。"晋侯烝于贾君，又不纳群公子，是以穆姬怨之。晋侯许赂中大夫，既而皆背之。赂秦伯以河外列城五，东尽虢略，南及华山，内及解梁城，既而不与。晋饥，秦输之粟；秦饥，晋闭之籴，故秦伯伐晋。

穆姬闻晋侯将至，以大子罃、弘与女简、璧登台而履薪焉。使以免服衰绖逆，且告曰："上天降灾，使我两君匪以玉帛相见，而以兴戎。若晋君朝以入，则婢子夕以死；夕以入，则朝以死。唯君裁之！"乃舍诸灵台。

初，晋献公筮嫁伯姬于秦，遇《归妹》兑下震上，之《睽》兑下离上，史苏占之曰："不吉。其繇曰：'士刲羊，亦无衁也。女承筐，亦无贶也。西邻责言，不可偿也。《归妹》之《睽》，犹无相也。'震之离，亦离之震，为雷为火，为嬴败姬，车说其輹，火焚其旗，不利行师，败于宗丘。《归妹》《睽》孤，寇张之弧，侄其从姑，六年其逋，逃归其国，而弃其家，明年其死于高梁之虚。"(《左传》)

人物评议

秦穆姬作为晋献公的女儿，她的家就是她从小长大的晋国，那么晋国的兴衰荣辱就与重视家园的她密切相关。在她嫁到秦国，成为秦穆公夫人后，她依然心系晋国，盼望家国强大兴旺，尽其所能地援助维护晋国成为她刻在骨血里的本能。她对晋国的维护所体现出来的情怀有如下方面。

一、大义相助，责弟不正

晋献公当初嫁女更多考虑的肯定是晋国与秦国的友好关系的维护，所以他在向虞国借道攻打虢国，并趁此机会袭击、灭掉了虞国后，就把从虞国捉住的大夫井伯作为秦穆姬的陪嫁人，司马迁在《史记》中说这个井伯就是大名鼎鼎的百里奚[①]，具体仍存疑异。但史书中特意强调这一点，可见晋献公对嫁秦穆姬到秦国的重视。而秦穆姬也没有让晋国失望，她在晋国国家混乱时，全力帮助晋国恢复正常秩序。

骊姬之乱后，秦穆姬的弟弟晋惠公就在秦国帮助下回到晋国，做了国君。秦穆姬为了更好地维护晋国的利益，让晋惠公得到更多的

① 《史记·晋世家》："袭灭虞，虏虞公及其大夫井伯百里奚，以媵秦穆姬。"参见（汉）司马迁：《史记》，北京：中华书局，1982年，第1647页。

助力，嘱咐他回国后照顾好原太子申生的妃子贾君；同时叮嘱他，要把逃亡在外的晋国众公子都接回晋国，这样更有利于晋国的发展和壮大。

秦穆姬虽然已经嫁到秦国，但她并没有只顾自己的生活，她依然处处帮扶、维护着晋国的安危。身为女子，大义尽显。

可是晋惠公回国即位后，就奸淫了贾君，又不肯接纳群公子回国。秦穆姬看到他的失德行为，就对他心生怨恨。

不仅如此，晋惠公还一再作出失信行为。先是他答应给晋国执政大夫的好处，即位以后就都不再提及了。还有他许诺用黄河以南五座城求得秦穆公帮助他回国为君，原来定好的地域东边至虢略，南边至华山，北边至晋国的内地解梁城，可是他即位后不久，又都不给了。更过分的是，秦穆公一再维护秦晋关系，晋国遇到饥荒年，秦国输送粮食给晋国，反过来当秦国遇到了饥年时，晋国却作出不卖给秦国粮食的决定。

晋惠公的无德、无信、无礼行为最终惹怒了秦国，所以秦穆公出兵征伐晋国。这时的秦穆姬一定也是怒其不德、恨其不正的，所以并没有再作出任何帮扶的举动。然而，当晋惠公再次出现危险时，秦穆姬还是毅然挺身而出，全力维护他。

二、誓死护国，刚烈勇敢

晋惠公战败，被秦穆公活捉。秦穆姬听说晋惠公就要被拘执到秦国，在秦穆公带兵返回秦国时，带着太子罃、弘与女儿简、璧登上高台，脚下铺满柴草，做好了赴死准备。她还令人穿上丧服去迎接秦穆公，并且让人告知秦穆公："上天降下了灾难，使我秦、晋两国国君不得用玉帛为赠礼正常相见，而是兴师作战以兵戎相见。假如晋君早上被掳进秦国都城，我晚上就身死；晚上晋君被掳进秦国都城，我早上就身死，唯有您能裁决这件事。”于是秦穆公就将晋惠公安置在了周的废弃宫室灵台。

秦穆姬的举止着实刚烈，她不惜牺牲自己和骨肉的性命，也要维护晋国的国君，实质上是维护晋国的尊严。她为了国家能做到如此地步，所需要的不仅仅是一颗赤诚的爱国之心，还有那种沉淀到血肉中的情怀带给一个人的莫大的勇气。这种勇气不亚于战场杀敌的舍身赴死，充满了壮烈的英雄气概！

不知道秦穆姬这样的舍身相救晋惠公是否清楚，倒是听到他埋怨父亲晋献公不该把穆姬嫁给秦国，说：“先君如果听从了史苏的占卜，我不会到这个地步！”晋国大夫韩简随侍在侧，直言：“龟甲，是形象；筮草，是数字。事物生长以后才有形象，有形象以后才能滋长，滋长以后才有数字。先君败坏的道德，难道可以数得完吗？史苏的占卜，即使听从了，又有什么好处？《诗》说：‘百姓的灾祸，不是从天下降。当面附和，背后毁谤，主要都由于人的无状。’”

韩简的一番话直截了当地指出晋国的两代君主晋献公、晋惠公所作出的“无状”行为，“为君不君”①，才是导致晋国国家动荡的根本原因，这并不是靠占卜或者一个出嫁的女子的力量就能改变或决定的。

秦穆姬费尽心力，遇到如此不知反思的弟弟，也很难达到母国强大的愿望，但她为国家所做的一切终究让世世代代的人看到了一个忠

① （春秋）左丘明撰，徐元诰集解，王树民、沈长云点校：《国语集解》，北京：中华书局，2002年，第237页。

贞爱国的伟大女性，她的刚烈壮举，读之无不动容！《列女传》赞曰："秦穆夫人，晋惠之姊。秦执晋君，夫人流涕。痛不能救，乃将赴死。穆公义之，遂释其弟。"①

① （清）王照圆撰，虞思徵点校：《列女传补注》，上海：华东师范大学出版社，2012年，第56页。

第四节 许穆夫人

人物小传

许穆夫人，姬姓，卫公子顽（卫宣公庶长子）与宣姜（卫宣公夫人）所生次女，后嫁给许穆公，史称许穆夫人。鲁闵公二年，狄人伐卫，卫惨遭灭国，许穆夫人作《载驰》，展示了其忧国爱民之心。她是见于文献载录的第一位爱国女诗人。

经典文本

【闵公二年】

冬十二月，狄人伐卫。卫懿公好鹤，鹤有乘轩者。将战，国人受甲者皆曰："使鹤，鹤实有禄位，余焉能战！"公与石祁子玦，与宁庄子矢，使守，曰："以此赞国，择利而为之。"与夫人绣衣，曰："听于二子。"渠孔御戎，子伯为右，黄夷前驱，孔婴齐殿。及狄人战于荥泽，卫师败绩，遂灭卫。卫侯不去其旗，是以甚败。狄人囚史华龙滑与礼孔，以逐卫人。二人曰："我，大史也，实掌其祭，不先，国不可得也。"乃先之。至则告守曰："不可待也。"夜与国人出。狄入卫，遂从之，又败诸河。

初，惠公之即位也，少。齐人使昭伯烝宣姜，不可，强之。生齐子、戴公、文公、宋桓夫人、许穆夫人。文公为卫之多患也，先适齐。及败，宋桓公逆诸河，宵济。卫之遗民男女七百有三十人，益之以共、滕之民为五千人。立戴公以庐于曹，许穆夫人赋《载驰》。齐侯使公子无亏帅车三百乘，甲士三千人以戍曹。归公乘马，祭服五称，牛、羊、豕、鸡、狗皆三百，与门材。归夫人鱼轩，重锦三十两。(《左传》)

人物评议

许穆夫人为卫惠公庶兄与卫宣公夫人通奸后所生的小女儿，也是卫戴公、卫文公的妹妹，后来嫁到许国，成为许穆公的夫人。关于她的史料非常有限，从仅有的文献资料中，可以看到的只是许穆夫人的人生片段。

一、生逢卫国变乱

许穆夫人生活的年代正是卫国最为混乱的年代，从《左传》中的记载可以看到，鲁闵公二年时对那段时间卫国历史状况的回顾。当初卫惠公即位时年龄很小。齐国人让昭伯（卫宣公之子，卫惠公之庶兄）和宣姜（卫宣公夫人，齐僖公之女。卫宣公为卫惠公的父亲。）通奸，昭伯不同意，齐国人便强迫他，结果生了齐子、戴公、文公、宋桓夫人、许穆夫人。

由许穆夫人的出生就可以看到卫国公室内部混乱不堪，那时卫国的朝政同样岌岌可危。卫懿公（卫惠公之子）即位后，因为钟爱鹤，养鹤成瘾，有些仙鹤出门还乘着当时大夫所乘的车子。且他淫乐奢侈，所以百姓和大臣多不服从他。

卫国的内政混乱不堪，因此外患带来灭顶之灾。鲁闵公二年的十二月，北方的狄人攻打卫国。狄人打进来了，卫懿公命令军队去抵抗。那些被征调入伍的士兵都气愤地说:“派仙鹤去抵挡敌人吧，他们都享有很高的待遇和地位，我们哪能打仗？”卫懿公只得亲自出战。卫懿公同狄人在荧泽交战，结果卫军大败，狄人竟全歼了卫军。卫懿公没有收起他的帅旗，暴露了目标，因此在军队惨败的情况下，他自己也被打死了。

当宋桓公在黄河边上迎接卫国人时，卫人趁着夜里渡河，遗民男女只有七百三十人，再加上共地、滕地的百姓共计也只有五千人。他们在寄居地曹邑立卫戴公为国君。齐侯派公子无亏（齐桓公之子，其母为卫姬）率领战车三百辆，甲士三千人戍守曹邑，赠送给卫戴公马四匹，祭服五套，牛、羊、猪、鸡、狗都是三百只，还有做门户的木材，赠送给夫人用鱼皮装饰的车子，细软的锦绸三十匹。

而刚刚即位的卫戴公没多久就死了。他的弟弟卫文公当初因为卫国祸患不断，就先到齐国去了，这时就回国继承君位。从这些历史记载中可以看到当时卫国的破败和艰难境况。

这就是许穆夫人所处时代卫国的境况，这样的家国也激发了许穆夫人强烈的家国情思。

二、才作《载驰》寄思

虽然身在许国，许穆夫人在知道卫国发生变乱时，却心系家国，思念家人，等到卫国被狄人打败，许穆夫人在焦急忧虑中写下了《载驰》一诗。

《载驰》收入《诗经·鄘风》① 当中，是许穆夫人哀痛卫国之亡，

① （清）阮元校刻：《十三经注疏·毛诗正义》，北京：中华书局，2009 年，第 674—676 页。

思念家国，盼望回国，但最终没能得到允许，没有达成回国之愿时所作。诗歌内容如下：

鄘风·载驰

载驰载驱，归唁卫侯。驱马悠悠，言至于漕。大夫跋涉，我心则忧。

既不我嘉，不能旋反。视尔不臧，我思不远。既不我嘉，不能旋济。视尔不臧，我思不閟。

陟彼阿丘，言采其蝱。女子善怀，亦各有行。许人尤之，众稺且狂。

我行其野，芃芃其麦。控于大邦，谁因谁极？大夫君子，无我有尤。百尔所思，不如我所之。

据清魏源《诗古微》考证，《诗经》中许穆夫人的作品有三篇①，除此篇外尚有《邶风·泉水》《卫风·竹竿》二诗，其中尤以《鄘风·载驰》思想性最强，它在强烈的矛盾冲突中表现了深厚的爱国主义思想。

诗的第一章，当诗人听到卫国灭亡、卫侯逝世的凶讯后，立即快马加鞭，奔赴曹邑，向兄长的家属表示慰问，写出了诗人策马奔驰、英姿飒爽的形象。可是目的地未到，她的丈夫许穆公便派遣许国大夫跋山涉水，兼程而至，劝她马上停止前进。处此境地，她内心极为忧伤。第二章便开始写诗人内心的矛盾。一边是许国大夫劝她回去，一

① 魏源认为："《载驰》，许穆夫人作也。""《泉水》，卫女思归也。亦许穆夫人作焉。""《竹竿》……疑亦许穆夫人之诗。"参见（清）魏源撰，魏源全集编辑委员会编校：《诗古微》，长沙：岳麓书社，2004 年，第 628、629 页。

边是许穆夫人坚持赴卫，可见矛盾之激烈。第三章便是夫人被阻不能回卫，心头忧思重重，路上一会儿登上高山以舒解愁闷，一会儿又采摘草药贝母以治疗抑郁而成的心病。所谓“女子善怀，亦各有行”，是说她身为女子，虽多愁善感，但亦有她的做人准则——这准则就是关心生她养她的宗国。而许国人对她毫不理解，给予阻挠与责怪，这只能说明他们的愚昧、幼稚和狂妄。第四章写夫人归途所思。此时夫人被许国大夫阻挠行程之后，报国之志难酬，心情沉重，故而行动迟缓。夫人又一路都在考虑如何拯救祖国。“我行其野，芃芃其麦”，说明时值暮春，麦苗青青，长势正旺，田野中的麦浪好似诗人起伏不定的心潮。所谓“控于大邦”，指向齐国报告狄人灭卫的情况，请求他们出兵，但诗人又想不出用什么办法才能达到目的。最后四句，写夫人归途中一边想向齐国求救，求救不成，又对劝阻她的许大夫心怀愤懑。《列女传》颂曰：“卫女未嫁，谋许与齐。女讽母曰，齐大可依。卫君不听，后果遁逃。许不能救，女作《载驰》。”①

生逢家国破败多灾，虽贵为一国国君夫人却无法救助母国，许穆夫人内心的忧愤、焦虑只能借助诗歌宣泄寄托，虽是人生不幸，但她的家国情怀深深感染着后世众人。

---

①（清）王照圆撰，虞思徵点校：《列女传补注》，上海：华东师范大学出版社，2012年，第99页。

参 考 文 献

古籍类

1.（春秋）左丘明撰，徐元诰集解，王树民、沈长云点校:《国语集解》，北京：中华书局，2002年。

2.（春秋）孙武撰，（三国）曹操等注，杨丙安校理:《十一家注孙子校理》，北京：中华书局，1999年。

3.（战国）鬼谷子著，许富宏校注:《鬼谷子校注》，北京：中华书局，2010年。

4.（秦）吕不韦编，许维遹集释，梁运华整理:《吕氏春秋集释》，北京：中华书局，2009年。

5.（汉）韩婴撰，许维遹校释:《韩诗外传集释》，北京：中华书局，1980年。

6.（汉）刘安编，刘文典撰，冯逸、乔华点校:《淮南鸿烈集解》，北京：中华书局，2013年。

7.（汉）刘向撰，向宗鲁校证:《说苑校证》，北京：中华书局，1987年。

8.（汉）刘向编著，石光瑛校释，陈新整理:《新序校释》，北京：中华书局，2009年。

9.（汉）刘向集录，范祥雍笺证，范邦瑾协校:《战国策笺证》，上海：上海古籍出版社，2011年。

10.（汉）董仲舒著，（清）苏舆撰，钟哲点校:《春秋繁露义证》，北京：中华书局，1992年。

11.（汉）司马迁撰:《史记》，北京：中华书局，1982 年。

12.（汉）应劭撰，王利器校注:《风俗通义校注》，北京：中华书局，1981 年。

13.（汉）王符撰，（清）汪继培笺，彭铎校正:《潜夫论笺校正》，北京：中华书局，1985 年。

14.（汉）宋衷注，（清）秦嘉谟等辑:《世本》八种，北京：中华书局，2015 年。

15.（汉）何休注，（唐）徐彦疏:《春秋公羊传注疏》，北京：北京大学出版社，2000 年。

16.（汉）班固著，（唐）颜师古注，中华书局编辑部点校:《汉书》，北京：中华书局，1962 年。

17.（三国）曹操著，中华书局编辑部编:《曹操集》，北京：中华书局，2013 年。

18.（三国）诸葛亮撰，段熙仲、闻旭初编校:《诸葛亮集》，北京：中华书局，1960 年。

19.（魏）徐幹撰，孙启治解诂:《中论解诂》，北京：中华书局，2014 年。

20.（晋）杜预撰:《春秋释例》卷三，清乾隆五十年至嘉靖十四年兰陵孙氏刻岱南阁丛书本。

21.（晋）杜预注，（唐）孔颖达疏:《春秋左传正义》，北京：北京大学出版社，2000 年。

22.（晋）范宁注，（唐）杨士勋疏:《春秋穀梁传注疏》，北京：北京大学出版社，2000 年。

23.（隋）王通著，张沛校注:《中说校注》，北京：中华书局，2013 年。

24.（唐）吴兢撰，谢保成集校:《贞观政要集校》，北京：中华书局，2009 年。

25.（唐）魏徵等撰，沈锡麟整理:《群书治要》，北京：中华书局，2014 年。

26.（唐）房玄龄等撰，中华书局编辑部点校:《晋书》，北京：中华书局，1974 年。

27.（唐）骆宾王撰，（清）陈熙晋笺，王群栗点校:《骆宾王集》，杭州:浙江古籍出版社，2015年。

28.（唐）韩愈著，刘真伦、岳珍校注:《韩愈文集汇校笺注》，北京:中华书局，2010年。

29.（唐）柳宗元著，彭嘉敏注:《柳宗元文集》，北京:北京联合出版公司，2018年。

30.（唐）白居易著，顾学颉校点:《白居易集》，北京:中华书局,1999年。

31.（唐）白居易撰:《白氏六帖事类集》卷十四，民国二十二年景宋绍熙刻本。

32.（唐）白居易著，谢思炜校注:《白居易文集校注》，北京:中华书局，2011年。

33.（唐）陆淳撰:《春秋集传微旨》卷下，清嘉庆十年虞山张氏照旷阁刻学津讨原本。

34.（后晋）刘昫等撰，中华书局编辑部点校:《旧唐书》，北京:中华书局，1975年。

35.（宋）司马光编著，（元）胡三省音注，标点资治通鉴小组校注:《资治通鉴》，北京:中华书局，1956年。

36.（宋）苏轼撰，（明）茅维编，孔凡礼点校:《苏轼文集》，北京:中华书局，1986年。

37.（宋）黄庭坚撰，任渊、史荣、史季温注，刘尚荣点校:《黄庭坚诗集注》，北京:中华书局，2003年。

38.（宋）吕祖谦著，慈波整理:《东莱博议汇校评注》，杭州:浙江古籍出版社，2022年。

39.（宋）吕祖谦撰，杜海军点校:《左氏传说》，杭州:浙江古籍出版社，2017年。

40.（宋）朱熹集注，夏剑钦、吴广平校点:《楚辞集注》，长沙:岳麓书社，2013年。

41.（宋）朱熹撰:《四书章句集注》，北京:中华书局，1983年。

42.（宋）黄震撰，王廷洽等整理:《黄氏日抄》，郑州：大象出版社，2019 年。

43.（宋）黎靖德编，王星贤点校:《朱子语类》，北京：中华书局,1986 年。

44.（明）杨慎辑:《金石古文》，上海：商务印书馆，1936 年。

45.（明）于谦著，魏得良点校:《于谦集》，北京：中华书局，2013 年。

46.（明）夏完淳著，白坚笺校:《夏完淳集笺校》，上海：上海古籍出版社，1991 年。

47.（清）顾炎武撰，黄汝诚集释，栾保群点校:《日知录集释》，北京：中华书局，2020 年。

48.（清）顾炎武撰，王冀民笺释:《顾亭林诗笺释》，北京：中华书局，1998 年。

49.（清）顾炎武撰:《左传杜解补正》，上海：上海古籍出版社，2012 年。

50.（清）王夫之著:《船山全书》，长沙：岳麓书社，1988 年。

51.（清）纪昀总纂:《四库全书总目提要》，石家庄：河北人民出版社，2000 年。

52.（清）孙诒让撰，汪少华整理:《周礼正义》，北京：中华书局，2015 年。

53.（清）陈士珂辑，崔涛点校:《孔子家语疏证》，南京：凤凰出版社，2017 年。

54.（清）孙希旦撰，沈啸寰、王星贤点校:《礼记集解》，北京：中华书局，1989 年。

55.（清）阮元校刻:《十三经注疏·毛诗正义》，北京：中华书局，2009 年。

56.（清）阮元校刻:《十三经注疏·尚书正义》，北京：中华书局，2009 年。

57.（清）阮元校刻:《十三经注疏·仪礼注疏》，北京：中华书局，2009 年。

58.（清）阮元校刻:《十三经注疏·礼记注疏》，北京：中华书局，2009 年。

59.（清）王聘珍撰，王文锦点校:《大戴礼记解诂》，北京：中华书局，1983年。

60.（汉）许慎撰，（清）段玉裁注:《说文解字注》，上海：上海古籍出版社，1981年。

61.（清）焦循撰，沈文倬点校:《孟子正义》，北京：中华书局，1987年。

62.（清）焦循撰:《春秋左传补疏》，上海：上海古籍出版社，2016年。

63.（清）全祖望撰，朱铸禹汇校集注:《全祖望集汇校集注》，上海：上海古籍出版社，2000年。

64.（清）王源撰:《左传评》，台北：新文丰出版公司，1979年。

65.（清）吴闿生撰，白兆麟校注:《左传微》，合肥：黄山书社，1995年。

66.（清）王先谦撰，沈啸寰、王星贤点校:《荀子集解》，北京：中华书局，1988年。

67.（清）王先慎撰，钟哲点校:《韩非子集解》，北京：中华书局，1998年。

68.（清）陈寿祺撰，王丰先整理:《五经异义疏证》，北京：中华书局，2014年。

69.（清）刘文淇撰:《春秋左氏传旧注疏证》，北京：科学出版社，1959年。

70.（清）魏禧撰:《左传经世钞》，清乾隆刻本。

71.（清）方苞著:《方苞集》，上海：上海古籍出版社，1983年。

72.（清）方宗诚撰:《春秋左传文法读本》，华东师范大学图书馆清刻本。

73.（清）朱彝尊撰:《经义考新校》，上海：上海古籍出版社，2010年。

74.（清）郭庆藩撰，王孝鱼点校:《庄子集释》，北京：中华书局，1961年。

75.（清）皮锡瑞:《经学通论》，北京：中华书局，1954年。

76.（清）皮锡瑞撰，王丰先整理:《驳五经异义疏证》，北京：中华书局，2014年。

77.（清）皮锡瑞撰，吴仰湘点校:《孝经郑注疏》，北京：中华书局，2016年。

78.（清）卢文弨撰，程惠新、陈东辉点校:《群书拾补》，杭州：浙江大学出版社，2019年。

79.（清）王照圆撰，虞思徵点校:《列女传补注》，上海：华东师范大学出版社，2012 年。

80.（清）魏源撰，魏源全集编辑委员会编校:《诗古微》，长沙：岳麓书社，2004 年。

81.（清）章学诚撰，叶英校注:《文史通义校注》，北京：中华书局，1985 年。

82.（清）严可均辑:《全上古三代秦汉三国六朝文》，石家庄：河北教育出版社，1997 年。

83.（清）顾栋高辑，吴树平、李解民点校:《春秋大事表》，北京：中华书局，1993 年。

84. [日] 奥田元继辑:《春秋左氏传评林》，华东师范大学图书馆 1793 年有文堂刻本。

现代著述（按姓氏拼音为序）

1. 卞朝宁著:《〈论语〉人物评传》，南京：江苏人民出版社，2015 年。

2. 晁岳佩著:《春秋三传义例研究》，北京：线装书局，2011 年。

3. 陈槃撰:《左氏春秋义例辨》，上海：上海古籍出版社，2009 年。

4. 程树德撰，程俊英、蒋见元点校:《论语集释》，北京：中华书局，1990 年。

5. 程南洲撰:《东汉时代之春秋左氏学》，上海：华东师范大学出版社，2011 年。

6. 方朝辉编:《春秋左传人物谱》，济南：齐鲁书社，2001 年。

7. 顾颉刚讲授，刘起釪笔记:《春秋三传及国语之综合研究》，成都：巴蜀书社，1988 年。

8. 高方著:《左传女性研究》，哈尔滨：黑龙江大学出版社，2010 年。

9. 何建章注释:《战国策注释》，北京：中华书局，1990 年。

10. 何新文著:《左传人物论稿》，北京：中国社会科学出版社，2004 年。

11. 黄怀信、张懋镕、田旭东撰，黄怀信修订，李学勤审定:《逸周书汇校集注》，上海：上海古籍出版社，2007 年。

12. 李孟存、李尚师著:《晋国人物评传》，延吉：延边大学出版社，2006 年。

13. 李卫军编著:《左传集评》，北京：北京大学出版社，2016 年。

14. 黎翔凤撰，梁运华整理:《管子校注》，北京：中华书局，2004 年。

15.《鲁迅全集》第 6 卷，广州：花城出版社，2021 年。

16. 钱穆著:《中国史学发微》，台北：联经出版社，1998 年。

17. 钱穆著:《中国史学名著》，北京：生活·读书·新知三联书店，2000 年。

18. 钱穆著:《国史新论》，北京：生活·读书·新知三联书店，2001 年。

19. 钱仲联主编:《清诗纪事》，南京：凤凰出版社，2004 年。

20. 钱锺书著:《管锥编》，北京：生活·读书·新知三联书店，2001 年。

21. 邵炳军著:《春秋文学系年辑证》，北京：高等教育出版社，2013 年。

22. 沈玉成、刘宁著:《春秋左传学史》，南京：江苏古籍出版社，1992 年。

23. 王初庆:《曙青春秋三传论丛》，台北：洪叶文化事业有限公司，2013 年。

24. 徐世昌编，闻石点校:《晚晴簃诗汇》，北京：中华书局，2018 年。

25. 孙董霞著:《先秦人物品评研究》，上海：上海古籍出版社，2022 年。

26. 杨伯峻编著:《春秋左传注》(修订本)，北京：中华书局，2016 年。

27. 杨树达著:《论语疏证》，上海：上海古籍出版社，1986 年。

28. 杨树达著:《春秋大义述》，上海：上海古籍出版社，2013 年。

29. 杨周靖主编:《李斯集译注》，郑州：中州古籍出版社，2020 年。

30. 赵生群著:《春秋经传研究》，上海：上海古籍出版社，2000 年。

31. 曾枣庄、刘琳主编:《全宋文》第四十三册，上海：上海辞书出版社、合肥：安徽教育出版社，2006 年。

32. 张纯一校注，梁运华点校:《晏子春秋校注》，北京：中华书局，2014 年。

33. 张高评著:《春秋书法与左传学史》，上海：上海古籍出版社，1991 年。

34. 张高评著:《春秋书法与左传史笔》，台北：里仁书局，2011 年。

35. 周予同、朱维铮编校:《经学和经学史》，上海：上海人民出版社，2012 年。

后　记

思想、学术、审美，都富含时代的特征，可以说，一代有一代之时尚，一代有一代之追求。但人类的家国情怀却可以突破这种时空的限制，达到通感、共情的效果，让您在家国爱恨中去触摸穿越时空的心跳，感受充满大爱的灵魂。本人担任“《左氏春秋》讲读”的教学工作已有十余年的光阴，一起分享春秋笔法、春秋大义的学生已有千余人。在讲解《春秋》的过程中，最让我难忘的就是《春秋》之义，“夫《春秋》，上明三王之道，下辨人事之纪，别嫌疑，明是非，定犹豫，善善恶恶，贤贤贱不肖，存亡国，继绝世，补敝起废，王道之大者也”①，尤其是那些舍生取义、心系家国的历史人物，令人印象深刻，感人至深。鞌之战中，郤克为矢所伤，流血及屦，但始终未绝鼓音；车御张侯自战斗之始即矢贯手肘，自折以御，左轮朱殷。每每读到此处，都会为之动容，为之扼腕，尤其此处张侯的一席话，更让人为之钦佩：“师之耳目，在吾旗鼓，进退从之。此车一人殿之，可以集事，若之何其以病败君之大事也？擐甲执兵，固即死也。病未及死，吾子勉之！”忠义之情，溢于言表。再看先轸之死，“狄伐晋，及箕。八月

① （汉）司马迁撰：《史记》，北京：中华书局，1959 年，第 3297 页。

戊子，晋侯败狄于箕。郤缺获白狄子。先轸曰：‘匹夫逞志于君而无讨，敢不自讨乎？’免胄入狄师，死焉。狄人归其元，面如生。”以身殉国，视死如归，以自己的生命回答了何为忠义之士！或为之悲戚，或为之扼腕，忠诚、大义、悲悯、慷慨、忧国、伤民……那样的鲜活，那样的感人。《春秋》人物身上所展示出来的家国情怀、爱恨情仇，无时无刻不在催促着我一定要将他们的情怀、魅力书写出来，展示于世人，垂范于后世。

谨　志

2023 年秋

责任编辑：夏　青
装帧设计：石笑梦

图书在版编目（CIP）数据

《春秋》人物与家国情怀 / 葛刚岩，李晓丽，张人月著．北京 ：人民出版社，2025. 3. -- ISBN 978-7-01-027057-9

Ⅰ. K225.04

中国国家版本馆 CIP 数据核字第 2025GQ9013 号

《春秋》人物与家国情怀

CHUNQIU RENWU YU JIAGUO QINGHUAI

葛刚岩　李晓丽　张人月　著

人民出版社 出版发行
（100706　北京市东城区隆福寺街 99 号）

北京汇林印务有限公司印刷　新华书店经销

2025 年 3 月第 1 版　2025 年 3 月北京第 1 次印刷
开本：710 毫米 ×1000 毫米 1/16　印张：30
字数：358 千字

ISBN 978-7-01-027057-9　定价：98.00 元

邮购地址 100706　北京市东城区隆福寺街 99 号
人民东方图书销售中心　电话（010）65250042　65289539